MARCIA DOUGLASS
LISA DOUGLASS

›Und – wie war's?‹

Das etwas andere Sexbuch –
So haben Frauen *mit Männern*
wirklich Spaß

Aus dem Amerikanischen
von Diane von Weltzien

Mosaik
bei GOLDMANN

Der Verlag weist darauf hin:
In diesem Buch wird das Wort »Mädchen«,
grammatikalisch eigentlich ein Neutrum, aus naheliegenden
Gründen absichtlich als Femininum behandelt.

Umwelthinweis:
Alle bedruckten Materialien dieses Taschenbuches
sind chlorfrei und umweltschonend.

Deutsche Erstausgabe Januar 1999
© der deutschsprachigen Ausgabe
1999 Wilhelm Goldmann Verlag, München
in der Verlagsgruppe Bertelsmann GmbH
© 1997 Marcia Douglass und Lisa Douglass
Originalverlag: Hyperion, N. Y.
Originaltitel: Are We Having Fun Yet?
The Intelligent Woman's Guide to Sex
Umschlaggestaltung: Design Team München
unter Verwendung folgender Fotos:
Umschlag und -innenseiten: Premium/Wolf
Redaktion: Claudia von der Osten
Illustrationen: Marcia Douglass
DTP-Satz: Barbara Rabus
Druck: Pressedruck Augsburg
Verlagsnummer: 16170
Kö · Herstellung: Max Widmaier
Made in Germany
ISBN 3-442-16170-3

3 5 7 9 10 8 6 4

Für unsere Mutter Marilyn Wise Douglass
und für all die Frauen,
die vor uns diesen Weg beschritten.

Inhalt

Danksagung 9
Vorwort 15

Die Orgasmuskluft 19
Nackter Sex 61
Begehren lernen 103
Pop-Pornografie 149
Das sexuelle Selbst 199
Die Teile und das Ganze 229
Orgasmen zum Bersten 277
Eine Sprache für die Liebe 321
Hör nicht auf! 357

Anhang
  Glossar 369
  Bezugsquellen und Artikel 376
  Empfehlenswerte Bücher 377
  Nachweis für die anatomischen Abbildungen 378
  Quellen anatomischer Abbildungen 379
  Register 380

Danksagung

Dieses Buch erwuchs aus den Gesprächen, die wir über eine Reihe von Jahren hinweg mit mehreren Frauen und Männern über Sex geführt haben. Marcia möchte insbesondere Robin Bernard für ihre brillanten Erkenntnisse und für die vielen Male danken, bei denen wir herzlich über Sex lachen konnten. Kevin Fitzsimmons und Khoi Dang brachten ebenfalls Stunden damit zu, mit mir über Sex zu sprechen und das Manuskript zu lesen. Ihre Kommentare verbesserten dieses Buch ganz erheblich.

Viele von Marcias Freunden und Studenten, darunter Skye, Debra Isaacson, Erma Jean Sims, Rubbie McKeever, Marcia Spires, Silvia Dominques, Nancy Feezel, Yelba Gonzales, Susan Montrose, Naomi Eilat, Lorna Spencer, Dolores Padilla, Merryl Sinclair und Shoshana Kornfeld, brachten großzügig ihre Meinung zu Auszügen aus diesem Buch zum Ausdruck.

Marcia möchte außerdem all den Frauen danken, die ihre Erfahrungen in der themenzentrierten Gruppenarbeit untereinander austauschten. Ihr Beitrag war unschätzbar: Viele dieser Frauen fanden das Gespräch mit anderen Frauen über Sex – für einige zum erstenmal – sehr anregend. Etliche verbrachten viele Stunden damit, mit mir in Einzelgesprächen über Sex zu reden. Ihre Erfahrungen haben dieses Buch sehr bereichert.

Marcia dankt außerdem Rae Blumberg, Lee Meihls, Rosemary Griffith, Jane Simpson, Carole Hann, Margot Dashiell, Gecky Platero, Graciela Platero, Guadalupe Friaz, Alessandra Chacham, Linda Walker, Suzanne Decker, Diane Beeson und unserer Kusine Susan Hass für ihre Kommentare und Ermutigungen. Dankbar bin ich vor allem meinem Partner und Ehemann Marvin, der mir die emotionale und sexuelle Unterstützung und die Liebe schenkte, die ich brauchte, um ein Buch über Sex zu schreiben. Ja, wir haben Spaß miteinander!

Der größte Dank geht an meine Schwester Lisa, die dieses Buch überhaupt erst ermöglichte.

Lisa dankt an erster Stelle Marcia dafür, daß sie mich dazu gebracht hat, ernsthafter über die Freude am Sex nachzudenken, und mich dazu ermutigt hat dazuzulernen. Dankbarkeit ist nur eines von vielen Gefühlen, die ich für meinen Bettgefährten, intellektuellen Partner, Liebhaber, Freund und Ehemann Bob hege. Er und unser Sohn Ian Douglass sind mir täglich eine Quelle der Freude.

Dieses Buch hätte niemals geschrieben werden können ohne die große Gruppe von Lehrern und Freunden, die Ian mit aufgezogen haben. Hierzu zählen die Brüder Ben und William Nelson und ihre Schwester Hannah, seine hochbegabten und liebevollen Lehrerinnen Stephanie Athey, Vélika Simonosski und Ondine Weber, Julie McGonagle wie auch Cheryl Andrist, Joshua Pelton-Stroud, Alisa Coccetti, Shawnette Hanna, Jennifer Nissen und Sharon Hickey. Suzanne Pelton ging weit über ihre Pflicht als Freundin und Erziehungsberechtigte hinaus. Naomi Eilat und Patrick Douglass steuerten ihren außergewöhnlichen Humor und ihre Kraft bei, um unseren Aufenthalt in Kalifornien für Ian interessant und für mich produktiv zu machen.

Ich stehe zutiefst in der Schuld von Lori Andrews, deren Vertrauen in mich und in dieses Projekt entscheidend für die Veröffentlichung dieses Buches war. Ich hoffe, daß es ihren eigenen hohen Ansprüchen genügt. Andere Freunde, nah und fern, haben Beiträge geliefert, die eine Bereicherung für dieses Buch darstellen. Mary Kate Driscoll, Mindie Lazarus-Black und Leah Feldman haben das Manuskript jeweils mit einem kritischen und mit einem freundlichen Auge gelesen. Audrey Wilson, Ritu Frankel, Leslie Lim, Lori Spear, Gayle Hall, Althea Bailey, Susan Masters, Toni de la Motta und Susie Brown machten ehrliche und scharfsinnige Anmerkungen, als sie sich mit mir trafen, um mehrere Kapitel durchzusprechen. Laura Rogerson, Angela Alston, Elke Weinstein, Chris Grabarek und J. W. Bennett steuerten ihren Sachverstand in unterschiedlicher Form über E-Mail, Post und Telefon bei. Ich bin außerdem dankbar für die fortgesetzten Gespräche über Sex und alles andere mit den Freundinnen Morny Joy, Karen O'Kain und Jennifer Hopwood.

Wir beide wollen unsere Dankbarkeit ausdrücken gegenüber Betty Dodson, Carol Queen, Joani Blank, Veverly Whipple, Louisa Daniels und Norma Wilcox für die Interviews, die sie uns gegeben haben. Sie alle haben dazu beigetragen, Frauen die Freude am Sex nahezubringen.

Wir sind außerdem Josephine Lowndes Sevely zu Dank verpflichtet, deren Buch *Eve's Secrets: A New Theory of Female Sexuality* (Evas Geheimnisse: Eine neue Theorie der weiblichen Sexualität) mit seiner neuen Sichtweise der weiblichen genitalen Anatomie unser Buch inspiriert hat. Sevelys fundamental wichtige Arbeit hat nie die Anerkennung erhalten, die sie verdient. Ihr Buch ist mittlerweile nicht mehr lieferbar, und unsere Versuche, den Wohnort von Frau Sevely ausfindig zu machen, waren erfolglos. Wir hoffen, daß dieses Buch dazu beiträgt, ihre Arbeit zu würdigen.

Auch das Buch *Frauenkörper neu gesehen. Ein illustriertes Handbuch*, das von der Föderation der Feministischen Frauen-Gesundheits-Zentren (USA) herausgegeben wurde, hatte ebenfalls einen wichtigen Einfluß auf unser Projekt, insbesondere die revolutionären Abbildungen der weiblichen Klitoris durch die Illustratorin Suzann Gages.

Mehrere Kapitel profitierten von der geschickten Redaktion durch Sandra Little und Kathy Glimn. Patrizia Wortners half uns mit ihren Fertigkeiten als Sekretärin durch endlose Entwurffassungen. Lorrie Wessel lieferte kurzfristig Abschriften, und Tamara Kay und Michelle Van Natta unterstützten uns hervorragend redaktionell. Michelle trug außerdem, indem sie mehrere Kapitel kritisch durchlas, dazu bei, uns noch einmal auf wichtige Punkte aufmerksam zu machen.

All die hier genannten Personen haben ganz erheblich zur Verbesserung dieses Buches beigetragen, und niemand von ihnen ist für mögliche Schwächen oder Fehler verantwortlich. Die Verantwortung dafür liegt allein bei uns.

Bei Hyperion, unserem Verlag, erhielten wir begeisterte Unterstützung von der Lektorin Leslie Wells, die uns gutgelaunt die Richtung wies. Ihre Assistentin, Jennifer Lang, half uns geduldig durch den Redaktionsprozeß. Unsere Agentin Gail Ross und ihr Kollege Howard Yoon machten das Buch nicht nur möglich, sondern sorgten auch dafür, daß es besser wurde, indem sie von Anfang an Vorschläge machten und uns mit nützlichem Rat zur Seite standen.

Kein von Frauen über Sex geschriebenes Buch wäre vollständig ohne die unterstützende Rolle von Katzen (Beryl, Easy, Leonita und Oyo), Kaffee (Peets) und Schokolade (besonderer Dank an Fernando von Govinda Chocolates in der Fifth Avenue) zu würdigen.

Wir widmen dieses Buch unserer Mutter Marilyn Wise Douglass, die uns im Laufe der Jahre auf vielerlei Art und mit grenzenloser Liebe unterstützt hat, die als erste das Manuskript ganz durchgelesen hat und sich jedesmal wundert – »Wie kommt es nur, daß ich zwei Töchter habe, die über Sex schreiben?« –, wenn sie von den anderen Damen im Y gebeten wird, mehr über das Buch zu erzählen.

Vorwort

»*Und – wie war's?*« ist ein Buch über die sexuellen Freuden von Frauen. Es beschäftigt sich mit der Frage, warum Sex Männern typischerweise mehr Spaß macht als Frauen. Die meisten Sexbücher machen Vorschläge, wie Frauen sich verändern sollen, um besseren Sex zu haben. Unser Buch dreht diese Frage um und will herausfinden, was am Sex anders werden muß, damit er für Frauen besser wird.

Frauen verdienen es, sich an der erotischen Kraft ihres Körpers ebenso zu erfreuen wie Männer. Doch macht eine Frau nur selten ihr Recht auf sexuelle Freuden geltend, hält inne und fragt sich: »Habe ich überhaupt Spaß daran?« und »Was will *ich* überhaupt?« Dies sind Fragen, die wir uns, wie viele andere Frauen, erst nach jahrelanger Erfahrung stellten. Als Schwestern fingen wir an, über frühere Beziehungen zu Männern zu sprechen und sie zu überprüfen. Wir kamen zu dem Schluß, daß der Sex, obschon manchmal großartig, häufiger so lala oder sogar auf frustrierende Weise schlecht gewesen war. Aus Gesprächen mit Freunden und der Lektüre von Sexbüchern wußten wir, daß unsere Erfahrungen recht typisch sind. Sex ist für Frauen manchmal oder immer weniger erfreulich als für ihre Partner. Wir fragten uns, woher es kommt, daß sich trotz des wachsenden Selbstbewußtseins bei so vielen Frauen der Spaß beim Sex nicht so richtig einstellt. Unsere Sexkultur ist auf die Befriedigung der Männer ausgerichtet und vernachlässigt das Vergnügen der Frauen.

Wohl wissend, daß die Dinge durchaus nicht so sein müssen, fingen wir an, dieses Buch zu schreiben und uns vorzustellen, wie Sex, entworfen *von* und *für* Frauen, sein könnte. Wir führten lange und ernsthafte Gespräche mit Freunden, mit unseren Partnern und mit vielen der Studenten, die Marcia aus den Soziologiekursen kennt, die sie am College abhält. In Einzelgesprächen und themenzentrierten Gruppen unterhielten wir uns mit Frauen zwischen Anfang Zwanzig und Ende Fünfzig, deren sozioökonomischer Status von der Arbeiterklasse bis zur oberen Mittelschicht reicht. Sie haben ihre Wurzeln in verschiedenen Kulturen, darunter in der latino-amerikanischen, asiatisch-amerikanischen, der europäisch-amerikanischen und in der afro-amerikanischen, und viele sind Immigranten aus anderen Ländern, darunter Mexiko, Vietnam, Nicaragua, Jamaika, Indien, Südafrika und Israel. Diese Frauen sind heterosexuell, lesbisch und bisexuell. Praktisch jede Frau mit einem männlichen Partner erklärte, daß Sex für ihn mit größerer Wahrscheinlichkeit befriedigender ist als für sie. Wenn so viele Frauen ein und dasselbe in Sachen Lust erleben, dann ist dies nicht ein isoliertes, *persönliches* Problem, sondern ein *soziales*, gegen das Frauen, wenn sie es erst einmal erkannt haben, etwas unternehmen können. Unser Buch will dazu etwas beitragen.

»*Und – wie war's?*« – *Das etwas andere Sexbuch* ist weit mehr als ein Sexratgeber: Es ist auch eine soziale Kritik und eine Aufforderung zum Handeln. Statt Frauen anzuleiten, wie man Sex auf die übliche Weise praktiziert, will dieses Buch sie anregen, den Sex ihren Bedürfnissen anzupassen. Es enthält unsere Erfahrungen und die anderer Frauen sowie Untersuchungsergebnisse von Umfragen und anderes Forschungsmaterial zum Thema Sex. Wir erzählen die Geschichte von Nikki, einer fiktiven Figur, die sich aus vielen uns bekannten Frauen zusammensetzt, und wie sie sich sexuell entwickelt, indem sie die unausgesprochenen Vorurteile der Sexkultur in Zweifel zieht. Dann stellen wir aus der Perspektive von Frauen und den Dingen, die ihnen Freude bereiten, ein vollkommen neues Grundgerüst für Sex vor.

Wir konzentrieren uns insbesondere auf heterosexuellen Sex, denn in der sexuellen Intimität mit Männern ist es für Frauen am schwierigsten, Orgasmen zu erleben. Das liegt nicht daran, daß Männer Frauen absichtlich ihren Spaß vorenthalten, sondern daran, daß Sex oft auf Geschlechtsverkehr und andere Praktiken reduziert wird, die Männern einen Höhepunkt bescheren, Frauen jedoch nicht. Wird Sex so verändert, daß Frauen ebenfalls zum Orgasmus kommen können, dann erweitern beide Partner ihren sexuellen Horizont und haben mehr Spaß miteinander.

Heute haben Frauen mehr als jemals zuvor Grund, sowohl eine pessimistischere als auch eine optimistischere Einstellung zum Sex zu haben. Die Angst vor Aids und vor sexualisierter Gewalt sorgt dafür, daß einige sich entweder von gefährlichem und selbstzerstörerischem, unsicherem Sex angezogen fühlen oder aber – das andere Extrem – sexualfeindliche Verhaltensweisen an den Tag legen.

Wir vertreten die Auffassung, daß diese extremen Sichtweisen auf einen dringenden Bedarf hinweisen, neu über Sex nachzudenken. Wir sind außerdem davon überzeugt, daß Frauen die Führung auf dem Weg zu einer neuen Sichtweise von Sex übernehmen und die Sexkultur vor dem endgültigen Sturz in Angst und Selbstgefälligkeit bewahren können. Indem Frauen den Sex aus ihrer eigenen Perspektive heraus neu erschaffen, haben sie die Möglichkeit, etwas gegen sexuelle Gewalt zu tun und Safer-Sex-Standards Allgemeingültigkeit zu verschaffen, während sie zugleich ihre Aussichten auf Orgasmen und Sex allgemein verbessern. »*Und – Wie war's?*« zeigt Frauen, wie sie wieder, gleichberechtigt *mit* ihren Partnern, die Freude am Sex wiederentdecken können – indem sie die Klischees der Sexkultur neu überdenken und das sexuelle Feuer anschüren.

Die Orgasmuskluft

Nikki und Joe liegen nackt in ihrem Bett, küssen sich in leidenschaftlicher Umarmung. Während sie einander zärtlich streicheln, fährt Nikki mit ihrer Hand langsam über Joes Brust und Bauch zu seinem Penis hinunter. Sie hat Freude an der Art, wie er auf ihre Berührung reagiert, und genießt, daß er sich so warm und fest in ihrer Hand anfühlt. Joe greift zwischen Nikkis Beine und schiebt seinen Finger in ihre Vagina. Nikki neigt ihre Hüften, damit seine Fingerspitzen ihre Klitoris berühren. Sie schließt die Augen, um sich voll und ganz auf der Welle der Erregung hinzugeben, die seine Berührung in ihr hervorruft. Als Joe ihre Klitoris reibt und zugleich ihren Hals, ihre Schultern und Brustknospen küßt, da ist Nikkis Lust so groß, daß sie kurz vor dem Orgasmus steht.

Nach einigen Minuten an dieser erotischen Schwelle beginnt Nikki sich Gedanken zu machen, daß Joe die Sache jetzt weiter voranbringen will. Sie richtet sich auf, setzt sich rittlings auf ihn, und gemeinsam rollen sie ihm ein Kondom über. Nikki verteilt etwas Gleitgel auf Joes Penis, dann scheibt sie ihn in ihre Vagina. Sie liebkost seinen Penis in sich, indem sie den Vaginalmuskel abwechselnd an- und entspannt. Während Joes Erregung zunimmt, merkt Nikki, daß ihre eigene Lust nicht Schritt zu halten vermag. Die Intensität ihrer eigenen Erregung nimmt ab. Nikki möchte Joe nicht um sein Vergnügen bringen, also wechseln sie die Stellung. Joe stößt rhythmisch und tief in sie hinein, dann kommt er schnell. Nikki ist enttäuscht, daß sie keinen Orgasmus hatte, doch als sie sich, der eine in den Armen des anderen, ausruhen, da genießt sie die Intimität mit Joe.

Für Nikki, wie für die meisten Frauen, ist der Orgasmus beim Sex wie eine Fata Morgana: Einen Augenblick lang zeigt er sich am Horizont wie ein mit köstlichem Wasser gefülltes Glas für einen Reisenden in der Wüste. Und im nächsten Moment – puff! – ist er verschwunden. Manchmal, vor allem wenn sie beim Geschlechtsverkehr oben ist, kommt auch Nikki. Aber bei anderer Gelegenheit täuscht sie den Orgasmus vor. (Oder vielmehr läßt sie Joe in dem Glauben, daß sie ebenfalls gekommen ist.) Gelegentlich, wenn Joe sie fragt, dann sagt Nikki: »Es fühlt sich großartig an! Wirklich, es ist gut so. Ich finde es einfach wunderbar, dir nahe zu sein.« Das sind Worte, die Joe nie geäußert hat. Wie die meisten Männer hat Joe beim Sex immer einen Orgasmus. Während Joe befriedigt einschläft, liegt Nikki wach neben ihm und versucht sich einzureden, daß es auch für sie gut war.

Die meisten Männer würden keinen Sinn im Sex sehen, wären ihre Orgasmen ebenso schwer faßbar. Doch Nikki und Millionen andere heterosexuelle Frauen finden sich regelmäßig mit unbefriedigendem Sex ab, und die Sexkultur – die Weise, wie die Menschen in unserer Gesellschaft Sex definieren – scheint davon nicht beeinflußt zu werden. Sowohl Frauen als auch Männer gehen davon aus, daß Sex eine körperlich befriedigende Erfahrung ist, doch für viele Frauen trifft das nicht zu. Obwohl Sex *seinen* Orgasmus praktisch immer mit einschließt, ist *ihrer* wahlfrei – schön, aber nicht notwendig.

Die Orgasmuskluft stört sowohl Nikki wie auch Joe in ihrer Freude am Sex. Wenn Joe kommt, Nikki aber nicht, dann fühlen sich beide frustriert oder irgendwie unzulänglich. Nikki führt es auf ihre Stimmung zurück. – *Ich konnte heute nacht einfach nicht richtig loslassen.* – Manchmal macht sie es auch an ihrem Aussehen fest. – *Wenn ich nur zehn Pfund abnehmen könnte.* – Joe meint, daß seine »Leistung« nicht ausgereicht hat. – *Vielleicht, wenn ich mich länger zurückgehalten hätte. Wenn doch nur mein Penis größer wäre.* – Nikki und Joe sagen sich, daß es für Frauen immer schwerer ist, zum Orgasmus zu kommen. – *Frauen kommen einfach nicht so leicht wie Männer.* –

Nie suchen Nikki und Joe die Ursache in der *Art*, wie sie Sex haben. Für sie ist Sex gleichbedeutend mit Geschlechtsverkehr. Sie haben nie Sex, bei dem dieser Bestandteil fehlt. Geschlechtsverkehr verschafft Joe eine direkte genitale Stimulation und stellt seinen Orgasmus praktisch sicher. Nikki mag ebenfalls Geschlechtsverkehr, doch führt er bei ihr meist nicht zum Orgasmus.

Nikki weiß, daß sie jedesmal kommt, wenn sie masturbiert, indem sie ihre Klitoris massiert. Doch beim Sex mit einem Partner berührt sie sich dort niemals selbst. Joe widmet ihrer Klitoris während des Vorspiels in der Regel einige Aufmerksamkeit, aber die Stimulierung, die er ihr zuteil werden läßt, bricht abrupt vor dem Orgasmus ab. Wenn sie zum Geschlechtsverkehr übergehen, dann gerät die Klitoris vollständig in Vergessenheit. Nikki hat Freude an dem Gefühl, das Joes Penis in ihr auslöst, aber weil bei der Penetration die Klitoris nicht stimuliert wird, kann sie nicht kommen. Manchmal möchte Nikki Joe bitten, seine Finger ein wenig länger auf ihrer Klitoris zu lassen oder sie mit dem Mund zu liebkosen. Doch einen durch manuellen oder oralen Sex ausgelösten Orgasmus zu haben wird irgendwie als minderwertig betrachtet. Sowohl Nikki als auch Joe haben gelernt, daß der Orgasmus durch den Geschlechtsverkehr herbeigeführt werden muß. Also brechen sie das Vorspiel ab und beginnen mit der Penetration, obwohl das mit großer Wahrscheinlichkeit bedeutet, daß ihr Sex schon bald den Höhepunkt in seinem Orgasmus finden wird, aber nicht in ihrem.

Die Orgasmuskluft zwischen Frauen und Männern ist nicht bloß ein individuelles Problem. Nikkis Erfahrung mit dem Orgasmus, der manchmal kommt und manchmal nicht, ist heute typisch für den Sex heterosexueller Frauen in den Vereinigten Staaten. 75 Prozent der Männer haben bei Partnersex regelmäßig einen Orgasmus, doch dies gilt nur für 29 Prozent der Frauen. Zwei Drittel der Frauen haben nur manchmal oder gar keinen Orgasmus. Es ist schwer vorstellbar, daß Männer Sex akzeptieren würden, der ihren Orgasmus ausschließt. Doch weil Frauen gelernt haben, diese Doppelmoral zu akzeptieren, hat sich an der Orgasmuskluft im Verlauf der Jahrzehnte sozialer Veränderungen – durch die sexuelle Revolution der sechziger, die Frauenbewegung der siebziger, die Anti-Sex-Kampagnen im Zeitalter von Aids in den achtziger und bis zum sexuellen Dilemma der neunziger Jahre – kaum etwas geändert. Die 29/75-Prozent-Kluft setzt sich heute in einer sozialen Umgebung fort, die gegenüber Sex aufgeschlossener zu sein scheint als jemals zuvor. Intime Einzelheiten von Sexualpraktiken werden heute in Safer-Sex-Unterweisungen diskutiert. Im Fernsehen und in Radioprogrammen sowie in den öffentlichen Medien werden regelmäßig eindeutige Sexdarstellungen gezeigt oder besprochen. Doch die Orgasmuskluft kommt dabei nur selten zur Sprache. Sie wird einfach als ein Bestandteil dessen akzeptiert, wie Sex nun mal ist.

Die Orgasmuskluft zwischen Männern und Frauen ist nicht auf eine bestimmte soziale Gruppe beschränkt. Sie überschreitet alle Grenzen von Einkommen, Rasse und ethnischer Zugehörigkeit. Sie kommt nicht nur in jeder Region der Vereinigten Staaten vor, sondern in jeder Gesellschaft auf der Welt. Ihre weltweite Verbreitung stellt jedoch keinen Beweis dafür dar, daß die Orgasmuskluft unvermeidlich ist. Frauen sind nicht

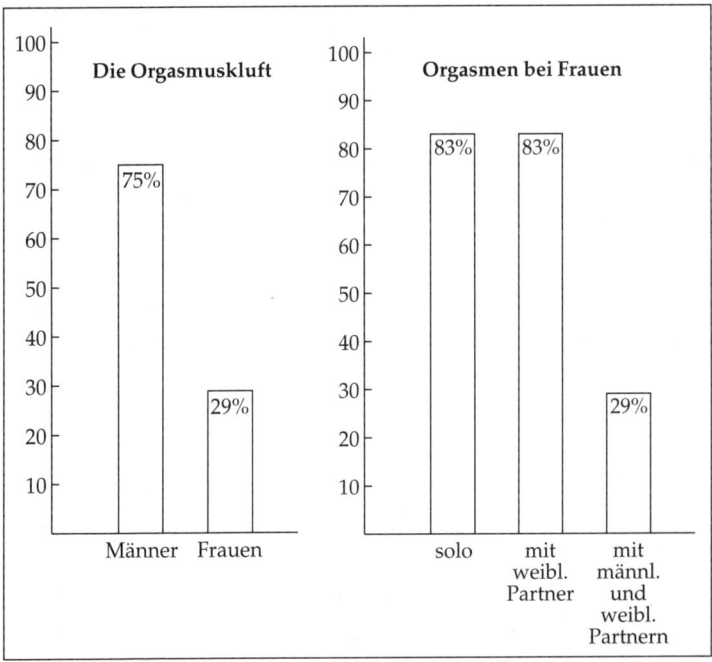

grundsätzlich weniger orgasmusfähig als Männer. Tatsächlich sind Frauen physisch zu Mehrfachorgasmen in der Lage, und die meisten Frauen, die masturbieren, haben zumindest einen Orgasmus. Frauen, die Sex mit einer weiblichen Partnerin haben, kommen in 83 Prozent der Fälle zum Höhepunkt. Das Problem liegt eindeutig nicht bei den Frauen selbst, sondern ist in den typischen heterosexuellen Praktiken zu suchen.

Die meisten Menschen schreiben die Orgasmuskluft der Biologie zu und ignorieren die Tatsache, daß die Menschen lernen, in Sachen Sex und Orgasmus den Vorstellungen ihrer jeweiligen Kultur zu entsprechen. In den Vereinigten Staaten ist die Meinung verbreitet, daß Männer mehr Sex wollen und brauchen als Frauen, weil die Geschlechter hormonell verschieden ausgestattet sind. Viele Amerikaner sind der Ansicht, daß Männer den Höhepunkt ihrer sexuellen Aktivität im allgemeinen im Alter von achtzehn Jahren erreichen, während dies bei Frauen erst mit fünfunddreißig der Fall ist. Sie gehen davon aus, daß es Frauen aufgrund eines Naturgesetzes schwerer als Männern fällt, zum Orgasmus zu kommen, obgleich doch die Ursache hierfür tatsächlich in der Art liegt, wie Frauen und Männern beigebracht wird, sexuell miteinander umzugehen. Normalerweise braucht eine Frau Jahrzehnte, bis sie endlich herausfindet, daß das von ihr erlernte Sexmodell falsch ist, weil es ihren Orgasmus außer acht läßt.

Andere Personen, darunter viele Sexexperten, führen die Orgasmuskluft auf die psychische Situation von Frauen zurück. Nach dieser Auffassung haben Frauen deshalb keine Orgasmen, weil sie unter psychologisch-sexuellen Komplexen leiden. Wenn sie erst einmal lernen, sich beim Sex richtig zu entspannen, dann haben sie auch Orgasmen. Aber auch die entspannteste und ungehemmteste Frau erlebt keinen Orgasmus, wenn sie nicht richtig stimuliert wird. Trotzdem definiert die Sexkultur Sex auf eine Weise, die es Frauen und Männern entweder nicht gestattet oder sie entmutigt, sich einer wirkungsvollen Stimulierung zu bedienen.

Zu Beginn des neuen Jahrtausends stehen die meisten jungen Frauen vor dem gleichen verwirrenden Dilemma, mit dem auch schon ihre Mütter und Großmütter konfrontiert waren. Sie müssen sich ihren Weg durch einen Dschungel widersprüchlicher sexueller Botschaften bahnen. Die unerfreulichste von ihnen ist, daß Sex vor allem Geschlechtsverkehr bedeutet und alle anderen sexuellen Praktiken nicht ernst genommen werden, auch wenn sie Frauen zum Orgasmus führen. Die Sex-ist-Beischlaf-

Botschaft überläßt es einer Frau, sich durch eine lange Reihe unbefriedigender sexueller Begegnungen zu quälen, bis sie schließlich herausfindet, daß die Klitorisstimulierung und nicht der Geschlechtsverkehr sie zum Orgasmus bringt. Obwohl die Rolle der Klitoris beim weiblichen Orgasmus in Sexualkundebüchern und Sexualerziehungstexten erwähnt wird, kann eine Frau diese wichtige Tatsache leicht übersehen. Die meisten Frauen stellen schließlich selbst die Verbindung zwischen Klitoris und Orgasmus her. Doch dann stehen sie vor der noch größeren Hürde, diese Erkenntnis mit den Erwartungen ihres Partners (und der Sexkultur) in Übereinstimmung zu bringen.

Die Informationen, die eine Frau über den Orgasmus erhält, sind häufig so mißverständlich und widersprüchlich, daß sie ihre Bemühungen um einen Orgasmus schließlich aufgibt. Der Orgasmus soll der Höhepunkt des Beischlafs sein, hat man ihr erklärt, doch bei den meisten Frauen ist das nicht der Fall. Er wird durch die Stimulierung der Klitoris ausgelöst, liest sie, doch Frauen sollten dennoch versuchen, beim Geschlechtsverkehr zum Orgasmus zu kommen. Mach dir keine Sorgen, wenn du nie oder nur selten einen Höhepunkt hattest, sagt man ihr. Sex ist so viel mehr als Orgasmus: Er ist Romantik, Sinnlichkeit, emotionale Intimität und vor allem Ausdruck der Liebe.

Aber Liebe reicht nicht aus für guten Sex. Und schlechter Sex fügt der Liebe möglicherweise Schaden zu. Eine intime Beziehung kann nicht gedeihen und wachsen, wenn das Vergnügen am Sex so ungleichmäßig verteilt ist wie bei Nikki und Joe. Manche Frauen geben sich mit gelegentlichen Orgasmen zufrieden und konzentrieren sich statt dessen auf Romantik und Intimität. Doch Frauen, die Sex eher frustrierend als angenehm, eher beschämend als ekstatisch empfinden, und ihn mehr als Pflicht denn als Vergnügen sehen, entfernen sich durch den

Verzicht auf den Orgasmus eher weiter von einem geliebten Partner, als daß sie sich ihm nähern. Wenn nur der Mann zum Orgasmus kommt und die Frau nicht, dann macht Sex nicht nur weniger Spaß, sondern treibt einen Keil zwischen die beiden Liebenden. Das führt zu Zweifeln, Wut und Schuldzuweisungen. Manche Frauen geben den Sex auf. Eine Frau erzählte uns: »Ich habe mehr als zwölf Jahre den Orgasmus vorgetäuscht. Und dann kam ich an einen Punkt, an dem ich mich von Sex ganz und gar abgestoßen fühlte. Ich wollte nicht einmal mehr etwas damit zu tun haben, weil ich überhaupt nichts davon hatte.«

Auch Männer leiden unter dieser Orgasmuskluft. Sie haben gelernt, daß es ihre Aufgabe ist, mit ihrem Penis der Partnerin einen Orgasmus zu »verschaffen«. Wenn sie nicht kommt, dann führen sie das entweder auf ein Versagen ihrer sexuellen Potenz zurück oder aber erklären die Partnerin für »frigide«. Ein Mann rät einer Frau vielleicht, daß sie einfach loslassen muß. Die Frau glaubt ebenfalls, daß das Problem allein in ihrem Kopf existiert. Beide akzeptieren die weit verbreitete Meinung, daß die psychologischen Komplexe von Frauen die Hauptursache für die Orgasmuskluft sind. Tatsächlich jedoch liegt der Fehler darin, daß Sex ausschließlich als Geschlechtsverkehr definiert wird.

Manchen Frauen gelingt es, trotz aller Vorurteile befriedigenden Sex zu haben, andere kommen eher zufällig oder aufgrund glücklicher Umstände zum Orgasmus. Wieder andere geben sich bewußt Mühe, ihre Sexualität zu kultivieren. Von den Frauen mit regelmäßigem Orgasmus haben manche mehrere Höhepunkte hintereinander, und einige ejakulieren sogar – ein sexuelles Vergnügen, von dem die meisten Frauen nichts wissen. Da über Sex meist nur in Anspielungen und nicht ehrlich und offen gesprochen wird, ist es für Frauen in unserer Gesellschaft schwer, sich sexuell zu entwickeln, es sei denn, sie tun es auf eigene Faust.

Für Frauen, die den sexuellen Status quo in Frage stellen, gibt es wenig Unterstützung durch die Gesellschaft. Obschon Frauen miteinander über ihre Periode, ihre Beziehungen und über andere intime Einzelheiten sprechen, sind die persönlichen sexuellen Praktiken auch für die engsten Freundinnen ein Tabuthema. Frauen nehmen nie die Gelegenheit wahr, von anderen Frauen etwas über den Orgasmus zu erfahren. Und die meisten Frauen reden auch mit ihren Partnern nicht offen über sicheren Sex, noch viel weniger über besseren Sex.

Nikki und Joe haben nie darüber gesprochen, was sie tatsächlich im Bett tun. Keiner von beiden hat sich je Gedanken darüber gemacht, wie sie es anders machen könnten. Trotz der zwischen ihnen bestehenden Orgasmuskluft empfinden sie ihr Sexleben als gut. Sie sind beide am Sex interessiert, haben Freude am Vorspiel, und wenn es zum Beischlaf kommt, dann dauert er länger als der für Amerika errechnete Durchschnitt von zweieinhalb Minuten. Und doch wissen beide irgendwie, daß ihr Sex sehr viel besser sein könnte, wenn auch Nikki einen Orgasmus hätte.

Obwohl die Orgasmuskluft vor allem ein Problem heterosexueller Frauen ist, betrifft sie auch lesbische und bisexuelle Frauen und alle Männer, denen die Gleichberechtigung der Geschlechter wichtig ist und die guten Sex mögen. Wenn unsere Sexkultur sich darauf konzentriert, was Männern beim Sex mit Frauen Befriedigung verschafft, dann kommen alle anderen Sexualpraktiken und alle Beteiligten, die keine heterosexuellen Männer sind, sexuell zu kurz. Alle Frauen werden durch den als Geschlechtsverkehr definierten Sex automatisch zu Randgruppen: Lesbierinnen haben keinen »richtigen« Sex, bisexuelle Frauen »spielen mit Frauen nur herum«, bis ein Mann daherkommt, und von heterosexuellen Frauen wird erwartet, daß sie ihre Befriedigung auf die gleiche Weise erlangen wie Männer. Die Sexkultur beschäftigt sich nur insofern mit der Befriedigung der Frau, als sie diese in ein Sexmodell zwängt, das dazu bestimmt ist, Männer zu befriedigen.

Ist Orgasmus wichtig?

> Ich bin nicht der Auffassung, daß Orgasmen das Wichtigste sind, aber ich würde auf gar keinen Fall ohne sie leben wollen.
> *Betty Dodson*

Die meisten Männer stellen die Bedeutung des Orgasmus nie in Frage – sie haben einfach ein Anrecht darauf. Viele Frauen jedoch können sich nicht dazu äußern, ob ein Orgasmus wichtig ist oder nicht, denn sie haben noch nie einen gehabt. Einer Frau, die darauf besteht, zum Orgasmus zu kommen, wird möglicherweise vorgeworfen, daß sie zu unromantisch, zu männlich oder zu anspruchsvoll ist. Ein Mann hingegen muß seinen Wunsch nach einem Orgasmus niemals rechtfertigen. Der Sinn von Sex sollte für Frauen in der Intimität und nicht im Orgasmus liegen. Doch orgastischer Sex verstärkt das Gefühl von Intimität. Ist nur der Orgasmus des einen Partners wichtig oder sogar notwendig, während der des anderen ignoriert oder verweigert wird, dann ist echte Intimität unmöglich.

Die Sexkultur

Die Orgasmuskluft kann nur überwunden werden, wenn Männer und Frauen auf andere Art Sex miteinander haben. Den Sex erneuern bedeutet, auch die Sexkultur zu verändern und die Vorurteile in Frage zu stellen, auf denen sie basiert. Das erste

Vorurteil lautet, daß Sex natürlich ist und daß die Menschen dazu durch Hormone und sexuelle Triebe veranlaßt werden. Man schreibt den Menschen einen »Geschlechtstrieb« zu, der durch Hormone ausgelöst wird und ihr sexuelles Verhalten motiviert. In Wahrheit jedoch gilt das, was Leonore Tiefer im Titel ihres kürzlich erschienenen Buches proklamiert: *Sex Is Not a Natural Act. (Sex ist kein naturgegebener Akt.)* Jeder, der jemals Sex hatte, weiß, daß nicht nur der Körper, sondern auch Verstand und Geist daran beteiligt sind. Jeder weiß, daß Sex im Zusammenhang mit komplexen zwischenmenschlichen Beziehungen stattfindet. Überdies wird Sex erlernt. Und dies wiederum geschieht nach den Regeln der jeweiligen Kultur. Obgleich Sex mit und durch den Körper erfolgt, wird er nicht durch die Hormone oder Gonaden bestimmt. Sex ist *durch und durch ein sozialer Akt*, bis hin zu der Art, wie wir den Körper und den Sex selbst definieren.

Damit Sex für Mann und Frau gleich gut ist, müssen beide etwas dafür tun, das heißt, sie müssen über Sex reden. Sex ist bereits populärer Gesprächsstoff in öffentlichen Diskussionen, doch im Zeitalter von Aids reduziert sich das Gespräch häufig auf die Debatte, ob man »nein sagen« oder aber es einfach »tun, tun, tun« sollte, ohne sich je danach zu fragen, was wir tun, wenn wir »es« tun. Warum tun wir es? Zum Vergnügen? Aus einem Gefühl der Verpflichtung? Um Liebe zu beweisen? Aus all diesen Gründen zusammengenommen? Und warum wird die eine Art, Sex zu haben, als richtig, die andere aber als falsch betrachtet? Die Sexkultur betrachtet den Geschlechtsverkehr zwischen einer Frau und einem Mann als etwas, das sich »auf natürliche Weise« ereignet. Aber wenn Geschlechtsverkehr »auf natürliche Weise« zustande kommt, wieso kommt dann nur einer der Partner zum Orgasmus?

Zu erkennen, daß sexuelles Verhalten nicht einfach angeboren, sondern vielmehr erworben, also ein Produkt unserer Kultur ist, eröffnet interessante Perspektiven zu Veränderungen. Sex neu zu erfinden ist ein kühnes Unterfangen, zu dem mehr gehört, als nur das Ausprobieren neuer Stellungen oder die Anschaffung von Sexspielzeug (obgleich dies das Vergnügen eindeutig steigern kann). Um unser Sexverhalten zu verändern, ist es notwendig, über den Körper, über starke Beziehungen zwischen Frauen und Männern und über den Sex selbst grundlegend anders nachzudenken. Dies bedeutet, eine neue Sprache zu entwickeln, um auf einer Basis der Gleichberechtigung über Sex zu sprechen. Indem sich Frauen und Männer eine neue Art der Sexualität vorstellen, erreichen sie weit mehr als die Maximierung ihres eigenen Vergnügens. Sex zu einem Akt gemeinsamen, beiderseitigen Vergnügens zu machen ist eine Grundvoraussetzung für wirkliche sexuelle Gleichberechtigung.

Vier Mythen

Um Sex neu definieren zu können, sollte man sich zunächst mehreren, bisher als gegeben hingenommenen Vorstellungen oder Mythen zuwenden, die das Fundament unserer Sexkultur bilden.

Mythos Nummer 1: Frau = Sex

In unserer Gesellschaft ist der Körper einer Frau – einer jungen, schönen, wenig bekleideten Frau – ein Sexsymbol. Genauer gesagt stehen bestimmte Teile des Frauenkörpers für Sex, weil sie heterosexuelle Männer anregen. Die Brüste und der Po sind die primären Geschlechtsmerkmale einer Frau, doch lange Beine, Stöckelschuhe, eine üppige Haarpracht und ein roter Schmollmund sind ebenso Sexsymbole. Die Frau ist wie das Auto, das

Bier oder die Zeitschrift, für die sie wirbt, ein Objekt der Begierde. Eine sexy Frau ist ein Konsumgut, und der Mann ist ihr Konsument.

Sex mit einem idealisierten weiblichen Bild gleichzusetzen macht Frauen zu sexuellen Unpersonen. Die große Mehrheit der Frauen erfüllt weder die Kriterien dessen, was sexy ist, noch paßt sie in das Profil des Konsumenten. Den meisten Frauen ist klar, daß unsere Sexkultur nicht sie meint, wenn in einem Artikel über Sex eine neunzehnjährige Blondine mit Wonder-bra, Strapsen und Pfennigabsätzen abgebildet ist.

Jede Frau weiß, was es heißt, sich mit dem abzumühen, was eine Freundin als »die Sache mit dem Körper« bezeichnete. Frauen lernen von klein auf, ihren Körper zu manipulieren, daß er dem entspricht, was man landläufig als sexy bezeichnet. Die sexuelle Entwicklung einer Frau wird durch das Bestreben, sexy auszusehen, gestört, und schließlich fühlt sie sich von ihrem Körper entfremdet.

Eine Frau erzählte uns, daß man von Kindheit an von ihr erwartete, daß sie *sexy* aussah, doch sie durfte nie dementsprechend handeln oder *sexuelle* Gefühle zeigen. Sie kleidete sich häufig provozierend. »Doch wenn ich eine bestimmte Grenze überschritt«, berichtete sie, »dann beschimpfte mich mein Vater aufs schlimmste. Ich habe es als Kind nie richtig hingekriegt, und es gelingt mir noch immer nicht.« Der Frau wird suggeriert, daß sie eine Darstellerin auf einem Drahtseil ist und auf dem schmalen Grat entlanggeht, der durch die Forderungen des unter ihr befindlichen Publikums vorgegeben wird. Hier ist sie jeder Form der Kritik ausgesetzt – häufig auch nur deshalb, weil sie sich überhaupt auf dem Seil zeigt. Trotz der Gefahren, die diese Art der Selbstdarstellung mit sich bringt, fühlen sich viele Frauen genötigt, sie fortzusetzen.

In einer Kultur, die Sex mit dem weiblichen Körper gleichsetzt, wird der Frau vermittelt, daß ihr nur dann sexuelle Erfüllung zuteil wird, wenn sie attraktiv aussieht. Vielen Frauen bereitet es größtes Vergnügen, sich zum Ausgehen schön zu machen, doch die Konzentration auf die äußere Attraktivität kann der eigentlichen sexuellen durchaus abträglich sein. Möglicherweise lernt die Frau so niemals ihre eigenen Gefühle oder Wünsche kennen und vermag auch nicht, auf sie zu reagieren, weil sie ihre Sexualität auf der Grundlage dessen entwickelt hat, wie andere sie sehen, berühren und behandeln.

Der Wert, den die Sexkultur auf das äußere Erscheinungsbild einer Frau legt, macht es ihr schwer, ein gesundes sexuelles Selbst zu entwickeln. Frauen würden den Sex neu erfinden; hier haben sie die Gelegenheit, ihre eigenen Körpererfahrungen ins Blickfeld zu rücken. Sie können Sex zu ihren eigenen Bedingungen praktizieren, ein Privileg, das die meisten Männer als selbstverständlich erachten. Statt ihre Sexualität anderen anzupassen, bestimmen sie nun selbst darüber. Sie müssen sich weder zu einem Orgasmus gedrängt fühlen, um das Selbstwertgefühl ihres Partners zu steigern, noch müssen sie darauf verzichten, weil ihr Partner nicht einfühlsam genug ist. Frauen müssen nicht länger dem Sexideal entsprechen. Sie verdienen statt dessen einfach guten Sex, weil sie Menschen sind.

Mythos Nummer 2: Sex = Geschlechtsverkehr

Wenn Heterosexuelle über Sex sprechen, dann meinen sie damit in der Regel vaginalen Geschlechtsverkehr. Ob es sich um Euphemismen (»der Sexualakt«), Slang (»Bumsen«) oder um Profanität (»Ficken«) handelt, die meisten Wörter für *Sex* sind tatsächlich Ausdrücke für *Geschlechtsverkehr*. Selbst viele Frauen halten den Beischlaf für den einzig *richtigen Sex*. Kürzlich erzählte uns eine Frau, daß sie gern einen Vibrator benutze, um vor dem »Sex« einen Orgasmus zu haben. Offenbar beginnt der Sex erst dann, wenn ein Penis im Spiel ist.

Die Penetration der Vagina durch den Penis definiert für die meisten Heterosexuellen den sexuellen Akt. Eine neuere Untersuchung hat ergeben, daß 95 Prozent der Heterosexuellen meistens oder immer Geschlechtsverkehr haben, wenn sie sexuell verkehren. Andere sexuelle Praktiken, wie etwa manueller oder oraler Sex, dienen entweder als Vorspiel für den Geschlechtsverkehr oder sind eine Imitation desselben. Oraler Sex und die Penetration mit dem Finger erfolgen gelegentlich mehr zur Nachahmung als um ihrer eigenen, für sie wesentlichen sexuellen Freuden willen. Obwohl für Frauen beim Geschlechtsverkehr die geringste Chance besteht, zum Höhepunkt zu kommen, wird der durch Beischlaf hervorgerufene Orgasmus am höchsten bewertet. Klitorisstimulierung wird zugunsten der Penetration vernachlässigt. Angeblich wollen Frauen einen Mann, dessen Penis »lang und hart ist und die ganze Nacht durchhält«. Viele Vibratoren sind wie ein Glied geformt, denn man geht davon aus, daß die Lustquelle des Mannes – der Penis – auch der Frau sexuelle Befriedigung verschafft.

Vaginale Penetration ist in unserer Sexkultur die einzige sexuelle Handlung, die einer Ehe Gültigkeit verleiht. (Lesbierinnen wird kein vergleichbares Ritual zugestanden, das eine Partnerschaft für gültig erklären könnte.) Wie tiefgreifend Geschlechtsverkehr in seiner entscheidenden Bedeutung ist, kommt darin zum Ausdruck, daß eine Frau masturbieren kann oder mit einem Partner manuellen, oralen oder analen Sex und vielleicht sogar mehrere Orgasmen haben kann – sie bleibt aber immer noch »Jungfrau«, solange kein Penis in ihre Vagina eingedrungen ist. »Entjungfern« kann nur der Penis eines Mannes – nicht etwa seine Hand oder sein Mund, noch weniger die Frau selbst oder eine andere Frau.

»Bis zum Letzten gehen« heißt, das endgültige Ziel zu erreichen: die vaginale Penetration. Für die meisten Männer ist mit Beginn des Geschlechtsverkehrs die letzte Etappe eines sexuellen Ausflugs erreicht. Sein Orgasmus kündigt der Frau an, daß die Reise vorüber ist. Der Beischlaf ist der Streckenabschnitt, nach dem sie ebenfalls aussteigen sollte. Doch die meisten Frauen bleiben danach mit leerlaufendem Motor auf den Schienen zurück.

Es ist nicht verwunderlich, daß Männer bei der vaginalen Penetration leicht kommen. Geschlechtsverkehr bringt den Mann zum Orgasmus, weil sich das männliche Gegenstück zur Klitoris im Penis befindet und dieser von allen Seiten durch die ihn massierende Vagina stimuliert wird. Die Klitoris der Frau bleibt durch den Geschlechtsverkehr meist unberührt. Nur die exponierte Spitze und der Klitorisschaft werden ein wenig vom Reiben und Stoßen des Penis und durch den rhythmischen Druck seines Beckens stimuliert. Bei manchen Frauen ist dies für einen Orgasmus ausreichend, vor allem dann, wenn sie sich »oben« befinden. Die Vorstellung, daß bei einer Frau allein Geschlechtsverkehr zum Orgasmus führt, kommt der Erwartung gleich, daß für Joes Befriedigung das Streicheln seiner Hoden genügt. Es ist angenehm, aber je länger Nikki ihn so streichelt, desto mehr nimmt die Wahrscheinlichkeit zu, daß Joe ärgerlich wird, statt einen Orgasmus zu bekommen.

Die niedrigere Orgasmusrate bei Frauen korreliert mit dem primär beischlaforientierten Sex. Bei den meisten Frauen erfährt die Klitoris beim Geschlechtsverkehr einfach nicht genug direkte Stimulation, um einen Orgasmus auszulösen. Die Frau ist in dem unlösbaren Konflikt gefangen, daß Sex mit Beischlaf gleichgesetzt wird, der sie jedoch nicht zum Orgasmus bringt. Oraler und manueller Sex hingegen bringen sie zum Höhepunkt, doch diese Praktiken werden nur als Hilfsmittel oder sogar als »abweichende« Sexualpraktiken betrachtet. Oraler Sex ist nur ein seltenes »Opfer« und manueller Sex ist auf das Vorspiel beschränkt, wenn er überhaupt vorkommt.

Manchen erscheint Geschlechtsverkehr wie eine Forderung der Natur. Vagina und Penis scheinen wie füreinander geschaffen oder besser, die Vagina ist für den Penis geschaffen. Der Penis gleitet so leicht in die Vagina wie ein Schwert in die Scheide. Tatsächlich *bedeutet* Vagina ja auch Scheide. Schon ihre Bezeichnung impliziert, daß die Vagina keine eigene sexuelle Identität besitzt, sondern erst zum Sexualorgan wird, wenn der Penis in sie eindringt.

Der Geschlechtsakt spiegelt die allgemein verbreitete Vorstellung wider, daß Sex etwas ist, was Männer (aktiv) mit Frauen (passiv) machen. Selbst die aktive Rolle der Frau bei der Fortpflanzung wird nicht als solche gesehen. Der Penis wird mit dem Pflug verglichen, der die empfängliche Erde vorbereitet und ihr seinen Samen eindrückt. Aufgrund der Rolle, die der Beischlaf für die Fortpflanzung spielt, wird er als die natürliche Art betrachtet, Sex zu haben. Die Leute zeigen häufig auf Tiere: die Vögel »tun es«, Bienen »tun es«, und Katzen und Hunde »tun es« auch. Der Geschlechtsverkehr ist tatsächlich die optimale Art und Weise, um Ei- und Samenzelle im menschlichen Körper zu vereinen. Doch die Menschen haben im Laufe ihres Lebens nur wenige Male Sex um der Fortpflanzung willen. Sie sind hauptsächlich deshalb am Sex interessiert, weil sie Spaß haben wollen. Und wie jeder weiß, der masturbiert und es zugibt, macht beim Sex der Orgasmus am meisten Spaß.

Mythos Nummer 3: Frauen und Männer sind verschieden und ungleich

Der Mythos, der vielleicht den stärksten Einfluß auf unserer Sexkultur hat, ist der, daß Frauen und Männer unterschiedlichen Geschlechtern angehören. Männer werden als die Norm und Frauen als die Abweichung von dieser Norm begriffen. Frauen sind das Gegenstück der Männer und ihnen unterlegen. Das offensichtlich größere Genital des Mannes wird manchmal als Beweis ihres mächtigeren Geschlechtstriebs gewertet, während das scheinbar kleinere Genital der Frau ihr geringeres Interesse am Sex widerspiegelt. Da Frauen in so vielerlei Hinsicht als die Unterlegenen gelten, ist es kein Wunder, daß sie beim Sex meist »unten« liegen.

Der Mythos, daß Frauen Männern in Sachen Sex unterlegen sind, wird durch drei Meinungen untermauert: erstens, daß Frauen einen weniger stark ausgeprägten Geschlechtstrieb haben als Männer; zweitens, daß für Frauen der Orgasmus nicht so wichtig ist wie für Männer; und drittens, daß Frauen kleinere Genitalien haben als Männer.

Frauen haben einen weniger stark ausgeprägten Geschlechtstrieb als Männer. Der Geschlechtstrieb wird nicht als Folge sozialer Konditionierung oder Erfahrung betrachtet, sondern als angeborenes oder natürliches Geschlechtsmerkmal. Man glaubt, daß »weibliche Hormone« (eigentlich das Übermaß an weiblichen und der Mangel an männlichen Hormonen, vor allem an Testosteron) dafür verantwortlich sind, daß Frauen weniger Interesse am Sex haben. Doch wer Hormone und andere biologische Prozesse als Beweis für die Existenz sexueller Unterschiede heranzieht, der interpretiert sie immer auf der Basis der vorherrschenden Sexkultur. Der geringere Testosteronspiegel erklärt angeblich, warum Frauen viel seltener die Initiative beim Sex ergreifen als Männer, doch dabei wird vergessen, daß Frauen jahrzehntelang darin geschult werden, anderen gefällig zu sein, und man sie als »schlecht« abstempelt, wenn sie nach ihren eigenen sexuellen Wünschen handeln. In der Regel sind Frauen so sehr damit beschäftigt, auf die Bedürfnisse der Männer einzugehen, daß sie kaum eine Chance haben, ihre eigene Sexualität zu entwickeln. So wird zum Beispiel auf die Fähigkeit von Frauen, mehrere Orgasmen hintereinander zu haben, nur selten eingegangen, während Dinge wie Schönheit und sexuelle Bereitwilligkeit, die das Vergnügen der Männer steigern, »belohnt« und herausgestellt werden.

Der Glaube an einen natürlichen Geschlechtstrieb bestätigt die sexuelle Vorrangstellung des Mannes. Es wird unterstellt, daß Frauen einfach nicht den Drang verspüren, »gleich und sofort« Sex haben zu müssen, wie das bei Männern der Fall ist. Tatsächlich schieben sie es auf ihre unkontrollierbare sexuelle Begierde, wenn sie Frauen zum Sex drängen. (»Du hast mich so angemacht ...«) Sie erklärt, warum Männer Prostituierte aufsuchen oder ihre Frauen und Freundinnen betrügen. (»Männer haben sexuellen Notstand.«) Das Argument wird sogar eingesetzt, um Männer von Vergewaltigung freizusprechen und Frauen dafür die Schuld zu geben. (»Sie hat ihn so angemacht, daß er nicht aufhören konnte.«) Es scheint so, als wüßten Männer sich einfach nicht mehr zu helfen, wenn ihre Erregung einen bestimmten Punkt überschreitet. Bei Frauen gilt es hingegen als unnatürlich, ja sogar unmoralisch, einen ausgeprägten Geschlechtstrieb zu haben. Eine Frau, die ein dringendes Bedürfnis nach Sex bekundet, riskiert es, als »Flittchen« abgestempelt zu werden.

Daß unsere Gesellschaft Sex überhaupt als »Trieb« betrachtet, macht aus ihm eine Macht jenseits menschlicher Kontrolle. Dies unterstützt die Haltung, ein Individuum besäße wenig Möglichkeiten, dem Motor der Natur Fesseln anzulegen. Doch weder der Männer sogenannter Geschlechtstrieb noch die Frauen anhängende scheinbare sexuelle Gleichgültigkeit sind das Produkt von Biologie und Hormonen: Sexualität entwickelt sich in seinem *sozialen Umfeld*. In einer Gesellschaft, die Sex in den Dienst des männlichen Orgasmus stellt und die die sexuellen Bedürfnisse von Männern auf vielerlei Art bedient, ist es nicht verwunderlich, wenn Frauen weniger Interesse am Sex zeigen. Doch der Grund hierfür liegt nicht darin, daß sie so geboren wurden. Wenn dem Sex die Klitorisstimulierung fehlt, die Frauen bis zum Orgasmus führt, dann wird Sex zu einer self-fulfilling prophecy, bei der Frauen tatsächlich in die Rolle der sexuell weniger interessierten Bevölkerungshälfte gedrängt werden. Hat der Mann einen Orgasmus und die Frau nicht, dann wird dieser Unterschied bisher als Darstellung der deutlich unterschiedlichen sexuellen Natur von Mann und Frau gewertet. Man verschweigt, daß es sich hier um die Folge von sexueller Konditionierung handelt, um ein überholtes Verständnis von Geschlechtszugehörigkeit und einer Definition von Sex als Geschlechtsverkehr, der dem Orgasmus des Mannes dient.

Für Frauen ist der Orgasmus nicht so wichtig wie für Männer. Für einen Mann ist der Orgasmus praktisch eine medizinische Notwendigkeit. Wenn er sexuell erregt ist und keinen Orgasmus hat, aber ejakuliert, so heißt es im Volksmund, wird er unter »Druck auf den Eiern« leiden. Die unübersehbare Erektion des Mannes macht die Penetration (oder, wie viele Frauen nur zu gut wissen, Fellatio oder Masturbation) nahezu zwingend notwendig. Obwohl eine Frau ebenfalls über das Pendant einer Erektion verfügt, besitzt unsere Sexkultur weder einen Namen dafür, noch erkennt sie diesen Vorgang überhaupt an. Bei einer Frau sagt man nicht, daß sie unter »Druck auf der Klitoris« leidet, wenn ihre sexuelle Erregung keinen Höhepunkt im Orgasmus findet.

Anzuerkennen, daß Frauen Orgasmen ebenso brauchen wie Männer, würde der Einsicht gleichkommen, daß Frauen und Männer auf sexueller Ebene weit mehr Ähnlichkeiten als Unterschiede aufweisen. Eine solche Einsicht stellt die Sexkultur in Frage, denn sie legt nahe, daß Frauen ebenso wie Männer Lust empfinden und das gleiche Anrecht darauf haben wie sie.

> Es gibt nur sehr wenig absolute sexuelle Unterschiede und ... ohne vollständige soziale Gleichberechtigung kann man nicht sicher sein, welcher Art sie überhaupt sind. *Anne Fausto-Sterling*

Frauen haben kleinere Genitalien als Männer. Die Sexkultur konzentriert sich auf die Erektion des männlichen Gliedes und übersieht die Tatsache, daß das erektionsfähige Gewebe der weiblichen Klitoris und der Brüste die gleiche Größe aufweist und ebenfalls auf Stimulation reagiert. Die Organe beider Geschlechter schwellen an und werden bei sexueller Erregung hart, doch der Vorgang, der bei Männern eine so große Rolle spielt, die Erektion, wird bei Frauen nicht einmal in seiner Existenz anerkannt.

Die Sexkultur definiert die Erektion als rein männliches Phänomen und stellt zum Ausgleich dafür die »Feuchtigkeit« der Vagina in den Vordergrund. Vaginale Lubrikation wird als Bereitschaft der Frau zur Penetration (und für das Vergnügen des Mannes) interpretiert. Dabei wird die Tatsache ignoriert, daß die Genitalien der Frau genau wie beim Mann durch erhöhte Blutzufuhr und Muskelanspannung anschwellen.

Unsere Sexkultur bewertet Geschlechtsorgane nicht auf der

Der Sex-IQ-Test

1. Welche sexuelle Handlung bringt eine Frau am wahrscheinlichsten zum Orgasmus?
    a) Geschlechtsverkehr
    b) Klitorisstimulierung
    c) Sex mit einem geliebten Partner
2. Welcher Form ist die weibliche Klitoris am ähnlichsten?
    a) einem zehn Zentimeter großen Gabelbein
    b) einer Erbse
    c) einem Miniaturpenis
3. Wann in der Regel wird der Sexualakt zwischen Mann und Frau als abgeschlossen betrachtet?
    a) wenn die Frau einen Orgasmus hatte
    b) wenn beide Partner sexuell befriedigt sind
    c) wenn der Mann ejakuliert hat
4. Woran kann man am deutlichsten erkennen, daß die Frau einen Orgasmus hatte?
    a) ihre Beckenbodenmuskulatur zieht sich zusammen
    b) ihre Brust rötet sich
    c) sie stöhnt
5. Manche Frauen ejakulieren beim Sex eine Flüssigkeit, die Ähnlichkeit hat mit
    a) Urin
    b) Vaginalsekret
    c) dem Prostatasekret des Mannes
6. Wie lange dauert im Durchschnitt der Sex durch Penetration bei Heterosexuellen?
    a) eine Stunde
    b) zwei bis drei Minuten
    c) eine Viertelstunde

> 7. Wer kann durch Masturbation schneller einen Orgasmus hervorrufen?
>   a) Männer
>   b) Frauen
>   c) Frauen und Männer sind gleich schnell
> 8. Nur manche Frauen haben einen G-Punkt.
>   ☐ falsch
>   ☐ richtig
> 9. Die Vagina einer Frau wird immer dann feucht, wenn sie sexuell erregt ist.
>   ☐ falsch
>   ☐ richtig
> 10. Wenn Frauen sexuell erregt sind, tritt ein ähnliches Anschwellen und eine gesteigerte Anspannung der Muskulatur auf, wie es bei Männern unter dem Begriff »Erektion« bekannt ist.
>   ☐ falsch
>   ☐ richtig
>
> *Die Antworten finden Sie am Ende des Kapitels.*

Basis dessen, wie man durch sie sexuelle Freude erfährt, sondern aufgrund dessen, wie gut sie in ein Modell der Sexualität passen, das dem Penis die Starrolle überträgt. Wenn die Bühne für den Sex bereitet ist, dann erscheint das große, bestimmende Organ des Mannes und nimmt den Mittelpunkt ein, während der Vagina die Rolle des entgegenkommenden Handlangers zugewiesen wird. Die weibliche Klitoris dient nur als mickriges, kaum erwähnenswertes Extra, das kaum hinter den Kulissen zum Vorschein kommt.

*Mythos Nummer vier: Frauen wollen Zärtlichkeit,
Männer wollen Sex*

Ein weiterer Mythos ist die Vorstellung, daß Frauen und Männer unterschiedliche Erwartungen an den Sex haben: Frauen wollen Nebensächliches (Wein und Kerzenlicht), Männer wollen zur Sache kommen (genitalen Sex und Orgasmus). Männer wollen penetrieren und ejakulieren, Frauen kuscheln und reden. Intimität und genitaler Sex werden als gegensätzliche und unvereinbare Ziele angesehen. Frauen beklagen sich, daß sie nicht genug Zärtlichkeit und Aufmerksamkeit erhalten, Männer darüber, daß sie nicht genug »Sex« bekommen. Vielleicht bekommen Männer weniger häufig Sex als sie es sich wünschen, weil Frauen sexuell unbefriedigt sind. Und sexuell unbefriedigte Frauen richten ihr Interesse auf andere Dinge. Susan Quilliam, die bei Engländerinnen eine Umfrage über Sex durchführte, äußerte die Vermutung, daß Frauen vielleicht deshalb mehr auf Intimität ausgerichtet sind, um den Mangel an Orgasmen zu kompensieren. Eine Frau, die regelmäßig Sex ohne Orgasmus hat, könnte tatsächlich auf den Gedanken kommen, das Vergnügen an anderer Stelle zu suchen.

> **Was Frauen (nicht) wollen**
> Was Frauen wollen, hat Freud gefragt. Der alte Dummkopf, dieser Scharlatan. Er wußte, was Frauen wollen. Sie wollen nichts. *Nichts* reicht ihnen. Alle wissen das. *Carol Shields*

Der Spruch »Frauen wollen Zärtlichkeit, Männer Sex« teilt die Sexualität auf in männlich und weiblich. Autor und Beziehungs-Guru John Gray geht sogar noch weiter. In seinen Büchern *Männer sind anders. Frauen auch* und in *Mars, Venus und*

Eros vertritt er die Meinung, daß Männer und Frauen von verschiedenen Planeten stammen, wenn es um Beziehungen und Sex geht. Seine Auffassung erfreut sich großer Popularität, weil sie heterosexuellen Paaren vermittelt, daß bei ihnen alles in Ordnung ist. Wenn der eine sich vom anderen entfremdet fühlt, dann liegt dies daran, daß sie einander wirklich fremd *sind.* Gray postuliert, daß die Probleme zwischen Männern und Frauen eine Folge angeborener Unterschiede und nicht zu ändern sind. Gray ignoriert dabei vollständig die Tatsache, daß Frauen beigebracht wird, sich auf Zärtlichkeit zu konzentrieren. Indem er sie als den emotionalen und Männer als den sexuellen »Planeten« bezeichnet, kleidet er die ältesten Stereotype der Sexkultur in ein New-Age-Gewand. Im Bett bleiben die beiden Planeten durch die Orgasmuskluft voneinander getrennt.

Statt Intimität nur den Frauen und Sex nur den Männern zuzuordnen, könnte der Sex für beide besser sein, wenn er diese beiden Seiten gleichermaßen enthielte. Beim letzten Hinsehen befanden sich Männer und Frauen noch gemeinsam auf der Erde, einem Planeten, der genau zwischen Venus und Mars plaziert ist. Hier auf der Erde können sich Männer und Frauen gleichermaßen an Intimität und orgastischem Sex erfreuen. Statt widersprüchlich zu sein, können die beiden Freuden einander noch verstärken. Orgastischer Sex und Intimität sind Bestandteile eines Kontinuums des sexuellen, emotionalen, mentalen und physischen Ausdrucks. Wenn Frauen den Sex neu erfinden, dann werden Frauen und Männer gleichermaßen Zugang zu all den Früchten ein und desselben Gartens irdischer Freuden haben.

In diesem Buch sammeln wir Ideen und Anregungen, wie Frauen den Sex neu erfinden können. Wir richten unser Augenmerk auf den weiblichen Körper und definieren ihn und seine Sexualität neu; ein vergleichbarer Prozeß ist auch für die Männer notwendig. Wenn Männer und Frauen sich gemeinsam darum bemühen, die Mythen der Sexkultur zu demontieren, kann Sex nicht nur zu einem männlichen, sondern zu einem wechselseitigen Vergnügen werden.

Die Verleugnung des Orgasmus

Sex neu erschaffen setzt voraus, daß Frauen die Probleme der Sexkultur erkennen. Doch viele Frauen leugnen die Orgasmuskluft und sehen keine Notwendigkeit darin, den Sex neu zu überdenken. »Gibt es da ein Problem?« fragte eine zwanzigjährige Collegestudentin, die uns erzählte, daß sie beim Sex immer drei Orgasmen hat. Einige berufstätige Frauen mit Dreißig, Vierzig und Fünfzig meinten: »Haben wir das nicht bereits in den siebziger Jahren getan?« Und unsere Mutter erklärte uns, daß sie und all ihre Freundinnen aus der Weltkriegsgeneration ganz allein hinter den orgastischen Sex gekommen sind.

Der Ausdruck »dahintergekommen« bringt es genau auf den Punkt. Viele dieser Frauen sind nur zufällig auf den Orgasmus gestoßen, oder sie hatten das Glück, einen einfühlsamen Partner zu haben. Andere machten ihre Orgasmuserfahrungen beim Masturbieren, indem sie das Tabu brachen, unter dem die Selbstbefriedigung stand. Sie alle kamen dahinter, wie man Freude am Sex haben kann, nicht *durch* die Sexkultur, sondern *trotz* ihr.

Es gibt jedoch andere Frauen, die dazu entweder nicht fähig oder nicht inspiriert genug sind. In einer Sexkultur, die den weiblichen Orgasmus leugnet, kann eine erhebliche Anstrengung erforderlich sein, um Partnersex befriedigend zu gestalten. Da die sexuelle Lust der Frau weder für die Medien ein Thema ist, hat nur die Frau eine Chance, Orgasmen zu erleben, wenn sie den vorgegebenen Weg verläßt. Das Schweigen, das die weibliche Sexualität umgibt, verletzt auch die Frauen mit befriedigendem Sex, denn es verhindert, daß ihre sexuellen Erfahrungen gehört und ernst genommen werden. Zum Beispiel könnte eine Frau, die durch oralen Sex zum Höhepunkt kommt, weniger Freude an dieser Praktik haben, weil sie sich vielleicht fragt: »Komme ich auch auf die ›richtige‹ Art?« Einer Frau, die ab und zu einen Orgasmus hat, fehlen vielleicht die Informationsquellen, die Gelegenheit und Ermutigung, um sich zu fragen, warum Sex bei ihr nicht immer orgastisch ist. Sie zieht es vielleicht vor, den Frieden aufrechtzuerhalten, statt Schwierigkeiten zu machen, vor allem dann, wenn die Lösung nicht nur ihre als selbstverständlich hingenommenen Vorstellungen vom Sex, sondern auch ihre Beziehungen zu Männern in Frage stellt.

Vielen Frauen ist die Orgasmuskluft bewußt, doch sie wollen sich nicht damit konfrontieren. Wir kennen Frauen, die seit Jahrzehnten verheiratet sind, erwachsene Kinder und sexuell zufriedene Ehemänner haben, doch selbst nie einen Orgasmus hatten. Sie konzentrieren sich beim Sex auf die Befriedigung ihres Partners. Manche von ihnen kommen zum Orgasmus, wenn sie masturbieren; doch sie haben nie den Mut aufgebracht oder die kommunikativen Fähigkeiten entwickelt, mit ihrem Partner darüber zu sprechen, wie der Orgasmus für beide zu einem befriedigenden Erlebnis werden könnte. Viele Frauen haben Partner, die sich weigern, an der Art und Weise ihres sexuellen Beisammenseins etwas zu ändern. Für diese Frauen ist der Orgasmus eher eine bedrohliche Herausforderung als etwas, worauf sie sich freuen.

Wenn eine Frau schließlich zu orgastischem Sex findet, kann dies für sie so verwirrend sein, daß sie die dadurch ausgelösten Gefühle möglicherweise für Liebe hält. Oder sie bleibt in einer Beziehung, weil sie fürchtet, keinen anderen Partner mehr zu finden, der ihr Orgasmen ermöglicht. Guter Sex kann die Liebe verstärken, und Liebe macht Sex meist besser, aber beides ist nicht identisch.

Feministinnen und Sextherapeuten befürchten, Frauen würden sexuell nur noch unzulänglicher fühlen, wenn man sie dazu ermutigte, Orgasmen anzustreben. Doch kann eine solche Sichtweise, auch wenn sie vermeintlich auf die Gefühle von Frauen Rücksicht nimmt, dazu führen, daß der Orgasmus für sie noch unerreichbarer wird. Sie legt nahe, daß die Frau, die nicht zum Orgasmus kommt, selbst schuld ist, statt die Ursache hierfür in der allgemein verbreiteten Definition von Sex zu sehen. Andere spielen die Bedeutung des Orgasmus herunter, weil sie glauben, sich männlichen Werten unterzuordnen, wenn sie Orgasmen anstreben. In einer mehr weiblich orientierten Sexualität, so meinen sie, würden sinnliche Freuden wie Streicheln, Küssen und Umarmungen an die Stelle von genitalem Sex und Orgasmus treten. Frauen haben Spaß an dem, was in einer 1995 erschienenen Sonderausgabe des amerikanischen Frauenmagazins *Ms.* als »heißer Sex ohne Vorschriften« bezeichnet wurde, also an »allem, was immer sie antörnt«.

Es ist wichtig, Frauen mehr Möglichkeiten für sexuelles Vergnügen zu eröffnen, doch den Orgasmus ganz abzutun, würde bedeuten, das Kind mit dem Bade auszuschütten. Mit dieser Ansicht geht man außerdem dem Klischee »Orgasmus gegen Zärtlichkeit« in die Falle. Wenn man die körperliche Lust für Frauen vage als »was immer« definiert, ist die Wahrscheinlichkeit groß, daß ihre natürliche Orgasmusfähigkeit unentwickelt bleibt. Eine Frau kann sich immer auch dafür entscheiden, nicht zum Höhepunkt zu kommen, aber eine Wahl im eigentlichen Sinne trifft sie nur dann, wenn der Orgasmus eine jederzeit verfügbare Möglichkeit darstellt.

Die sogenannte sexuelle Revolution

Die meisten, die die sechziger Jahre miterlebt haben, stimmen darin überein, daß die sexuelle Revolution – jedenfalls für den heterosexuellen Mann – ein Segen war. Viele Frauen waren davon überzeugt, daß dabei auch für sie etwas herausspringen würde. Manche glaubten, *mehr* Sex mit *mehr* Partnern in *mehr* Positionen und an *mehr* Tagen in der Woche würde den Sex für sie ebenso befriedigend machen wie für die Männer. Doch *mehr* Sex bedeutete nicht zwangsläufig *besseren* Sex für die Frauen. Selbst als der Oralsex in Mode kam und die Bereitschaft der Männer zum Kunnilingus (Oralsex bei der Frau) höher war als zuvor, so wuchs doch auch die Fellatiorate (Oralsex beim Mann) und blieb auf einem hohen Niveau. Die sogenannte sexuelle Revolution schlug bei den Frauen fehl, weil sie den Sex nicht auf so grundlegende Weise verändert hat, wie es notwendig gewesen wäre, um ihn zu einem gleichberechtigten Vergnügen zu machen. Heute, an der Schwelle zum neuen Jahrtausend, fragen sich noch immer viele Frauen: »Ist die sexuelle Revolution überhaupt schon gekommen? ... Ich jedenfalls bin es noch nicht!«

Es ist an der Zeit, den Sex auf grundlegende Weise neu zu überdenken. Feministinnen, Lesbierinnen, Schwule und bisexuelle Aktivisten der letzten Jahrzehnte bilden die Vorhut eines Umdenkungsprozesses, der verspricht, eine *wirkliche* Revolution der sexuellen Gewohnheiten in Gang zu setzen. Wie das kleine Mädchen, das mitten unter den Dorfbewohnern laut verkündet, daß der Kaiser keine Kleider trägt, decken diese Gruppen das Geheimnis auf, das Frauen gewohnheitsmäßig für sich behalten: Sex, so wie er gegenwärtig definiert wird, befriedigt Frauen nicht.

Wesentlich zur Neudefinition des Sex hat eine Studie von Shere Hite beigetragen, in der Tausende von Frauen selbst über

Sex sprechen. *Hite Report (Das sexuelle Leben der Frau)* war ein im höchsten Maße kontroverses Buch, das die Diskrepanz offenbarte zwischen dem, wie Frauen Sex erleben sollten, und dem, was sie tatsächlich dabei empfanden. Kritiker bemängelten das Fehlen einer wissenschaftlich fundierten Methode, obwohl spätere »wissenschaftliche« Studien auf die wesentlichen Erkenntnisse von Hites Report Bezug nahmen. Viele Frauen stellten fest, daß vieles von dem, was Hite zu Papier brachte, sich mit ihren eigenen Erfahrungen deckte. Die Sexkultur war noch nicht bereit zu hören, daß Sex (im wesentlichen Geschlechtsverkehr) für Frauen nicht so befriedigend war wie für Männer.

Durch die Frauengesundheitsbewegung entstand ein neues Bild des weiblichen Körpers. Beratungsstellen und Bücher, wie *Unser Körper, unser Leben. Ein Handbuch für Frauen*, ermutigten diese Bewegung Frauen dazu, selbst die Verantwortung für ihre Gesundheit und damit auch für ihr sexuelles Wohlbefinden zu übernehmen.

Vor allem lesbische und bisexuelle Feministinnen haben dazu beigetragen, viele Facetten der Frauenrolle in Frage zu stellen. Mit ihrer Kritik dessen, was Adrienne Rich eine »zwanghafte Heterosexualität« nennt, haben Aktivisten im lesbischen, schwulen, bisexuellen und transsexuellen Lager den Blick auf eine neue Sexkultur sowohl für sich selbst als auch für andere ermöglicht. Ihre Arbeit hat es jungen Frauen leichter gemacht, sich gegen aufoktroyierte sexuelle Rollen und ein Sexualverhalten zur Wehr zu setzen, die nicht das Wohl der Frau im Sinn haben. Mit ihrer Erklärung, »Wir sind hier«, haben Lesbierinnen, bisexuelle Frauen und Männer, Schwule und Transsexuelle die Gesellschaft gezwungen, sich mit den traditionellen Vorstellungen von Sex auseinanderzusetzen. Offene Bisexualität hat die Meinung von Sexforscher Alfred Kinsey untermauert, daß sexuelle Orientierung ein Kontinuum und Sexualität stärker im Fluß und offener ist, als es die Kategorien »heterosexuell« und »homosexuell« zulassen. Die Mainstreamkultur feiert inzwischen jene, die Geschlechterrollen in Frage stellen, wie die androgyne k. d. lang und der extravagante Transvestit Ru Paul. Bücher wie Martine Rothblatts *The Apartheid of Sex* (Die Apartheid des Sex) und Leslie Feinbergs *Transgender Warriors* (Transsexuelle Krieger), das Auftreten von Transsexuellen in TV-Talkshows und Veröffentlichungen von feministischen Wissenschaftlerinnen wie der Biologin Anne Fausto-Sterling (die versichert, daß es mindestens fünf verschiedene Geschlechtszugehörigkeiten gibt) haben ein größeres Bewußtsein dafür geschaffen, daß weder das Geschlecht noch die Geschlechtszugehörigkeit in zwei sauber voneinander getrennte Gruppen eingeteilt werden kann.

Die Auswirkungen dieser Provokationen auf die Sexkultur wurden noch durch das Auftreten von Aids verstärkt. Selten war es so notwendig, sich über das Wie sexueller Vereinigung Gedanken zu machen wie heute. Die Fragen, denen sich die Menschen stellen müssen, betreffen den Zweck und die Definition von Sex. Was ist Sex? Warum soll man überhaupt Sex haben? Für wen ist der Sex? Diese Fragen zwingen jeden dazu, gerade die selbstverständlichsten und grundlegendsten Aspekte des Sex genau zu prüfen und zu überdenken.

Alternativen sind bereits im Entstehen begriffen, und Frauen sind die Vorhut dieser Wandlung.

Es ist die Klitoris, Dummkopf

Die Neudefinition von Sex für Frauen und Männer beginnt mit der Entdeckung der Klitoris. Sie bleibt von den meisten Gesprächen über Sex ausgeschlossen, ganz im Gegensatz zu ihrem Pendant, dem Penis. Der Vagina wird weit mehr Aufmerksamkeit gewidmet als der Klitoris, und das nicht nur deshalb, weil durch sie der Weg zum Uterus führt und damit zur Empfängnis. Die Vagina ist wichtig, weil sie dem Penis sexuelle Lust bereitet. Der Klitoris wendet man sich höchstens so nebenbei zu, wenn es um das Vorspiel zum Koitus geht, doch die Stimulierung, die sie erfährt, ist meist weder ausreichend noch angemessen, um eine Frau zum Orgasmus zu bringen.

In Anbetracht dieser Zurückhaltung ist es kein Wunder, daß Lage, Größe und Reaktionen der Klitoris für viele Männer ein Geheimnis sind. Eine Frau berichtete, sie habe mit dem Gedanken gespielt, eine Zeichnung ihrer Genitalien über das Bett zu hängen, auf der ein Pfeil und die Worte »Hier berühren« auf ihre Klitoris weisen.

Selbst Männer, die sich ernsthaft mit der Klitoris ihrer Partnerin beschäftigen, um ihr sexuelles Vergnügen zu bereiten, haben Schwierigkeiten, sie zu finden oder bei ihr zu verweilen. Anderen fällt es schwer, sie so lange zu stimulieren, bis die Frau kommt. Oder sie wissen nicht, wie sie die Klitoris überhaupt stimulieren sollen. Wenn Männer feststellen, daß sie ebenfalls eine Klitoris besitzen (die sich, wie wir noch zeigen werden, in ihrem Penis befindet), dann fällt es ihnen vielleicht leichter zu verstehen, warum es die Sache wert ist, sie auch bei der Frau zu finden.

Frauen selbst sind oft nicht in der Lage, ihren Partner zu instruieren, weil ihr Wissen über ihre eigene Anatomie begrenzt ist. Viele Frauen vermeiden es, ihr Geschlecht zu berühren, und nur wenige sind mit ihrer Klitoris so vertraut, wie mit dem Penis ihres Partners. Jungen wachsen auf mit Witzen und Geschichten über die Heldentaten des Penis, während Mädchen das Wort Klitoris so selten zu hören bekommen, daß sie nicht einmal wissen, wie das Wort betont wird (*Kli*-to-ris und Kli-*to*-

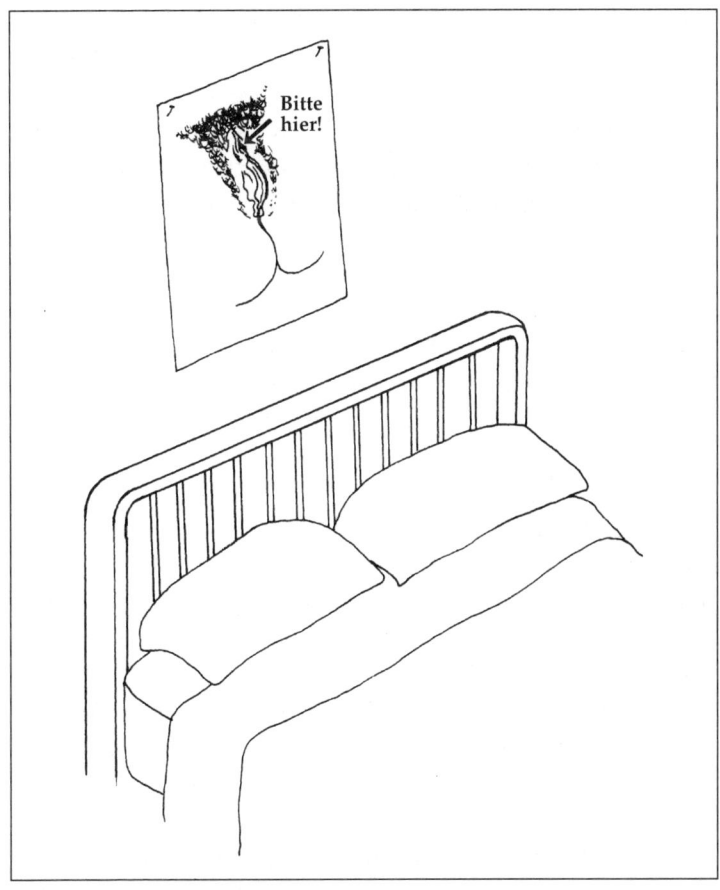

ris sind beide richtig). Jungen lernen oft voneinander, wozu ihr Penis in der Lage ist, doch Mädchen unterhalten sich nur selten über die Klitoris, und die wenigsten haben mit ihr eigene Erfahrungen. Tatsächlich kommt es vor, daß ein junges Mädchen erwachsen wird, ohne sich überhaupt bewußt zu sein, daß sie eine Klitoris besitzt. Wenn eine junge Frau, die durch die Klitoris hervorgerufene sexuelle Lust entdeckt, dann geschieht dies meist durch Zufall. Die genaue Lokalisierung der angenehmen Gefühle zwischen ihren Beinen bleibt ein Geheimnis für sie.

Zum mangelnden Wissen über die Klitoris tragen sexualkundliche Texte bei, die von der Klitoris als von einem winzigen Organ sprechen, das sich in erigiertem Zustand unter seiner Kapuze »versteckt«, und die damit die Vorstellung heraufbeschwören, daß Frauen auf sexuellem Gebiet schüchtern sind. Wenige Frauen und Männer wissen, daß die Klitoris kein erbsengroßer Penis ist, sondern zehn Zentimeter in das Körperinnere hineinreicht.

Es liegt Jahrzehnte zurück, daß Laboruntersuchungen die Erfahrung von Millionen von Frauen bestätigten, daß es die Klitoris ist, die den Orgasmus auslöst. Alle Sexualforscher, von Hite über Masters und Johnson bis zu Dr. Ruth haben darauf hingewiesen, daß die Klitoris der Ort ist, der stimuliert werden muß, um eine Frau zum Orgasmus zu bringen. Freuds Behauptung, daß Frauen, die nur durch Klitorisstimulierung zum Orgasmus kommen, unter einer »sexuellen Störung« leiden, beeinflußt noch immer die Diskussionen über Sex und bestärkt die verbreitete Meinung, daß der »vaginale Orgasmus« das Ziel jeder reifen Frau sein sollte.

Es gibt noch andere Ammenmärchen über die Klitoris. Aktuelle Sexbücher wie *Sex: A Man's Guide* (Sex: Ein Führer für Männer) von Stefan Bechtel und Laurence Roy Stains sowie *Mindblowing Sex in the Real World: Hot Tips for Doing It in the Age of Anxiety* (Sex zum Abheben in der wirklichen Welt: Heiße Tips für coole Ficks im Zeitalter der Angst) von Sari Locker beschreiben die weibliche Klitoris als »das einzige Organ, das allein der Lust dient«.

Doch selbst diese ungenaue stilistische Übertreibung führt nicht zur Gleichwertigkeit der Klitoris mit dem Penis. Sex zielt weiterhin darauf ab, daß sich der Penis in der Vagina befinden muß, oft unter Ausschuß jener Sexualpraktiken, die die Klitoris direkt stimulieren. In Frauenzeitschriften zum Beispiel wird in Artikeln über Sex pflichtschuldig auf die Bedeutung der klitoralen Stimulation für den Orgasmus der Frau hingewiesen, doch statt Frauen zu einer direkten Klitorisstimulierung zu bewegen, beschränken sie sich häufig auf den gutgemeinten Rat, daß Frauen beim Koitus oben am ehesten auf ihre Kosten kommen, und lassen es dabei bewenden.

Es gibt Hinweise, daß die Klitoris doch noch zu ihrem Recht kommt. Viele Sexualpädagogen und Wissenschaftler geben sich Mühe, eine öffentliche Diskussion über die Klitoris anzuregen und karikaturistische Bücher wie Holly Hughes' *Clit Notes* (Anmerkungen zur Klitoris) ziehen in Buchhandlungen das Interesse auf sich. Doch in einer Sexkultur, die sich entweder fürchtet oder aus anderen Gründen abgeneigt ist, sich mit den weiblichen Genitalien zu genau zu beschäftigen, wissen noch immer Millionen Männer und Frauen nichts von der orgastischen Macht der Klitoris.

Und der G-Punkt auch

1982 erschien in den USA ein Buch mit dem Titel: *The G Spot* (Der G-Punkt) von Alice Kahn Ladas, Beverly Whiple und John D. Perry. Mit diesem Buch richteten die Autoren die Aufmerksamkeit auf eine weitere weibliche Quelle sexueller Lust. Der G-Punkt kann wenige Zentimeter innerhalb der Vagina an deren vorderer Wand ertastet werden. Endlich wurden Frauen, die bei entsprechender Stimulierung in diesem Bereich angenehme Gefühle hatten, in ihren Erfahrungen bestätigt. Doch einige Feministinnen taten den G-Punkt als ein Hirngespinst ab. Außerdem wurde dadurch scheinbar Freuds Meinung über den vaginalen Orgasmus bestätigt. Viele Frauen zogen es deshalb nicht einmal in Betracht, nach dem G-Punkt zu suchen.

Einige Wissenschaftler sind der Ansicht, daß der G-Punkt eine weibliche Vorsteherdrüse oder Prostata ist und dieser gleicht. Die Prostata des Mannes ist ebenfalls sexuell erregbar und kann über die vordere Wand des Anus stimuliert werden, während der G-Punkt der Frau über die vordere Wand der Vagina ansprechbar ist. Die Stimulierung des G-Punkts mit den Fingern, die wir als G-Punkten bezeichnen, erzeugt angenehme Gefühle, die zum Orgasmus führen können.

G-Punkten führt außerdem bei einigen Frauen zur Ejakulation, wobei wie beim Mann eine Flüssigkeit aus der Harnröhre herausgespritzt wird. Frauen, die ejakulieren, wird häufig gesagt, daß sie »urinieren«. Wer in einem Buch etwas über die weibliche Ejakulation nachlesen will, findet entweder keinen Hinweis darauf, oder aber er stößt auf widersprüchliche Ansichten darüber, was sie ist, und auf Zweifel, ob sie überhaupt existiert. Diejenigen, die schon einmal die weibliche Ejakulation erlebt oder gesehen haben, wissen, daß es sie gibt und daß das Ejakulat nicht wie Urin riecht und auch nicht so aussieht. Man hält es für Prostatasekret ähnlich dem männlichen Ejakulat ohne Sperma. Doch die wissenschaftliche Debatte darüber, woher es kommt und warum offenbar nur einige Frauen ejakulieren, dauert an.

Unsere Sexkultur nimmt wenig Notiz von der weiblichen Ejakulation oder vom G-Punkt, weil beides nicht in die gängige Vorstellung von weiblicher Sexualität paßt. Das derzeitige Sexmodell schweigt sich auch über die Klitoris aus und enthält Frauen für den Orgasmus eine wesentliche Information vor. All diese Fehlinformationen müssen beseitigt werden, um den Sex auf der Basis weiblicher sexueller Erfahrungen neu zu definieren.

Transformierter Sex

Die Neudefinition des Sex erfordert auch eine neue Basis, die zum Verständnis des weiblichen Körpers und seiner sexuellen Aktivitäten beiträgt. Weil die Sexkultur auf Männer ausgerichtet ist und den Körper von Frauen unter den Bedingungen männlicher (und nur in zweiter Linie weiblicher) Befriedigung betrachtet, fehlen Frauen derzeit die Begriffe und Wörter, um über ihre Sexualität zu sprechen. Frauen haben weder Namen für ihre Geschlechtsorgane noch Wörter, um sexuelle Techniken zu beschreiben, die den Sex für sie orgastisch machen. Neue Wörter und eine neue Sprache für Sex ermöglichen es den Frauen, miteinander zu reden und voneinander zu lernen. Ein neues Vokabular hilft Frauen, mit ihrem Partner zu kommunizieren, und den Sex von Frauen und Männern grundlegend zu verändern.

Zu den Begriffen, die wir in diesem Buch für *weibliche Genitalien* neu entwickelt haben, gehören:
- Orgastischer Halbmond – Dies ist unser Wort für den sichelförmigen Bereich, in dem das Lustzentrum der Frau liegt. Der orgastische Halbmond erstreckt sich von der Klitoris über die Harnröhrenöffnung (ebenfalls eine sexuelle Zone) bis hin zum G-Punkt jenseits des Schambeins in der Vagina. Die Labia schwellen an, wenn die Klitoris erigiert ist. Wenn alle Bereiche entlang des orgastischen Halbmonds gleichzeitig stimuliert werden, kann dies bei einer Frau einen heftigen Orgasmus auslösen. Manche Frauen ejakulieren dabei.
- Kligeva (Kli-Ge-Va) – Das ist unser Wort für die Gesamtheit der weiblichen Genitalien. Bisher gibt es kein Wort, das alle sexuell stimulierbaren Zonen einer Frau zusammenfaßt. Das Wort besteht aus den ersten Silben der sexuellen Bereiche Klitoris, G-Punkt und Vagina. Das »a« als letzter Buchstabe

weist darüber hinaus auch auf den Anus hin, einen häufig vernachlässigten Lustpunkt. Unser Wort führt außerdem die Teile in der Reihenfolge auf, in der die meisten Frauen genital stimuliert werden wollen.

Wir haben auch neue Begriffe für *sexuelle Techniken* entwickelt die auf weibliche Lust ausgerichtet sind:
- Manualsex – Viele Menschen bedienen sich bei partnerschaftlichem Sex auf wirkungsvolle Weise ihrer Hände, doch sie verwenden nur selten einen richtigen Namen dafür: Manualsex. Manualsex ist eine weitverbreitete Praktik und eine sehr lustvolle sexuelle Kunst, die als »Vorspiel« oder »Petting« trivialisiert wurde. Da Manualsex für Frauen auf direktem Weg zum Orgasmus führt, ist er mit Geschlechtsverkehr und Oralsex gleichwertig.
- Klittage – Das ist unser Wort für die wichtigste Art von Manualsex – die manuelle Stimulation der Klitoris. In ihm werden die Worte Klitoris und Massage miteinander verbunden. Klittage oder klitorale Massage ist die am weitesten verbreitete Methode, um Frauen zum Orgasmus zu bringen, und doch hat diese Sexualpraktik bisher keinen Namen. Die Finger – ob es sich um die eigenen oder die eines Partners handelt – können jederzeit orgastische Lust schenken, auch während des Geschlechtsverkehrs oder eines gemeinsamen Quickies. Klittage kann auch wirkungsvoll mit einem Vibrator durchgeführt werden.
- G-Punkten – Eine weitere Form des Manualsex, bei dem der G-Punkt mit den Fingern stimuliert wird. G-Punkten kann auch mit einem Dildo oder durch den erigierten Penis eines Mannes erfolgen.
- »Vergiß das Vorspiel!« – Aus einer Sexkultur, die weibliche

Lust bejaht, wird das sogenannte »Vorspiel« verschwinden. Manual- und Oralsex, die jetzt noch als Vorspiel gelten, werden ernst genommen und wesentlicher Bestandteil des Sex.
- Ladies first – Diese Regel »orgastischer Etikette« taucht in vielen Sexbüchern auf, wird in der Praxis jedoch häufig vernachlässigt. Ladies first erinnert einen Mann daran, daß der Orgasmus einer Frau (wenigstens der erste) im Idealfall vor dem Geschlechtsverkehr und immer vor seiner Ejakulation kommt. Damit wird gewährleistet, daß eine Frau immer einen Orgasmus hat, wenn sie sexuell mit einem Mann verkehrt.
- Gemeinsame Erektion – Sowohl die Klitoris der Frau als auch der Penis des Mannes erigieren, wenn sie sexuell erregt sind. Obwohl die Geschlechtsorgane der Frau anschwellen, wurde die Erektion bei Frauen bisher ignoriert. Die Erektion ist für den Orgasmus der Frau ebenso wichtig wie für den des Mannes. Die vaginale Penetration ist für eine Frau sehr viel angenehmer, wenn ihre Genitalien erigiert sind. Eine gemeinsame Erektion macht den Koitus zu einer orgastischen Erfahrung für *beide* Partner.

Neue Bezeichnungen und Begriffe für Sex helfen Frauen, die Orgasmuskluft zu überbrücken. Sex wird nicht mehr nur zu den Bedingungen der Männer stattfinden, sondern sich in gleichem Maß auf die Lust der Frau hin ausrichten.

Die Antworten auf den Sexual-IQ-Test

1. **b** Die meisten Frauen gelangen durch direkte Klitorisstimulierung zum Orgasmus, nicht durch vaginalen Geschlechtsverkehr. Frauen, die während des Geschlechtsverkehrs zum Orgasmus kommen, machen diese Erfahrung meist aufgrund klitoraler Stimulation entweder durch indirekten Druck oder durch direkte manuelle Stimulierung.

2. **a** Die Klitoris hat die Form eines zehn Zentimeter großen Gabelbeins. Sie erstreckt sich von der äußerlich sichtbaren, etwa erbsengroßen Klitorisspitze, den Klitorisschaft hinauf und in den Körper hinein. Die Schenkel der Klitoris teilen sich wie ein Gabelbein und befinden sich im Körper links und rechts von der Vaginalöffnung. Auch Männer haben eine Klitoris in ihrem Penis, die (im Verhältnis zur Körpergröße) die gleiche Größe wie die von Frauen aufweist, nur sind hier die Schenkel etwas kürzer. Die Spitze der Klitoris des Mannes kann nicht direkt berührt werden, da sie unter der Eichel verborgen liegt.

3. **c** Der Sexualakt zwischen Mann und Frau wird in der Regel als abgeschlossen betrachtet, wenn der Mann ejakuliert (wobei davon ausgegangen wird, daß er auch einen Orgasmus hat). Der Orgasmus der Frau (und schon gar nicht ihre Ejakulation) wird nach der derzeit gängigen Definition nicht als notwendiger Bestandteil des Sex betrachtet.

4. **a** In der Regel zieht sich die Beckenbodenmuskulatur (insbesondere der PC- oder Pubococcygealmuskel) während des Orgasmus bei Frauen und Männern gleichermaßen zusammen. Masters und Johnson haben bei manchen Frauen während des Orgasmus eine rötliche Hautverfärbung der Brust festgestellt, doch die meisten Frauen machen

keine ähnlichen Erfahrungen. Der Orgasmus einer Frau ist an der Erektion der Klitoris, an den Kontraktionen des PC-Muskels, der anschließenden Muskelentspannung und der verstärkten Durchblutung der Genitalien zu erkennen. Viele Männer erwarten, daß Frauen während des Orgasmus so stöhnen wie die Darstellerinnen in pornographischen Videos. Doch wenn die Frau sich wirklich auf die Abläufe in ihrem Körper konzentriert, kann es auch vorkommen, daß sie schreit oder überhaupt keinen Ton von sich gibt.

5. **c** Es ist nicht bekannt, wie hoch der Prozentsatz der Frauen ist, die ejakulieren. Möglicherweise tun es alle, doch könnte die ausgestoßene Flüssigkeitsmenge so gering sein, daß sie sich dessen kaum bewußt werden. Alle Frauen haben einen G-Punkt (Prostata) und eine Harnröhre und sind daher potentiell zur Ejakulation in der Lage. Doch weil die Sexkultur die Existenz der weiblichen Ejakulation meist verleugnet, finden die meisten Frauen weder ihren G-Punkt, noch lernen sie, wie man ejakuliert. Frauen, die ejakulieren, wird manchmal weisgemacht, daß sie urinieren, und sie unterdrücken daher ihre Ejakulation. Andere verwechseln die Flüssigkeit mit Vaginalsekret. Doch das weibliche Ejakulat tritt ebenso wie bei Männern aus der Harnröhre aus. Es besteht aus einer wäßrigen Flüssigkeit, die chemisch dem männlichen Prostatasekret ähnlich ist.

6. **b** Sex durch vaginale Penetration bei Heterosexuellen dauert im Durchschnitt zwei bis drei Minuten. Die Gesamtdauer des Sexualakts liegt in der Regel bei nur 15 Minuten. Sex, der mit der Erektion des Mannes beginnt und endet, wenn er kommt, dauert selten länger als eine Stunde.

7. **c** Frauen und Männer benötigen etwa gleich lang – durchschnittlich etwa vier bis fünf Minuten –, um zum Orgasmus zu kommen. Wenn Frauen länger brauchen oder gar nicht kommen, dann liegt das meist daran, daß sie die erforderliche Klitorisstimulierung nicht erhalten.
8. **falsch** Die meisten Körperteile sind nicht fakultativ. Wenn manche Frauen einen G-Punkt besitzen, dann ist es wahrscheinlich, daß dies auch auf alle anderen zutrifft. Manche Frauen haben nie nach ihrem G-Punkt gesucht, weil sie entweder nicht von seiner Existenz wissen oder aber an ihr zweifeln. Statt sich zu fragen, ob sie einen G-Punkt haben oder nicht, sollten sie sich damit auseinandersetzen, warum daraus ein solches Geheimnis gemacht wird.
9. **falsch** Manche Frauen werden feucht, wenn sie sexuell erregt sind, doch allen Frauen wird suggeriert, daß vaginale Lubrikation die Meßlatte für ihre sexuelle Bereitschaft ist. Vaginale Feuchtigkeit ermöglicht nicht immer eine genaue Einschätzung des Erregungszustands einer Frau. Eine sehr viel sinnvollere Orientierungshilfe bei Männer und Frauen ist das Anschwellen der Genitalien und die Muskelanspannung, die mit der Erektion einhergeht.
10. **richtig** Wenn eine Frau erregt ist, dann füllen sich ihre Genitalien, auch die Klitoris und der G-Punkt, mit Blut, und der PC-Muskel strafft sich. Der gleiche Prozeß wird bei Männern als *Erektion* bezeichnet. Die weibliche genitale Erektion wird bisher weitgehend ignoriert und hat auch noch keinen eigenen Namen.

Nackter Sex

Sich schön machen für den Sex

Für viele Frauen beginnt der Sex damit, daß sie sexy *aussehen*. Wenn eine Frau weiß, daß dem Rendezvous am Abend mit großer Wahrscheinlichkeit Sex folgen wird, dann macht sie sich entsprechend zurecht, um mit und ohne Kleidung hübsch auszusehen. Nikki arbeitet regelmäßig an ihrem Körper, damit sie fit und gesund bleibt, macht sich aber dennoch über ihr Aussehen Gedanken. Wenn sie ausgeht, absolviert sie ein besonderes Pflege- und Ankleideritual. Dieses bereitet sowohl Vergnügen als auch Streß. Ein oder zwei Tage vor ihrer Verabredung läßt sich Nikki einen Termin beim Friseur geben und sucht ein Nagelstudio auf. Dann kauft sie noch ein passendes Oberteil für den Rock, den sie anziehen will. Am Abend der Verabredung mit Joe bügelt sie nach der Arbeit rasch ihren Rock und ihr neues Oberteil. Anschließend geht sie unter die Dusche, wäscht sich die Haare und fragt sich, wie sie jemals das wieder hinkriegen soll, was ihr Frisör vermurkst hat. Nikki wäscht sich sorgfältig »da unten« – zweimal, um sicherzugehen, daß sie gut riecht. Sie reibt ihre Ellbogen und Füße mit Bimsstein ab und rasiert ihre Achseln und Beine. Nikki sprüht Deodorant unter die Achseln, reibt Beine und Arme mit Körperlotion ein und verwendet ein Intimspray. *»Gott sei Dank habe ich meine Tage gerade nicht.«* Sie zieht ihr rosa Lieblingshöschen und ihren neuen schwarzen Wonderbra an – *wie dumm, Rosa paßt nicht dazu.* Sie schlüpft statt dessen in einen schwarzen Baumwollslip.

Vor dem Badezimmerspiegel zupft sie sich die Augenbrauen und trägt Feuchtigkeitscreme, Grundierungscreme, Rouge, Maskara und Lippenstift auf. Sie schlüpft in die Strumpfhose und streift das neue Oberteil über – *nein, für heute abend zu freizügig. Aber zu dem Rock paßt nichts anderes!* Sie zieht die Strumpfhose wieder aus – *Gott sei Dank, ich hatte doch glatt die Laufmasche auf der Rückseite übersehen* – und zwängt sich in ihre schönste Jeans. Sie wählt einen alten Lieblingspullover und schlüpft dann, um ihr Outfit noch ein wenig aufzupeppen, in ein Paar hochhackige Stiefel. Sie hat goldenen Schmuck an. Ohrringe, Kette, Ringe. Sie seufzt, während sie ihre Ohrringe vor dem Spiegel betrachtet und ihr Haar zurechtzupft. So geht's. Sie tupft Parfüm auf ihre Handgelenke und hinter die Ohren. Joe kann jeden Augenblick kommen. Sie räumt noch schnell ihr Schlafzimmer auf, überprüft, ob die Laken sauber sind, fährt rasch mit dem Staubsauger über den Teppich, legt Kondome diskret hinter die Lampe auf den Nachttisch und stellt ein paar frische Blumen auf ihre Frisierkommode.

Nach dem Abendessen, einem Kinobesuch und einem kurzen Spaziergang kehren Nikki und Joe in die Wohnung zurück. Sie unterhalten und berühren sich und landen schließlich im Schlafzimmer. Während sie die ersten Küsse austauschen und ihre Körper erforschen, ziehen sie sich bis auf die Unterwäsche aus – sie in ihrem schwarzen Slip und BH, er in einer grauen und ein wenig zerschlissenen Unterhose. Joe ist ein gepflegter Mann; er duscht regelmäßig, schneidet sich die Nägel und sucht einmal im Jahr einen Zahnarzt auf. Aber er wendet nicht annähernd so viel Zeit, Mühe oder Geld für sein Aussehen auf wie Nikki oder die meisten anderen Frauen. Nicht alle Frauen durchlaufen ein derart elaboriertes Schönheitsritual, aber sie alle werden an einem höheren psychischen Standard gemessen als Männer. Eine Frau investiert viel Gedanken und Mühe darauf, sauber zu sein, frisch zu riechen und für ihren Partner gut auszusehen. Wie eine Frau es ausdrückte: »Alles, was ein Mann tun muß, um sich für eine Liebesnacht vorzubereiten, ist zu erscheinen.«

Viele Frauen empfinden sinnliches Vergnügen dabei, ihren Körper zu pflegen und tiefe Befriedigung, wenn sie gut aussehen. Sich geschmackvoll zu kleiden und das Auflegen von Make-up setzen Kreativität und Kunstfertigkeit voraus. Andererseits kennt jede Frau die Panik, die auftritt, wenn die Haare nicht richtig sitzen oder sie drei Pfund zuviel auf den Hüften hat. Ob eine Frau nun Freude am Feinmachen hat oder nicht – eins steht fest: das Resultat ist oft unbefriedigend. Den meisten Frauen ist klar, daß sie nicht dem Schönheitsideal entsprechen, und selbst Frauen, die mit sich zufrieden sind, wissen, daß es vergänglich ist. Schönheit setzt Beharrlichkeit und Disziplin voraus, und sie zu erlangen, ist eine wahre Sisyphusarbeit.

Nicht wenige Frauen glauben, daß ihnen sexuelles Vergnügen nur dann zusteht, wenn sie »sexy« aussehen. Sagt der Spiegel oder Partner etwas anderes, sind sie am Boden zerstört und wenden sich möglicherweise ganz vom Sex ab. Mehr als eine Frau hat uns erklärt: »Wenn ich mich fett und scheußlich fühle, dann habe ich auch keine Lust auf Sex.« Eine Frau, die sich dennoch auf Sex einläßt, kann durch ihre Selbstzweifel so abgelenkt sein, daß sie keine Freude daran hat. Aus Angst, ihr Partner könnte ihre »fetten Schenkel« bemerken, lehnt sie Kunnilingus ab. Weil sie fürchtet, ihr Partner könnte ihre Brüste oder ihren Bauch sehen, mag sie beim Geschlechtsverkehr nicht oben sein. Sie vermeidet ausgerechnet die Aktivitäten und Positionen, die sie zuverlässig zum Orgasmus führen könnten.

Frauen wird weisgemacht, daß ihr gutes Aussehen mit gutem Sex belohnt wird. Doch selbst eine Frau, die mit ihrem Aussehen zufrieden ist, muß feststellen, daß Schönheit nicht zwangsläufig zu sexueller Befriedigung führt. Nikki hatte Stunden damit zugebracht, sich für Joe zurechtzumachen, doch am Ende der Nacht, als sie neben ihrem schlummernden Partner lag, erkannte sie, daß sie sich ohne Grund fein gemacht hatte – sie war nicht auf ihre Kosten gekommen.

Die Anstrengungen einer Frau, sexy auszusehen, nutzen hauptsächlich den Männern. Die Tatsache, daß sie sexy aussieht, erregt ihn und hebt seinen Status in den Augen anderer Männer und Frauen. Ihr Aussehen reflektiert *seine* Macht, nicht die ihre. Sie bildet den schönen Hintergrund für den Soloauftritt des Mannes. Ihr Partner beabsichtigt dies vielleicht gar nicht, nur wissen sie beide nicht, wie sie ihre sexuellen Rollen gleichberechtigter gestalten können.

Zur Wiederherstellung des gleichberechtigten Lustgewinns ist es erforderlich, den Sex auszuziehen und ihn nackt, wie er ist, zu untersuchen. Es ist nötig, grundlegende Fragen dazu anzustellen, warum Männer und Frauen Sex überhaupt auf diese Weise haben (und sich mit den daraus resultierenden unterschiedlichen Ergebnisse zufriedengeben). Sich mit nacktem Sex zu befassen macht die subtilen Hindernisse sichtbar, die vielen Frauen den Orgasmus verwehren. Indem wir jede Stufe dessen überdenken, was Nikki und Joe im Bett tun, wird erkennbar, wie sie Sex zu einer gemeinsamen und gleichermaßen lustvollen Erfahrung machen können.

Der Hürdenlauf ins Bett

Wenn eine Frau sich äußerlich vorbereitet und die richtige Atmosphäre für den Sex geschaffen hat, wird sie höchstwahrscheinlich immer noch nicht mit der gleichen Begeisterung ins Bett springen wie ein Mann. Sie muß zuerst noch weitere Hürden überwinden. Falls sie religiös erzogen wurde, muß sie vermutlich ihre Schuldgefühle bekämpfen, weil sie überhaupt Sex hat. – *Bin ich »schlecht«, wenn ich mir Sex wünsche?* Hat sie einen neuen Partner, macht sich eine Frau vielleicht Sorgen um ihren Ruf. – *Glaubt er vielleicht, daß ich zu leicht zu haben bin?* – Die Schuld- und Schamgefühle, die ihr in der Kindheit im Zusammenhang mit ihrem Körper und ihrer Sexualität eingeimpft wurden, kehren möglicherweise wieder zurück. Manche Frauen regieren auf solche Gefühle, indem sie alle nur erdenklichen sexuellen Fantasien ausleben. Häufiger tut eine Frau genau das Gegenteil und unterdrückt ihre Bedürfnisse. Es kann sein, daß sie es als so anstrengend empfindet, die Hürden zu überwinden, die sie von ihrer Erfüllung trennen, daß sie den Sex voll-

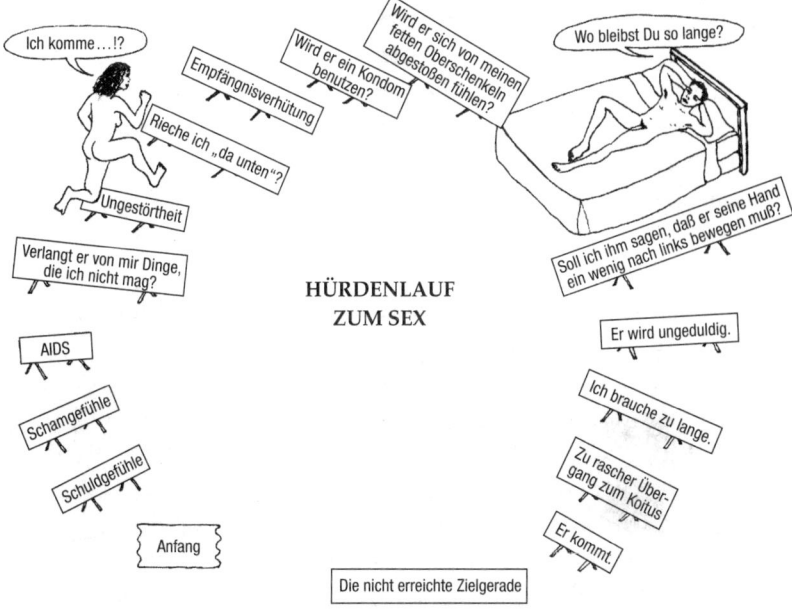

ständig aufgibt. Für Männer ist es selten derart kompliziert, zu ihrem sexuellen Vergnügen zu finden.

Natürlich haben auch Männer hinsichtlich des Sex Ängste. Sie machen sich vielleicht Gedanken über die Größe ihres Penis, über Safer Sex und Verhütung. Ein Großteil der Ängste konzentriert sich bei Männern auf den Sexualakt selbst. Versagensängste können zur vorzeitigen Ejakulation führen. Andererseits fürchtet er, vor seiner Partnerin zu kommen. Inzwischen sorgt sich die Frau, ob sie *überhaupt* kommen wird.

Frauen müssen sexuelle Hürden vor, während und nach dem Sex überwinden und bedenken, daß durch heterosexuellen Sex ihre Gesundheit und ihr Wohlergehen ernsthaft gefährdet sein können. Eine Frau vor der Menopause muß sich Gedanken über die Empfängnisverhütung machen. – *Habe ich heute die Pille genommen? Habe ich genug Gel auf das Diaphragma aufgetragen?* – Frauen sind höheren Risiken ausgesetzt, was Geschlechtskrankheiten betrifft. Sie muß dafür sorgen, daß ihr Partner ein Kondom benutzt. – *Was, wenn er wütend wird und sich weigert?* – Wenn der Sexpartner neu ist, weiß sie nicht, ob er zu Aggressionen oder Gewalttätigkeit neigt. – *Was, wenn er etwas von mir verlangt, das ich nicht will?* – Eine Frau wünscht sich einen ungestörten, angenehmen Ort für den Sex. – *O Graus, nicht dieses Motel.* Zu Hause macht sie sich vielleicht Gedanken darüber, gestört zu werden. – *Ob die Kinder an der Tür klopfen werden?* –

Endlich ist die Frau allein mit ihrem Partner. Die Tür ist abgeschlossen, das Telefon ausgesteckt, die Jalousien sind heruntergelassen. Doch kaum ziehen sie sich aus, tauchen neue Hürden auf. Wenn eine Frau ihren Körper entblößt, offenbart sie ihre Schwächen: – *Wird er mich zu dick finden? Wird er meinen Hängebusen bemerken?* – Um diesen Gedanken zu entfliehen, läßt sie rasch ihre Kleidung fallen und schlüpft unter die Bettdecke.

Wenn sie und ihr Partner sich dann umarmen, fragt sie sich, wie er auf ihren Körper reagieren wird. – *Wird er von meinen Speckröllchen abgestoßen sein? Wird er meine Schwangerschaftsstreifen bemerken?* Wenn er immer noch bei der Sache ist, erreicht sie vielleicht doch noch den Punkt, an dem sie sich auf sich selbst konzentrieren kann. Sie genießt die Wärme seiner Haut. Sie mag seinen Geruch. Während ihr Körper sich in seinen Armen entspannt, fragt sie sich, warum sie sich darauf nicht häufiger einläßt. Ihre Klitoris reagiert auf seine Berührungen, und ihre Brustwarzen werden hart durch seine Küsse. Während sie sich auf den nahenden Orgasmus konzentriert, verschwinden die negativen Gedanken, die sie eben noch gequält haben.

Nicht fragen, nichts sagen

Nikki hat Freude an der Berührung ihrer beider Körper. Als Joe mit seiner Zunge zu ihrer Klitoris vordringt, spürt sie, wie sie sich verkrampft. Statt sich zurückzulehnen und seine Liebkosungen zu genießen, macht sie sich Gedanken darüber, ob er sich von ihren Genitalien abgestoßen fühlen könnte. – *Rieche ich noch gut?* – Sie versucht sich auf das zu konzentrieren, was ihr Körper fühlt, doch dann ist Joes Zunge genau an der richtigen Stelle. – *Wenn er doch nur ein wenig weiter nach links ... Ob ich etwas sagen soll?* – Nach wenigen Minuten weiß sie, daß sie keinen Orgasmus haben wird, wenn er seine Zunge nicht an die richtige Stelle bringt. Doch statt ihm dies zu sagen, fängt sie nun an, sich Sorgen über den Orgasmus zu machen, der ihr gerade entgleitet. – *Ich brauche zu lange. Es fängt an, ihn zu langweilen. Es wird Zeit weiterzumachen.*

Nikki stoppt Joe und zieht ihn auf sich. Er nimmt diese Geste als Einladung und dringt, nachdem er sich rasch ein Kondom übergestreift hat, in sie ein. Anfangs ist es unangenehm, aber

Nikki bewegt ihren Körper, um seinen Penis richtig zu dirigieren. Wenn er seinen Körper an den ihren preßt und dabei ihre Klitoris stimuliert, löst dies Lustgefühle aus. Wenn er sich zurückzieht, dann reagiert ihr G-Punkt. Sie genießt es, sein ganzes Körpergewicht auf sich zu spüren. Sie legt ihm die Beine über die Schultern, spannt den PC-Muskel um seinen Penis an, und ihre Erregung wächst. Er reagiert auf ihre Lust, indem er schneller und tiefer stößt. Plötzlich stöhnt Joe auf und sinkt auf sie nieder. Joe küßt sie und flüstert: »Bist du gekommen?« Nikki weicht der Frage aus und sagt: »Es war großartig.« Oder antwortet ehrlicher: »Nein, aber es fühlt sich gut an, dich in mir zu spüren.« Aber normalerweise fragt er nicht, und sie sagt von sich aus ebenfalls nichts.

Einmal mehr ist Nikki der Orgasmus entglitten. Sie beneidet Joe darum, daß es für ihn so leicht ist zu kommen. – *Na ja*, denkt sie, *bei Frauen ist es eben schwieriger. Außerdem wird sowieso zuviel Trara um den Orgasmus gemacht.* – Während er in den Schlaf sinkt, betrachtet Nikki seine geschlossenen Lider und streicht ihm übers Gesicht. Sie ruft sich ins Gedächtnis: – *Das Wichtigste am Sex ist nicht der Orgasmus, sondern die Nähe zum Partner.* –

Für die meisten Frauen hat Sex tatsächlich *nichts* mit Orgasmus zu tun. Doch die Zärtlichkeit, die viele Frauen suchen, bleibt einem Paar verwehrt, wenn die Lust des Mannes Vorrang vor der der Frau hat. Dies erzeugt Angst und Streß. Nikki fühlt sich unter Druck, durch den Beischlaf zum Orgasmus zu kommen, aber das passiert nie. Joe spürt den Leistungsdruck, Nikki allein mit seinem Penis einen Orgasmus verschaffen zu müssen. Dies kann zu Erektionsproblemen oder vorzeitiger Ejakulation führen.

Die Frau käme leichter zum Orgasmus, und der Mann müßte sich weniger Sorgen machen, wenn die beiden auch Manual- oder Oralsex praktizierten – vor allem Klittage, G-Punkten und

Kunnilingus –, statt sich allein auf den Koitus zu konzentrieren. Wenn ein Mann seine Zunge oder seine Finger benutzt, um seine Frau zum Orgasmus zu bringen, dann spielt es keine Rolle, ob sein Glied steif ist oder nicht. Indem der Mann seine Hände und seinen Mund statt nur seinen Penis einsetzt, wird der Leistungsdruck von ihm genommen und der Orgasmus der Frau sichergestellt. Beide Partner sind von dem Druck befreit, das Ziel des Geschlechtsverkehrs und die Ejakulation des Mannes zu erreichen. Mann und Frau können sich entspannen und sich genug Zeit nehmen, um mehrere Orgasmen zu haben. Oraler und manueller Sex erregen beide Partner und lassen die Erregung andauern, so lange wie jeder von ihnen dies wünscht. Wenn Sex sich nicht mehr länger allein um Geschlechtsverkehr dreht, sondern sich statt dessen mehr auf manuellen und oralen Sex konzentriert, dann verliert jede Vorstellung von Vorspiel ihre Bedeutung.

»Vergiß das Vorspiel!«

Viele Menschen glauben, daß Frauen länger brauchen, um erregt zu werden und zum Orgasmus zu kommen als Männer. Ein Mann hat dies folgendermaßen ausgedrückt: »Frauen sind wie ein alter Chevy; sie brauchen lange Zeit, um warm zu werden.« Der Mann sieht sich als Fahrer, der das Gaspedal bedient, während die Frau der Motor ist, der sich weigert, die erforderliche Leistung zu bringen. Nähmen Frauen jedoch selbst auf dem Fahrersitz Platz, dann würde Sex wohl kaum mit einem alten Auto verglichen werden.

Frauen brauchen für Erregung und Orgasmus nicht länger als Männer; sie bekommen einfach nur zuwenig und die falsche Stimulierung. Die Sexpraktiken, die Frauen am leichtesten zum Orgasmus bringen, werden noch immer als »Vorspiel« bezeichnet. Das Vorspiel ist ein Schuttabladeplatz für alles – Küssen, Berührungen, oraler und manueller Sex –, was nicht Beischlaf ist. Shere Hite stellte fest, daß der Begriff selbst bereits den Zwang zum Geschlechtsverkehr beinhaltet. Das Suffix »vor-« bezeichnet eine Handlung, die auf den Geschlechtsverkehr zuführt. Der Wortteil »Spiel« läßt darauf schließen, daß manueller und oraler Sex kein ernsthafter Sex sind, sondern eben nur ein Herumspielen.

Die meisten Heterosexuellen praktizieren oralen und manuellen Sex, um sich damit auf den Beischlaf vorzubereiten, statt ihn als wirklichen Sex zu begreifen, der zum Orgasmus führt. Gerade dann, wenn sich eine Frau kurz vor dem Höhepunkt befindet, wird die Stimulierung abgebrochen. Der Mann – oder, wie bei Nikki, die Frau selbst – unterbricht Kunnilingus, Klittage oder G-Punkten und beginnt mit dem Koitus. Wie auf Kommando beendet sie das Spiel und beginnt mit der »Arbeit« des eigentlichen Sex. Schließlich kennt sie das Skript ganz genau. Sie fragt nicht: He, was ist denn los? Sie kennt das Drehbuch ebenso gut wie irgendein Mann.

Männer betrachten das Vorspiel häufig als eine Hürde, die es zu überwinden gilt, um »richtigen« Sex zu bekommen. Ein Mann drückte es einmal so aus: »Vorspiel heißt drei Stunden betteln.«

Eine große Zahl Männer weiß einfach nicht, was bei einer Frau einen Orgasmus auslöst. Ihnen ist klar, daß die Klitoris berücksichtigt werden muß, aber sie haben keine Ahnung, wie sie sie am besten berühren oder küssen sollten. Manche Männer vollziehen Klittage und Kunnilingus nur halbherzig und der Form halber. Es ist, als seien das Vorspiel wie die Blumen, das Ausgehen und die Show, die zu diesem Ziel führen, eben der Preis, den ein Mann als Eintrittsgeld bezahlen muß.

Klitorisstimulierung wird, wie andere Geschenke, die ein Mann einer Frau machen kann, nur zu bestimmten Gelegenheiten geboten. Im Gegensatz dazu ist die Stimulierung des Penis ganz selbstverständlich. Welchen Sinn hätte Sex ohne (seinen) Orgasmus? Sex ohne die Ejakulation des Mannes wird als unvollständig angesehen. Dennoch übersehen Heterosexuelle regelmäßig die Klitoris der Partnerin und schließen damit ihren Orgasmus aus. Und doch bezeichnen sie das, was sie tun, als Sex. Bei der Neugestaltung des Sex würde das »Vorspiel« abgeschafft, der Beischlaf zur Option, und Manual- und Oralsex bis zur Befriedigung der Frau durchgeführt.

Auf frischer Tat ertappt

Frauen lernen, daß ihr Orgasmus durch den Geschlechtsverkehr hervorgerufen werden soll; dies setzt jedoch eine sexuelle Empfindungsfähigkeit voraus, die einfach nicht der anatomischen Wirklichkeit entspricht. Wie die Prinzessin, die eine winzige Erbse durch vierzig Matratzen hindurch spürt, soll auch eine »richtige« Frau allein durch den Penis ihres Partners in sexuelle Ekstase versetzt werden. Wenn sie wenig oder gar nichts dabei spürt, muß sie glauben, daß sie weder den Prinzen noch sexuelle Lust verdient. Und außerdem ist es ihre eigene Schuld: Sie ist eben keine Prinzessin.

Die Sexkultur lehrt Frauen, Orgasmen, die durch oralen oder manuellen Sex erreicht werden, geringzuschätzen. Der einzige Orgasmus, der zählt, ist der durch den Koitus. Bedauernd sagt eine Frau: »Ja, ich habe Orgasmen, aber immer noch nicht beim Geschlechtsverkehr.« Die Idealvorstellung vom »vaginalen« Orgasmus hält manche Frauen sogar vom Masturbieren ab. Eine seit langem verheiratete Frau, die noch niemals einen Orgasmus hatte, erzählt uns, daß sie nicht einmal versucht, durch Masturbieren zum Orgasmus zu kommen, weil sie ihren ersten während des Geschlechtsverkehrs mit ihrem Ehemann erreichen will. Wie im Märchen glauben manche Frauen daran, daß sie, wenn sie es nur ernsthaft genug versuchen, die Erbse eines Tages auf wundersame Weise doch noch spüren werden.

Alles, was Frauen orgastisches Vergnügen bereitet, wird als dem durch Beischlaf hervorgerufenen Orgasmus unterlegen empfunden. Einem durch Finger, Zunge, Vibrator und vor allem Masturbation hervorgerufenen Orgasmus wird die Romantik und die Magie des »wirklichen« Höhepunkts abgesprochen, den der Penis eines Mannes bei einer Frau auslöst. Es ist nicht zu leugnen, daß der Orgasmus beim Koitus eine sensationelle Erfahrung sein kann. Aber am wahrscheinlichsten findet er statt, wenn die Kligeva, der gesamte genitale Bereich einer Frau stimuliert ist, was in der Regel nach einem Orgasmus durch Klittage, Kunnilingus und G-Punkten der Fall ist. Auch ohne Orgasmus ist der Beischlaf eine wunderbare Möglichkeit, Liebe, Zärtlichkeit und Verlangen zum Ausdruck zu bringen. Er gestattet es einem Mann und einer Frau, einander physisch so nahe wie nur irgend möglich zu kommen. Doch wenn der Geschlechtsverkehr den Mann, nicht aber die Frau zum Orgasmus bringt, kann sich plötzlich eine Kluft zwischen den beiden Partnern auftun: Der Mann ist sexuell befriedigt, während die Frau entweder keine sexuelle Lust verspürt hat oder aber erregt und, da unbefriedigt, frustriert ist. Während er schon entspannt schläft, liegt sie noch wach neben ihm und überlegt vielleicht, ob sie ihre angestaute Energie nicht für die Hausarbeit nutzen soll. Jede Ablenkung ist ihr jetzt recht.

Den Beischlaf entmythifizieren

Bei heterosexuellem Sex läuft jegliche Aktivität auf einen Koitus hinaus. Schon das Vorspiel wird nach dem Vorbild der Penetration gestaltet. Beim Zungenkuß gehen manche Männer auf eine Weise vor, die wenig einfühlsam ist und keinen Zweifel daran läßt, daß die vaginale Penetration bald folgt. Die eher gewaltsamen als gefühlvollen Küsse eines Mannes können sich eher wie ein oraler Angriff denn als sexuelles Miteinander anfühlen.

Bei einer weiblichen Neudefinition des Sex steht nicht der Beischlaf, sondern manueller Sex im Mittelpunkt. Geschlechtsverkehr ist als zentraler Akt unangemessen, weil er in der Regel für einen der Partner nicht befriedigend ist. Ein Mann kann ohne Schwierigkeiten durch Beischlaf zum Orgasmus kommen, weil sein Penis, und darin seine Klitoris, eine ausreichende Stimulierung durch die Vagina und die umliegende Muskulatur erhält. Bei der Frau hingegen fehlt diese Stimulierung, weil der Penis ihre Klitoris nicht berührt, wenn er in die Vagina eindringt. Damit eine Frau während des Geschlechtsverkehrs zum Höhepunkt kommen kann, muß ihre Klitoris gereizt werden. Von Frauen wird jedoch erwartet, daß sie mit der geringfügigen Stimulation während der Penetration zufrieden sein sollen. Manche Frauen kommen während des Koitus nur deshalb zum Orgasmus, weil allein der Druck, den der Körper des Mannes auf ihre Klitoris ausübt, als Reizung genügt. Für die meisten Frauen ist das indirekte Reiben der Klitoris oder Druck auf sie jedoch nicht ausreichend, um einen Orgasmus herbeizuführen.

Die Neudefinierung des Sex bedeutet nicht, daß man dem Geschlechtsverkehr ganz abschwört, sondern daß man ihn als eine von vielen Möglichkeiten sieht. Der Koitus ist unendlich besser, wenn ihm manueller Sex vorausgeht, ihn begleitet oder ihm folgt – und manchmal sogar durch ihn ersetzt wird. Indem Heterosexuelle darauf bestehen, daß der Beischlaf für ein weiteres Repertoire an sexuellen Praktiken beiseite rückt, kann der Sex insgesamt, auch der Beischlaf, aufregender werden. Der Spaß am Geschlechtsverkehr ist ungleich größer, wenn er erst *nach* dem Orgasmus der Frau erfolgt. Zu diesem Zeitpunkt sehnt sie sich oft nach dem Penis eines Mannes, der sich gegen die angeschwollenen Wände ihrer Vagina und ihren G-Punkt preßt und sie ganz und gar ausfüllt. Wenn Nikki und Joe während des Beischlafs das fortgesetzt hätten, war wir Klittage nennen, dann wären Nikkis Gefühle bei der Penetration ebenso intensiv gewesen wie die von Joe. Mit Klittage während des Koitus hätten sie beide einen Orgasmus gehabt.

Warum sollte eine Frau sich abmühen, allein durch Geschlechtsverkehr zum Orgasmus zu kommen, wenn doch andere Methoden sehr viel wirkungsvoller sind? Obwohl sie weiß, daß manueller oder oraler Sex immer zum Ziel führt, unterwirft sie sich der allgemeinen Vorstellung, daß nur der Orgasmus ein »richtiger« Orgasmus ist, der durch einen penetrierenden Penis zustande kommt – und nicht der durch eine Hand, eine Zunge oder einen Vibrator.

Die Orgasmushierarchie

Die Sexkultur betrachtet Masturbation sowie oralen und manuellen Sex als zweitklassige Sexualpraktik. Für sie stellen sie eine Art Hilfsmittel dar, die dann zum Einsatz kommen, wenn der Koitus »versagt« hat. Die manuelle Stimulierung der Klitoris gilt als Ersatz für orgasmuslose Penetration. Barbara Keesling zum Beispiel empfiehlt sie Frauen erst am Ende ihres Buches *Sexual Pleasure* (Freuden des Sex), in dem sie sexuelle Übungen vorstellt. »Was ist, wenn Sie jede Übung mindestens dreimal gemacht haben und es Ihnen immer noch nicht gelungen ist, während des Geschlechtsverkehrs zum Orgasmus zu kommen? Geben Sie nicht auf – ich habe noch einen weiteren Vorschlag: Stimulieren Sie Ihre Klitoris während des Koitus manuell.« Doch manche Männer lehnen Manualsex ab, egal, ob dabei ihre eigenen oder die Hände der Frau zum Einsatz kommen. Eine Frau erinnerte sich an einen Liebhaber, der wütend wurde, als sie ihn nach dem Geschlechtsverkehr bat, ihre Klitoris zu stimulieren, damit auch sie kommen konnte. Da er ohne Wenn und Aber an die Orgasmushierarchie glaubte, erwartete er, daß allein sein Penis den Erfolg herbeiführen würde. Als dies nicht geschah, projizierte er sein eigenes Unvermögen auf sie, indem er ihr Vorhaltungen machte. Dies führte bei ihr wiederum dazu, daß sie sich unzulänglich fühlte. Keiner von beiden zog den wirklichen Schuldigen zur Verantwortung: das Ideal Geschlechtsverkehr.

Obwohl es der Erfahrung von Frauen widerspricht, lernen sie, daß es richtige und falsche Wege gibt, zum Orgasmus zu kommen. Sie streben den Orgasmus durch Beischlaf an, weil sie ihn für romantischer oder »wertvoller« halten. Einer Umfrage zufolge, die Susan Quilliam unter englischen Frauen gemacht hatte, ergab, daß die meisten von ihnen das akzeptieren, was sie als »Orgasmushierarchie« bezeichnen. Ein Orgasmus, der ohne Zuhilfenahme der Hände während des Geschlechtsverkehrs gleichzeitig mit dem Mann stattfindet, steht an erster Stelle in der Hierarchie. Orgasmen durch oralen oder manuellen Sex stehen an zweiter Stelle, und die durch Selbstbefriedigung befinden sich auf dem letzten Platz. Gerade die Methoden, die Frauen am zuverlässigsten zum Orgasmus führen, werden am geringsten bewertet.

Frauen können die Sexkultur von ihrer Fixierung auf die Orgasmushierarchie befreien, indem sie bekennen, daß die meisten Frauen während des Geschlechtsverkehrs durch Klittage kommen und nicht allein durch die Penetration. Der Koitus sollte eher als Begleitung der Klittage betrachtet werden als umgekehrt. Eine Frau erzählte, daß sie sich entweder selbst oder ihr Partner sie durch die Stimulierung ihrer Klitoris vor oder während des Geschlechtsverkehrs zum Orgasmus bringt. Eine andere Frau berichtete, daß sie immer während des Geschlechtsverkehrs einen Orgasmus hat, seit ein Liebhaber ihr den Vorschlag machte, während der Penetration doch selbst die Klitoris zu reiben.

Dem manuellen Sex einen Namen geben

Viele Menschen bedienen sich ihrer Hände, wenn sie masturbieren, weigern sich jedoch in Anwesenheit ihres Partners, ihre Genitalien zu berühren. Andere wiederum haben keine Probleme damit, gemeinsam zu masturbieren, womit gemeint ist, daß der eine Partner sich in Gegenwart des anderen stimuliert. (Der Begriff kann auch bedeuten, daß der eine Partner den andren manuell erregt.) Meistens wird jedoch das Wort Masturbation – wörtlich »mit der Hand verunreinigen« – vor allem mit der geschlechtlichen Selbstbefriedigung assoziiert. Die Verwendung der Hände beim Partnersex ist weit verbreitet, doch weil Sex mit Geschlechtsverkehr gleichgesetzt wird, hat man dieser wichtigen Praktik nicht einmal einen eigenen Namen gegeben.

Manueller Sex muß einen eigenen Namen haben und verdient es, als eine Art der sexuellen Betätigung auf die gleiche Ebene mit oralem Sex und Geschlechtsverkehr gestellt zu werden. Sogar Analsex, auch wenn er oft schlechtgemacht wird, hat einen eigenen Namen. Die meisten Menschen bedienen sich ihrer Hände, um die Genitalien ihres Partners zu stimulieren, doch betrachten sie ihr Tun nicht als manuellen Sex. Sobald der Manualsex vom Rand ins Zentrum des Partnersex gerückt wird, werden viele Frauen nicht nur ohne Schwierigkeiten zum Orgasmus kommen, sondern auch so häufig und so schnell (oder so langsam), wie sie wollen. Auch Männer profitieren vom Manualsex. Sie können ihn einsetzen, um den Sex zu verlängern oder die Lust der Partnerin zu steigern – und damit auch ihre eigene. Frauen bedienen sich schon längst ihrer Hände, um Penis und Hoden des Mannes zu stimulieren und seine Erektion aufrechtzuerhalten. Nun ist es an den Männern, sich zu revanchieren!

Wie Oralsex und Geschlechtsverkehr verdient auch manueller Sex einen Platz im Vokabular der Sexpraktiken. Lesbierinnen benutzen fast immer ihre Hände beim Sex und wissen, daß die Finger großartige Werkzeuge der Lust sind. In ihrem Beitrag »Dyke Hands« (Lesbische Hände) schreibt Diane Bogus, daß »die Hände das sexuelle Organ der lesbischen Liebe sind«. In einer Umfrage sagten fünfundsiebzig Prozent der Lesbierinnen, daß sie die weiblichen Genitalien gerne berühren und sich auch selbst gerne streicheln lassen, so daß die Orgasmusrate entsprechend hoch ist. Auch Heterosexuelle finden langsam Gefallen daran. Vor kurzem erschien in einer Zeitschrift ein Artikel, in dem Männer dazu aufgefordert wurden, sich von Lesbierinnen zeigen zu lassen, wie man eine Frau glücklich macht. In ihrem Buch *Sexwise* (Sexwissen) rät die Autorin Susie Bright in dem Kapitel »Wie man eine Frau liebt: Handfeste Ratschläge einer Frau, die es tut«, den Partner einer Frau, »die Hände so einzusetzen, als seien sie Ihre wertvollsten Teile«.

Doch manueller Sex hat auch in lesbischen Beziehungen nur selten einen Namen. Die Bezeichnungen, die es dafür gibt, beziehen sich auf Sex für Männer. Es existieren umgangssprachliche Begriffe für die manuelle Stimulierung des Penis – Männer

»wichsen« oder ihnen wird »einer runtergeholt« –, doch weder umgangssprachliche noch andere Namen für manuellen Sex bei einer Frau. Manche Frauen verwenden den Begriff »Fingerfick«, um Bezug auf die Penetration mit den Fingern zu nehmen, oder sie sprechen von »Rubbeln«, wenn die manuelle Stimulation der Klitoris gemeint ist. Aber die meisten Wörter leiten sich vom beischlaforientierten Sex ab und sind meist von Männern benutzte Ausdrücke. Andere Umschreibungen wie »Faustfick« (»Fisteln«) oder die Penetration mit der zur Faust geballten Hand gelten für beide Geschlechter; sie bezeichnen jedoch recht ungebräuchliche sexuelle Praktiken. Es ist wirklich an der Zeit, daß die sexuelle Technik, die die *meisten* Frauen zum Orgasmus bringt, nämlich die Stimulierung der Klitoris mit den Fingern – einen eigenen Namen erhält.

Klittage

Die manuelle Stimulierung der Klitoris vermag eine Frau schnell zum Orgasmus bringen. Diese außerordentlich wichtige Sexualpraktik verdient einen Namen, der die Aufmerksamkeit auf sie lenkt und ihr Autorität und Legitimität verleiht. Indem wir Klitoris mit Massage kombinierten, haben wir das Wort »Klittage« erfunden. Eine Sache zu benennen, macht es den Menschen möglich, über diese Sache nachzudenken und zu sprechen, Klittage (mit viel Gleitmittel auf Wasserbasis) trägt entscheidend dazu bei, den Sex für Frauen lustvoll zu machen.

Klittage kann Frauen so leicht und rasch zum Orgasmus bringen, daß der »Quickie« neu definiert werden müßte. Klittage vermag die Kligeva einer Frau in Sekunden zu erregen und ihr innerhalb von Minuten einen Orgasmus zu verschaffen. Wenn ein Mann beim Sex die Klittage mit G-Punkten verbindet, kann er den ganzen orgastischen Halbmond mit einbeziehen. Die

Klittage mit anderen Mitteln ...

Klittage sorgt dafür, daß die Kligeva rasch erigiert, und sie führt die Frau recht bald zum Orgasmus. Obwohl sie normalerweise mit den Fingern praktiziert wird, kann die Verwendung eines Vibrators eine elektrisierende, wirkungsvolle Form der Klittage sein. Ein Vibrator an der Klitoris ist wie ein schneller, kraftvoller Finger, der nie müde wird. Mit Strom betriebene Vibratoren machen eine besonders lang andauernde und starke Stimulierung möglich. (Manche Vibratoren mögen einem anfangs zu intensiv erscheinen, aber nachdem man erst einmal mit ihrer einzigartigen Stimulation vertraut ist, entsteht vielleicht sogar der Wunsch nach einem stärkeren Gerät. Außer den Fingern und dem Vibrator kann auch ein erigierter Penis (mit Kondom und reichlich Gleitmittel versehen), eine Zunge oder sogar ein größerer Körperteil, wie etwa ein Oberschenkel mit guter Wirkung für Klittage eingesetzt werden. Sie kann auch bekleidet oder in Unterwäsche erfolgen. Wofür sich der einzelne letztendlich entscheidet und welches Umfeld er sich für die Klittage schafft, ist seiner eigenen Fantasie überlassen.

Wahrscheinlichkeit ist dann groß, daß seine Partnerin in den Genuß von starken, befriedigenden Orgasmen kommt. Die Kombination aus Klittage und G-Punkten beziehungsweise die Halbmondliebkosung, wie wir es auch manchmal nennen, kann bei manchen Frauen eine Ejakulation auslösen.

Auf den G-Punkt achten

Beim manuellen Sex kommt noch ein weiterer wichtiger Bereich der sexueller Lust zu seinem Recht: der G-Punkt. Die meisten Frauen machen sich nicht einmal die Mühe, nach dem G-Punkt zu suchen, weil sie nicht an seine Existenz glauben. Selbst Mediziner wissen nicht immer etwas darüber. Eine Frau berichtete uns von einer Beckenuntersuchung, in deren Verlauf der Arzt immer wieder auf den G-Punkt drückte, weil er sich nicht er-

Wie man den G-Punkt findet

Manche Frauen haben ihren G-Punkt bisher erfolglos gesucht. Statt aufzugeben und zu dem Schluß zu kommen, daß es da nichts zu finden gibt, sollten sie mit Manualsex experimentieren. Auch wenn die Finger des Partners den G-Punkt möglicherweise leichter finden, kann ihn eine Frau doch auch selbst entdecken. Hierzu muß sie entweder mit den Fingern, einem gebogenen Dildo oder einem G-Punkt-Aufsatz für den Vibrator hinter das Schambein tasten. Am leichtesten läßt er sich finden, nachdem die Kligeva mittels Klittage oder einem Vibrator zum Anschwellen gebracht wurde. Ist diese vorhanden, ertastet ihn die Frau, indem sie zwei Finger in ihre Vagina schiebt, sie leicht krümmt und oberhalb des Schambeins an die vordere Vaginawand legt. Die Hockstellung oder das Sitzen auf dem Bett- oder Stuhlrand ermöglicht den besten Zugang. Der G-Punkt wölbt sich leicht vor und hat eine gerippte Oberfläche, die man *Rugae* nennt. Wenn die Frau den G-Punkt reibt oder gegen ihn drückt, kann sie einen Moment lang das Gefühl haben, urinieren zu müssen, weil sie damit zugleich Druck auf die Harnröhre ausübt. Dieses Gefühl wird schon bald durch Lustempfinden abgelöst.

klären konnte, was die Erhebung an dieser Stelle zu bedeuten habe. Sie vermochte ihr Lachen kaum zurückhalten, da ihm so offensichtlich nicht klar war, daß seine Finger sich auf ihrem G-Punkt befanden und er ihr damit ein angenehmes Lustgefühl bereitete.

Einige Frauen finden ihren G-Punkt zufällig, doch die meisten stoßen darauf, indem sie ihn allein oder zusammen mit dem Partner suchen (siehe Kasten). Am leichtesten findet man den G-Punkt mit Hilfe der Finger. Obwohl einer Frau das angenehme Gefühl in diesem Bereich während des Geschlechtsverkehrs bereits aufgefallen sein mag, ist die Stimulierung des G-Punkts mit Hilfe der Finger doch sehr viel direkter. Sobald der G-Punkt einer Frau bis zur Erektion stimuliert wird, ist sie während des Geschlechtsverkehrs besser in der Lage, ihn zu spüren. Fortgesetztes G-Punkten kann zum Orgasmus führen und bei manchen Frauen zur Ejakulation (siehe Kapitel 7).

Manualsex und der orgastische Halbmond

Dell Williams, der Besitzer des frauenfreundlichen Sexshops Eve's Garden in New York, sagt: »Ich glaube, daß für viele Frauen die Kombination aus klitoraler und innerer Stimulierung zu höchster Befriedigung führt.« Williams bezieht sich hierbei auf das Lustgefühl, das durch die Stimulierung des den von uns als orgastischer Halbmond bezeichneten Bereichs hervorgerufen wird. Bis vor kurzem befanden sich heterosexuelle und lesbische Frauen noch an den entgegengesetzten Polen des orgastischen Halbmonds: Heterosexuelle Frauen erhielten beim Geschlechtsakt oft nur die indirekte G-Punkt-Stimulierung mit nur wenig Reizung der Klitoris, während sich Lesbierinnen, vor allem jene, die Penetration ablehnen, weil sie zu sehr an Sex mit Männern erinnert, häufig nur auf die Klitoris konzentrierten.

Die Anerkennung des G-Punkts und die Macht der Klitoris beim Sex hat heterosexuellen, lesbischen und bisexuellen Frauen bewußtgemacht, daß die Stimulierung der inneren und äußeren Genitalien höchste Lust verschaffen kann.

Indem eine Frau oder ihr Partner eine oder beide Hände benutzt, vermögen sie den gesamten orgastischen Halbmond zu stimulieren. Die eine Hand reizt die Klitoris und die Harnröhrenöffnung, während die andere den G-Punkt anregt. Die manuelle Stimulierung des orgastischen Halbmonds verschafft einer Frau ebensoviel Lust wie einem Mann die Stimulierung des Penis, in dessen Inneren sich ja sowohl seine Klitoris als auch seine Harnröhre befinden. Der Hauptunterschied liegt darin, daß der G-Punkt oder die Prostata der Frau Bestandteil des orgastischen Halbmonds ist, während sich die Prostata beim Mann nicht im Innern seines Penis befindet.

Die Genitalien der Frau sollten als ein der Lust förderlicher Bereich und damit als ein geschlossenes Ganzes betrachtet werden, und nicht als voneinander isolierte Teile. Die durch die Stimulierung des orgastischen Halbmonds bereitete Lust liegt für jede Frau in greifbarer Nähe, ob sie nun den Halbmond verwöhnt oder vaginale Penetration mit Klittage kombiniert.

Gibt es eine Kluft beim Oralsex?

Während der Manualsex bisher noch keinen Namen hatte, rückt der Oralsex immer mehr ins Zentrum des Interesses. Sogar die Medien des Mainstream bekennen sich zu ihm. Oralsex verfügt zwar über einen Namen, hat aber noch immer einen zweifelhaften Ruf. Für manche Menschen ist Oralsex ein Tabu, und in einigen Staaten der USA ist er sogar gesetzlich verboten. Doch seine Popularität ist im Laufe der letzten drei oder vier Generationen gestiegen, und zunehmend mehr Erwachsene bestätigten, daß sie Oralsex wenigstens einmal ausprobiert haben. Die meisten behaupten, nicht jedesmal beim Sex Fellatio (Oralsex bei einem Mann) oder Kunnilingus (Oralsex bei einer Frau) zu praktizieren, doch ist Oralsex eine Methode, mit der die Mehrheit vertraut ist.

Manche Menschen haben Freude an gemeinsamen Oralsex (»69«), aber die meisten wechseln sich im Geben und Nehmen der oralen Stimulation ab. Fellatio und Kunnilingus sind Formen des Oralverkehrs, doch werden sie von Männern und Frauen nicht mit gleicher Begeisterung praktiziert.

In einer Studie, in der fast 3500 Amerikaner befragt wurden, fanden Sozialwissenschaftler heraus, daß Kunnilingus häufiger von Männern (34 Prozent) als von Frauen (29 Prozent) als »sehr reizvoll« eingestuft wird. 45 Prozent der Männer zeigten sich begeistert von Fellatio, eine Praxis, die jedoch weit weniger Frauen – nur 17 Prozent – auf die gleiche Weise zu schätzen wissen. Dennoch hatten Frauen etwas häufiger Fellatio als Kunnilingus. Die Studie ergab, daß 20 Prozent der Frauen bei ihrer jüngsten sexuellen Begegnung Kunnilingus und 28 Prozent der Männer Fellatio hatten. Die Wissenschaftler merken an, daß Männer, was ihre sexuellen Praktiken betrifft, die Tendenz haben, mehr anzugeben, während es sich bei Frauen umgekehrt verhält, und daß die Gesamtergebnisse darauf schließen lassen, daß »Frauen nicht seltener die passiven Empfänger von Oralsex sind als Männer«. Zugleich räumen sie jedoch ein, daß ihre Daten es ihnen nicht gestatten, »Schlüsse bezüglich der Ausgewogenheit des typischen Sexualakts zu ziehen«. Ihr Material sagt beispielsweise nichts darüber aus, ob Oralsex bei einer einzelnen sexuellen Begegnung mehr als einmal vollzogen wird, noch gibt es an, ob Oralsex zum Orgasmus geführt hat oder ob er wechselseitig war.

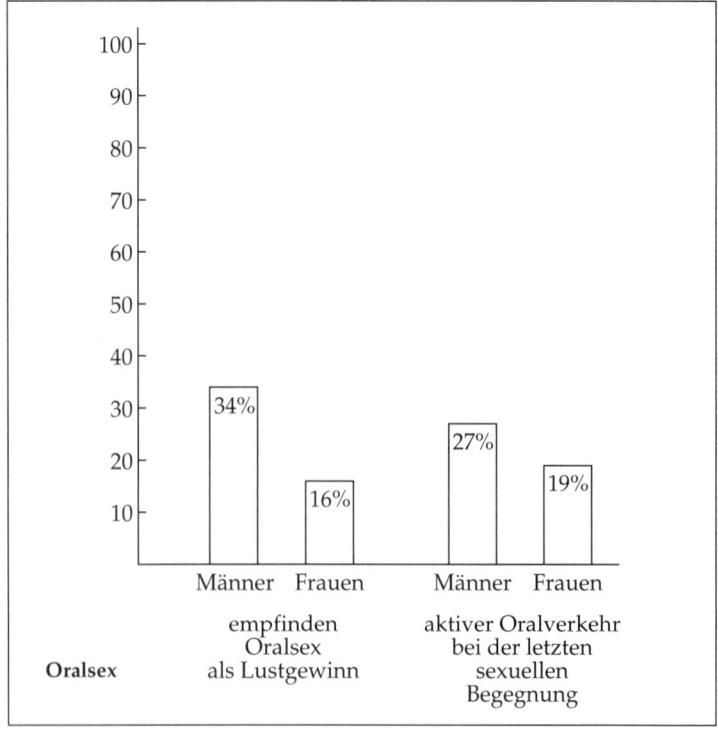

Die Ergebnisse der Studie lassen die Schlußfolgerung zu, daß »Fellatio von Frauen aus einem Pflichtgefühl heraus praktiziert wird, das Männer in bezug auf Kunnilingus nicht empfinden«. Tatsächlich haben sie festgestellt, daß viele Frauen, die Fellatio nicht besonders mögen, ihn dennoch praktizieren. Unwahrscheinlicher hingegen ist, daß Frauen auf Kunnilingus bestehen.

Wenn der Sex sich auf die Befriedigung des Mannes konzentriert, dann ist es kaum denkbar, daß eine Frau sich als der bestimmende Partner beim oralen Sex fühlt. Vielleicht gibt sie Fellatio, weil sie dazu überredet wurde oder sich dazu gezwungen fühlte. Eine Frau beschrieb es uns als ihre Erfahrung, daß Frauen im Verlauf eines sexuellen Beisammenseins mehrmals Fellatio praktiziert, damit der Mann seine Erektion aufrechterhalten kann. (Ein Mann kommt nicht auf den Gedanken, einer Frau aus dem gleichen Grund Kunnilingus zu geben – in der Vorstellung der gegenwärtigen Sexkultur spielt die weibliche Erektion keine Rolle.)

Manche Frauen mögen Oralverkehr natürlich. Sie empfinden Fellatio sowohl als Ausdruck wie auch als Steigerung ihrer eigenen Erregung. Manche sagen, daß sie eine Verbindung zwischen dem Gefühl in ihrem Mund und ihren Genitalien spüren. Andere haben Freude daran, ihrem Partner Lust zu bereiten. Wieder andere genießen die Macht, die ihnen die Kontrolle über die Gefühle des Mannes gibt.

Bei jeder Form sexueller Penetration muß der empfangende Partner die Kontrolle innehaben. Eine eher aktive Partnerin kontrolliert die Tiefe der Penetration, damit der Penis in ihrem Mund keinen Würgereflex auslöst. Sie besteht außerdem darauf, daß ihr Gefährte ein Kondom benutzt. Sie vermeidet es, Ejakulat oder Prostatasekret in den Mund zu nehmen, um das Risiko von Infektionen auszuschließen.

Junge heterosexuelle Frauen entwickeln eine bemerkenswerte Vertrautheit mit dem Penis ihres Partners, obwohl ihre erste Reaktion auf den Anblick eines lebendigen, erigierten Penis mit seiner merkwürdigen Form und seinen pulsierenden Venen durchaus Abneigung oder Besorgnis sein kann. Es ist jedoch ein Bestandteil der weiblichen Initiation in die Heterosexualität, den Penis lieben zu lernen. Viele erwachsene Frauen erinnern sich daran, daß sie als Teenager Stunden auf dem Wohnzimmersofa oder auf dem Rücksitz von Autos damit zugebracht haben, den Penis der Jungen in den Mund zu nehmen. Manchmal praktizieren Mädchen sogar Fellatio, während ihr Partner fährt (eine Situation, die der Verkehrssicherheit nicht gerade dienlich ist). Wenn das Auto dann zum Stehen kommt, müssen sie oft feststellen, daß der Kerl den erwiesenen Gefallen nicht erwidert.

Obwohl Oralverkehr im frühen Stadium von Teenagerbeziehungen möglicherweise häufig praktiziert wird, verliert er an Bedeutung, sobald ein Paar regelmäßig Geschlechtsverkehr hat – obwohl Kunnilingus eine Frau sehr viel zuverlässiger zum Orgasmus bringen kann als Beischlaf.

Der scheinbare Zwang zur Fellatio beruht auf der Vorstellung der Sexkultur, daß der Mann Sex bis zum Orgasmus *braucht*. Die offensichtliche Erektion eines Mannes macht seinen Orgasmus und seine Ejakulation auf eine so zwingende Weise erforderlich, wie sie bei Frauen nicht zu bestehen scheint. Ein Mann leidet unter »Druck auf den Eiern« oder unter »schmerzenden Hoden«, ein Zustand zu dem eine anerkannte Entsprechung bei Frauen bisher fehlt.

Obgleich Frauen erwarten oder hoffen, daß Geben und Nehmen beim Oralsex auf Gegenseitigkeit beruht, fühlen sie sich wahrscheinlich nicht wohl damit, Kunnilingus von ihrem Partner zu erbitten. Ihr Zögern mag darauf zurückzuführen sein, daß sie den Widerwillen oder die Ambivalenz der Sexkultur gegenüber Aussehen, Geschmack oder Geruch der weiblichen Genitalien (manchmal verglichen mit stinkendem Fisch) teilen. Egal, wie häufig und gründlich eine Frau sich auch wäscht, möglicherweise wird sie nie zu der Überzeugung gelangen, daß ihre Kligeva süß riecht oder sauber genug ist, um die Aufmerksamkeit ihres Partners zu verdienen. Selbst wenn die Praxis des Safer Sex es verlangt, daß ihre Vulva mit Latexfolie abgedeckt ist, um den Austausch von Körperflüssigkeiten zu unterbinden, werden manche Männer noch immer zurückhaltend sein, wenn es um Kunnilingus geht. Sie sind bereit, eine begehrenswerte Frau überall zu küssen, *außer* »da unten«.

20 Prozent aller Frauen, die an dem 1994 veröffentlichten amerikanischen Sexreport teilgenommen haben, bestätigen, daß sie bei ihrer letzten sexuellen Begegnung Kunnilingus empfangen haben. Doch aus einer Studie über das Sexualverhalten von Lesbierinnen geht hervor, daß 50 Prozent der Lesbierinnen bei ihrem letzten sexuellen Beisammensein Oralsex sowohl gegeben als auch empfangen haben. Die Begeisterung von Lesbierinnen für Kunnilingus legt nahe, daß sie sehr viel unbefangener mit den weiblichen Genitalien umgehen, als dies bei heterosexuellen Frauen und Männern der Fall ist. Außerdem wissen sie, daß sie sich so gegenseitig zum Orgasmus bringen können.

In der Sexszene mit Nikki und Joe verliert Nikki während des Kunnilingus den Anschluß zu ihrer Lust, weil es ihr peinlich ist und sie sich verletzlich fühlt, wenn sie ihre Genitalien auf diese Weise entblößt. Sie genießt es, wie Kunnilingus sich anfühlt. Aber weil sie und Joe nicht über Sex reden, weiß sie nicht, wie sie ihn auf die richtigen Stellen aufmerksam machen soll. Seine Bemühungen, sie zufriedenzustellen, führen bei ihr nicht zum Orgasmus, dennoch sagt sie nichts. Statt dessen tun sie beide so, als sei alles in Ordnung. Wenn eine Frau ihren Partner zufriedenstellt, ohne selbst befriedigt zu sein, und wenn ein Mann im Sex nicht mehr weiter weiß, dann ist es nicht nur an der Zeit, darüber zu sprechen, sondern auch, über Sex neu nachzudenken.

Total feucht

Die Anzeichen für sexuelle Erregung unterscheiden sich angeblich bei den Geschlechtern: Männer bekommen Erektionen, und Frauen werden feucht. Vaginale Feuchte ist in den Medien ein häufig wiederkehrendes Thema, mit dem direkt oder versteckt auf die weibliche Sexualität angespielt wird. In der Werbung stoßen feuchte Lippen schlüpfrige Worte aus, werden Frauen ermutigt, »feucht und wild« zu sein und Männer dazu verleitet, sich »eine saftige Frau« zu beschaffen. In Geschichten und Romanen fühlt die erregte Heldin, wie sie feucht zwischen den Beinen wird.

Die Vorstellung, daß Feuchtigkeit der vorrangige Hinweis auf die sexuelle Erregung einer Frau ist, bekräftigt die Meinung, Sex sei Geschlechtsverkehr. Vaginale Sekretion wird oft als die einzige körperliche Reaktion betrachtet – als ob die sexuelle Rolle einer Frau allein darin bestünde, für den Penis des Mannes eine glatte und behagliche Umgebung zu schaffen. Viele Frauen werden in der Tat feucht, wenn sie sexuell erregt sind, doch hat dies wenig oder gar nichts damit zu tun, was Sex für sie orgastisch macht. Eine feuchte Vagina wirkt sich in keiner Weise erregend auf die Klitoris aus, und sie ist kein zuverlässiges Anzeichen für sexuelle Erregung. Manche Frauen werden ungeheuer naß, wenn sie erregt sind, andere kaum oder gar nicht. Die Feuchtigkeit in der Vagina variiert außerdem im Rahmen der hormonellen Fluktuation des Menstruationszyklus und nimmt mit der Menopause ab. Sie kann auch durch Medikamenteneinnahme beeinflußt werden. Die Feuchtigkeitsproduktion kann bei einer Frau nach dem Orgasmus abnehmen – ganz gewiß kein Anzeichen für einen Mangel an Erregung. Dennoch wird Frauen mitunter das Gefühl vermittelt, eine trockene Scheide sei eine Mangelerscheinung und ein Hinweis auf Frigidität statt ein körperlicher Prozeß, der keiner besonderen Bewertung bedarf.

In einer Welt, in der künstliches Gleitgel in der Drogerie oder über den Versandhandel erhältlich ist, ist es unerheblich, ob eine Frau feucht wird oder nicht. Alle Frauen werden beim Sex davon profitieren, wenn ein Gleitmittel auf Wasserbasis zum

Einsatz kommt. Wird solches Gel innerhalb *und* außerhalb der Vagina großzügig verteilt, dann erweist es sich als Segen für alle Arten manueller Stimulierung, insbesondere für die Klittage. Beim vaginalen Geschlechtsverkehr vergrößert es für beide Partner die Lust. Beim Analsex und bei analer Fingerpenetration ist Gleitgel zwingend erforderlich. Es erhöht die Empfindungsfähigkeit, erleichtert die Verwendung von Latex im Zusammenhang mit Safer Sex und bereitet die Kligeva auf Lust und nicht nur auf Geschlechtsverkehr vor. Reichliches Auftragen von Gleitgel vermeidet trockenes Reiben empfindlichen Gewebes und steigert das Lustempfinden bei Klittage, der Stimulation des G-Punkts und beim Geschlechtsverkehr. Außerdem kann der Sex ohne Irritationen länger andauern.

Wenn Frauen den Sex neu erfinden, dann wird es auf jedem Nachttisch Gleitmittel geben. Wer es einmal ausprobiert hat, der wird begeistert mit den Autoren von *Good Vibrations. Sex fun and safe* übereinstimmen, die sagen, daß »Gleitmittel zu den erfreulicheren Dingen des Lebens gehört, wie etwa Brot, Wein und eine gute Tasse Kaffee«.

Die Erektion bei einer Frau

Das sicherste Anzeichen für die sexuelle Erregung der Frau (und des Mannes) ist das Anschwellen der Genitalien und ihre gesteigerte muskuläre Anspannung. Jedoch gibt es weder Aufmerksamkeit noch einen Namen für diesen Zustand bei einer Frau. Wenn die Genitalien des Mannes mit der Erregung anschwellen, dann nennen wir das eine »Erektion«. Doch wenn die Genitalien einer Frau mit der Erregung anschwellen, dann nennen wir es – *Nichts.*

Die Erektion der Frau wird unter anderem deshalb nicht als Erektion bezeichnet, weil sie dem erigierten Penis nicht ähnlich ist. Der einzige Unterschied zwischen der Erektion des Mannes und der einer Frau besteht darin, daß ihre Erektion zum größten Teil im Inneren des Körpers stattfindet. Die Erektion einer Frau wird durch den gleichen Prozeß des Anschwellens ausgelöst, wie ihn auch Männer erleben, doch im Rahmen der Sexkultur existiert dieser Vorgang nicht. Sobald sie und ihr Partner jedoch wissen, wonach sie suchen und vor allem, was sie ertasten müssen, wird die Erektion einer Frau ebenso offensichtlich wie die eines Mannes. Die Genitalien der Frau röten sich, und die Schamlippen schwellen an. Die Labia und der Damm blasen sich auf und verschließen auf diese Weise den Eingang zur Vagina. Die Klitoris schwillt an und richtet sich auf, so daß die Klitorisspitze hervortritt. Der gesamte Genitalbereich verändert sich.

Frauen müssen wissen, was bei der Erregung mit ihren Genitalien geschieht, damit sie diesen Zustand besser fühlen und deutlicher erkennen können. Eine Freundin behauptet, daß sie sich durch ihre erigierten, angeschwollenen Genitalien an »das Hinterteil eines Pavians« erinnert fühlt. Auf ähnliche Weise beschreibt der Liebhaber einer anderen Frau ihre erigierte Kligeva als »Schimpansenhintern«. Obwohl die Erektion der weiblichen Genitalien beim Menschen in der Regel nicht so offensichtlich ist wie beim Affen, so ist sie doch unübersehbar, wenn man erst einmal bereit ist, sie wahrzunehmen und zu ertasten.

Die Erektion einer Frau ist es durchaus wert, mit den Augen und den Händen erforscht zu werden. Mit den Fingern können Frauen oder ihre Partner ohne weiteres die geschwollene Labia und den Damm, die erigierte Klitorisspitze und im Inneren der Vagina den aufgedunsenen G-Punkt spüren. Sie haben die Möglichkeit, ihre Lust zu dirigieren, indem sie einfach den PC-Muskel spielen lassen. Viele Frauen bedienen sich ihres PC-

Muskels, um die Lust ihres Partners zu steigern, indem sie während des Geschlechtsverkehrs Druck auf den Penis ausüben. Doch setzen sie den PC-Muskel nur selten zur eigenen Erektions- oder Luststeigerung ein.

Sobald die Genitalien der Frau erigiert sind, wird die Penetration zu einer weit erregenderen Angelegenheit. Die weibliche Erektion transformiert den Geschlechtsverkehr, weil die angeschwollene Kligeva empfindlicher auf Berührung, Druck und Reibung reagiert. Sie gestattet es dem Penis, den G-Punkt wirkungsvoller zu stimulieren, und wenn der Mann tief genug eindringt (hierbei spielt der Winkel des Eindringens eine größere Rolle als die Tiefe), dann kann die Frau ihr Vaginadach spüren, eine köstliche Stelle am oberen Ende der Vagina, die sich mit der Erektion nach oben wölbt. Außerdem kann eine erigierte Frau eine aktivere Rolle im Sex spielen und wird niemals wieder das Gefühl haben, daß Sex *mit ihr gemacht* wird. Statt dessen verwandelt sich der Koitus in eine leidenschaftliche genitale Umarmung.

Vorzeitiger Geschlechtsverkehr

Mit einem nichterigierten Penis ist die Penetration schwierig oder unmöglich. Geschlechtsverkehr mit einer nichterigierten Kligeva kommt hingegen laufend vor, auch wenn dabei die weiblichen Lustbedürfnisse mißachtet werden. Wir nennen den Geschlechtsverkehr, der sehr häufig vollzogen wird, bevor eine Frau erigiert und bereit ist, »vorzeitigen Geschlechtsverkehr«. Geschlechtsverkehr ohne Erektion kann sich für eine Frau etwa so erregend anfühlen wie das Einführen eines Tampons. Schlimmer noch, eine Frau fühlt sich möglicherweise zum Vergnügen des Mannes benutzt oder hat Sex gegen ihren Willen. Eine verheiratete Frau in den Dreißigern hat uns erklärt, daß der

Sex mit ihrem Mann, mit dem sie seit 13 Jahren verheiratet ist, ausschließlich aus Geschlechtsverkehr besteht. Sie erhält also niemals irgendeine direkte klitorale Stimulierung und ist bei Beginn der Penetration nicht erigiert. Die Folge ist, daß sie sich zum Geschlechtsverkehr »gezwungen«, ja geradezu »vergewaltigt« fühlt.

Viele Paare haben chronische Schwierigkeiten mit vorzeitigem Geschlechtsverkehr, weil sie damit die Lust der Frau umgehen. Dennoch wird er durch unsere Sexkultur nicht als Problem anerkannt, da ja das einzige Kriterium für den Beginn der Penetration die Erektion des Mannes ist. Manchmal initiiert die Frau den Koitus sogar selbst und reagiert damit, wie Nikki bei Joe, auf die beharrliche Erektion des Mannes. Keiner von beiden zieht in Betracht, daß ihre Bereitschaft – wobei eher ihre Reaktion als eine feuchte Vagina gemeint ist – ebenfalls eine Rolle spielt. Ebenso wie der schlafende Penis eines Mannes zur Erektion erwacht, so signalisiert auch die Kligeva der Frau ihre Bereitschaft, indem sie erigiert und sich somit für den Sex bereit macht. Die Partner müssen einsehen, daß die Erektion eines jeden die Voraussetzung für guten, befriedigenden Geschlechtsverkehr ist.

Das Problem mit dem Timing

Die Sexkultur legt nahe, daß Männer und Frauen aufgrund ihrer hormonellen Programmierung unterschiedlich schnell zum Orgasmus kommen. Bei Frauen meint man, daß sie ewig brauchen, um zu kommen, während Männer nur wenig Zeit dazu benötigen. Dieses scheinbar naturgegebene Timingproblem macht den Sex zwischen Heterosexuellen schwierig. Masturbiert eine Frau jedoch oder benutzt sie einen Vibrator, dann kann sie innerhalb von Minuten kommen. Der Partnersex hingegen, der sich auf Beischlaf und den Höhepunkt des Mannes konzentriert, macht den Orgasmus für die Frau unwahrscheinlich. Dennoch machen manche Männer enorme Anstrengungen und glauben, daß ihre Partnerin schon kommen wird, wenn sie ihre Erektion nur lange genug aufrechterhalten und tief und hart genug eindringen können. Offenbar fragt sich niemand, was genau eigentlich beim Koitus stimuliert wird. Die Sexkultur beteuert, daß die Lust einer Frau von der Größe des Penis und dem Durchhaltevermögen ihres Partners abhängt. Diese Sichtweise ignoriert die Klitoris der Frau und verleitet Männer dazu, ihre Bemühungen in die falsche Richtung zu dirigieren. Egal, wie lange der Ellbogen einer Frau auch gerieben wird, es ist unwahrscheinlich, daß ihr dies Erleichterung im Knie verschafft.

Indem man die genitale Erregung einer Frau nicht nur als Anschwellen, sondern als »Erektion« bezeichnet, stellt man Frauen und Männer gleichberechtigt auf ein Spielfeld. Das Tor, das es zu treffen gilt, ist damit nicht mehr nur die Penetration und der Orgasmus des Mannes, sondern die Lust und das sexuelle Vergnügen beider Partner. Es wird anerkannt, daß die Erektion der Frau ebenso wie die des Mannes für den Geschlechtsverkehr unverzichtbar ist.

Wer einsieht, daß die Erektion der Frau die Voraussetzung für ihren Orgasmus ist, der baut das Vorurteil ab, daß Frauen lange brauchen, bis sie zum Höhepunkt kommen. Beginnt der Sex mit einer angemessenen Stimulation, wie etwa mit der Klittage, dann kann die Frau von Anfang an genießen. Sobald sie erigiert ist, können sie und ihr Partner sich gemeinsam auf den Weg zum Orgasmus machen und miteinander Schritt halten. Wird vorzeitiger Geschlechtsverkehr durch oralen und manuellen Sex ersetzt, dann sind Timing und vorzeitige Ejakulation kein

Problem mehr. Frauen haben nicht das Ziel, so schnell kommen zu können wie Männer. Vielmehr geht es für Frauen und Männer gleichermaßen darum, ihre Orgasmen gemäß ihrer eigenen Bedürfnisse zu genießen. So erlangen beide Partner ein größeres Kontrollvermögen und steigern gemeinsam ihre Lust.

Ladies first

Die Vorstellung, daß Damen der Vortritt zu gewähren ist, mag vielleicht bei Türen und sinkenden Kreuzfahrtschiffen nicht mehr zutreffen, aber im Sex gilt diese Regel nach wie vor. Wenn Frauen zuerst kommen dürfen, dann kann das Paar den gemeinsamen Sex in dreierlei Hinsicht entscheidend verbessern: Erstens, kommt die Frau zuerst, dann ist ihr der Orgasmus sicher, bevor ihr Partner nach seinem Orgasmus und der Ejakulation das Interesse am Sex verliert. Zweitens, indem sie noch vor der Penetration kommt, sichert sie ihre Erektion. Der Orgasmus macht ihre Vagina unendlich empfindlicher, so daß sie nun den Koitus genießen kann, wenn sie das will. Drittens, eine Frau hat mehr Zeit und Gelegenheit zu Mehrfachorgasmen, wenn sie noch vor dem Mann kommt.

Ihr den Vortritt zu gewähren, befreit beide Partner von einer Reihe von Leistungssorgen. Sobald sie ihren ersten Orgasmus hatte, können sie und ihr Partner sich dem Geschlechtsverkehr widmen, ohne befürchten zu müssen, daß er ejakuliert, bevor sie befriedigt ist. Die Regel »Ladies first« gibt dem Mann die Gelegenheit, sich an dem Orgasmus seiner Partnerin zu erfreuen. Wenn er außerdem lernt, seine Ejakulation unter Kontrolle zu bekommen, dann ist auch er zu Mehrfachorgasmen fähig.

Wenn sich im Sex die Betonung des Geschlechtsverkehrs zu manuellem und oralem Sex verschiebt, von der Erektion des Mannes zur gleichwertigen und gleichbedeutenden Erektion beider Partner, dann tun sich vollkommen neue Bereiche sexueller Freuden auf. Beidseitige Erektion wirkt sich auf den Geschlechtsverkehr transformierend aus. Die Frau und der Mann werden beide zu aktiven Partnern. Sexuelle Begegnungen können aufgrund der erhöhten Erregungsebene, die durch beider Erektion ermöglicht wird, länger andauern. Einer Begegnung wird sich die nächste anschließen, da das herrliche Orgasmusgefühl den Körper einer Frau noch Stunden und sogar Tage mit Erinnerungen an die Lust erfüllen wird.

Klittagekoitus

Selbst die traditionellsten Stellungen des Geschlechtsverkehrs nehmen vollkommen neue Dimensionen an, wenn die Partner sich der Möglichkeiten des Manualsex und der Bedeutung der weiblichen Erektion und des weiblichen Orgasmus bewußt sind.

Die Missionarsstellung

Die Stellung, bei der der Mann oben ist, definiert auch weiterhin die Norm für heterosexuellen Sex. Geschlechtsverkehr, bei dem sie auf dem Rücken liegt, ist vielen Frauen tief in ihr sexuelles Vorstellungsvermögen eingebrannt. Doch leider praktizieren viele Paare diese Stellung auf eine Weise, die die weiblichen Genitalien kaum in Erregung versetzt.

Der Spitzname für die Mann-oben-Stellung, »Missionarsstellung«, wird auf polynesische Frauen zurückgeführt, die sich darüber wunderten, daß englische Missionare und ihre Frauen Geschlechtsverkehr ausschließlich in dieser Position hatten. Sex war für sie sehr viel spielerischer als für die Frauen der Kolonialisten, von denen sich viele an den Rat Königin Viktorias hielten, »die Augen zu schließen und an England zu denken«. Eine derartige Empfehlung macht die Vermutung zur Gewißheit, daß sich diese Frauen dem Geschlechtsverkehr aus einem Pflichtgefühl heraus unterwarfen, wenig Vergnügen erwarteten (und oft auch nicht erhielten) und sich sogar auf Schmerzen einstellen mußten.

Die Missionarsstellung lebt in der Fantasie als die »zivilisiertere« Koitusstellung fort. In *Am Anfang war das Feuer*, einem beliebten Film über den urzeitlichen Menschen, wurde die Missionarsstellung als evolutionärer Entwicklungsschritt angepriesen – man ging davon aus, daß unsere primitiveren Vorfahren die Von-hinten-Position praktizierten. Sex von Angesicht zu Angesicht ist eine bedeutende Abweichung der Menschheitskultur vom Tierreich. Angeblich soll diese Stellung die Kommunikation während des Sexualakts verstärkt haben, auch wenn sie sich auf die genitale Kommunikation nicht günstig ausgewirkt hat und dem weiblichen Orgasmus nicht dient.

Zwar ist diese Position mittlerweile zu einem Synonym für langweiligen Sex geworden, doch ist sie auch heute noch die Standardstellung beim Geschlechtsverkehr. Außerdem plaziert sie die Frau unter dem Mann und spiegelt das soziale Nebeneinander der Geschlechter wider. Die im wahrsten Sinne des Wortes unterlegene Position der Frau muß jedoch nicht bedeuten, daß sie dabei nicht auch zu ihrem Recht kommt. Manche Frauen genießen das Gefühl der Verletzbarkeit, sogar der Unterwerfung, und überlassen ihrem Partner gerne die Führung. Sie können sich dabei zurücklehnen, sich auf ihre eigenen Körperempfindungen konzentrieren, die Hauptberührung, das Gewicht und die Wärme des Körpers ihres Partners genießen. Doch ohne die Erektion der Frau ist das Bemühen auch des feurigsten Liebhabers umsonst.

Die Mann-oben-Stellung kann durch die Ergänzung mit Klittage transformiert werden. Klittage sorgt dafür, daß die Frau erigiert. Durch die Erektion kann sie die Stimulierung ihres G-Punkts während des Geschlechtsverkehrs durch den Penis des Mannes genießen (sie gelingt am besten, wenn der Mann kniet oder aufgerichtet ist, während die Hüften der Frau durch Kissen emporgehoben werden). Mit einem Finger auf ihrer Klitoris und tiefer Penetration, bei der das Vaginadach der Frau einbezogen wird, kann ein Paar den Koitus mit der Mann-oben-Stellung zu einer Erfahrung machen, die auch eine Atheistin »O Gott!« rufen läßt.

Frau oben

Manche Leute empfinden die Frau-oben-Stellung als leicht subversiv – und daher als aufregend –, weil sie die Sexualhierarchie der Gesellschaft umkehrt. Eine Frau kann tatsächlich Spaß an dem Machtgefühl dieser Position haben, und ein Mann genießt es vielleicht, daß er einmal nicht in die gewohnte Rolle des Aktiven schlüpfen muß. Diese Stellung ist außerdem dem Orgasmus der Frau förderlich, da sie den Druck auf die Klitoris und außerdem den Winkel, Rhythmus und die Tiefe der Penetration kontrollieren kann.

Manche Frauen fühlen sich jedoch oben unwohl, weil sie damit ihren Körper zur Schau stellen. Sie machen sich Sorgen, daß ihr Partner sie mit den perfekten Darstellerinnen im Film vergleicht. Vielleicht vermeiden sie es sogar, an ihrem eigenen Körper herunterzublicken. Ergänzen sie und ihr Partner die Position jedoch mit Klittage, dann lenken die Unmittelbarkeit und Intensität der Lust die Frau von ihren Ängsten ab. Klittagekoitus, bei dem die Frau oben ist, gibt ihr die volle Kontrolle über ihre eigene Lust und führt sie vom Äußeren ihres Körpers nach innen.

Von hinten

Die Von-hinten-Stellung erweckt starke Gefühle sowohl der Ablehnung wie der Erregung in unserer Sexkultur. Manche Menschen lehnen sie ab, weil sie Analverkehr oder Sex zwischen Tieren zu sehr ähnelt. Andere sagen, diese Position sei ihnen zu unpersönlich, weil sich die beiden Partner dabei nicht ansehen können. Wieder andere finden die Von-hinten-Stellung gerade deshalb erregend, weil sie animalisch und tabu ist. Für manche Frauen, die der Meinung sind, daß dabei ihr G-Punkt genau getroffen wird, ist sie die Lieblingsstellung.

Sie ist außerdem am besten geeignet, um Klittage mit dem Geschlechtsverkehr zu verbinden. Der Körper des Mannes versperrt nicht den Weg zur Klitoris, und seine Hände sind frei. In dieser Position ist es außerdem für die Frau leicht, sich selbst Klittage zu geben. Der Winkel, in dem der Penis in die Vagina eindringt, erhöht für manche Frauen die Wahrscheinlichkeit, daß er dabei ihren G-Punkt liebkost. Sie genießen außerdem die rhythmische Kraft, mit der der Mann seine Hüften gegen ihren Po stößt, und seine Hände auf ihrem Gesäß und ihrer Taille.

Weitere Stellungen

Klittage und die Erektion der Frau machen jede Koitusstellung zu einem Abenteuer. Das Paar kann sich an einem langsameren Rhythmus erfreuen, indem es mit verschränkten Beinen nebeneinander liegt oder in der »Löffelposition« hintereinander liegt. Bei diesen Stellungen ist keiner der beiden Partner oben und es ist immer eine Hand frei für die Klittage.

Die Ergänzung jeder beliebigen horizontalen, sitzenden oder stehenden Position um Klittage vermittelt überraschende neue Körperempfindungen und neue Dimensionen der sexuellen Erregung. Möbelstücke können wichtige Bestandteile für die Variierung der Positionen beim Geschlechtsverkehr darstellen. Sexspielzeug in seiner unendlichen Vielfalt erhöht ebenfalls das Vergnügen am Sex. So kann zum Beispiel ein kleiner eiförmiger Vibrator (der mit einem eigens für diesen Zweck bereitgestellten Band über der Klitoris fixiert wird) die Hände für andere Zwecke frei machen.

Analsex

Der Anus ist ein im Heterosex oft übersehener Bereich. Sobald er erst einmal als Bestandteil der Kligeva erkannt ist, werden mehr Menschen seine sexuelle Rolle würdigen. Die Erektion verstärkt die Empfindungsfähigkeit der Analregion. Eine Frau, deren Kligeva erigiert ist, genießt das Gefühl, das der zärtliche Finger ihres Partners (oder sein Penis) an den empfindlichen Nervenenden der Analöffnung auslöst. Möglicherweise findet sie die Penetration mit einem Finger, dem Penis oder einem Dildo schön. Um Unbehagen oder Verletzungen zu vermeiden, sollte die anale Penetration *nur* dann stattfinden, wenn die Genitalien (ob weiblich oder männlich) des empfangenden Partners erigiert sind. Sorgfalt, Geduld, Gleitmittel und Latex sind ebenfalls unbedingt erforderlich. Nicht alle Frauen mögen Analverkehr, aber viele finden, daß die Ergänzung klitoraler und vaginaler Stimulation um anale Fingerpenetration oder Anusmassage sie in den Himmel sexueller Freuden hebt.

Die anale Fingerpenetration ist auch die beste Methode, um die Prostata des Mannes zu stimulieren. Doch viele heterosexuelle Männer erforschen diesen Bereich nie, weil sie ihn mit schwulem Sex assoziieren. Die Freude am Analsex hat nichts mit der sexuellen Orientierung zu tun. Sowohl Frauen als auch Männer, Heterosexuelle, Bisexuelle und Homosexuelle können Freude am Analverkehr haben, wenn er mit der Stimulierung von Klitoris und Penis verbunden und mit ausreichend Gleitmittel und Sorgfalt vollzogen wird. (Eine gute Quelle über sicheren Analsex ist Jack Morins *Anal Pleasure and Health* [Anale Lust und Gesundheit].)

Weitere Stimulierungen

Das Vergnügen, das eine Frau am Sex haben kann, wird ständig durch die Berührung nichtgenitaler Körperteile erweitert und bereichert. Der Kuß des Partners – auf die Lippen, den Hals, in den Achseln, den Ellbogenbeugen, auf den Handflächen, den Fingern und Zehen – trägt zur Steigerung der sexuellen Ganzkörpererfahrung bei. Für viele Frauen ist es das Küssen ihrer Brustwarzen, das sie über den Rand zum Orgasmus führt. Für andere ist der Kuß auf das Ohr oder ein Umspannen der Pobacken der Auslöser.

Shere Hite hat sich gefragt, warum es kein richtiges Wort für die ganzflächige Körperberührung gibt, eine der befriedigendsten sexuellen Handlungen, die es gibt. (Schließlich ist dabei der größte sexuelle Bereich des Körpers, die Haut, beteiligt.) Das Reiben der Körper aneinander ergänzt den Orgasmus der Frau um das köstliche Gefühl tiefer Befriedigung. Solche Gesten sind weit mehr als nur die Glasur des Kuchens. Sie können der letzte Kick sein, der einen Menschen in einen anderen Seinszustand befördert. Doch werden sie nur leere Gesten sein, wenn nicht zuerst die Grundlagen für den Orgasmus der Frau – Klittage, Erektion und eine feuchte Vagina – gewährleistet sind.

Den Sex wiederherstellen

Wenn der Sex für Nikki ebenso gut sein soll wie für Joe, dann muß sie ihr Interesse an ihrem Aussehen und an seinem Vergnügen auf ihre gemeinschaftliche Lusterfahrung verlagern.

Bisher verbringt Nikki Stunden damit, ihrem Körper zu einem guten *Aussehen* zu verhelfen. Doch sie und ihr Partner lassen sich nie mehr als ein paar Augenblicke Zeit, um dafür zu sorgen, daß ihr Körper sich gut *fühlt*. Wenn der Sex für Nikki ebenso gut ist wie für Joe, dann wird sich Nikki weniger auf das Anziehen als auf das Ausziehen konzentrieren. Schließt der Sex ihren Orgasmus ebenso zuverlässig ein wie seinen, dann wird sich Nikki keine Gedanken mehr über den Umfang ihrer Oberschenkel oder über ihre ruinierte Frisur machen. Sie wird zu sehr mit dem Spaß an orgastischem Sex beschäftigt sein. Und da der Orgasmus sie sich selbst näherbringt, wird das gute Gefühl sexueller Lust auch in andere Bereiche ihres Lebens hinüberreichen. Nikkis gutes Aussehen wird nicht allein von ihrem äußeren Aufzug abhängen, sondern das Spiegelbild ihrer inneren Freude sein. Die Hürden, denen sie sich sonst auf dem Weg zum Orgasmus stellen mußte, werden entfallen und die Zielgerade zu den Orgasmen frei machen, ohne die keine Frau sich auf Sex einlassen sollte.

Begehren lernen

Nikki erinnert sich an ihr »erstes Mal«. Sie war sechzehn und Junior in der High-School, und Jason, ihr erster richtiger Freund, war achtzehn und High-School-Senior, der gerade seine Abschlußprüfung hinter sich hatte. Es geschah in der Nacht seines Abschlußballs. Nach dem Ball waren Nikki und Jason heimgefahren, um sich umzuziehen, und trafen dann zwei andere Paare in einem von ihnen bevorzugten Lokal. Gegen zwei Uhr morgens fuhren die Paare einzeln davon, um allein zu sein. Jason und Nikki machten sich auf den Weg zu einem Aussichtspunkt, von dem aus man die Stadt überblicken konnte und wo sie viele Male zuvor gewesen waren. Für gewöhnlich wechselten sie auf den Rücksitz des Wagens und brachten Stunden damit zu, einander mit Lippen und Händen zu erforschen. Jason hatte Nikkis Körper bereits überall geküßt und berührt. Sie kannte seinen Körper ebenfalls, wußte, wie sein Penis auf ihre Berührungen reagierte und auf ihre Küsse. Der eine wußte, wie er den anderen zum Orgasmus bringen konnte.

Sie hatten sich vorgenommen, Jasons Abschluß zu feiern, indem sie das tun würden, was sie bisher noch aufgeschoben hatten: »bis zum Letzten gehen« und miteinander schlafen. Als sie sich nun küßten, öffnete Nikki Jasons Hose und half ihm dann, ihre Unterwäsche auszuziehen. Nikki nahm Jasons Penis in ihre Hand, während er zwischen ihre Beine faßte und ihre Klitoris streichelte. Nikki schloß die Augen, um sich auf das vertraute Prickeln in ihren Genitalien zu konzentrieren, doch als sie schon kurz vor dem Orgasmus war, hörte Jason plötzlich auf. Er zog das Kondom, das sie mitgebracht hatten, aus der Tasche und streifte es rasch über, dann drängte er seinen Penis zwischen ihren Schamlippen in ihre Scheide. Anfangs tat es etwas weh, aber das leichte brennende Gefühl verwandelte sich rasch in Lust. Nikki bemerkte, daß sich das Gefühl von dem bei der klitoralen Stimulation unterschied – milder war und diffuser. Während Jason, der äußerst erregt zu sein schein, in sie hineinstieß, fragte sich Nikki, warum sie nicht mehr fühlte. Sie versuchte, die Stellung ihres Körpers zu verbessern, sich mehr zu konzentrieren und sagte sich dabei: Das ist es, das ist es, worum es wirklich geht! Dann wurde Jason schneller. Plötzlich seufzte er auf, stöhnte und hörte auf, sich zu bewegen. Es war vorbei.

Nikki streichelte Jasons Haare und meinte, sie sei nun an der Reihe. Doch Jason lag erschöpft auf ihr und reagierte nicht. Nikki wurde traurig. Sie schob ihn sanft zur Seite und setzte sich auf. Sie mußte die Tränen zurückhalten, als sie nach ihrer Unterwäsche suchte. Das also war »es«?

Gefälligkeit lernen

Die entscheidende Lektion, die eine junge Frau beim ersten Geschlechtsverkehr lernt, vermittelt ihr, daß Sex mit ihrer Lust nichts zu tun hat. Die Mehrzahl der jungen Mädchen hat, anders als die jungen Männer, beim ersten Mal keinen Orgasmus. Das ist besonders dann eine grausame Lektion, wenn ein Mädchen zu diesem Zeitpunkt bereits Orgasmen kennengelernt hat oder aber zu der Annahme verleitet wurde, daß ihr »erstes Mal« ihr auch ihren ersten Orgasmus verschaffen würde. Der erste Geschlechtsverkehr wird als bedeutende Etappe im Leben eines Mädchens betrachtet. Nach jahrelanger Erwartung, nach Aufschub und Aufregung findet »es« endlich statt. Trotz all der Fanfarenstöße ist dieser erste Beischlaf fast für jedes Mädchen eine Enttäuschung. Er kommt, aber sie nicht; kein Grund für Glockenläuten und Feuerwerk.

Nikkis erstes Mal hat ihr wenig Freude bereitet. Es bestand zu einem weit geringerem Maße aus Oral- und Manualsex, als sie es bisher mit Jason gewohnt war. Obgleich sie ihm gerne das Vergnügen bereitete, in ihr zum Orgasmus zu kommen, mußte sie sich die Frage stellen, warum sie keinen hatte. Nikki hielt Beischlaf für das ultimative sexuelle Erlebnis. In Wirklichkeit erwies er sich jedoch als weit weniger angenehm als der Sex, den sie davor mit Jason gehabt hatte. Sie fragte sich nun, ob mit ihr etwas nicht in Ordnung wäre. Nach dieser Nacht bestand der Sex zwischen Nikki und Jason aus manuellen und oralem Sex als Vorspiel zum Geschlechtsverkehr und aus seinem Orgasmus. Nikki hatte von da an mit Jason keine Orgasmen mehr. Doch hatte sie nicht den Mut, ihr sexuelles Beisammensein mit Jason wieder so zu gestalten wie vordem. Sie waren nun zu »richtigem« Sex übergegangen – Geschlechtsverkehr. Obwohl Nikki und Jason geglaubt hatten, daß sie ihr sexuelles Vergnügen als gemeinsames Ziel ansteuerten, saß er schließlich auf der Fahrerseite, und sie wurde zur Beifahrerin, die um seiner sexuellen Vergnügungsfahrt willen mitmachte.

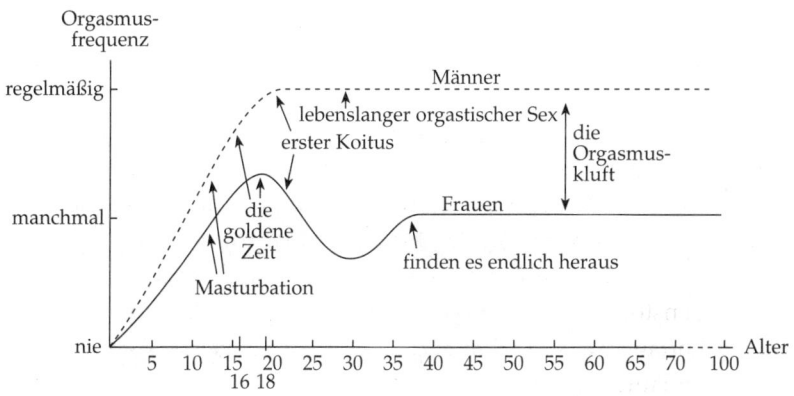

Sexuelle Höhepunkte

Es wird weitgehend davon ausgegangen, daß Männer ihren sexuellen Höhepunkt mit 18 Jahren erreichen, während bei Frauen dies erst mit 35 Jahren der Fall ist. Zurückgeführt wird dieser Umstand auf die angeblich andere biologische Beschaffenheit der Frau. Der Grund für diesen großen Unterschied ist die Tatsache, daß in unsere Kultur Sex mit Beischlaf gleichgesetzt wird. Vaginaler Geschlechtsverkehr versorgt den Penis mit allumfassender Stimulierung und ist daher eine Erweiterung der Freuden, die Jungen in Jahren der Übung durch Masturbation kennenlernen. Für sie also bedeutet der erste Geschlechtsverkehr den Anfang eines lebenslangen orgastischen Partnersex. Für viele Mädchen hingegen bezeichnet das erste Mal einen weniger deutlichen Übergang. Geschlechtsverkehr schenkt einem Mädchen normalerweise keinen Orgasmus, weil er die Klitoris umgeht. Wenn der Sex vor allem aus Penetration besteht, erreicht der sexuelle Ausdruck einer Frau hingegen erst Jahre später (wenn überhaupt) seinen Höhepunkt. Vor allem dann, wenn Geschlechtsverkehr zugleich den Verzicht auf das Vorspiel bedeutet, kann das erste Mal bei einer Frau auch das letze Mal sein, da der Sex die Lusterfahrung ihres Körpers reflektiert.

Das erste Mal

Jeder, dessen eigenes erstes Mal wunderbar war oder der daran zweifelt, daß frühe sexuelle Erfahrungen von Jungen und Mädchen bemerkenswerte Unterschied aufweisen, kann sich durch die Lektüre von Karen Bouris Buch *The First Time: What Parents and Teenagers Should Know About »Losing Your Virginity«* (Das erste Mal: Was Eltern und Teenager über den »Verlust der Jungfräulichkeit« wissen sollten) mit der Wirklichkeit vertraut machen. Die Geschichten über das erste Mal, die Bouris von 150 amerikanischen Frauen sammelte, deren Alter zwischen 20 und

70 Jahren liegt, sind schockierend und traurig. Nur eine Handvoll Frauen hat positive Erinnerungen an ihr erstes Mal und sogar von ihnen hatte nicht jede einen Orgasmus. Eine Frau, die Bouris Fragebogen ausfüllte, erklärte, wie enttäuschend der erste Geschlechtsverkehr für sie war, weil sie die Freuden des Orgasmus bereits kannte:

> Der erste Beischlaf war schnell vorüber und nicht besonders befriedigend oder angenehm für mich. Nachdem er gekommen war, sagte er: »Nun, das ist es«, und ich dachte: Das soll es sein? (Ich hatte masturbiert, seit ich elf oder zwölf war, und wußte, wie sich ein Orgasmus anfühlt!) Ich fühlte mich einsam und war enttäuscht; weder sprach er mit mir, noch berührte er mich auf irgendeine liebevolle Weise. Ich beendete die Beziehung bald darauf.

Manche Mädchen erwarteten keinen Orgasmus, weil sie noch nie einen gehabt hatten. Sie waren zufrieden damit, nur einfach diese besondere Erfahrung mit einem Mann zu machen, den sie liebten. Für die Mehrheit der Mädchen war der erste Geschlechtsverkehr so lala bis leicht enttäuschend – nicht schlecht, aber auch nicht großartig. Manche Frauen ließen sich nur einfach deshalb auf die Penetration ein, »um es hinter sich zu bringen« und weil sie die Oberschule nicht als »Jungfrau« verlassen wollten.

Typischerweise findet das erste Mal im Rahmen einer festen Beziehung statt, doch das eigentliche Geschehen erfolgt oft spontan und ungeplant. Die 1994 veröffentlichte, vom amerikanischen nationalen Meinungsforschungsinstitut durchgeführte Befragung zeigt, daß fast ein Viertel aller befragten Frauen »beim ersten Mal keinen Geschlechtsverkehr haben wollten«.

Selbst wenn ein Mädchen ebenso begierig wie ihr Partner darauf ist, Geschlechtsverkehr auszuprobieren, verliert sie, wenn es spontan dazu kommt, die Kontrolle über das Ereignis. Ohne die richtige Ausrüstung und Vorbereitung für die Empfängnisverhütung und Safer Sex kann das »erste Mal« zu einer beunruhigenden Angelegenheit werden, die ein Mädchen dem unnötigen Risiko einer Schwangerschaft oder Infektion aussetzt. Darüber hinaus wird der erste Koitus, wenn er ungewollt ist, zu einer traumatischen Erfahrung.

Selbst dann, wenn ein Mädchen den Rahmen und die Bedingungen für das große Ereignis initiiert und vorbereitet, kann sie das Gefühl haben, daß Beischlaf *mit ihr geschieht*. Sobald der Sex beginnt, wird ein Mädchen von ihrem Partner geführt, als handle es sich um einen Tanz. Sie trägt die Schuhe von Ginger Rogers und tanzt nicht nur wie der Leinwandstar zu Fred Astairs Schritten und Rhythmus, sondern, um die Worte der Feministinnen zu gebrauchen, tut dies auch noch rückwärts und in Stöckelschuhen. Obgleich das erste Mal auch für den Jungen peinlich sein kann, so ist es doch er, der die Führung und die choreographische Leitung des Tanzes hat, der schließlich in seinem Solo (seinem Orgasmus und seiner Ejakulation) kulminiert.

Der erste Geschlechtsverkehr übermittelt Mädchen die klare Botschaft: »So ist Sex. Sex ist Koitus, und Koitus macht deinem Partner wirklich Spaß. Wenn du einen Weg findest, damit er auch dir Spaß macht – oder sogar orgastisch für dich wird –, wunderbar. Aber erwarte keine besonderen Konzessionen (wie direkte klitorale Stimulation). Du mußt mit dem zufrieden sein, was der Penis deines Partners dir gibt ... Und übrigens, sag deinem Partner ja nicht, daß du nicht gekommen bist. Es könnte seine Gefühle verletzen.« Also täuschen Mädchen Orgasmen vor und schweigen sich über ihren Wunsch nach klitoraler Lust aus.

Manche begeben sich auf die Jagd nach Orgasmen durch Geschlechtsverkehr, denn ein Mädchen stellt schnell fest, daß Petting oder Vorspiel, dem sie bisher ihre Orgasmen verdankte, keine Rolle mehr spielen, sobald sie und ihr Freund zur Penetration übergegangen sind. Eine Frau hat uns erzählt, daß sie, bevor sie und ihr Freund miteinander Geschlechtsverkehr hatten, durch manuellen und oralen Sex zu Orgasmen und sogar zu Ejakulationen gekommen war. Als sie schließlich die Empfängnisverhütung in den Griff bekommen hatten und miteinander schliefen, da hörte ihre Orgasmen und Ejakulationen auf. Bis sie Ende Zwanzig war, erlebte sie beides nicht mehr auf einer regelmäßigen Basis. Dann entschloß sie sich dazu, manuellem und oralem Sex wieder einen festen Platz im Liebesspiel einzuräumen.

Für einige Frauen ist der erste Geschlechtsverkehr nicht nur eine freudlose Erfahrung, sondern er wird ihnen auch gegen ihren Willen aufgezwungen. Ihr erstes Mal ist kein Sex, sondern Vergewaltigung. Sie erleben die Penetration entweder ungewollt, unter Einbeziehung von Zwang und Gewalt oder aber unter Bedingungen, über die die Frau keine Kontrolle hat. Bouris gibt die Geschichte einer Frau wieder, auf deren Sexualität für immer ein Schatten lag, nachdem sie von ihrem älteren Freund vergewaltigt worden war.

> Ich habe niemandem davon erzählt. Es hatte sich nicht wie Sex angefühlt, aber seither fühlt sich Sex wie diese Erfahrung an: eine Art Resignation gegenüber dem Geschlechtstrieb des Mannes und eine unglaubliche Verwirrung meinerseits. Mein Körper kommt mir wie gebrandmarkt vor. Ich glaube, die Vergewaltigung bestimmt meine Erfahrungen. Ich kann mich nicht davon abwenden. Ich nehme an, ich weiß nicht, was Sex ist. Wofür er gut ist.

Wenn die erste sexuelle Erfahrung einer Frau Mißbrauch, Inzest oder Vergewaltigung ist, dann muß sie erleben, daß ihre Sexualität nicht ihr gehört, sondern den Männern.

Für die meisten Frauen findet der erste Geschlechtsverkehr zwar mit ihrer Zustimmung, aber ohne ihr körperliches Vergnügen (Orgasmus) statt. Eine solche Erfahrung kann die sexuelle Entwicklung der Frau hemmen, da sie nicht darauf aufbaut, was ein Mädchen durch Masturbation sowie durch manuellen und oralen Sex mit einem Partner lernt; sie negiert ihre Erfahrungen und ihr Wissen. Sie setzt sie davon in Kenntnis, daß nicht sie oder ihr Körper sexuelle Erfahrung definiert. Vielmehr wird von ihr erwartet, daß sie das tut, was dem Mann sexuelles Vergnügen bereitet. Wenn ein Mädchen ihre Jungfräulichkeit verliert, dann hat sie tatsächlich etwas verloren.

Die Jungfräulichkeit opfern

Viele Frauen überall auf der Welt lernen den Sex erst bei der Heirat kennen und haben kaum eine Vorstellung davon, worum es dabei geht. Eine sechzigjährige Mexikanerin erzählte uns, daß sie im Alter von 15 Jahren mit einem Mann verheiratet wurde, den sie liebte. Doch war sie entsetzt, als sie eines Nachts erwachte und ihn auf ihr liegend und in sie hineinstoßend vorfand. Sie hatte gedacht, er versuche sie umzubringen.

In anderen Kulturen ist der erste Geschlechtsverkehr oft nicht nur gewaltsam und ohne jedes Vergnügen für das Mädchen oder die Frau, sondern auch Bestandteil eines Besitzerwechselrituals, das sie vom Eigentum ihrer Familie in das ihres Ehemannes überführt. Die Schriftstellerin Jane Kramer beschreibt die Hochzeit eines vierzehnjährigen marokkanischen Mädchens. Nach der Zeremonie wurde das Mädchen gefesselt, damit sie sich während ihrer »Defloration« nicht zur Wehr setzen konnte. Zwei Minuten nach dem Ereignis fand Kramer sie »ohnmächtig auf dem Lehmboden liegend im Haus ihres Bräutigams«. Ihr Ehemann nahm die Glückwünsche der Männer entgegen, während seine Mutter die blutige Unterwäsche der Braut zur Schau stellte als »Beweis« dafür, daß ihr Sohn den richtigen »Gegenwert für sein Geld« erhalten hatte.

Ein Beweis für die Jungfräulichkeit einer Frau ist in vielen Gesellschaften bei der Hochzeit erforderlich, damit der Ehemann sichergehen kann, daß die Kinder seiner Braut wirklich seine eigenen sind. Jungfräulichkeit war einer der vielen Gründe, die Prinz Charles dazu veranlaßten, lieber Diana Spencer als Camilla Parker-Bowles, die er offenbar liebte, zu heiraten. Anders als Camilla war Diana nicht nur alleinstehend, sondern auch Jungfrau und daher geeignet, die Mutter des Thronerben zu werden. Ihre Jungfräulichkeit war die Garantie für das Königshaus, daß keine Sexskandale aus ihrer Vergangenheit ans Licht kommen und ihr Bild (und das der Royals) beschmutzen würden. Sie ließ außerdem keinen Zweifel daran aufkommen, daß in ihren Kindern das königliche Blut ihres Vaters fließen würde.

Selbst wenn es nicht um den Stammbaum geht, »sparen manche Frauen sich auf«, damit sie ihre Jungfräulichkeit einem würdigen Mann als Geschenk darbringen können. Dem 1994 veröffentlichten amerikanischen Sexreport ist zu entnehmen, daß die Hälfte der Frauen, »die ihren ersten vaginalen Geschlechtsverkehr geplant hatten«, hierzu durch Zuneigung zu ihrem Partner motiviert waren. Bei den Männern hingegen gaben 50 Prozent an, aus Neugier gehandelt zu haben. Auch manche Männer sparen ihr »erstes Mal« für die richtige Frau oder die richtige Gelegenheit auf. Doch grundsätzlich hat Jungfräulichkeit für Frauen und Männer nicht die gleiche Bedeutung: *Die Jungfräulichkeit eines Mannes gehört ihm selbst, während die der Frau im Besitz der*

Männer ist. Eine Frau »verliert« ihre Jungfräulichkeit »an« einen Mann, während ein Mann seine Jungfräulichkeit gegen seine Männlichkeit eintauscht. Er verliert lediglich seine Unerfahrenheit, und sein Status wird dadurch, daß er Geschlechtsverkehr hatte, aufgewertet. Bei einem Mädchen sorgt vielleicht das erste Mal dafür, daß sie sich wie eine Frau fühlt, doch bezahlt sie dies mit dem Besitzverlust ihres sexuellen Selbst und dem Ende ihrer Kontrolle darüber.

Die Jungfräulichkeit ist für ihren Partner eine Garantie, daß sie von anderen Männern unberührt ist. Viele Männer betrachten die Vorstellung, daß sie der »erste« Liebhaber einer Frau sind, als Ehre und behandeln ihre unerfahrene Partnerin mit Anteilnahme und Respekt. Doch gibt es andere, die Sex mit einer »Jungfrau« so auffassen, wie ein Hund den Hof eines neuen Hauses, in das sein Herrchen eingezogen ist: als Territorium, das markiert und unter Ausschluß aller anderen Hunde in Besitz genommen werden muß. Keine Frau vermag einen Mann auf die gleiche Weise zu markieren.

Die herrschende Vorstellung von Jungfräulichkeit vollständig abzuschaffen, würde Frauen mehr Kontrolle über den Sex geben. Es würde außerdem Frauen und Männern dabei helfen, sich auf einen Sex zu konzentrieren, der beiden gleichermaßen Freude bereitet. Der erste Geschlechtsverkehr würde nicht automatisch der definierende Akt im sexuellen Leben einer Frau sein, und sie könnte selbst darüber entscheiden, welche Art von Sex für sie bedeutsam ist.

Für einige könnte das erste Mal der erste Sex (jeglicher Art) mit einem geliebten Menschen sein. Für eine Lesbierin könnte es das erste sexuelle Beisammensein mit einer Frau sein. Für andere die erste Masturbation oder der erste Orgasmus. Vielleicht wäre der Sex überhaupt nicht durch irgendein »erstes Mal« gekennzeichnet, sondern würde statt dessen als fortschreitender Prozeß der sexuellen Selbstentdeckung und des zwischenmenschlichen Ausdrucks betrachtet.

Der fehlende Orgasmus

Es ist verblüffend, daß selbst heute noch viele sexuell aktive Frauen ihrem Bedürfnis nach dem Orgasmus so wenig Platz einräumen. Oft wird unterstellt, daß junge Frauen der postfeministischen Ära der neunziger Jahre für ihr Sexualleben die volle Verantwortung übernehmen. Doch wissenschaftliche Untersuchungen, Beobachtungen und persönliche Berichte legen nahe, daß sexuelles Bewußtsein und sexuelle Selbstbestimmung für junge Frauen, auch wenn viel Tamtam darum gemacht wird, noch immer nicht die Regel ist. In einer Talkshow des Nachtprogramms eines Kabelsenders stellte Sari Locker, eine amerikanische Sexpädagogin und die Autorin von *Mindblowing Sex in the Real World* (Sex zum Abheben in der wirklichen Welt), einer versammelten Gruppe von Frauen in den Zwanzigern Fragen über den Orgasmus. »Haben Sie Orgasmen?« wollte Locker wissen. Schweigen. Eine Frau macht schließlich den Mund auf und erzählt, daß ihr frühes Wissen über Orgasmen aus einem Buch stammte, das sie als Teenager gelesen hat. Als sie wenige Jahre später Sexpartner hatte, da brachte sie ihnen das bei, was sie alleine herausgefunden hatte. Seitdem erfreue sie sich eines orgastischen, befriedigenden Sexlebens. Die aktive Herangehensweise dieser Frau und die glatte Entwicklung ihrer Sexualität ist jedoch leider die Ausnahme. Die anderen Frauen, die sich versammelt hatten, um mit Locker über Sex zu sprechen, schwiegen beklommen und sahen sich gegenseitig peinlich berührt an.

Unter Heterosexuellen ist es fast möglich, die Frage, ob man beim ersten Geschlechtsverkehr einen Orgasmus hatte oder nicht, anhand der Geschlechtszugehörigkeit zu beantworten. Eine entsprechende wissenschaftliche Untersuchung bei Collegestudenten durch Susan Sprecher, Anita Barbee und Pepper Schwartz ergaben, daß sieben Prozent der Frauen und 79 Prozent der Männer mit ihrem ersten Koitus einen Orgasmus hatten – ein recht großer Unterschied. Die Frauen und Männer mit Orgasmuserfahrung brachten die allerpositivsten Gefühle über ihre Begegnungen zum Ausdruck. Obgleich Partnersex mit der Zeit für viele Frauen besser wird, ist ihnen ihr Orgasmus dennoch niemals so sicher wie den Männern der ihre.

Wenn Sex nicht zum Orgasmus führt, dann neigen Frauen dazu, sich selbst die Schuld zu geben, als ob ihrerseits irgendeine psychologische oder persönliche Schwäche vorläge. (Darauf ist das Schweigen bei Lockers Gästen zurückzuführen.) Obwohl sie den kürzeren ziehen, sind die meisten Frauen nicht wütend, fühlen sich nicht betrogen oder ärgerlich, denn sie betrachten den Sex ohne Orgasmus als ihr eigenes Versagen. Sie sprechen nur sehr zurückhaltend über das Problem, weil sie sich Sorgen machen, daß ihre Partner sich unzulänglich fühlen könnten. Aus dem gleichen Grund sind Klagen nur selten zu hören. Manche Frauen schweigen auch aus Furcht, ihren Mann zu erzürnen.

So zu tun, als ob schlechter Sex guter Sex sei, ist praktisch ein nationaler Zeitvertreib für amerikanische Frauen. In *Going All the Way: Teenage Girls' Tales of Sex, Romance and Pregnancy* (Bis zum Letzten gehen: Mädchen im Teenageralter erzählen von Sex, Romantik und Schwangerschaft), einer Langzeitstudie über zehn Jahre bei 400 Mädchen, zitiert die Autorin Sharon Thompson eine junge Frau, die die zwanghafte Gewohnheit entwickelte, im Beisammensein mit einem Mann Orgasmen vorzutäuschen; offenbar hatte er sich mit der Begründung »Die Tiere tun es auch nicht«, geweigert, mit ihr über Sex zu sprechen.

Statt so damit umzugehen, daß offensichtlich etwas nicht in Ordnung war, weil ich nie einen Orgasmus hatte oder auch nur in die Nähe eines Orgasmus gekommen war, sagte er: »Oh, mein Gott, irgend etwas stimmt nicht mit mir.« Er drehte die ganze Sache um und sorgte dafür, daß er mir wirklich leid tat und daß ich schließlich sagte: »Komm, es ist nicht deine Schuld. Es ist ohnehin nicht so wichtig.« Er brachte mich dahin, daß ich nach dem nächsten Mal, als wir Sex hatten, einfach sagte: »Ja, ich hatte einen Orgasmus.« Das kam mir wirklich billig vor. ... Ich mußte ungefähr noch dreimal danach ja sagen, dann gingen wir sozusagen davon aus, daß ich Orgasmen hatte, auch wenn das nicht zutraf. Und unser Sex wurde zunehmend schlechter und seltener, und wenn wir zusammen waren, dann artete alles immer mehr in Hast aus.

Frauen täuschen Orgasmen vor, um das Ich des Mannes zu schützen. Oder aber sie wollen schlechten Sex hinter sich bringen und das Rampenlicht meiden – Frauen ist es lieber, wenn das Augenmerk der Lust auf den Mann gerichtet bleibt. Manche gehen Sex aus dem Weg, damit sie sich mit dem Problem nicht auseinandersetzen müssen. Nur selten stellen sich Frauen diesen Schwierigkeiten.

Vorbereitung durch Masturbation

Es ist nicht überraschend, daß Frauen nicht zum Orgasmus kommen, wenn die Stimulierung im Sex nicht ausreichend oder angemessen ist. Im Gegensatz dazu erhalten Männer die Unterstützung und die Mittel, um einen Orgasmus zu erleben, sobald sie ihren Penis das erste Mal in die eigenen Hände nehmen. Obwohl Eltern ihrem Sohn die Masturbation entweder verbieten oder dazu schweigen, akzeptiert die Sexkultur sie doch all-

> **»Das ist schon in Ordnung, wirklich!«**
> Mädchen lernen, daß Geschlechtsverkehr bei ihnen Orgasmen hervorrufen soll. Ist dies nicht der Fall, dann beschweren sie sich nicht, sondern suchen nach einer Erklärung. In Sharon Thompsons Studie berichtet ein Mädchen, daß ihr Freund »sich wirklich sehr angestrengt hat, um mir einen Orgasmus zu verschaffen. Nach einer Weile habe ich zu ihm gesagt: ›Komm schon, mach dir deshalb keine Sorgen. Ich habe trotzdem meinen Spaß. Es ist nicht wirklich wichtig für mich. Überanstreng dich nicht.‹« Ein anderes Mädchen sagte zu ihrem Freund: »›Das ist schon in Ordnung. Erstmal bin ich wirklich befriedigt, ohne einen Orgasmus zu haben. Einfach nur bei dir zu sein und so. Das ist ebenso schön. Es fühlt sich großartig für mich an.‹« Unter Bouris Geschichten vom ersten Mal finden sich ähnliche Rechtfertigungen. Eine Frau berichtet: »Ich hatte damals keinen Orgasmus – und auch viele Male danach nicht –, aber ich habe mich geliebt gefühlt …« Viele Frauen akzeptieren Liebe oder Romantik als Ersatz für Sex statt als Ergänzung von Sex.

gemein als natürliches Ventil des Geschlechts-»Triebs« eines männlichen Heranwachsenden.

Lange bevor ein junger Mann zum Partnersex findet, lernt er durch die Masturbation, wie er einen Orgasmus und eine Ejakulation herbeiführen kann. Die Mehrheit der Jungen legt Wert darauf, bis zum Alter von 18 Jahren »orgasmusfähig zu sein« (und sie brauchen dazu keine Ratgeberbücher); aber nur 40 Prozent der Mädchen masturbieren. Was die Masturbation betrifft so liegt in allen Altersgruppen der Unterschied zwischen den

Geschlechtern etwa bei 60/40 – die Mehrheit von Männern tut es, die Mehrheit der Frauen nicht.

Ein Junge entwickelt seinen sexuellen Appetit in den frühen Teenagerjahren, wenn er anfängt, gierig solche Magazine wie *Playboy* und *Penthouse* zu verschlingen. Er redet und vergleicht sich mit seinen Freunden. Vielleicht ist er sogar in irgendeinem typischen Jungenklub. Jungen werden auf subtile Weise dazu ermutigt, eine Art heimliche Erotik zu kultivieren, womit sie vor den Mädchen einen Vorsprung in Sachen sexuelle Selbstkenntnis erlangen. Die Masturbation wird von der Sexkultur vor allem an Jungen festgemacht. Von Mädchen nimmt man nicht an, daß sie sich auf die gleiche Weise sexuelle »Erleichterung« verschaffen. Folglich entdeckt ein Mädchen, die masturbiert, die sexuellen Freuden der Selbstbefriedigung nur zufällig: durch das Reiben ihrer Klitoris oder ihrer Bettdecke, das Vor- und Zurückschaukeln auf einem Schaukelpferd oder durch das Auf- und Abhüpfen auf einem richtigen Pferderücken. Eine Freundin erinnert sich daran, daß sie als Kind einen Pfosten hinunterrutschte und ihre Spielkameradinnen aufforderte: »He, probiert das auch mal – es fühlt sich großartig an!« Manche Mädchen umschiffen die Warnung, sich nicht »da unten« zu berühren, indem sie ein Kissen oder ihren Lieblingsteddybären zwischen die Beine klemmen. Andere bringen den Mut auf, ihre Hände einzusetzen. Doch die Masturbation wird für Mädchen nie zu der fieberhaften Geschäftigkeit, die Jungen dabei an den Tag legen.

Ein Mann, der in das Erwachsenenalter eintritt, ist mit seinen Genitalien und deren sexueller Reaktionsfähigkeit weit vertrauter als eine Frau. Abgesehen davon, daß er auf eine jahrelange Masturbationspraxis zurückblicken kann, hat er möglicherweise zusätzlich die private Schulung durch eine ältere, erfahrenere

Frau oder durch eine Prostituierte erfahren. In seiner Autobiographie *Making Love: An Erotic Odyssey* (Lieben: Eine erotische Odyssee) beschreibt Richard Rhodes, wie er als siebzehnjähriger Collegeanfänger eine »mindestens vierzigjährige Teilzeitprostituierte« aufsuchte, um seine Jungfernschaft zu verlieren. Rhodes hatte dabei mehr Glück als die meisten anderen, denn außer ihrem Körper gab ihm diese kluge Frau, Gussie Clarke, auch noch Ratschläge über Klittage. »›Du mußt immer darauf achten, daß das Mädchen zuerst kommt. ... Fühl mal hier, dieser kleine Knopf, siehst du, da mußt du deinen Finger drauflegen. ... Du mußt ihn reiben, so‹, Gussie zeigte es mir und führte meine Hand mit der ihren, ›bis sie kommt. Dann läßt du sie nicht im Stich.‹«

Männer, die sich mit dem Besuch bei einer Prostituierten nicht anfreunden können, aber dennoch den Rat einer älteren Frau suchen, wählen hierzu manchmal reifere Freundinnen aus oder setzen eine entsprechende Anzeige in den Kleinanzeigenteil einer Zeitung. Doch viele Männer begegnen niemals einer Frau, die bereit oder fähig ist, sie in sexueller Hinsicht zu schulen, da doch der Mann mehr über Sex wissen sollte als die Frau. Vielleicht erkennt er gar nicht, daß es da etwas *gibt*, worüber man Fragen stellen könnte, bis seine Geliebte eines Tages das Versteckspiel beendet: »Hör mal, versuch es doch mal auf diese Art.« Um jedoch unterweisen zu können, muß eine Frau natürlich selbst erst einmal wissen.

In einer Sexkultur, die Frauen davon abhält, ihre Sexualität zu entwickeln, kann es Jahre dauern, bis sie herausfindet, was sie einem Mann denn sagen soll. Wenn sie dann endlich erfahren ist, sind ihre Chancen erheblich gesunken, weil Männer generell Frauen bevorzugen, die weniger erfahren sind als sie selbst. Ein Mann, der sich wie Rhodes vorher Unterweisung durch eine

Expertin beschafft und sich dann mit einer Geliebten einläßt, sorgt dafür, daß er als Wissender die Oberhand behält. Ein solcher Mann will nicht in die Lage kommen, von seiner Frau oder Freundin Anweisungen entgegennehmen zu müssen, und er erwartet es auch nicht.

Frauen erwarten ebenfalls, daß der Mann beim Sex die Führung übernimmt und weiß, was er tun muß. Nur wenige Frauen begeben sich freiwillig in die sexuelle Lehre, denn es gibt dazu nur wenig Gelegenheit. Die erste sexuelle Begegnung mit einer Prostituierten ist eine Wahl, die Frauen nicht treffen können (noch würden, da die Machtdynamik der heterosexuellen Sexualität es verbietet, daß sie *ihn* für seine Dienste bezahlt). Und obgleich einige Frauen für das erste Mal bewußt einen älteren oder erfahreneren Mann auswählen, weiß vielleicht selbst ein wohlgesonnener Partner dieser Art nicht, wie er die Bedürfnisse der Frau den eigenen voranstellen soll. Wie bei Nikki ist der erste Sexpartner von Frauen oft mehrere Jahre älter als sie selbst. Doch je größer der Altersunterschied ist, desto mehr nimmt auch die Wahrscheinlichkeit zu, daß die sexuelle Begegnung nach den Bedingungen des Mannes oder sogar unter Zwang erfolgt. In der von Sprecher, Barbee und Schwartz an Collegestudenten durchgeführten Untersuchung wird festgestellt, daß Mädchen im allgemeinen bessere Erfahrungen gemacht haben, wenn sie älter als 16 Jahre und ihr Partner mehr oder weniger gleichaltrig und auf einem ähnlichen Erfahrungsstand war. Doch selbst ein junger Mann, der wie seine Partnerin noch unberührt ist, hat aller Wahrscheinlichkeit nach mehr Selbstkenntnis durch Masturbation und eine lustbetontere Einstellung zum Sex. Von Kindheit an wird Männern beigebracht, Sex um des Sex willen zu haben, während Frauen lernen, in Sex um des Mannes willen einzuwilligen.

Die goldene Zeit des Partnersex

Wenn eine junge Frau und ein Mann sich langsam in den gemeinsamen Sex hinein vortasten und wenn sie den Geschlechtsverkehr zugunsten von oralem und manuellem Sex verschieben, dann haben sie das Glück, das zu genießen, was wir »die goldene Zeit des Partnersex« nennen. Während dieser Lebensphase beschäftigt sich ein heterosexuelles Paar mit allem, bloß nicht mit dem Koitus: mit jeder nur denkbaren Art von Liebkosung und genitaler Berührung, ohne vaginalen (oder analen) Beischlaf.

Die meisten Heterosexuellen empfinden jedoch Geschlechtsverkehr noch immer als den ultimativen sexuellen Akt, und sie durchlaufen diese goldene Zeit des Partnersex nicht freiwillig oder gewollt, sondern gezwungenermaßen. In einer Sexkultur, die besessen ist vom Sex und zugleich ein prüdes Verhalten zu ihm hat, ist das Erlangen von Verhütungsmitteln mit Peinlichkeiten, Verwirrung und Schwierigkeiten verbunden. Diese Behinderung kann sich als unerwarteter Segen für die sexuelle Erziehung junger Menschen erweisen.

Es liegt schon mehrere Jahrzehnte zurück, da machte die Anthropologin Margaret Mead den Vorschlag, daß Amerikaner wesentlich von dem offeneren und spielerischen Sexualverhalten der Samoaner lernen sollten. Margaret Mead hatte bei ihrem Forschungsaufenthalt auf Samoa festgestellt, daß dort die jungen Leute nicht davor abgeschirmt wurden, etwas über sexuelle Praktiken zu lernen. Doch mehrere Generationen später werden junge Amerikaner noch immer davon abgehalten, ihre Sexualität zu erforschen. Die Sexkultur mutet ihnen zu, im Dunklen in den Partnersex hineinzustolpern und vaginalen Geschlechtsverkehr zu glorifizieren und zu idealisieren. Diese dürftige Sichtweise von Sex führt jedoch vor allem bei jungen

Frauen zu einem Sex, der weniger Spaß macht, als es eigentlich möglich wäre, und riskanter ist, als unbedingt erforderlich.

Mädchen müssen Zugang zu einem Wissen erhalten, das den Sex sicherer und spielerischer macht. Sie brauchen die Unterstützung durch eine Familie und eine Kultur, die keine Angst hat, über Sex zu sprechen. Ihnen muß ein guter Empfängnisschutz zur Verfügung stehen. Für Mädchen kann Sex ohne eine ungewollte Schwangerschaft Freude und Leichtigkeit mit sich bringen und für beide Partner Erfüllung bedeuten. Der Vorteil von Sex ohne Koitus muß ihnen bewußtgemacht werden: Hier haben sie Gelegenheit, ihre sexuellen Möglichkeiten zu erforschen, und hier können auch Frauen ihre Erfüllung finden. Wäre Sex mehr auf weibliche Bedürfnisse – also vor allem auf Manualsex – ausgerichtet, dann würde die Zahl der im Teenageralter übertragenen Krankheiten und Schwangerschaften mit Sicherheit zurückgehen, während die Sexqualität für junge Menschen ohne Zweifel zunehmen könnte. Doch statt zu intelligentem Sex zu ermutigen, verschließen viele Erwachsene einfach ihre Augen und hoffen, daß ihre Kinder ganz und gar darauf verzichten. Während einige Eltern und Lehrer sich unermüdlich bemühen, Informationen, Verhütungsmittel und Kondome in die Reichweite sexuell aktiver Teenager einzuschleusen, zieht es die Sexkultur lieber vor, den Blick abzuwenden oder Sex bei jungen Leuten schlicht abzulehnen.

Wenn junge Heterosexuelle wüßten, wie sie Sex ohne Koitus befriedigend gestalten könnten, dann würden sie ihre Bekanntschaft mit vaginalem oder analem Geschlechtsverkehr, den riskantesten Formen von Partnersex, hinauszögern. Safer Sex ist jede Art von genitalem Verkehr, der den Austausch von Körperflüssigkeiten vermeidet. Gemäß dieser Definition ist manueller Sex (mit Latex) von allen Möglichkeiten am sichersten.

Paare, die sich Zeit für die goldene Zeit des auf Manualsex ausgerichteten Partnersex nehmen, lernen eine Lektion über das Lusterleben ihres eigenen Körpers, die von lebenslangem Wert sein kann.

Orgasmus von Anfang an

Heterosexuelle Frauen haben vielleicht jahrelang Partnersex, bevor sie zum ersten Mal einem Orgasmus begegnen. Lesbische Frauen haben eine weit größere Chance, von Anfang an einen Orgasmus zu erleben, da es bei ihnen vor allem um oralen und manuellen Sex und nicht um Geschlechtsverkehr geht. Untersuchungen legen nahe, daß für Frauen, die ihr erstes Mal mit einer anderen Frau erlebt haben, diese Erfahrung meist eine Offenbarung und nur selten eine traumatische Enttäuschung war. Sharon Thompson berichtet, daß vielen lesbischen Mädchen das erste Mal die gewünschte Erleichterung verschaffte und außerdem noch für Romantik und Leidenschaft sorgte. Der Sex war für die jungen Lesbierinnen körperlich befriedigender und unbeschwerter, hatte mehr Spaß gemacht und war außerdem mit mehr Humor verbunden, als dies typischerweise bei heterosexuellen Erstbegegnungen der Fall ist.

Weil der Druck so groß ist, normal zu *sein*, gehen manche lesbischen Mädchen einfach davon aus, daß sie normal *sind*. Viele von ihnen lassen sich sogar sexuell mit Jungen ein. Der Sex ist für sie vermutlich ebenso enttäuschend wie für heterosexuelle Mädchen, aber er kann einer jungen Frau erkennen helfen, daß sie Männer gar nicht attraktiv findet. Eine Frau berichtet uns, daß der erste Kuß, den sie mit einem Jungen tauschte, auch der letzte war. Sie dachte: »Igitt«, und konnte nicht herausfinden, was andere Mädchen daran mochten. Als sie schließlich ein Mädchen küßte, da kam die Erfahrung für sie einer Erleuchtung gleich.

Für bisexuelle Mädchen und Frauen ist das Coming-out auf unübertreffliche Weise kompliziert. Sie müssen sich oft zweimal zu ihren sexuellen Neigungen bekennen, zuerst, wenn sie erkennen, daß sie sich von Frauen angezogen fühlen, und dann, wenn ihnen klar wird, daß ihr Interesse Frauen *und* Männern gilt. Von einigen Heterosexuellen müssen sie erst die krankhafte Angst vor und Abneigung gegen Homosexuelle erfahren und dann das Mißtrauen von Lesbierinnen, die glauben, daß Bisexuelle einfach »verwirrt« und unfähig sind, sich selbst als Lesbierinnen zu akzeptieren. Die Sexkultur hat nur zwei Kategorien zu bieten, »heterosexuell« und »homosexuell«, wobei die eine als »normal« und die andere als »anormal« empfunden wird. Bisexuelle müssen sich entweder darum bemühen, sich in diese Dichotomie einzufügen, oder aber versuchen, sie zu verändern. Frauen und Männer, die sich zu ihrer Bisexualität bekennen, folgen ihrer Selbstkenntnis und dem Bewußtsein, daß für sie sexuelles Vergnügen und Liebe nicht nur an einem Geschlecht festgemacht werden kann.

Mädchen, die ihr erstes Mal mit einer Partnerin verbringen, erleben wahrscheinlicher eher einen Orgasmus als jene, die sich mit Männern einlassen. Thompson schreibt: »Orgasmen – die in heterosexuellen Erzählungen so selten sind wie Zähne bei Hühnern – kamen in jedem lesbischen Bericht vor. Nur die Mädchen, die anfangs mit einem Mann zusammen waren, betrachteten den Orgasmus als Heldentat.« Damit soll nicht behauptet werden, wie Pat Califia erläutert, daß Frauen automatisch wissen, wie sie es Frauen »besorgen« können. Auch eine Frau muß erst lernen, wie man eine Frau liebt. Denn das ist etwas, was unsere Sexkultur niemandem beibringt.

Bis zum Orgasmus gehen

Was wäre, wenn eine heterosexuelle Frau ihr »erstes Mal« nicht als ersten Geschlechtsverkehr, sondern als ersten Orgasmus begreifen würde? Wenn ein Mädchen ihren Freundinnen erzählte oder in ihr Tagebuch schriebe: »Ich habe es getan«, und damit ihren ersten Orgasmus meinte? Wenn »bis zum Letzten gehen« bis zum Orgasmus gehen hieße? Niemand würde Partnersex haben, ohne den eigenen Körper erkundet zu haben. »Jungfräulichkeit« wäre eine bedeutungslose Vorstellung, denn die vaginale Penetration wäre schließlich nur eine von vielen Möglichkeiten, mittels derer die Menschen sich am Sex mit einem Partner erfreuen könnten.

Wenn Orgasmus und nicht Geschlechtsverkehr im Mittelpunkt des Übergangsrituals in die Sexualität stünde, dann würden Mädchen die Lektion lernen, daß ihr Körper nicht der Besitz des Partners oder der Sexkultur ist. Den Orgasmus an erste Stelle zu setzen, könnte Frauen dazu ermutigen, sich erst einmal selbst kennenzulernen. Unglücklicherweise fangen viele Frauen erst an zu masturbieren, nachdem sie bereits in den Partnersex eingestiegen sind. Sie erforschen ihre Sexualität erst, nachdem ein Mann sie auf sie aufmerksam gemacht hat. Jedoch nur eine Frau, die ihr sexuelles Selbst kennt, begibt sich von einer Position der Stärke aus in den Partnersex. Für sie kann Partnersex ein Zugewinn statt ein Verlust sein. Sie weiß bereits, daß Sex, obgleich er *mit* einem anderen Menschen stattfinden kann, nicht nur *für* diese andere Person ist: Sex ist ebensosehr für einen selbst.

Typischerweise lehrt der erste Geschlechtsverkehr eine junge Frau, daß Sex im wesentlichen etwas mit dem sexuellen Vergnügen des anderen zu tun hat. Im Gegensatz hierzu bezeichnet der erste Orgasmus einer Frau den Anfang ihres Lebens als Geschlecht. Unter diesen Bedingungen wäre die erste Erfahrung jeder Frau wie die einer sexuell zufriedenen Freundin, die uns erzählte: »Ich weiß wirklich nicht mehr, wie mein erster Geschlechtsverkehr war, aber ich kann mich an meinen ersten Orgasmus erinnern, an das Wo, Wann, Wie. Und ich erinnere mich daran, daß ich dachte: ›Das ist es also! Ja, das ist großartig!‹« Eine andere Frau, die ihren ersten Orgasmus Ende Zwanzig erlebte, berichtete: »Als ich endlich doch noch einen Orgasmus hatte, da dachte ich, ›*Jetzt* verstehe ich, warum Männer Sex so mögen.‹« Eine dritte Frau sagte: »Ich hatte keinen Orgasmus, bis ich 30 war, weil ich meinte, ich müßte ihn durch den Beischlaf mit meinem Ehemann bekommen. Wieviel Zeit ich doch verschwendet habe!« Die Sexkultur ist rückständig, wenn sie behauptet, Geschlechtsverkehr sei der Höhepunkt des Sex. Jetzt haben Frauen die Gelegenheit, die Sache richtigzustellen, indem sie den Orgasmus an die erste Stelle rücken.

Der Frauengesundheitsklassiker *Unser Körper, unser Leben* bringt die Sorge zum Ausdruck, daß es für Frauen, die sich ohnehin schon von zu vielen äußeren Maßstäben und Erwartungen belagert fühlen, nur noch »einen weiteren Leistungszwang« bedeuten würde, wenn man den Orgasmus zum Ziel des Sex erklärte. Unserer Meinung nach ist es ein weit größeres Problem, daß Frauen bereit sind, Partnersex mit Männern wortwörtlich zu nehmen: Er bekommt den Sex, und sie bekommt (so hofft sie) den Partner.

Liebeslinien

Statt ihr sexuelles Selbst zu entwickeln, lernen Mädchen, den Jungen gefällig zu sein. Die Sexwissenschaftlerin Naomi B. McCormick weist darauf hin, daß männliche Teenager ein *entspannungsorientiertes* Sexdrehbuch mit entsprechenden Verhaltensweisen erlernen, während Mädchen sich ein *beziehungs-*

orientiertes zu eigen machen. Bücher, Filme und Hochglanzzeitschriften für Mädchen richten ihre Aufmerksamkeit fast ausschließlich auf Liebe und Romantik. Junge Menschen lernen den Sex in zwei voneinander getrennten Welten kennen, die durch die Geschlechtszugehörigkeit definiert sind. Wie der Forscher John H. Gagnon feststellt, »erfahren Jungen etwas über genitale Sexualität und Masturbation, während Mädchen an Liebe und die Wichtigkeit von Jungen herangeführt werden«. Das, was Mädchen vom Sex zu erwarten haben, sind (nur) die Nebenprodukte: Romantik, Intimität und die Aufmerksamkeit der Jungen. Jungen hingegen erwarten orgastischen Sex.

Heterosexuellen Mädchen wird beigebracht, daß Sex Bestandteil eines größeren Liebesprojekts mit einem bestimmten Mann ist, während es Jungen gestattet ist – ja sie werden sogar dazu ermutigt –, zwischen Liebe und Sex zu unterscheiden. Obwohl sich lesbische Mädchen nicht für Jungen interessieren, empfinden sie Sex ebenfalls als Bestandteil der Liebe zu einem anderen Mädchen oder zu einer Frau. Der Unterschied besteht darin, daß das andere Mädchen, anders als Jungen, vermutlich ähnlich empfindet.

Jungen werden davon abgehalten, romantische Neigungen zu entwickeln, und Mädchen wird beigebracht, nicht allein auf der Basis sexueller Bedürfnisse in Aktion zu treten. Mädchen haben sehr wohl sexuelle Bedürfnisse, doch dies wird von der Sexkultur unterdrückt oder übersehen. Die Forscherin Deborah L. Toman berichtet, daß Mädchen leidenschaftlich miteinander über ihre sexuellen Wünsche sprechen, daß sie jedoch zugleich ihr Möglichstes tun, um sie vor Jungen zu verbergen. Eines der Mädchen schilderte ihre Gefühle folgendermaßen: »Jedesmal, wenn ich ihn sehe dann ... ich will einfach nur zu ihm gehen, ihn packen und sagen, ›Komm, wir gehen‹ ... weil ich ihn einfach so sehr will ... er löst einfach merkwürdige Gefühle in mir aus.« Ein anderes Mädchen erzählt Toman: »Ich will so dringend Sex haben ... ich habe einfach dieses Gefühl, und ich muß es loswerden.« Andere Mädchen erklären, wie ihr Körper immer nur »Ja, ja, ja, ja ruft« und sich so anfühlt, »als würde er gleich platzen« vor lauter Erotik und Erregung. Doch statt ihren Gefühlen zu folgen, lernen Mädchen, sie unter Kontrolle zu halten und darauf zu warten, bis ein Junge die Initiative ergreift. Sie widerstehen sogar Annäherungsversuchen, nach denen sie sich eigentlich sehnen. Sie schreien in wilder Raserei bei Rockkonzerten und sehnen sich nach nichts mehr, als nach einem Blick von einem der Bandmitglieder. Das sexuelle Begehren eines Mädchens wird kanalisiert in dem Wunsch, die Aufmerksamkeit eines Jungen und schließlich seine Liebe zu erringen. Sex ist oft der Preis, den ein Mädchen im Austausch für dieses Versprechen der Liebe bezahlt.

Die meisten Mädchen wachsen mit der Vorstellung auf, daß Sex etwas mit Romantik statt mit Orgasmen zu tun hat. Nur wenige Mädchen sind fähig, ihr sexuelles Begehren an ihren Genitalien festzumachen und sind nicht auf das rein physische Gefühl sexueller Erregung eingestimmt. Ein Mädchen war die Ausnahmeerscheinung, als sie Toman erzählte: »Meine Vagina ... bebt und so«, wenn sie erregt ist. Doch die überwiegende Mehrzahl der Mädchen interpretiert körperliches Begehren in romantischen und nicht in sexuellen oder genitalen Begriffen. Die Konzentration auf die Romantik ist nicht nur der sexuellen Lust abträglich, sie kann auch noch weitreichendere Konsequenzen haben. Sharon Thompson zog den Schluß, daß Mädchen, die sich auf Romantik konzentrierten, sich in der Liebe »verlieren«. Sie konnten leichter zu einem Verhältnis mit Männern überredet werden, das »sie möglicherweise in Gefahr bringen oder ihnen die Zukunft verstellen« würde, als andere Mädchen. Frühe Liebesbeziehungen können außerdem das Leben eines Mädchens in die soziale, emotionale und finanzielle Abhängigkeit von einem Mann bringen.

Liebe kann auch zur Unvorsichtigkeit im Sexualverhalten führen. Mädchen haben Sex mit einem festen Freund als Zeichen dessen, was Thompson »Fortschritt in der Liebe« nennt. Sie haben Sex, um eine Beziehung zu stärken oder aufrechtzuerhalten, und nicht deshalb, weil sie Freude am Sex selbst haben. Mädchen, die sexuelle Begegnungen aus Freude am Sex suchen, können besser ein Gefühl für sich selbst entwickeln. Manche der Mädchen, die Thompson interviewte, hatten sich absichtlich Beziehungen zu älteren Männern ausgesucht, die rein erotischer Natur waren. Doch bedeutet dies nicht zwangsläufig, daß der Sex mit solchen Männern gleichberechtigt ablief und sie Orgasmuserfahrungen machten. Auch ein selbstbewußtes Mädchen, das sich mit weit geöffneten Augen auf eine sexuelle Beziehung einläßt, stellt sich damit einer Sexkultur entgegen, die Sex – und auch ihren eigenen Körper – mit den Worten der Männer definiert statt mit ihren eigenen.

Den eigenen Körper durch Männer kennenlernen

Anders als Jungen, die sich schon früh auf einen Kurs des sexuellen Selbsttrainings begeben, sammeln Mädchen ihre ersten Erfahrungen aller Wahrscheinlichkeit nach mit dem ersten festen Freund. Statt zunächst sich selbst die beste Geliebte zu sein, überlassen die meisten jungen Frauen ihre sexuelle Ausbildung einem Jungen oder Mann. Dadurch lernen sie Sex allein aus männlicher Perspektive kennen und werden mit ihrem eigenen Körper durch die Augen, Hände, Vorstellungen und Worte von Männern vertraut.

Eine erwachsene heterosexuelle Frau kann zurückblicken und den Einfluß der verschiedenen Jungen und Männer Revue passieren lassen, die sich in ihre persönliche sexuelle Geschichte eingetragen haben. Sie erinnert sich daran, wie die Berührungen, Meinungen und sogar das anzügliche Grinsen dieser Männer die knospende Sexualität in ihrem Körper formten. Sie erinnert sich an die von Jungen aufgezwungenen ersten Male – die ersten sexuellen Bemerkungen, den ersten Kuß, das erste Streicheln, den ersten Blick auf ihre nackten Brüste, die erste Berührung ihrer Genitalien usw. Ihre Sexualität entfaltet sich vor ihren Augen als eine Chronologie der Aufmerksamkeiten von Männern.

Die Sexkultur gestattet es dem männlichen Auge, das zu definieren, und seiner Hand, das anzufassen, was am weiblichen Körper interessant ist. Das vorrangige Interesse männlicher Aufmerksamkeit der Sexkultur in den Vereinigten Staaten gilt den Brüsten. Ein Mädchen spielt vielleicht als Kind mit ihrer Klitoris, aber wenn es die Pubertät erreicht, dann machen Männer und Jungen ihr klar, daß es die Brüste sind, die zählen. (Unmittelbar an zweiter Stelle folgt ein festes, rundes Gesäß.) Als Heranwachsende fragt sich ein Mädchen, wie ihre Brüste wohl später aussehen werden: rund und weich wie die ihrer Mutter oder klein und aufgerichtet wie die ihrer Tante?

Ein Mädchen weiß, daß sie auf Männer sexuell anziehend wirken wird, wenn sie große oder spitze Brüste hat, aber daß die Jungen sie aufziehen werden, falls sie zu groß sein sollten oder zu flach. Während ihr Körper heranreift, beschäftigt sie sich mit dem Gedanken, wie ihre Brüste auf andere wirken. Wie sehen sie von der Seite aus? Welche Wirkung erzielen sie in einer weit ausgeschnittenen Bluse? Von dem Zeitpunkt an, da Jungen ihren ersten BH schnalzen lassen, wird sich ein Mädchen ihrer Brüste als sexuelles Kapital bewußt. Sie findet heraus, wie sie sie mit einem Push-up-BH größer und runder erscheinen lassen kann und später im Leben, wenn sie oder ihr Partner mit ihnen unzufrieden ist, dann läßt sie sie vergrößern, umformen oder verkleinern. (Es ist eine schmerzliche Tatsache, daß Frauen sich sexuell anziehender fühlen, wenn sie ihre Brüste chirurgisch »verbessern« lassen. Daß jedoch Brustimplantate die Empfindungsfähigkeit der Brustknospen reduzieren und Krankheit oder tödliche Folgen haben können, daran denkt niemand.)

Eine Frau lernt ihre Brüste und deren Aussehen von außen nach innen kennen, statt von innen heraus festzustellen, wie sie sich anfühlen. Davon einmal abgesehen, daß sie Männer anziehen, erfährt ein Mädchen über ihre Brüste als Quelle ihrer eigenen sexuellen Freuden gar nichts. Es sind die Kontur und die Größe der Brust, die Bedeutung haben, nicht wie ihre Brustknospen brennen, wenn sie kommt, oder wie ihre Stimulierung sie zum Orgasmus bringen kann. Tatsächlich kommt es vor, daß eine Frau die Empfindsamkeit ihrer Brustwarzen gar nicht entdeckt, bis ein Partner (oder in manchen Fällen ein Säugling) an ihnen saugt. Frauen sind auf die Gefühle beschränkt, die andere in ihnen auslösen.

Bei ihren Genitalien durchläuft eine Frau einen ähnlichen Lernprozeß. Sie lernt die Teile zu schätzen, die Männern Freude bereiten (die Vagina), statt jener, die Sex für sie zu einer orgastischen Erfahrung machen (den G-Punkt, das Vaginadach und die Klitoris). Weil eine Frau die Sexualität ihres Körpers durch einen Mann kennenlernt (das Gegenteil trifft für Jungen nicht zu), kommt sie möglicherweise nie auf den Gedanken, sich jenseits des Bereiches, den *er* definiert, auf Forschungsreise zu begeben. Wenn er niemals ihre Klitoris anfaßt, dann wird sie nie berührt. Es liegt alles nur an ihm und an dem Glück, mit dem der Freund ausgewählt wurde.

Sexkulturen

Die Sexkultur orientiert sich sexuell an den Interessen der Jungen, und die Mädchen folgen dem, wohin sie führen. Obwohl natürlich jede Frau ihren eigenen, ganz persönlichen sexuellen Weg geht, lassen sich in den Geschichten, deren Thema die Initiation eines Jugendlichen in die Erwachsenenwelt ist, Muster erkennen, die dem Einfluß von Rasse, Kultur und Religion unterliegen. Sie variieren in geographischer Hinsicht und sind generationsbedingt. *Wo* und *wann* ein Mädchen etwas über Sex erfährt, beeinflußt ihren Lernprozeß ebenso wie die persönliche Geschichte ihrer Familie mit ihrem gesamten Hintergrund.

Als wir (die Autorinnen) aufwuchsen, da war Sex »cool« – jedenfalls theoretisch. Da wir als Angehörige der weißen oberen Mittelschicht während der sexuellen Revolution und vor dem Zeitalter von Aids im Umfeld von San Francisco aufwuchsen, brachten uns die örtliche Kultur und unsere Eltern meist indirekt bei, daß Sex Spaß macht. (Wenn unsere Mutter etwas als wirklich wunderbar hervorheben wollte, dann benutzte sie hierzu den Ausdruck »sexy«.) Im Gegensatz zu der durch den Mainstream der weißen Kultur verbreiteten Botschaft, daß es schlecht ist, wurde uns durch die Art, wie unsere Mutter und unser Vater einander berührten, wie sie auf den Sex im Fernsehen reagierten, wie sie und ihre Freunde auf den Parties, bei denen wir lauschen durften, über Sex Witze rissen und darüber sprachen, ein anderes Bild vermittelt. Für uns hörte sich alles, was Sex betraf, faszinierend und gut an.

Die unsere war eine sexfreundliche, aber doch nicht vollkommen offene Subkultur. Unsere Eltern haben nicht direkt mit uns über Sex *gesprochen*: Was man beim Sex macht, wie es sich anfühlt oder wo und wie man Verhütungsmittel bekommt und anwendet. Wir haben über diese Dinge nicht mit unserer Mutter oder unseren Freunden geredet. Wir haben auch miteinander, die wir Schwestern mit geringem Altersunterschied sind, erst darüber gesprochen, als wir Mitte Zwanzig waren. Zurückblickend ist uns heute klar, daß viele Einflüsse der Zeit unserer Eltern – wie die im Haus herumliegenden Ausgaben von einst auf dem Index stehenden Romanen von Henry Miller und D. H. Lawrence – eine sexuelle Welt zur Schau stellten, die Männern die Priorität einräumte. Der formale Sexualkundeunterricht, den wir alle in der Schule erhielten, war beschränkt auf einen nach Geschlechtern getrennten Vortrag durch die Sportlehrerin über die Menstruation (mehrere Monate bis zu einem Jahr nachdem viele von uns bereits ihre Regel hatten) und einen weiteren darüber, was geschieht, wenn die Eizelle auf die Samenzelle trifft (ohne daß man uns erklärte, wie die Samenzellen überhaupt »hineinkamen«).

Irgendwie setzte sich die allgemein positive Einstellung unserer Familie durch, und wir lernten Sex als etwas grundsätzlich Gesundes und Gutes zu sehen. Wir hatten außerdem beide das Glück, daß unsere ersten Freunde gleichaltrige Mitschüler waren und in Sachen Sex ebenso begierig und unerfahren waren wie wir. Das bedeutet, daß wir uns beide einer langen, goldenen Zeit erfreuen konnten.

Die allgemein positive Einstellung unserer Eltern stand weitgehend im Widerspruch zur Sexkultur und zu der eher schamorientierten Haltung vieler anderer Schulfreunde. Da die europäisch-amerikanische Kultur der Vereinigten Staaten ihren Ursprung im Puritanismus hat, hält sie insbesondere Mädchen dazu an, ihr sexuelles Begehren zu unterdrücken und Scham zu empfinden. In unserer High-School-Gemeinschaft der späten sechziger und frühen siebziger Jahre sammelten jedoch auch »gute Mädchen« – als »liebe«, heterosexuelle Mädchen aus der

Mittelschicht – sexuelle Erfahrungen. Doch waren sie dem Risiko ausgesetzt, sich sofort in »schlechte Mädchen« zu verwandeln, wenn sie sich »erwischen« ließen – nicht zuletzt weil sie schwanger geworden waren.

Die Mehrzahl unserer High-School-Altersgenossinnen war mexikanisch-amerikanischer Herkunft. Bei sich zu Hause waren sie in der Form der Heilige-/Hure-Klassifizierung durch die katholische Kirche einem ähnlichen gutes Mädchen-/schlechtes Mädchen-Gegensatzpaar ausgesetzt. Fernsehgeschichten, Latin Music und die Popkultur warben offen für sexy Vorstellungen von Frauen, die im Widerspruch zu dem idealisierten Bild einer guten Ehefrau und Mutter standen. Mächtige Vorstellungen von der »guten« Jungfrau und der sich selbst aufopfernden Mutter (beide zugleich verkörpert durch die Jungfrau Maria) standen der *Puta* entgegen. Eine gute Tochter oder Ehefrau wußte, welche Rolle sie wählen mußte. Die Schriftstellerin Ana Castillo hebt hervor, wie einer »Frau durch ihre Religion und durch ihren kulturellen Sittenkodex beigebracht wird, ihre sexuellen Bedürfnisse zu verneinen«. Die Psychotherapeutin Olivia M. Espín pflichtet dem bei und fügt hinzu, daß »die Ehre von Latinofamilien stark mit der sexuellen Reinheit der Frauen verknüpft ist. ... Freude am Sex zu haben, selbst im Rahmen einer Ehe, kann ein Hinweis auf mangelnde Keuschheit sein. ... Manche Frauen äußern sich sogar voller Stolz über ihren Mangel an sexueller Freude oder sexuellem Begehren.«

Eine Latina erzählte uns, daß es Jahre dauerte, bis sich die sinnliche Stimmung der Songs von Liebe und Lust, die ununterbrochen im Eßzimmer ihrer Familie gespielt wurden, endlich auf ihr Schlafzimmer übertrugen. Sie hatte sich die Lektion, daß hingebungsvoller Sex schlecht war, so sehr zu Herzen genommen, daß sie die ersten paar Male beim Geschlechtsverkehr mit ihrem Mann stocksteif im Bett lag. Sie hatte vage Erwartungen, *irgend etwas* zu fühlen, aber sie hatte nicht den Mut, ihre wahren Gefühle zuzulassen und Spaß zu empfinden.

Während latino-amerikanische Kulturen sich in der Romantik Ausdruck verschaffen, werden die sexuellen Werte vieler asiatisch-amerikanischer Familien durch Schweigen vermittelt.»In asiatischen Kulturen spricht man nicht über Sex«, erklärte uns eine asiatisch-amerikanische Frau. Dieses Schweigen kann sogar in der Sprache verankert sein. Eine Vietnamesin teilte uns mit, daß sie kein Wort für »Masturbation« oder gar »Sex« in ihrer Sprache kennt. Das Schweigen über Sex ist in sich selbst eine Botschaft, und die lautet, daß Sex dem Vergnügen des Mannes vorbehalten ist. Pamela H., eine asiatisch-amerikanische Schriftstellerin, sagt, daß es einen extremen doppelten Moralkodex gibt, demzufolge »Frauen indoktriniert werden zu glauben, daß alles, was mit Sex zu tun hat, schändlich ist und vermieden werden mußt. ... Andererseits dürfen sich junge Männer mit sexuellen Gefühlen befassen und werden sogar von Gleichaltrigen dazu ermutigt, sexuell aktiv zu sein.« Wie viele Latinas sind asiatische Frauen dem Druck ausgesetzt, die Familienehre aufrechtzuerhalten, indem sie sexuelle Aktivitäten vor der Ehe vermeiden oder verbergen und auch nach der Hochzeit nur geringe Begeisterung dafür aufbringen.

Viele afro-amerikanische Mädchen wachsen auf umgeben von Musik, Geschichten und den von Erwachsenen mit Humor und Witz vorgetragenen positiven Geschichten über ihre sexuellen Erfahrungen. Doch diese Einflüsse konkurrieren möglicherweise mit religiösen Vorstellungen oder Familienwerten, die Sex oder bestimmte sexuelle Handlungen als Sünde hinstellen, vor allem für brave Mädchen. Eine Afro-Amerikanerin, die Freude am Sex hat, berichtete uns, daß sie niemals mit ihrer Mutter oder ihren Schwestern über Sex gesprochen habe. Sie hatten das Wort niemals auch nur erwähnt. Studien bestätigen immer wieder, daß heranwachsende afro-amerikanische Mädchen ein besseres Körper- oder Selbstbild entwickeln als andere Frauen in den Vereinigten Staaten. Die unverwüstliche Individualität afro-amerikanischer Frauen kann jedoch mit dem Versuch der Männer zusammenprallen, sie und ihre Sexualität zu kontrollieren. Obgleich die afro-amerikanische Kultur die sexuelle Entwicklung der Frauen unterstützt, haben sich mittlerweile viele afro-amerikanische Männer – wie andere Männer auch – dem Mainstream der Sexkultur angeschlossen.

Frauen sind im Kennenlernen ihrer Sexualität keine isolierten Individuen und erforschen sie auch nicht allein in Reaktion auf ihre Hormone und Gonaden. Vielmehr verbinden sich familiäre, kulturelle und andere formende Faktoren mit der individuellen Geschichte und dem Einfluß durch den Mainstream, um Sex zu dem zu machen, was er für jeden einzelnen ist. Doch wird trotz kultureller und individueller Unterschiede in den Vereinigten Staaten allen Mädchen eine erstaunlich ähnliche Lektion über Sex erteilt.

Manche Frauen müssen mit Lebensumständen fertig werden, die sich zu einer einzigartigen Herausforderung auswachsen. Junge farbige Lesbierinnen zum Beispiel sind mit Rassismus und Rassenvorurteilen ebenso konfrontiert wie mit Homophobie. Im allgemeinen bekennen sich Lesbierinnen heute leichter und früher im Leben zu ihren sexuellen Neigungen, als dies in früheren Generationen der Fall war. Die Ursachen hierfür sind vor allem die meist besser entwickelten Selbsthilfegruppen. Dennoch bleibt dieser Prozeß für farbige Lesbierinnen schwieriger. Pamela H. schreibt, daß ihr Lesbischsein für ihre Familie ein größeres Problem darstellt, weil die meisten asiatisch-ame-

> **Initiation in die Sexkultur**
> Obgleich eine große Bandbreite von sozialen Faktoren dabei ins Spiel kommt, wie eine Frau ihr »erstes Mal« erlebt, gibt es doch Aspekte, die die Initiation eines Mädchens in die Sexkultur über Zeit und Raum hinaus bemerkenswert einheitlich erscheinen lassen. Zu ihnen gehören:
> 1. Schamgefühle, Prüderie und Verlegenheit angesichts von Sexualität und Körper.
> 2. Verwirrung angesichts des Mangels von Vertrautheit mit dem weiblichen Körper, insbesondere mit den Genitalien.
> 3. Wenig oder gar keine Erfahrung mit Masturbation.
> 4. Angewiesensein auf einen Freund, der den ersten Schritt macht und im Sex die Führung übernimmt.
> 5. Wenig, unzulängliche oder falsche Informationen über Sexualität.
> 6. Unsicherheit in bezug auf den eigenen Körper und die persönliche Attraktivität.
> 7. Betonung von:
>   – Geschlechtsverkehr vor Manualsex
>   – Fortpflanzung vor sexuellem Vergnügen
>   – seinem sexuellem Vergnügen vor dem ihren.

rikanischen Familien es als »weiße Krankheit« sehen und die überwiegende Zahl der asiatischen Sprachen nicht einmal ein Wort besitzt, das »lesbisch« bedeutet. Afro-amerikanischen Lesbierinnen wird manchmal der Vorwurf gemacht, daß sie ihre Bevölkerungsgruppe und afro-amerikanische Männer betrügen. Bei Latina-Lesbierinnen kommt es vor, daß sie sich von ihren Familien und von ihrer Bevölkerungsgruppe entfremden, weil ihre Angehörigen kein Verständnis für sie aufbringen.

Schließlich erfüllen sie ja nicht ihre Rolle als Frau in einer heterosexuellen Ehe. Gruppen, die Lesbierinnen, Schwule, Bisexuelle und Transsexuelle unterstützen, erfüllen oft eine Familienfunktion und spielen eine entscheidende Rolle, wenn junge Menschen sich zu ihren sexuellen Neigungen bekennen.

Körperlich behinderte Frauen sind besonders Schwierigkeiten bei der Konfrontation mit dem männlich definierten Idealbild der »sexy« Frau ausgesetzt. In ihrem Essay »Und außerdem, du bist zu klein!« schreibt Sucheng Chang über ihre sexuellen Erfahrungen als Frau, die Kinderlähmung gehabt hat. Außer daß sie sich körperlich von anderen Menschen abhängig fühlt und unter chronischen Schmerzen leidet, berichtet sie wie folgt:

> Die größte Schwierigkeit, mit der ein behinderter Mensch vor allem während der Pubertät und im frühen Erwachsenenalter fertig werden muß, ist die Beziehungsaufnahme mit potentiellen Sexualpartnern. Weil die amerikanische Kultur so großen Wert auf körperliche Attraktivität legt, ist ein Mensch mit einer zu kurzen Extremität, mit einem schräg geneigten Kopf oder der Unfähigkeit, klar und deutlich zu sprechen, großer Unsicherheit – um nicht zu sagen einem Trauma – ausgesetzt, wenn er mit jemandem in Beziehung tritt, von dem er sich angezogen fühlt. Mein Problem war nicht nur, daß ich körperlich behindert und kleinwüchsig war, sondern noch schlimmer, ich trug auch eine Brille und war schlauer als all die Jungen, die ich kannte! Leider ein unüberwindbares Hindernis. Dennoch ist es mir irgendwie gelungen, intime Beziehungen einzugehen, allesamt mit außergewöhnlichen Männern. Es ist nicht überraschend, daß es zahllose Männer gab, die mir das Herz gebrochen haben – Männer, die meine Gesellschaft als »gute Freundin« genossen, aber nie den Mut aufbrachten, mit mir auszugehen oder

mit mir zu schlafen, obwohl ich überzeugt bin, daß meine Erfahrungen in dieser Hinsicht sich nicht von denen nichtbehinderter Menschen unterscheiden.

Es kam der Tag, da machten mir meine Rückenschmerzen ein aktives Sexleben unmöglich. Überraschenderweise erlebte ich diese Entwicklung als befreiend, weil meine Bemühungen aufhörten, für Männer attraktiv zu sein. Gleichgültig, wie dickköpfig ich auch gewesen war, ich hatte, wie die meisten Frauen meiner Generation, den Wunsch in mir, auf Männer verführerisch zu wirken. Und dieses Bedürfnis hatte sich immer wie eine Bremse auf mein Verhalten ausgewirkt. Als der zwanghafte Wunsch nach Anerkennung endlich aufhörte, da erst erlangte ich die Freiheit, ich selbst zu sein.

Alle Frauen haben einen sozialen Status gemeinsam, der bei weitem der bestimmendste Faktor in ihrem Sexualleben ist – die weibliche Geschlechtszugehörigkeit. Frauen wird einfach nicht die gleiche Berechtigung zum Sex zugesprochen wie Männern. Bemühen sie sich jedoch um Unabhängigkeit von einem Partner oder von gesellschaftlichen Klischees, haben Frauen die Möglichkeit, Sexualität auf der Basis ihrer eigenen Wertvorstellungen neu zu erschaffen. Dieser Prozeß muß bei *jungen* Frauen seinen Anfang nehmen, damit sie nicht Jahrzehnte damit verschwenden, die Freude am Sex zu suchen oder Sex nur zum Wohle des anderen zu leben.

Die Kluft in der Sexerziehung

Die Kluft zwischen Frauen und ihrem sexuellen Vergnügen weitet sich noch durch schlechte oder unangemessene Sexualerziehung. Angefangen bei den Lehrbüchern im Hygieneunterricht bis hin zu den Broschüren im Wartezimmer des Gynäkologen – alle Mädchen lernen etwas über ihre Fortpflanzungsfähigkeit, aber praktisch nichts über ihre Fähigkeit, Lust zu empfinden. Sie bekommen Zeichnungen nur von dem Teil der Genitalien zu Gesicht, die der Fortpflanzung dienen. Die meisten Frauen sind dazu in der Lage, aus dem Gedächtnis Vagina, Gebärmutter und Eileiter zu zeichnen, hätten jedoch Schwierigkeiten, ihre Klitoris bildlich darzustellen (und vielleicht sogar zu finden). In Darstellungen, die der Gesundheitsfürsorge dienen, sind die sexuellen Körperbestandteile entweder unterbetont, verzerrt, ungenau oder vollständig weggelassen. Texte für den Sexualkundeunterricht erwähnen vielleicht, daß die Stimulierung der Klitoris ein Mädchen oder eine Frau zum Orgasmus führen kann, doch wie dies zu bewerkstelligen ist, bleibt unklar. Man hört, daß der Orgasmus einer Frau während des Geschlechtsverkehrs stattfindet. Der G-Punkt und die weibliche Ejakulation werden im College in Texten zur menschlichen Sexualität kontrovers diskutiert.

Die weibliche Ejakulation wird im Sexualkundeunterricht der High-School an keiner Stelle erwähnt, was einige Mädchen, die ejakulieren, mit der Frage allein läßt, ob sie möglicherweise eine Laune der Natur sind. Vielleicht halten sie sich im Sex zurück, um die Ejakulation zu unterbinden. Eine Frau, die bei manuellem Sex seit ihren Teenagerjahren ejakulierte, erinnerte sich daran, daß sie auf dem College ihren Physiologieprofessor fragte (nachdem dieser den Prozeß der Ejakulation beim Mann erklärt hatte), ob es sich bei Frauen ebenso verhielte. Ihrer Frage schlug absolutes Schweigen entgegen, niemand konnte sich vorstellen, worüber sie eigentlich sprach. Weil sie daran gewöhnt war, war das Mädchen davon ausgegangen, daß es sich bei der weiblichen Ejakulation um etwas handelte, was alle Frauen gemeinsam haben.

Sexerziehung: Die fehlende Klitoris

Die Ausgabe eines 1994 veröffentlichten Lehrbuches, das im zweiten High-School-Jahr verwendet wird, enthält einen wahlfreien Abschnitt über Sexualverhalten und Schwangerschaft. Im Verlauf des ganzen Kapitels wird vorausgesetzt, daß Sex und Geschlechtsverkehr identisch sind. Die Klitoris wird – zusammen mit dem Gehirn – als die Quelle weiblicher Orgasmen identifiziert, ohne eine Erklärung, wie denn beides stimuliert werden kann. Eine Darstellung der Klitoris, die Aufschluß über ihr Aussehen und ihre Lage gibt, fehlt. Obgleich der Orgasmus der Frau Erwähnung findet, geschieht dies nur im Rahmen der Feststellung, daß er »vor, mit oder nach dem des Mannes stattfinden kann«, ohne daß erklärt wird, wie dies zu bewerkstelligen ist. Der Text macht deutlich, daß der zentrale Akt einer heterosexuellen Begegnung der Beischlaf ist.

In einer 1992 veröffentlichen Broschüre über Empfängnisverhütung, die durch einen Pharmakonzern herausgegeben und vom Amerikanischen College für Geburtshilfe und Gynäkologie empfohlen wird, ist eine Zeichnung der weiblichen Geschlechtsorgane zu sehen, in der die Klitoris fehlt. Bei einer Broschüre, deren Ziel es ist, ungewollte Schwangerschaften zu verhindern, wäre es angemessen, darauf hinzuweisen, daß nichtbeischlaforientierte Sexualpraktiken wie manueller und oraler Sex den Vorteil haben, die Empfängnis auszuschließen. Statt dessen wird Manualsex auf »Petting« reduziert, und Oralsex findet gar keine Erwähnung. Der Text der Broschüre beschreibt, wie es zur Empfängnis kommt, und legt nahe, daß ein Orgasmus für einen oder beide Partner nur während des Koitus möglich ist.

Die Broschüre »*Being a Teenager: You and Your Sexuality*« (Teenager sein: du und deine Sexualität) legt dar: Beim Geschlechtsverkehr vereinigen ein Mann und eine Frau ihre Körper miteinander. Der Penis des Mannes wird hart oder erigiert, und das Scheidengewebe der Frau wird feucht. Der Penis des Mannes dringt in die Vagina der Frau ein. Während des Geschlechtsverkehrs können die Frau und der Mann Orgasmen oder Höhepunkte haben. Der Orgasmus der Frau ist für gewöhnlich eine angenehme, rhythmische Kontraktion der Muskulatur in der Vagina und im Uterus. Wenn ein Mann zum Höhepunkt kommt, dann ejakuliert er eine Flüssigkeit, die seinen Samen enthält. Das Ejakulat gelangt in die Scheide und durch den Gebärmutterhals in die Gebärmutter und die Eileiter der Frau.

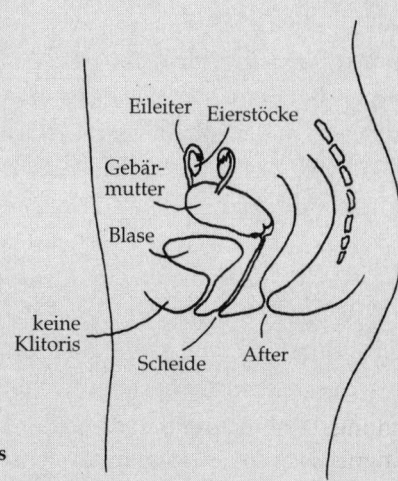

Die fehlende Klitoris

Die weibliche Ejakulation wird noch immer nicht auf breiter Basis diskutiert, vor allem nicht in jungen Frauen zugänglichem Informationsmaterial. Dennoch ist die Informationssituation heute für junge Leute allgemein besser. Indem eine junge Frau hier und da Wissen bruchstückweise sammelt, kann sie ihre Sexualerziehung selbst in die Hand nehmen. Sie muß sich allerdings bemühen, Quellen zu finden, die mit ihren eigenen Erfahrungen übereinstimmen. Für viele Mädchen steht ihr Erfahrungswissen im Widerspruch zu dem, was sie aus Büchern, von ihren Eltern oder durch ihre Lehrer erfahren. Zwischen Theorie und Praxis tut sich eine große Informationskluft auf. Viele Mädchen sehen sich nicht dazu in der Lage, diese Informationskluft zu überbrücken, und fallen folglich in den Abgrund sexuellen Schweigens.

Schweigen ist nicht Gold

Junge Frauen benötigen einen Zugang zu Informationen über ihren Körper. Sie brauchen eine Umgebung, in der sie sich in allen kontroversen Einzelheiten mit Gleichaltrigen über Sex unterhalten können. Denn bis Frauen endlich anfangen, Informationen miteinander zu teilen und Erfahrungen zu vergleichen, müssen sie sich auf die wenigen vorhandenen Quellen über Sexualität verlassen. Die Sexualerziehung in den Schulen ist unangemessen, weil sich die Schulen dem Druck derjenigen unterwerfen, die durch Schweigen Enthaltsamkeit bewirken und durch Unwissenheit einschüchtern möchten.

Sexuelle Unwissenheit hält Teenager jedoch keineswegs davon ab, ihre Erfahrungen zu machen. Tatsächlich trifft das Gegenteil zu. Unwissenheit vergrößert die Wahrscheinlichkeit von unsicherem Sex und ungewollten Schwangerschaften. Beobachtungen in Holland und in anderen Ländern zeigen, je mehr Informationen junge Menschen bekommen, desto weniger kommt es selbst dann zu ungewollten Schwangerschaften, wenn auch die sexuelle Aktivität an sich zunimmt. Viele Sozialkonservative glauben, daß der vermehrte Zugang von Jungen und Mädchen zu Wissen über Sex sie dazu ermutigt, erste sexuelle Erfahrungen zu suchen. Es ist jedoch die Sexualmoral und nicht die sexuelle Gesundheit oder das sexuelle Wohlergehen, das Aufklärungsgegner im Sinn haben, wenn sie Informationen über Sex zu unterbinden suchen. Doch benötigen junge Menschen genaue und verläßliche Angaben, die dafür sorgen, daß sie Zugang zur Empfängnisverhütung und zu Safer-Sex-Material haben, genauso wie zu den dazugehörigen Latex- und Gleitmitteln.

Vielen Eltern fällt es noch immer notorisch schwer, mit ihren Kindern über Sex zu sprechen, vor allem dann, wenn ihr eigener Blick auf Sex durch Scham- und Schuldgefühle verstellt ist. Statt Teenager von ersten sexuellen Erfahrungen abzuhalten, sorgt das Schweigen zum Thema Sex höchstens dafür, daß sie sich diese Erfahrungen heimlich auf eine Weise beschaffen, die gefährlicher – und vor allem für Mädchen – weniger befriedigend ist. Statt sexuelles Verantwortungsbewußtsein zu entwickeln, bekommen junge Leute nur ein nachdrückliches »Laß die Finger davon!« zu hören. Dies veranlaßt sie höchstens dazu, es erst recht auszuprobieren. Je größer das Schweigen zu Hause und in der Schule, desto lauter das Rufen von Altersgenossen. Erschwerend kommt hinzu, daß die Medien Spontaneität verherrlichen – unsicheren Sex, Sex in der Öffentlichkeit, Sex mit Fremden, selbstsüchtigen Sex nach dem Motto: »Was soll's, ist doch eh egal.«

Wenn eine Frau versteht, wie sie die Gefahren des Sex minimieren kann und zuverlässige, erschwingliche Schwangerschaftsverhütung anzuwenden weiß, dann übernimmt sie damit die Kontrolle über ihr Sexualleben. Wer etwas über sexuelles Vergnügen weiß, macht Sex sicherer. Junge Frauen, die die Freude am Sex anerkennen, sind zu sexuellen Begegnungen für sich selbst und nicht nur für andere fähig. Statt Sex zu haben, weil es cool ist, oder um eine Beziehung zu festigen, oder um sich den Altersgenossen anzupassen, täte ein junges Mädchen besser daran, in Sachen Sex unumwunden *egoistisch* zu sein. Sie würde nur davon profitieren, Sex nach eigenem Wertmaßstab und mit echtem Lustempfinden zu leben.

Wenn junge Frauen ihr eigenes Vergnügen an erste Stelle setzen, werden sie zuerst an sich denken und sich schützen. Sind sie außerdem noch mit guter Information, Selbstachtung und Selbstliebe ausgerüstet, sind die Chancen für einen ungewollten, halbherzigen Geschlechtsverkehr sehr viel geringer. Eine Frau, die ihren eigenen Körper kennt und weiß, wie sie bei sich einen Orgasmus hervorrufen kann, ist mit größerer Wahrscheinlichkeit aktiv statt passiv und vermag eine wirkliche *Partnerin* zu sein. Vor allem mit Manualsex kann eine Frau allen orgastischen Sex haben, den sie sich wünscht, und dem Koitus so lange aus dem Weg gehen, bis sie bereit ist, dieses Risiko auf sich zu nehmen.

Kenne dich selbst!

Es wirkt sich förderlich auf den Partnersex aus, wenn beide Partner mit ausreichendem Wissen über sich selbst in die Begegnung hineingehen. Dieses Wissen über sich selbst erlangt man durch Masturbation. Masturbation und Partnersex können nebeneinander in einer Art Symbiose existieren, wobei das eine das andere verbessert. Obgleich die Masturbation die Stimulation mit einem Partner zweifelsohne verbessert, kann sie doch auch für sich allein stehen (wie es bei Frauen ohne Partner der Fall ist). Ebenso wie regelmäßige Bewegung und eine gute Ernährung die Gesundheit insgesamt fördern, so ist die Basis für ein gesundes Sexualleben das regelmäßige Üben der Selbstliebe. Ein Mensch, der ohne Partner lebt, muß nicht auf Sex verzichten. Wie die Sexerzieherin Betty Dodson sagt: »Liebhaber kommen und gehen, doch mit sich selbst können Sie eine immerwährende Liebesgeschichte haben.«

Die Masturbation bereitet eine junge Frau darauf vor, sich in der sexuellen Begegnung mit einem Mann klüger zu verhalten. Die Frau, die Orgasmen hat, bevor sie in den ersten Geschlechtsverkehr einwilligt, ist besser dazu in der Lage, Sex zu einem freudigen und bedeutsamen Erlebnis zu machen. Sie handelt nicht als Lehrling des Mannes noch als Ton in seinen Händen, den er erst formen muß, sondern als gleichberechtigte Sexpartnerin. Zum Beispiel gibt es keinen Grund, warum nicht ein Junge *oder* ein Mädchen den ersten Schritt tun soll. Mädchen, die darauf warten, daß Jungen körperliche Intimität initiieren, lassen sich leichter auf männliche Bedürfnisse beim Sex ein. In einer Kultur, in der Sex eine spielerische Begegnung ist und keine wettkampforientierte Eroberung, in der Safer Sex und Empfängnisverhütung zur Standardausrüstung gehören, da entscheidet das Verlangen und nicht die Geschlechtszugehörigkeit darüber, wer die Begegnung initiiert.

Um den Sex besser zu machen, ist es außerdem erforderlich, daß er spielerischer wird. Überall auf der Welt und zu allen Zeiten haben Völker die Kunst des nichtkoitalen Sex kultiviert. Nichtkoitaler Partnersex hat lange Zeit in der Phase vor der Eheschließung für Heterosexuelle eine wichtige Rolle gespielt. Im ländlichen Frankreich des 19. Jahrhunderts zum Beispiel bedienten sich junge Frauen und Männer manuellen Sex, um sich sexuell aneinander zu erfreuen, ohne das Risiko einer Schwangerschaft einzugehen. Paare fanden sich des Nachts mit anderen Freunden in Waldhütten ein, um zu reden, zu singen und einander Witze zu erzählen. Dabei saß die Frau auf dem Schoß ihres Partners und beteiligte sich an *migaillage*, daß heißt, sie erlaubte ihrem Partner, die Hand in die nach unten offene Tasche *(migaille)* ihres Rocks zu stecken und ihre Klitoris zu stimulieren.

Zu gutem Sex ja sagen

Als frühreifes Mädchen von zwölf Jahren arrangierte Mae West ein Treffen für ihren ersten Geschlechtsverkehr mit einem älteren Mann, den sie aus dem Theatergeschäft kannte. Ein Leben lang brachte West ihr eigenes, äußerst machtvolles Mittel gegen die Frauen auferlegten Beschränkungen zum Einsatz: Sie lebte Sex nach ihren eigenen Regeln aus. Sie hatte »täglich einen Orgasmus« und erfreute sich gemeinsam mit vielen verschiedenen Männern am Sex. Ihre selbstbewußte und doch spielerische Einstellung stellt ein Modell dar, über das Mädchen und Frauen heute nachdenken und das sie vielleicht für sich den Erfordernissen des Safer Sex anpassen könnten.

Jedoch können Frauen Sex nicht vollkommen genießen und erforschen, solange die Kultur nicht die Sicherheit gewährleistet, die dazu erforderlich ist. Vergnügen und Sicherheit sind untrennbar miteinander verbunden. Mädchen und Frauen müssen die Entscheidungsgewalt im Sex gewinnen, damit die Welt für sie sicherer wird.

Wenn Teenager sich mit gutem Gewissen an der goldenen Zeit erfreuen, in der die Partner ihr sexuelles Vergnügen miteinander teilen, dann werden die Angehörigen beider Geschlechter zu besseren, respektvolleren Liebhabern. Beide lernen, die Verantwortung für Empfängnisverhütung und Safer Sex zu übernehmen. In einer solchen Welt bliebe Frauen jahrzehntelanger – oder sogar lebenslanger – schlechter, erniedrigender oder verletzender Sex erspart.

Begehren zu lernen heißt also nicht, daß Mädchen dem Sex mit einem unqualifizierten Ja gegenübertreten sollen. Es bedeutet auch mehr, als nur nein zu sagen. Zum Abschluß ihrer Sammlung von Geschichten über das »erste Mal« schreibt Karen Bouris: »Mädchen im Teenageralter (ja, wir alle!) haben kein Gefühl für ihren Wert und keine starke Stimme entwickelt – eine, die laut und deutlich ›Nein!‹ sagen kann, wenn es erforderlich ist, und ›Ja, das ist es, was ich will, und das ist es, wie ich es will!‹« Den Sex neu zu erfinden bedeutet, ja zu sagen – nicht zu einem Mann, sondern zur Lust. Es bedeutet für Mädchen im Teenageralter, das zu entwickeln, was Michelle Fine einen selbstbestimmten, weil auf Lust ausgerichteten »Diskurs des Begehrens« nennt. Es bedeutet, dafür zu sorgen, daß Mädchen und Frauen die Autorität und die Macht erhalten, um die Bedingungen für den Partnersex festzulegen. Viele Frauen entdecken diese Macht wie Nikki erst, nachdem sie bereits viele Jahre sexuell aktiv sind. Im Rückblick erkennen sie, daß der erste Geschlechtsverkehr tatsächlich gar nicht ihr erstes Mal war. Tatsächlich hat eine Frau nie Sex – richtigen Sex –, bis sie ihn nach ihren eigenen Vorstellungen und zu ihrem eigenen Vergnügen hat.

Pop-Pornografie

Nikki sitzt mit Joe im dunklen Kino und sieht zu, wie sich die Kamera dem Körper einer Frau nähert. Die Kamera blickt dabei über die Schulter des herankommenden Mannes und bringt Nikki, Joe und die übrigen Kinobesucher mit sich. Dieses kollektive Auge nimmt die Frau so auf, wie sie da steht. Das Auge folgt der Hand des Mannes, der ihren Körper entdeckt und enthüllt, Stück für Stück. Während der Mann sie entkleidet, wechselt die Kamera vom Gesicht der Frau auf ihre Brüste, ihren Nabel und ihre Oberschenkel. Dann, in einer Ecke des Raumes, zieht sich der Mann rasch aus. Nikki kann nur einen kurzen Blick auf seinen Po und seinen muskulösen Rücken werfen. He! Augenblick mal! Aber die Kamera ist nicht interessiert.

Nikki steckt sich Popcorn in den Mund. Sie fängt an zu kauen, dann erstarrt sie. Die Geschwindigkeit der Handlung nimmt plötzlich zu. Die Liebenden fallen auf ein Sofa und scheinen Geschlechtsverkehr miteinander zu haben. Tolles Vorspiel! Die Kamera bietet eine Nahaufnahme des Gesichts der Frau. Sie ist so wunderschön, so vollkommen. So gut werde ich nie aussehen. Die Augen der Frau sind geschlossen, der Mund ist geöffnet, ihr Hals weit zurückgebogen. Die Kamera richtet sich auf ihren sich hebenden und senkenden Busen. Wie wäre es mit einem Blick auf seine Brust? Die Frau keucht und stöhnt. Mit ein paar kurzen Stößen und einem langen Stöhnen kommt er. Die Szene – und der Sex – ist vorüber.

Die Frau auf dem Bildschirm lächelt, offenbar sehr zufrieden. Doch Nikki hat ihre Zweifel. Sie ist nicht gekommen. Nie im Leben. Später, als sie und Joe aus dem Kino gehen, sagt er aufgeregt: »Die Sexszene war heiß!« Nikki weiß, daß er von ihr Zustimmung erwartet, doch statt dessen fröstelt sie. Ihr Kopf ist voller eingefrorener Bilder von der Anatomie der Frau und erfüllt von den Geräuschen, die der Mann bei seinem erhitzten Orgasmus von sich gegeben hat. Sie kann sich mit keinem der beiden identifizieren. Nikki fühlt sich ausgeschlossen und wütend. Sie ist sich nicht so sicher, ob sie, bis sie und Joe nach Hause kommen, Lust auf Sex haben wird.

Wie Nikki und Joe gehen viele Paare ins Kino oder leihen sich als Vorspiel für eine Liebesnacht ein Video aus. Was sie typischerweise zu sehen bekommen – den entblößten Körper der Frau und den Orgasmus des Mannes – soll den heterosexuellen Männern Freude bereiten, und doch lernt jeder, einen solchen Film als »sexy« einzuordnen. Alle Kinobesucher – ob sie weiblich oder männlich, homosexuell oder heterosexuell, jung oder alt sind – sehen Sex so oft auf diese Weise dargestellt, daß sie es kaum noch bemerken, wenn sie nur den Orgasmus von *Männern* (doch selten einen männlichen Körper) und nur den Körper von *Frauen* (doch selten einen glaubwürdigen weiblichen Orgasmus) zu Gesicht bekommen. Statt heißem Sex bekommt Nikki nur »Pop-Pornografie« geboten.

Pop-Pornografie

Pop-Pornografie ist der perverse Panoramablick auf weibliches Fleisch – auf den Fuß in hochhackigen Schuhen, die Brüste, die sich aus einem tief ausgeschnittenen Kleid ergießen, die aufgeworfenen roten Lippen, den Schlafzimmerblick unter einer dicken Mähne –, der alltägliche Stoff der Massenmedien. Viele Leute glauben, sie entgehen der Pornografie, indem sie Filme ab 18 Jahren, die Erwachsenenabteilung der Buchläden und das Hinterzimmer des Videoverleihs meiden. Doch die Pornografie ist lediglich der extravagantere, abtrünnig gewordene Vetter der Pop-Pornografie. Zwar scheut Pop-Pornografie den Anblick des erigierten Penis oder der nackten Vulva, die man in der Pornografie zu Gesicht bekommt. Da es jedoch unmöglich ist, ihr zu entgehen, hat sie letztlich eine viel stärkere Wirkung. Pop-Pornografie ist überall. Ihre Bilder durchtränken Filme und schmücken Reklamewände, Videohüllen, die Fernsehwerbung und die Umschläge von Büchern und Zeitschriften. Sie schmeichelt sich im Fernsehen ein und in den Berichten der Sensationspresse. Sie wird sogar eingesetzt, um Produkte zu verkaufen, die keinerlei sexuellen Gehalt haben. Die einflußreichsten Adressaten der Pop-Pornografie sind Fernsehen und Kinofilme, in denen sexuelle Handlungen gezeigt werden. Öffentliche Fernsehsender präsentieren regelmäßig provokant gekleidete Frauen und gelegentlich milde Formen heterosexueller Spiele. In den Kabelsendern können die Zuschauer zusehen, wie sich der Sex vor ihren Augen »bis zum Letzten« und damit bis zum Geschlechtsverkehr entwickelt.

In den neunziger Jahren scheint die perverse und heimtückische Botschaft der Pop-Pornografie lauter zu werden und Frauen immer deutlicher davon in Kenntnis zu setzen, daß ihre Körper ein Objekt für den sexuellen Konsum anderer Leute sind. Obgleich die in den fünfziger Jahren aufgekommene *Playboy*-Vorstellung vom weiblichen Körper sich kraß von dem unterscheidet, was viele Frauen heute über sich selbst und über Sexualität denken, kann sie sich dennoch weiter halten. Frauen, die für Sex stehen – Bunnys und Doppelseitenbilder, Bademode- und Pin-up-Kalender –, schmücken auch weiterhin viele Wände von Werkstätten, Büros und zu Hause. Ihre Bilder füllen Wäschekataloge und zieren Reiseprospekte für tropische Urlaubsziele. Aufreizend gekleidete Frauen werben im Fernsehen für Bier, haben in Filmen des Nachtprogramms und in MTV ihren Auftritt. Das für die Pop-Pornografie typische rückschrittliche Frauenbild und die altertümliche Vorstellung von weiblicher Sexualität sind im Cyberspace jederzeit verfügbar.

Pop-Pornografie dient dem Publikum heterosexueller Männer als visuelle Unterhaltung und zwingt sich heimtückisch zugleich allen anderen auf. Frauen und homosexuelle Männer sind ausgeschlossen, sie werden ignoriert, oder es wird von ihnen erwartet, sich mit der Perspektive der Pop-Pornografie zufriedenzugeben. Tatsächlich kann jeder Konsument so tief in diese Bilderwelt eintauchen, daß er blind wird für die vermittelten Vorurteile. Und obwohl heute mehr männliche Körper als jemals zuvor öffentlich zur Schau gestellt werden, können Männer nicht derart zum Objekt gemacht werden, wie es bei Frauen immer wieder der Fall ist, weil sie im Zusammenhang mit ihrem sozialen und ökonomischen Überleben nicht so wie Frauen auf ihr Aussehen angewiesen sind.

Frauen ist die unangenehme Position vertraut, aus der heraus sie andere Frauen als Objekt der Verführung und dabei zugleich ihr eigenes Spiegelbild sehen. Frauen lernen, sich mit dieser idealisierten Frau zu vergleichen und sich danach zu sehnen, so zu sein wie sie. Doch werden Frauen auf der Leinwand nur selten Geschlechtsgenossinnen präsentiert, die ihnen ähnlich sehen. Nur dünne, schöne und junge Frauen mit perfekten Körpern füllen die standardisierten Vorstellungen der Pop-Pornografie. Die Bilder finden eine erstaunlich einheitliche Verbreitung in afro-amerikanischen, latino-amerikanischen, europäisch-amerikanischen und asiatisch-amerikanischen Medien des Mainstream. Das weibliche Rollenmodell hat eine idealisierte Körperform, die weit entfernt ist von der Norm irgendeiner sozialen weiblichen Gruppe, und sie ist nur allzu atypisch weiß und blond. Männer aus allen ethnischen und rassischen Gruppen konsumieren ihr Bild, und ihre weiblichen Pendants können nicht umhin, mit ihm verglichen zu werden. Durch den Export von Zeitschriften, Büchern, Radio- und Fernsehsendungen, Kinofilmen, Videos, T-Shirts und über das Internet beeinflussen die pop-pornografischen Bilder der amerikanischen Medien nun mehrere Billionen Männer überall auf der Welt darin, wie sie über Frauen und Sex denken sollen. Die Pop-Pornografie verkauft sehr viel mehr als nur Filme, Konsumprodukte und Dienstleistungen. Sie fördert außerdem eine bestimmte Art des männlich orientierten Sex. Der Werbeträger ist der halbnackte Körper der Frau. Die Botschaft lautet: Das ist Sex.

Was stimmt nicht mit diesem Bild?

Hollywoodfilme zeigen nur selten die Geschichten von Frauen und noch weniger ihre Erfahrungen mit Sex. Die meisten populären Filme bringen Geschichten *über* Männer *für* Männer. Sie führen männliches Ringen, männliche Belange und männliche Abenteuer vor. Alles in allem genommen, sind im Film Männer gegenüber Frauen im Verhältnis von drei zu eins in der Überzahl. Männliche Gestalten dominieren in den meisten erfolgreichen Streifen, ob es sich nun um dramatische, handlungsorientierte oder sogar um Kinder- und Zeichentrickfilme handelt. Frauen besetzen nur selten die Starrolle, und selbst dann sind sie für gewöhnlich damit beschäftigt, einen Mann zu unterstützen, zu finden, zu befreien oder ihm auf die Sprünge zu helfen. Sie sind die Ehefrauen und Freundinnen der männlichen Stars, sie ermöglichen die Handlung eines Films oder stehen dem männlichen Helden sexuell zur Verfügung, ohne daß ihnen selbst das eine oder das andere zugute kommt. Als seien sie das Zahlungsmittel in einem männlichen Reich, sind Frauen das

Abzeichen der Macht und die Spielmarken des Handels, eines von vielen Mitteln – neben Geld, körperlicher Gewalt, Autos –, mit denen Männer untereinander um Status und Macht konkurrieren. Die Tatsache, daß die verkäuflichste Videohülle eine sexy Frau und eine Schußwaffe abbilden, zeigen deutlich, daß das anzusprechende Publikum männlich ist.

US-amerikanische Filme sind auf den Geschmack junger, heterosexueller, weißer Männer ausgerichtet, die von Kindheit an vor allem durch Geschichten über sich selbst geformt werden. Junge Männer sehen sich keine Filme an, in denen Frauen die Handlungsträger sind. Von *Tom Sawyer* bis zu *Toy Story* besteht eine breite Auswahl an Büchern, Filmen und Unterhaltung, die sich auf das Leben von Jungen konzentriert. Die Geschichten, die es wie zum Beispiel *Pocahontas* oder *Anastasia* über Mädchen gibt, sind selten und in der Regel auf den Freund der Heldin ausgerichtet. Jungenthemen setzen sich an der Kinokasse und im Spielzeuggeschäft letztlich deshalb durch, weil die Mädchen auch Geschichten über Jungen akzeptieren, während für Jungen ein Film mit einer Heldin ein »Frauenfilm« und damit etwas ist, wovon sich das männliche Geschlecht abwendet. Etwas wie »Männerfilme« hingegen gibt es im Sprachgebrauch gar nicht – das sind einfach nur »Filme«.

Mädchen lernen den männlich orientierten Blick auf die Welt in jungen Jahren kennen. Im Kleinkindalter sehen sie die »Sesamstraße« mit ihren vorrangig männlich besetzten Tierrollen (seit kurzem sind mehr weibliche Tiere wie Zoe und Rosita hinzugekommen). Die Menschen, mit denen die Tiere im Film in Beziehung treten, sind beiderlei Geschlechts und von unterschiedlicher ethnischer Herkunft. Von Barney über Big Birds bis Kermit jedoch sind die wichtigsten *Tiere* in der Kinderunterhaltung männlich. Dies wird aber nur von wenigen Eltern bemerkt.

Sie neigen dazu, diese Tierfiguren als »geschlechtsneutral« zu sehen.

Bei den beliebtesten Unterhaltungsprodukten für Kinder stehen oft Geschichten im Mittelpunkt, die auf unverschämte Weise männlich orientiert sind. Erfolgreiche Kinderfilme wie beispielsweise *Der König der Löwen* oder *Aladin* sind Zeichentrickfilme über patriarchale Erbfolge. Weibliche Rollen sind Mütter, Ehefrauen oder Freundinnen, die, obgleich sie oft intelligent, erfinderisch und stark sind, Männern eindeutig untergeordnet sind. Wenn sie nicht ohnehin schon durch männliche Stars überwältigt werden, dann sind weibliche Rollen wenigstens zahlenmäßig unterlegen. In der »Muppet-Show« ist selbst Miss Piggy, eine Figur, die häufig mutig und kraftvoll handelt, dennoch nur ein Anhängsel einer Horde von Tieren, die durch die Bank männlich sind.

In Videospielen sind Frauen oft schwache, hilflose Opfer des Bösen, die zu retten der kindliche Kämpfer dem Helden hilft. In manchen Comic-Heftchen können Frauen machtvolle Gestalten sein und in den bizarrsten Formen als leopardenfellbekleidetes Gegenüber eines männlichen Actionhelden (Wonder Woman) oder als weiblicher Bösewicht (Cat Woman) daherkommen. Diese Figuren übermitteln Kindern eine besonders eigenartige Botschaft, weil sie mit ihren Babydollkörpern und Maskenausrüstungen, Peitschen und Stiefeln weniger Ähnlichkeit mit ihren männlichen Pendants haben als vielmehr mit kleinen Dominas. Die ihnen zugestandenen Mächte werden entwertet, weil sie sexualisiert sind. Obgleich sie Seite an Seite mit männlichen Actionhelden kämpfen, sind Frauen doch nur Beutegut zwischen Armeen von guten und bösen Jungs. Wie die weiblichen Figuren, die sie im Fernsehen und im Kino sehen, lernen Mädchen eine männliche Welt heroischer Heldentaten inmitten von

Autounfällen, krachenden Explosionen, schießwütiger Gewalt und vergossenem Blut zu akzeptieren.

Er muß es haben

Alle erwachsenen Konsumenten der Massenmedien müssen sich an T & A-Darstellungen (Titten-und-Arsch-Darstellungen) von Frauen gewöhnen. Manche jungen Männer genießen die Verfügbarkeit von T & A, die im Kabelfernsehen, aber auch zur besten Sendezeit bei den übrigen Sendern in Fernsehfilmen, Situationskomödien und in der Werbung zugänglich sind. Brüste, Oberschenkel und Pobacken blitzen so regelmäßig auf dem Bildschirm auf, daß ein Konsument im Teenageralter diese pornografische Version des Frauenkörpers leicht mit dem Sex selbst verwechseln könnte.

Sex wird typischerweise durch einen wunderschönen, jungen Frauenkörper und das wilde Begehren eines Mannes symbolisiert. Spielfilme wollen auf der sicheren Seite sein und sich Kinokassenerfolge sichern, daher bedienen sie sich nur dieser erprobten und für wahr befundenen Formel und dieser Standardkonvention der Geschlechtszugehörigkeit. Ein Mann, der handelt, ohne seiner Leidenschaft Zügel anzulegen, ist »sexy«. Eine Frau ist »sexy«, wenn sie sich erst sträubt und sich ihm dann unterwirft. Diese Verführer-/Verführte-Formel erzeugt im besten Falle einen dem Märchenbuch entlehnten Sex, bei dem ein Prinz die junge Frau einfach mitreißt. Im schlimmsten Fall verursacht sie sexualisierte Gewalt.

Das unkontrollierbare Verlangen eines Mannes nach einer Frau wird von manchen Frauen als aufregend empfunden. Obwohl Frauen wissen, daß Michael Douglas' heimliche Küchentreseninterpretation in *Eine verhängnisvolle Affäre* Glenn Close wohl kaum zum Orgasmus bringen wird, mögen manche von ihnen das Risiko, die Gefahr und sogar die Gewalt, die solche Szenen zum Leben erweckt. Sie bestätigen existierende Geschlechterrollen im Sex, indem sie eine unwiderstehliche Frau (Attraktivität ist die einzige Eigenschaft, die zu entwickeln eine pop-pornografische Kultur Frauen ermutigt) präsentieren und einen triebhaften Mann, der sich von nichts und niemandem aufhalten lassen wird, bis er sie »hat«.

Oft sind Frauen zu nichts weiter gut als zur Ausschmückung der Szenen. In dem Science-fiction-Film *Jahr 2002 – Die überleben wollen* gab es zu jeder gemieteten Wohnung eine Frau dazu, die sogar als »Möbelstück« tituliert wurde. Bei der Fernsehserie »Baywatch« treten in nahezu jeder Szene Frauen in Bikinis auf. Der schöne Körper einer Frau ist wie ein teures Auto, welches das Image des Helden hebt und als Medium dient, über das er und andere Männer untereinander die Statusfrage klären. Obwohl das für den Betrachter deutlich erkennbar ist, sprechen die Männer auf dem Bildschirm miteinander an der dekorativen Frau vorbei, niemals direkt zu ihr. Einen Großteil der Zeit lenken Frauen den Zuschauer nicht ab von den Handlungen der Männer. Sie sind eine Art Produkt-Placement, vorhanden nur, um auf ein Produkt aufmerksam zu machen, das es zu verkaufen gilt.

Pop-Pornografie im Stilleben

Pop-Pornografie für den männlichen Konsumenten gibt es in vielerlei Ausführungen und steht an jedem Kiosk zur Verfügung. Ein Mann hat viele Möglichkeiten: Er kann sich für die Softpornos in der Bademodenausgabe seiner Sportzeitung entscheiden oder sich mit den mehr zur Sache gehenden Fotos in *Playboy*, *Penthouse* und *Hustler* beschäftigen. Er kann diese oder andere Zeitschriften kaufen und abonnieren, um sie bei sich daheim in Ruhe zu »lesen«. Sollte ein derart direkter Zugang ihm mißfallen, dann steht es ihm frei, sich den Unterwäschekatalog seiner Frau nehmen, der mit der Post kommt, oder sich mit den Kleinanzeigen in vielen Zeitungen und Zeitschriften und sogar mit dem Telefonbuch (unter »Begleitservice« oder »Unterhaltung«) zu beschäftigen, um dort die Fotos und Zeichnungen von Frauen in Tangabikinis und in verführerischen, oft unbequem wirkenden Posen zu genießen. Ohne den geringsten Einsatz hat ein Mann Zugang zu einer endlosen Zahl idealisierter Frauenkörper.

Bevor die Massenabsatzstrategie die Pop-Pornografie unverhüllter zum Vorschein brachte und in den sechziger Jahren die Pornografie einem breiteren Publikum zugänglich machte, waren die Standfotos von Frauen in der Zeitschrift *National Geographic* die Arbeitspferde der sexuellen Initiation ganzer Generationen von Jungen im Teenageralter. In ihrem Buch *Reading ›National Geographic‹* (Das *National Geographic* richtig lesen) berichten Catherine A. Lutz und Jane L. Collins, daß auf den Fotos zu den Texten oft Frauen mit nackten Oberkörpern dargestellt waren. Diese Bilder waren streng ausgewählt: Nur junge, attraktive Frauen wurden abgebildet, selbst im Zusammenhang mit Ethnien, in denen *alle* Frauen ihren Oberkörper in der Regel unbekleidet lassen. Vordergründig dazu gedacht, das Leben anderer Völker darzustellen, waren die Fotos doch den Bedürfnissen der amerikanischen Sexualethik angepaßt, und sie spielten eine wichtige Rolle in den sexuellen Fantasien junger Amerikaner. Es erübrigt sich zu sagen, daß männliche Geschlechtsteile niemals gezeigt wurden, selbst dann nicht, wenn sie in der thematisierten Kultur offen zur Schau gestellt wurden. Die Körper exotisierend dargestellter Frauen und Männer wurde neu erschaffen, damit sie in die pop-pornografischen Sex- und Schönheitsnormen unserer Gesellschaft paßten. Diese Normen schützten Männer vor der öffentlichen Entblößung und konzentrierten sich fast ausschließlich auf junge Frauen.

Für die heutige Pop-Pornografie ist es typisch, dem Blick der Öffentlichkeit nichts unzensiert zu präsentieren, es sei denn, es handelt sich um einen attraktiven Frauenkörper. Ihre Bilder bedienen sich der Körper wirklicher Frauen, die wegen ihrer Ähnlichkeit mit dem weiblichen Ideal ausgewählt und dann zu makelloser Vollkommenheit vervollständigt werden. Diese ideale Frau macht den Betrachter auf sich aufmerksam. Sie existiert nicht für den Konsum eines Mannes, und in manchen Anzeigen wird sie außerdem von dem Produkt konsumiert. Es entspricht dem Standard, daß ein Frauenkörper dem Etikett einer Alkoholflasche seine Form gibt oder den Umrissen eines Sportwagens angepaßt wird. Sehen wir jedoch in der Werbung das Bild eines nackten Mannes, dann ist sein Körper seinem Verstand untergeordnet. Er ist oft ein junger, weißer Mann, der als Weiser aus der Alten Welt posiert. Er ist ein griechischer Gott oder Rodins *Denker*. Eine kürzlich veröffentlichte Anzeige bildete einen nackten Mann in einer Badehose ab, der im Begriff war, mit dem Kopf voran in eine Steckdose zu springen, um Zugang zum World Wide Web zu erlangen. Statt wie bei Männern mit denkenden Köpfen werden Frauen häufig sogar ohne Kopf dargestellt – die Gesichter drapiert mit durchsichtigem Stoff, kopflos wie die Schneiderpuppen in Kaufhäusern, mit von der Kamera abgewandtem Gesicht oder mit abgetrenntem Kopf. Ohne Gesicht ist eine Frau auch kein Mensch. Kopflos kann sie nicht denken und auch nicht sprechen. Als Standfoto bewegt sie sich nicht, atmet nicht, schwitzt nicht und riecht nicht. Sie ist verwandelt in ein Ding. Sie hört auf, eine Person mit eigenen Bedürfnissen zu sein, welche die sexuellen Fantasien des männlichen Betrachters (und potentiellen Käufers) entgleisen lassen oder stören könnten.

Pop-Pornografie verwandelt eine wirkliche Frau in ein seelenloses Objekt. Anders als realer Partnersex zwischen zwei Menschen ist pop-pornografischer Sex vor allem ein visueller Austausch zwischen einem Mann und einem Gegenstand. Ein Mann kann eine Frau anstarren, sie sogar in seinen Armen halten, ohne mit ihr interagieren zu müssen. Sie hat keinen Namen (in der Modefotografie bleibt die Identität selbst des höchstbezahlten Models in der Regel unerwähnt). Das Fehlen emotionaler Anforderungen oder von Intimität zwischen dem männlichen Betrachter und dieser Frau / diesem Bild / dieser Geliebten / dieser Fremden / diesem Objekt kann für manche Männer den erotischen Wert des Standbildes sogar noch fördern. Mit einem Bild Sex zu haben, bringt keine Verpflichtungen oder Konsequenzen mit sich. Die Frau bleibt in Zeit und Raum vom Mann getrennt, und doch gehört sie allein ihm. Ihr direkter Blick und ihre auffordernde Pose wirken als Spiegel, laden den Mann dazu ein, sich seiner eigenen unmittelbaren sexuellen Befriedigung hinzugeben, ohne sich um die Bedürfnisse einer wirklichen Frau Sorgen machen zu müssen.

Unumkehrbarkeit

In den Medien und auf der Straße sind Frauen die Beobachteten und Männer die Beobachter. Diese Positionen sind unumstößlich. Eine beliebte Fernsehwerbung für Diät-Cola stellt eine Ausnahme dar und beweist damit die Gültigkeit der Spielregeln. Der Werbeclip zeigt eine Gruppe von Frauen, die sich an ihrem Bürofenster versammeln, um einen Bauarbeiter anzustarren, der in seiner Arbeitspause sein Hemd auszieht und ein Erfrischungsgetränk zu sich nimmt. Zwar hat unsere Sexkultur inzwischen ihre Geduld mit Männergruppen, die eine Frau schamlos begaffen, verloren, doch läuft die Umkehrung des Spots trotzdem auf wenig mehr als auf einen karnevalistischen Scherz hinaus. Obwohl die dargestellte Szene glaubwürdig ist – schließlich sieht der muskulöse Oberkörper des Mannes gut aus, und die Frauen sind so gefesselt, daß sie den Atem anhalten –, ist sie doch auch komisch, weil sie die tatsächlichen Geschlechterrollen auf den Kopf stellt. Diese Umkehrung bestätigt für den Betrachter nur, daß auch die Blicke mehrerer Frauen nicht die gleiche Macht und Autorität haben wie der eines einzelnen Mannes.

Pop-Pornografie handelt mit Frauen- aber nicht mit Männerkörpern. Es gibt kein weiblich orientiertes Gegenstück zur Pop-Pornografie. Frauen haben keine Bilder von Männerkörpern und versuchen auch nicht, sie zu erlangen. Es wurde der Versuch unternommen, ein Playgirl-Image für Frauen mit der dazugehörigen Fotodoppelseite und entsprechenden Nacktfotos von Männern (mit entblößten, oft schlaffen Penissen) zu vermarkten. Ein Magazin wie Playgirl überlebt nicht zuletzt nur deshalb, weil es sich bei schwulen Männern großer Beliebtheit erfreut.

Begehrende Frauen verteufelt

In der Pop-Pornografie wird selbst die Abbildung weiblicher sexueller Freuden zu einem Maßstab für die Maskulinität des Mannes statt zur Darstellung der Erfahrungen dieser Frau. Wenn die pop-pornografische Kamera eine Frau im Orgasmus zeigt, dann tut sie dies mit dem Ziel, den heterosexuellen männlichen Zuschauer zu erregen und um die sexuellen Fähigkeiten ihres Leinwand-Lovers zu demonstrieren. Zum Beispiel richtet sich die Kamera auf einen Mann, der die Brustwarzen einer Frau küßt oder streichelt, damit das kollektive Auge ihre Brüste betrachten kann, und nicht, damit Frauen sich mit Erregung identifizieren können. In einer Szene von *9 1/2 Wochen*, einem kontroversen Film über eine sadomasochistische Beziehung, necken Mickey Rourkes Finger Kim Basingers Mund mit saftigen Erdbeerstücken. Der Zuschauer ist jedoch nicht dazu aufgefordert, die Frucht zu schmecken, sondern er soll sich statt dessen vorstellen, wie ihr gerundeter roter Mund, sagen wir, eine Peniseichel umschließt.

Eine Frau entwickelt nur selten einen eigenen sexuellen Appetit. Selbst wenn sich eine Frau während des Geschlechtsverkehrs »oben« befindet, dann wurde sie dort plaziert, damit sie ihren Körper zur Schau stellt und nicht ihre Lust. Eine Frau, die beim Sex ausgesprochen aggressiv ist, ist eine schlechte Frau, eine, die auch stiehlt oder, wie die Figur, die Linda Fiorentino in *Die letzte Verführung* spielt, sogar tötet.

Ob gut oder schlecht, eine Frau kann ihrer Sexualität nicht entkommen, die letztendlich ihr Schicksal bestimmt. Typischerweise »verliert« eine Frau schließlich auf eine oder mehrere dieser drei Möglichkeiten:

1. Sie verliert ihre Autonomie. In *Pretty Woman* wird Julia Roberts, die Prostituierte mit dem goldenen Herz, davor bewahrt, der Besitz aller Männer zu sein, indem sie zum Eigentum von Richard Gere allein wird.
2. Sie wird vergewaltigt. In Spike Lees 1986 gedrehtem *She's Gotta Have It* wird eine sexuell abhängige Frau schließlich von dem »nettesten« ihrer drei Liebhaber gezwungen, sich für einen von ihnen zu entscheiden.
3. Sie verliert ihr Leben. In *Eine verhängnisvolle Affäre* wird die außer Kontrolle geratene Geliebte Glenn Close von der guten Ehefrau, die kommt, um ihren schikanierten Mann zu retten, umgebracht.

Lesbierinnen in der Vorhölle der Pop-Pornografie

Da Frauen sich für gewöhnlich unter der Kontrolle von Männern befinden sollten, werden sexuell autonome Frauen im allgemeinen als weibliche Bösewichte dargestellt. Wenn eine Frau im Film keinen Mann hat, dann kann der einzige andere Grund dafür nur der sein, daß sie Lesbierin ist. Manchmal ist sie beides, Lesbierin und Schurkin, oder, wie in *Basic Instinct*, bisexuell und schlecht.

Lesbische Charaktere und Darstellerinnen tauchen inzwischen häufiger in den Mainstreammedien auf, doch wird ihre Sexualität durch eine heterosexuelle Linse gesehen. In einer Episode der äußerst beliebten Fernsehserie »Friends«, in der die Exfrau eines der Hauptdarsteller ihre lesbische Partnerin heiratet, konzentriert sich der Film bei der Hochzeit allein auf heterosexuelle Vorstellungen. Zwei heterosexuelle Männer bringen ihre Frustration zum Ausdruck angesichts eines Raums voller Frauen, die sich von ihnen nicht angezogen fühlen. Einer von ihnen beklagt sich: »Weißt du, ich fühle mich wie Superman, jedoch ohne die entsprechende Macht. Zwar habe ich meinen magischen Mantel, aber ich kann doch nicht fliegen.«

Die »Friends«-Episode zeigt, wie das lesbische Paar sich umarmt, aber meistenteils wendet die Pop-Pornografie ihre Augen von lesbischer Intimität ab, von lesbischem Sex ganz zu schweigen. In dem Film *Grüne Tomaten* war die sexuelle Beziehung des lesbischen Paars auf einen Kuß auf die Wange beschränkt. Die Filmversion von Alice Walkers Roman *Die Farbe Lila* porträtiert das Erwachen von Celies lesbischem Begehren, doch wird es derart heruntergespielt, daß es manchem Zuschauer vollständig entgeht. Selbst nachdem lesbische Darsteller sich »bekannt« haben wie in *Kaffee, Milch und Zucker* oder in dem für das Fernsehen verfilmten Roman »Die Frauen von

Brewster Place« von Gloria Naylor kommt es höchst selten einmal zu einem Kuß und schon gar nicht zu Sex. Im Fernsehen lösten zwei sich küssende Frauen in einer Episode von »Roseanne« einen Skandal aus. Ellen Degeneres hat bisher das Thema Sex vermieden, doch indem sie ihr Coming-out in die Länge zog, machte sie sich über die Lesbophobie der Sexkultur lustig.

Im Gegensatz zur Pop-Pornografie, die lesbischen Sex marginalisiert, sind die Szenen in der Pornografie ein Hauptthema, wo sie zum Vergnügen heterosexueller Männer gezeigt werden. Für diese Betrachter verdoppeln zwei nackte Frauen zusammen einfach den Spaß. Was dargestellt wird, ist jedoch nicht wirklich Sex zwischen zwei Frauen, denn die beiden Frauen sind nicht zu ihrem gegenseitigen Vergnügen da und sicherlich auch nicht für die Lesbierinnen und bisexuellen Frauen im Publikum, sondern für den heterosexuellen Zuschauer.

Allerdings wurden bedeutende Anstrengungen unternommen, die Darstellung von Lesbierinnen im Film zu verändern. Ein neues Genre des unabhängigen lesbischen Films zeigt in *Desert Heart* (Wüstenherzen) und vor kurzem in *Go Fish* (Geh fischen), *Bar* (Barmädchen) und *Two Girls in Love* das Leben von Frauen und auch ihre Sexualität. Wenn solche Filme Sexszenen beinhalten, dann sind sie nicht als Objekt der Erregung für heterosexuelle Männer gemeint, sondern sie sind für Lesbierinnen geschaffen und handeln von ihnen. Der mit einem Oskar preisgekrönte Film *Antonias Welt*, dessen Drehbuch und Regie von einer Frau stammt, zeigt Lesbierinnen als Mitglieder einer Familie und als Menschen, die unter anderem auch sexuelle Beziehungen zueinander haben. Ein Abschnitt von *Antonias Welt* blendet hin und her zwischen verschiedenen Paaren, darunter auch Antonias Tochter und ihrer Geliebten, die in verschienen Zimmern des ausgedehnten Haushalt Sex miteinander haben.

In seiner typischen Wiedergabe für heterosexuelle männliche Betrachter scheint lesbischer Sex akzeptabler zu sein als Sex zwischen schwulen Männern. Dennoch, lesbischer Sex beunruhigt die Sexkultur, weil Männer dafür keinen Sinn haben. Im Universum der Pop-Pornografie ziehen Frauen, die Sex weder *mit* noch *für* Männer haben, kein Publikum an. Schließlich ist ja hier der wahre Star der Pop-Pornografie, der Penis, nicht einmal einer der Darsteller.

Der Penis als Star

Der größte Star Hollywoods stand noch nie wirklich vor der Kamera. Selbst in der heißesten Liebesszene bleibt der Penis vor den Blicken verborgen, vor allem, wenn er erigiert ist. Manche in Amerika produzierten Filme schneiden selbst den kürzesten Blick auf einen Penis heraus, sofern es sich nicht um die europäische oder um die Videoversion handelt. Mainstreamfilme setzen männliche Stars nie auf die Weise unter Druck, wie dies bei Pornostars der Fall ist, die auf Kommando zeigen müssen, was »Sache« ist. Sie schützen den Penis des Schauspielers vor dem prüfenden Blick, nicht nur um seiner selbst willen, sondern um des heterosexuellen männlichen Betrachters willen, der den Penis eines anderen Mannes nicht sehen will, vor allem nicht, wenn er größer und länger ist als sein eigener. Der typische heterosexuelle männliche Zuschauer fürchtet sich davor, daß ihn der Anblick des nackten Körpers eines anderen Mannes erregen könnte. Hollywood denkt nicht weiter darüber nach, wenn es diesen Erfahrungswert auf Frauen überträgt, da es ja ohnehin so selten die weibliche Hälfte des Publikums im Sinn hat. Einen Mann dazu aufzufordern, daß er seine Genitalien der öffentlichen Begutachtung überläßt, würde ihn zu einem Sexobjekt machen, und es gehört nun einmal zu den Privilegien des heterosexuellen Mannes, niemals das Sexspielzeug von irgend jemandem sein zu müssen.

Der Blick von da unten

Obwohl er kamerascheu ist, drängt der Penis alles andere auf der Leinwand in den Hintergrund. Während des Sex spiegelt sich seine Macht auf dem Gesicht der Sexualpartnerin. Obwohl sie mit ihm gepaart ist, ist die Vagina, wie die Frau selbst, nur das Echo oder der Schatten des Penis. Noch schwerer faßbar ist die Klitoris. Obwohl sie häufig mit dem Penis verglichen wird, könnte ein Marsbewohner nie etwas von ihrer Existenz erfahren, wenn er anhand von Kinofilmen etwas über den Sex auf Erden lernen wollte. Da die Klitoris nichts tut, um einen Mann zu stimulieren, bleibt sie unsichtbar. Und anders als der kamerascheue Penis, verleiht die Unsichtbarkeit der Klitoris ihr keinesfalls Macht, sondern reduziert ihre Bedeutung einfach auf null.

Daß die Klitoris unsichtbar bleibt, dafür sorgt Kinosex, der vor allem Geschlechtsverkehr in der Missionarsstellung zeigt. Wird doch noch irgend etwas anderes angeboten, so ist es der Oralsex, den die Frau einem Mann ermöglicht. Fellatio begleitete in den siebziger Jahren, eingepackt in den Film *Deep Throat*, den Einzug des Videorecorders in das Wohnzimmer der Mittelschicht. Der Star Linda Lovelace porträtierte eine Frau, die es enthusiastisch zahllosen Männern »mit dem Mund besorgte«, weil sich ihre Klitoris in ihrem Hals befand. Ihre anatomische Neukonstruktion zieht scheinbar die Aufmerksamkeit auf das weibliche Lustzentrum, doch der Film handelt von der Lust der Männer. Nur in der Fantasie von Männern – und in pornografischen Filmen wie diesem – bekommt eine Frau durch Fellatio einen Orgasmus. Obwohl viele Frauen Freude an Fellatio haben, ist sie für Frauen im wahren Leben nur in den seltensten Fällen orgastisch und kann als unangenehm und sogar schmerzhaft empfunden werden. Es wird jedoch behauptet, daß viele Frauen, nachdem sie diesen »Trick« auf der Leinwand gesehen hatten, sich dazu gedrängt fühlten, ihn auch zu Hause auszuprobieren.

Die Fellatio, die man in der Pornografie gezeigt bekommt, findet in der Pop-Pornografie nur hinter der Szene statt, und sie steht für etwas, was nur die »schlechten« Frauen machen, nicht die Ehefrau oder die feste Freundin. Es ist die Waffe der verschwörerischen Frau, die sich auf Fellatio einläßt, um Macht über einen schwachen Mann zu gewinnen. In dem Film *To Die For* (Dafür sterben) spielt Nicole Kidman eine Fernsehreporterin, die es einem High-School-Burschen (Joaquin Phoenix) mit dem Mund macht und ihn dabei überredet, ihren Mann umzubringen. Wenn ein verheirateter Mann von einer Frau Fellatio bekommt, dann kann er sich leicht vormachen, daß er gar nicht Ehebruch begangen hat. Fellatio zu bekommen, kann den Ruf eines Mannes verbessern, Fellatio jedoch zu geben, beschmutzt in der Regel den der Frau. Die Frau, die »ihm einen bläst«, erniedrigt sich oder ist schlecht. Hingegen ist der Mann, der Kunnilingus macht, ein großartiger Liebhaber. Der einzige gute Liebhaber in *Endlich Ausatmen* ist derjenige, der unter Whitney Houstons Lächeln und am unteren Rand der Leinwand verschwindet.

Filme zeigen Kunnilingus nie, doch wenn sie ihn andeuten, dann löst sich aus den Kehlen der weiblichen Zuschauer ein überraschtes und kollektives »Ooh«. Kunnilingus zu geben, wird als ein großartiges Opfer des Mannes dargestellt. Von den Zuschauern wird erwartet, daß sie von seiner Stärke und Selbstlosigkeit beeindruckt sind. Wenn Woody sich in *Der Stadtneurotiker* darüber beklagt, daß ihm von Kunnilingus der Kiefer schmerzt, dann lacht das Publikum aus Sympathie mit ihm. Der Witz spielt außerdem auf das an, was jeder weiß, daß ja Frauen »ewig« brauchen, bis sie endlich kommen. In einer Episode der Fernsehserie »Seinfeld« überredet Julia Louis-Dreyfuss schließlich ihren neuen Freund, einen Jazzmusiker, ihr Kunnilingus zu geben. Seine heldenhaften Bemühungen ruinieren seinen nachfolgenden Auftritt, da er wegen seiner überanstrengten Lippen und Zunge nicht einen einzigen Ton auf dem Saxophon trifft. Frauen witzeln nie im Fernsehen oder im Film über ihren Mund, denn jede Frau, die zugibt, daß sie es einem Mann gelegentlich »mit dem Mund macht«, ist moralisch unwürdig.

Merkwürdiger als jede erfunden Geschichte

Im Film wird der schnelle Geschlechtsverkehr bevorzugt, und nicht nur deshalb, um Zeit zu sparen. Diese Darstellung gibt wider, wie der meiste heterosexuelle Sex tatsächlich erfolgt. In erfundenen Geschichten und in der Wirklichkeit richtet sich der Sex nach dem Timing des Mannes und seinem Erregungsmuster. Sex nimmt seinen Anfang mit dem Begehren eines Mannes, geht dann rasch zum Geschlechtsverkehr über und endet mit seinem Orgasmus und seiner Ejakulation. Es mag ein wenig Vorspiel geben, aber in keiner Weise ausreichend, um einer Frau einen Orgasmus zu ermöglichen. Der Koitus kann so kurz und flüchtig sein, daß die Frau trotz ihrer ekstatischen Posen und ihres Stöhnens unmöglich gekommen sein kann. Tatsächlich bleibt es unklar oder irrelevant, ob sie einen Orgasmus hatte oder nicht. In den meisten eilig abgehandelten sexuellen Begegnungen auf der Leinwand werden nicht nur die sexuellen Bedürfnisse der Frau übergangen, sondern auch die Empfängnisverhütung und Safer Sex. Sowohl im Bett als auch auf der Leinwand werden Latex, Gleitmittel und das andere Drum und Dran von Safer Sex außer acht gelassen, weil ihre Anwendung nicht mit dem Tempo der männlichen Erregung Schritt halten kann. Außerdem widersprechen sie der Fantasie unserer Sexkultur, die besagt, daß der schärfste Sex der spontane sei.

Auf Kinofilme und die Medien läßt sich jedoch nicht alle Verantwortung dafür abladen, daß Sex entweder schlecht oder unsicher ist. Außerdem gelingt es vielen Frauen und Männern, entscheidend mehr Spaß am Sex zu haben, als in der Pop-Pornografie typischerweise dargestellt wird. Der Sex dauert oft länger als nur drei Minuten. Beide, die Frau und der Mann, lachen dabei. Sie hören sich gemeinsam Musik an. Sie beginnen ihr Spiel auf der sprachlichen Ebene. Sie sprechen über Empfängnisverhütung und Kondome und über das, was ihnen Lust bereitet. Sie bringen ihren ganzen Körper zum Einsatz – Hände und Zungen ebenso wie die Genitalien –, und sie zeigen sich, wie sie sind. Ein Mann konzentriert sich vielleicht mit seiner Zunge oder einem Finger auf die Klitoris der Frau und stimuliert ihren G-Punkt, bis sie kommt. Möglicherweise tun sie es wieder und wieder. Sie machen Pausen, um einen Schluck Wein oder Wasser oder Tee zu trinken und um die Toilette aufzusuchen. Sie halten inne, um ein Kondom überzurollen oder um mehr Gleitmittel zu verteilen. Sie führen Ringkämpfe mit Kleidungsstücken und Bettwäsche auf. Sie wechseln auf unbeholfene und unelegante Weise von einer Position zur nächsten. Manche Leute essen im Bett oder beziehen Nahrungsmittel in ihr Sexspiel mit ein. Sie schwitzen. Sie geben Geräusche von sich. Und sie haben Orgasmen.

Es kann schon etwas unrealistisch sein, von Sexszenen auf der Leinwand derart menschliche Darstellungen zu erwarten.

Schließlich ist ja ein Film eine idealisierte Wiedergabe des Lebens. Es gibt keinen Grund, warum eine Sexszene in einem Film bedeutsamer sein sollte als irgendeine im Rahmen der Familie eingenommene Mahlzeit. Was die Leute essen und wie sie sich bei Tisch benehmen, vermittelt dem Publikum den sozialen Status und die Beziehung der einzelnen Figuren zueinander. Das Publikum betrachtet die Szene nicht als Modell für das Benehmen beim Einnehmen von Mahlzeiten. Doch Sexszenen können sehr wohl diese Wirkung haben; obgleich die Menschen in der Öffentlichkeit essen, geben sie sich doch nicht öffentlich sexuellen Handlungen hin oder sprechen auf detaillierte Weise darüber. In diesem Vakuum nimmt der Einfluß von in den Medien dargestelltem Sex geradezu lächerliche Ausmaße an. Das ist deshalb ein Unglück, weil das, was als »normal« betrachtet wird, in Wirklichkeit eine flache und einseitige Sichtweise ist. Der meiste Sex im Film kann mit einer Mahlzeit verglichen werden, bei der nur die Männer essen, während die Frauen die Speisen zubereiten, den Tisch decken, das Essen auftragen und hinterher das Geschirr abspülen. Unglücklicherweise erledigen beim Kochen und beim Sex auf der Leinwand und im wahren Leben immer noch viele Frauen den Hauptanteil der Vorbereitungen, erhalten am Ende jedoch nur das, was übriggeblieben ist.

Das Warten auf den Mann

Es ist wenig erstaunlich, daß Frauen sich angesichts des Orgasmusungleichgewichts im Filmsex an romantischen Szenen festhalten, die sich bis zum Sex hin aufbauen. Frauen scheinen das oft verlockende Verbalvorspiel der oft enttäuschenden Wirklichkeit des genitalen Sex vorzuziehen. Folglich enthalten »Frauenfilme« mehr Anspielungen *auf* als tatsächliche Darstellungen *von* Sex. Diese Kluft zwischen Verlangen und Vollzug, die mit sinnlichen Freuden und erotischer Spannung aufgefüllt ist, stellt oft allein das dar, worauf der Film abzielt. Die Frau ist wie ein Streichholz, daß nach einer Reibefläche sucht, die sie in Flammen aufgehen lassen könnte. Ihre Sexualität fängt nur dann Feuer, wenn ein Mann, der ein Vagabund, ein Schwerenöter oder ein vom Weg abgekommener Ehemann ist und zufällig oder willentlich gerade vorbeikommt, sie meisterlich berührt.

Typischerweise wartet eine Frau, die sich nach Liebe sehnt, jahrelang auf das Glück. Doch wenn es dann endlich kommt, ist es flüchtig. In *Die Brücken am Fluß* dauert die bedeutsame und sinnliche Beziehung, nach der Francesca sich sehnt, nur vier Tage lang und ist zwar romantisch aber nicht besonders orgastisch. In *Bittersüße Schokolade* werden Sex und die Sinnlichkeit des Kochens zu einem so mächtigen Gebräu verrührt, daß Tita, als sie nach jahrelanger Sehnsucht endlich mit ihrem Lover Sex hat, mit ihm in der Hitze ihrer Leidenschaft vergeht. Ihr Lover stirbt mit seinem Orgasmus. Sie verbrennt mit ihm, geht mit ihm in den Tod, wenn sie schon bei der Vereinigung nicht mit ihm kommt. In *Don Juan de Marco* stellt Johnny Depp einen jungen Charmeur dar, der die Sinnlichkeit von Frauen respektiert und sich in ihr zu erkennen gibt, eine Haltung, die ihn im Irrenhaus landen läßt. Frauen applaudieren, als sein »Wahnsinn« letztendlich den Sieg davonträgt, und sogar sein Psychiater schließt sich ihm in einer Welt an, die mit Sicherheit endlos weit entfernt von unserer eigenen Sexkultur ist.

Endlich ausatmen ist ein Novum in der Filmwelt, weil dieser Streifen sehr viel davon offenbart, was Frauen an Männern frustriert, auch in sexueller Hinsicht. In der Geschichte suchen vier Frauen nach männlichen Partnern, doch meistenteils sind ihnen nur Enttäuschungen beschert. Sie haben Sex mit Männern, meist schlechten. Schließlich findet jede der vier Frauen auf ihre Weise heraus, daß die Antwort gar nicht bei den Männern liegt, sondern in ihnen selbst und in ihrer Freundschaft zueinander. Diese Auflösung ist schön und gut, aber sie löst nicht das Problem von Frauen, die gerne guten Sex mit Männern hätten *und* sich dabei ihren Selbstrespekt bewahren möchten.

Selbst Ende der neunziger Jahre machen Filme immer noch Frauenfiguren zum Thema, deren Leben an einem Faden in der Hand eines oder mehrerer Männer hängt. Gibt es in ihrem Leben keinen Mann, dann konzentriert sich der Film auf ihre Suche nach einer solchen Beziehung. Nur wenige, vor kürzerer Zeit gedrehte Mainstreamfilme weisen eine weibliche Protagonistin auf, es sei denn, es handelt sich um Frauen, die sich in einem von Männern geschaffenen sexuellen Netz verheddern. Während das von einem Film erwartet werden kann, der wie *Sinn und Sinnlichkeit* im 19. Jahrhundert spielt, so trifft dies immer noch bei neuzeitlichen Dramen und Komödien zu. Filme, in denen wie in *Clueless – Was sonst?*, *Endlich ausatmen*, *Aus nächster Nähe* und *To Die For* (Dafür sterben) Frauen die Stars sind, konzentrieren sich allesamt auf die Beziehung von Frauen zu Männern oder zeigen, auf welche Weise diese Bindungen das Leben einer Frau beeinflussen.

Filme, die Männer gerne sehen, handeln nicht von Beziehungen mit Frauen. In ihnen geht es um männliche Kameradschaft und männliche Autonomie von Frauen. Hochgradig erfolgreiche Filme wie *Forrest Gump*, *Pulp Fiction*, *Apollo 13* und *Braveheart* werden allesamt von männlichen Hauptrollen getragen, deren gewalttätige, heldenhafte oder eigenartige Handlungsträger zutiefst unabhängig von ihren weiblichen Bezugspersonen sind. Der Scherben hinterlassende Wirbelwind männlicher Virilität auf der Leinwand beunruhigt vielleicht einige sanftere

Seelen, aber die meisten heterosexuellen Männer teilen zumindest mit dem Leinwandhelden den Wunsch, sich mit anderen Männern zu verbünden und eine nachvollziehbare Art von Macht zu erringen, darunter eben auch die Macht über Frauen.

Filme bestätigen für männliche Zuschauer, daß sie das Recht haben, Frauen zu konsumieren, sowohl mittels der Produkte der Pop-Pornografie als auch im wirklichen Leben. Dieses Recht ist ein fester Bestandteil von Männlichkeit. Man muß nicht das Gesicht von Denzel Washington, den Bizeps von Keanu Reeves oder Bruce Willis' Art, eine Jeans zu tragen, haben. Schließlich bekommt im Film ja sogar Woody Allen am Schluß das Mädchen.

Der Frauenfilm

Frauen sind dankbar für Filme, die weibliche Lust so darstellen, wie sie ist. Dies trifft vor allem für *Annies Männer*, *Thelma und Louise* und *Das Piano* zu. Diese Filme haben unter manchen weiblichen Zuschauerinnen beinahe Kultstatus erlangt, weil sie sexuelle Frauen und sexy Männer darstellen. In *Thelma und Louise* gibt es eine extrem kurze Einstellung, in der man Brad Pitts muskulösen Torso beim Sex mit Thelma (Geena Davis) sehen kann, und wir haben Anteil an ihrer heiteren Freude, als Thelma Louise erzählt, daß sie nach jahrelanger Ehe nun endlich mit diesem jungen Fremden ihren ersten Orgasmus hatte.

Viele Frauen lieben außerdem *Das Piano*. Obwohl der Film von einer jungen Frau handelt, die in der Ehe verkauft, von ihrem Ehemann verstümmelt und gezwungen wird, mit einem anderen Mann um Sex zu spielen, zeigt er doch auch die erstaunliche Unverwüstlichkeit dieser Frau und ihren letztendlichen Triumph über ihre musikalische Leidenschaft und ihr sexuelles Begehren. In einer Szene schwenkt die Kamera sogar auf den Körper des Mannes um, mit dem sie schließlich beide Leidenschaften teilt. Der Körper des Mannes ist der eines mittelgroßen Mannes mittleren Alters. Harvey Keitels gewöhnliches, gutes Aussehen und seine Charakterfalten stehen im krassen Gegensatz zu der jungen, knitterfreien Idealfrau, die wir als das maßgebende Objekt der Begierde im Kinosex erwarten. Wir haben noch nie eine mittelmäßig gut aussehende, mittelgroße Frau mittleren Alters als Objekt (noch viel weniger als Konsument) erotischer Freuden zu Gesicht bekommen. Tatsächlich sehen wir Frauen überhaupt nur selten in irgendwelchen wichtigen Rollen, es sei denn als Mütter.

Die verschwindende Frau

In großen und kleinen Rollen sehen wir als Frauen nur die, die den Wünschen eines männlich definierten körperlichen Standards entsprechen. Das Sex-Liebe-Interesse eines männlichen Stars jeden Alters ist immer jung. Folglich sind nur wenige romantische Rollen für Schauspielerinnen über 40 zu haben. Molly Haskell stellt in *From Reverence to Rape: The Treatment of Woman in the Movies* (Von der Verehrung zur Vergewaltigung: Wie Frauen im Film behandelt werden) fest, daß die Filme der sechziger Jahre Frauen über 40 als ältere Frauen behandelten. Als Anne Bancroft die böse Schwiegermutter spielte, die Dustin Hofmann in *Die Reifeprüfung* verführt, da war sie eine »ältere Frau« von 36 Jahren. Heute können Frauen ein paar Jahre länger begehrenswert sein. Doch wenn sie die 40 überschritten haben, sind sie entweder unattraktiv oder abstoßende sexuelle Raubtiere. Jedenfalls sind sie keinesfalls sexy. Im Gegensatz hierzu hat ein männlicher Schauspieler noch mehrere Jahrzehnte der Leinwandquickies vor sich.

Die wenigen als begehrenswert empfundenen Schauspielerinnen in mittleren Jahren sehen einfach nicht ihrem Alter entsprechend aus, oder ihr Alter wird durch gute Kameraarbeit und weiches Licht verschleiert. Sobald diese Schauspielerinnen die 40 erreichen, gehen sie gegen die ersten Anzeichen des Alters an. Während einige von ihnen die Stimme erheben und sich gegen das Klischee zur Wehr setzen, läuft die große Mehrheit zum Schönheitschirurgen. Jene über sechzig nehmen Zuflucht zu den Theaterbühnen, von denen das Publikum weiter entfernt sitzt. Dort kann eine reife Frau wie Julie Andrews oder Carol Channig noch immer ihrem Handwerk nachgehen, ohne sich den Nahaufnahmen der Kamera stellen zu müssen.

Insbesondere ein weibliches Sexsymbol darf nur auf eine grausam kurze Leinwandlebensdauer hoffen. Eine Schauspielerin in den Vierzigern wie Kathleen Turner ist begehrenswert und sexuell aktiv, doch auf der Leinwand hat sie sich in nur 13 Jahren von der heißblütigen Schurkin in *Heißblütig – Kaltblütig* über die patente Detektivin in *V. I. Warshawski – Detektiv in Seidenstrümpfen* bis zur schwachsinnigen *Serial Mom – Warum läßt Mama das Morden nicht?* entwickelt. Doch das Publikum denkt auch nicht eine Augenblick über Hauptrollen von Männern über 50 neben zwanzigjährigen naiven Mädchen nach. Sean Connery wurde zum begehrenswertesten Mann im Film gewählt, als er schon über 60 war. Als er Ende 50 war, schmachtete Robert Redford in *Ein unmoralisches Angebot* und in *Aus nächster Nähe* Frauen an, die 20 Jahre jünger waren als er. Clint Eastwood und Paul Newman nehmen noch immer Rollen an, in denen ihre Partnerinnen ihre Enkelinnen sein könnten. Ihre tiefen Falten und ihr graues Haar lassen sie »distinguiert« aussehen, während eine Frau in vergleichbarem Alter von dem Auge der Kamera nur selten überhaupt in Betracht gezogen und schon gar nicht als sexuelles Wesen erachtet wird.

Frauen, die ihr viertes Jahrzehnt überschritten haben, sind entweder stabile Mütter oder bemitleidenswerte alte Jungfern, deren Sexualität entweder außer Rand und Band oder nicht existent ist. Romantische Rollen für reife Frauen sind auf die charmante, exzentrische Maud neben ihrem jungen Liebhaber Harold (mit dem sie aber nie bei sexuellen Handlungen gezeigt wird) begrenzt oder auf Faye Dunaways anschmiegsame Ehefrau von einem älteren, dicken und durch chirurgische Eingriffe wenig verbesserten Marlon Brando in *Don Juan de Marco*. Der Filmkritiker Roger Ebert stellte fest, wie selten man eine so korpulente Frau wie Willeke van Ammelrooy – in der Hauptrolle in *Antonias Welt* – zu Gesicht bekommt, die kräftig ist und nur mittelgroß. In Hollywoodfilmen müssen Frauen nicht nur jung, sondern auch schlank und attraktiv sein, damit sie Rollen spielen dürfen, in denen es auch um Sex geht.

Eine teddybärartige Sinnlichkeit wird manchmal älteren Frauen zugestanden, solange sie hinter der Leinwand stattfindet und Frauen betrifft, die sich in einer guten Ehe zur Ruhe gesetzt haben. Häufig handelt es sich dabei um die Eltern des Protagonisten, und sie sind in der Regel »ethnisch« – vor allem Juden, Griechen oder Italiener oder gehören der Arbeiterklasse an wie Holly Hunters fröhliche Eltern in *Unter Mordverdacht* –, die noch immer tanzen, lachen und sich sogar so ländlichen Traditionen wie dem Sex hingeben. Diese älteren Frauen tauschen Augenzwinkern und Umarmungen mit ihren Ehemännern aus und legen nahe, daß ein paar alte Eselinnen immer noch Spaß daran haben, sich gelegentlich mit ihren Männern im Heu zu rollen. Doch dieses Rollen im Heu wird das Publikum wohl kaum jemals miterleben.

Sex für den Betrachter

Vielen Frauen geht es wie Nikki, die findet, daß der Sex im Kino sinnliche Gefühle vollkommen zunichte macht. Der Handlungsablauf des Films ist schon bald in Vergessenheit geraten, doch die Bilder eines vollkommenen weiblichen Körpers tanzen möglicherweise noch Monate oder Jahre später im Kopf der Zuschauerin umher.

Bilder, die *für* Frauen bestimmt sind und die Lust von Frauen darstellen, fehlen hingegen vollkommen. Mit den Jahren verdichtet sich der sich kumulierende Einfluß, den Kinosex auf eine Frau nimmt, zu einem Zustand der Entfremdung – sowohl von der Sexkultur als auch von ihrem eigenen Körper. Während sie in ihrem Kopf die vielen Einzelheiten aufzählt, die dafür sorgen, daß ihr Körper dem Ideal der Pop-Pornografie nicht entspricht, wird sie immer mehr zur Betrachterin statt zur Partnerin im Bett. Statt sich voll und ganz zu beteiligen, verläßt sie ihren Körper und sitzt in den Außenreihen des Sex, um zuzusehen.

Filme, die eine Frau aus der Haut fahren statt unter die Decke schlüpfen lassen, sind jene, die Sex mit Gewalt verbinden. Gewalt ist in den seltensten Fällen geschlechtsneutral. In Actionfilmen wie *Rambo, True Lies* und *Die totale Erinnerung* ist der Täter fast immer männlich, ebenso wie die Körper, die sich in der Folge von Explosionen, Maschinengewehrattacken und Fahrzeugzusammenstößen am Wegesrand aufhäufen. Doch wenn sich Frauen unter den Geschlagenen, Verstümmelten oder Toten befinden, dann ist die Gewalt typischerweise sexualisiert. Die Extreme sexueller Gewalt werden in Splatter- und Horrorfilmen erreicht. In *Blutiger Valentinstag* versenkt der männliche Mörder Spitzhacken in den Brüsten von Frauen und in *Reanimator* wird eine Frau von einem körperlosen männlichen Kopf oral vergewaltigt. Solche Streifen lassen den Sex in vielen pornografischen Filmen vergleichsweise milde erscheinen.

Mainstreamfilme wie *Das Schweigen der Lämmer*, *Leaving Las Vegas* und *Rob Roy* enthalten Szenen, in denen Frauen gewaltsam die Kleider vom Leib gerissen und in denen sie psychisch gefoltert werden. Die erotische Grundstimmung, in der sich eine Frau zu Beginn eines Kinoabends befinden mag, kann leicht in eine Meer blutiger pop-pornografischer Bilder ertränkt werden. Ihre Wirkung wird durch das Wissen gesteigert, daß zwar Vampire Produkte der Fantasie sind, nicht jedoch gegen Frauen gerichtete sexualisierte Gewalt.

Eine Frau, die Einwände gegen sexualisierte Gewalt vorbringt, bekommt möglicherweise von ihrem Gefährten zu hören: »Das ist doch nur ein Film. Entspann dich einfach und genieße den Abend!« Ein Film soll unterhaltend sein. Doch warum gerade auf diese Weise? Warum sind Frauen das ausschließliche Ziel dieser Gewalt? Die Pop-Pornografie spiegelt nur die sexuellen Werte der Kultur wider, die sie erschaffen hat.

Exponiert sein

Pop-pornografische Bilder von Frauen nehmen, ob sie es will oder nicht, Einfluß auf das Leben jeder Frau, denn sie verleihen einem Standard Gültigkeit, demzufolge weibliche Körper bewertet und eingeordnet werden. Auf der Straße fühlen sich vollkommen Fremde dazu ermächtigt, einer Frau zu sagen, daß sie dünn oder dick ist, oder sie als »Schätzchen« oder »Hure« zu bezeichnen. Frauen und Männer gleichermaßen ordnen jede Frau in eine Skala ein, deren Rubriken von häßlich bis schön reichen. Bekannte, Freunde, Verwandte, Ehemänner oder Liebhaber nehmen sich das Recht heraus, Bemerkungen über die Kleidung, die Haare, das Make-up oder die Körperformen einer

Frau zu machen. Die Freunde oder Lebensgefährten mancher Frauen starren in ihrem Beisein andere Frauen an und machen Bemerkungen über deren Attraktivität und Aussehen. Frauen wissen nicht, wie sie sich gegen solche Taxierungen und Vergleiche wehren sollen.

Eine solche Atmosphäre der Geringschätzung sorgt dafür, daß eine Frau unter dem Gewicht eines negativen Körperbilds leidet. Selbst wenn sie Komplimente über ihr Erscheinungsbild entgegennimmt, so ähneln diese täglichen Beurteilungen doch Eisenstäben, die nach und nach einen Käfig bilden und die Frau schließlich zur Gefangenen machen. Gleichgültig, wieviel eine Frau auch in ihrem Beruf und in ihrer Arbeit erreichen mag, durch eine Sexkultur, die Frauen aufgrund ihres sexualisierten Körpers bewertet, kann sie ohne weiteres immer wieder in den Käfig geführt werden.

Ein Leben lang und jeden einzelnen Tag ist der Körper einer Frau einer Art von Überwachung und Bewertung ausgesetzt, mit der nur wenige Männer jemals Erfahrungen gemacht haben. Deborah Tannen weist darauf hin, daß alles am Körper einer Frau – ihre Kleidung, ihre Formen, ihre Schuhe, ihre Haare und ob sie Make-up oder Parfüm verwendet oder nicht – eine Aussage über sie trifft. Jeden Tag trifft eine Frau mit ihrem Aussehen – ja tatsächlich mit jedem Teil ihres Körpers – eine Aussage, ob ihr das nun gefällt oder nicht. Obwohl man sich an »manchen Tagen einfach nur anziehen und dann seinen Angelegenheiten nachgehen will«, schreibt Tannen, so hat eine Frau diese Freiheit doch niemals. Frauen gehören, wie Tannen nahelegt, der »zu korrigierenden« Kategorie an, deren Körper dekoriert und betont werden, während Männer solcher Korrekturen nicht bedürfen. Ein Mann mag sich, wenn er will, für ein Bekenntnis zur Mode entscheiden (indem er sich zum Beispiel einen Bart wachsen läßt oder einen Hut trägt), doch solange er die grundlegendsten Bekleidungs- und Körperpflegestandards berücksichtigt, wird er niemals über sein Aussehen definiert.

Als Teenager tragen Mädchen oft dieselbe Art Kleidungsstücke wie ihre männlichen Altersgenossen, doch handelt es sich hierbei nicht um eine Mode, die für beide Geschlechter gleichermaßen gültig ist – sie ist vielmehr ausschließlich männlich. Mädchenkleidung wird niemals von Jungen als Look der Jugendkultur verstanden. Wenn die Mädchen dann älter und schließlich erwachsen werden, dann tragen sie Kleidung, die eindeutig als weiblich gekennzeichnet ist. Selbst berufstätige Frauen greifen bei der Arbeit auf Kostüme zurück, die den Blick auf ihre Waden freigeben. Hillary Rodham Clintons Beine sind bei jedem öffentlichen Anlaß zur Schau gestellt, doch Bill Clintons Beine werden der Öffentlichkeit nur dann preisgegeben, wenn er im Sommer joggen geht. Obgleich die Beine des Präsidenten bereits zur Zielscheibe von Witzen geworden sind, entblößt er sie doch ausschließlich in einem sportlichen Zusammenhang, nicht vor einem Podium oder während er aus der »Air Force One« aussteigt. Der amerikanische Oberste Gerichtshof setzt sich aus sieben Männern und zwei Frauen zusammen. Wenn sie sich für ein Gruppenbild aufstellen, dann zeigen nur die Richterinnen O'Connor und Ginsburg ihre Beine vom Knie abwärts, während die Männer lediglich ihre Köpfe und Hände zur Schau stellen.

Der männliche Körper stellt sich in einem einzigen, sehr bedeutsamen Bereich öffentlich dar: dem Big Business des professionellen Sports. Heterosexuelle Frauen können sich jederzeit am Anblick der muskulösen Schultern von Basketballspielern, an Footballspielern in enganliegenden Hosen, an der kompakten Kraft der Ringkämpfer oder an den an den Seitenlinien aufgereihten Trainern in ihren maßgefertigten Anzügen und mit ihren sauberen Haarschnitten erfreuen. Doch professionell betriebener Sport hat sehr wenig mit Frauen zu tun, die im Publikum – verglichen mit den vielen männlichen Fans –, in der Minderzahl sind. In der Sportberichterstattung im Fernsehen wird selten die Nahaufnahme eines knackigen Hinterns oder die verräterische Wölbung in der Badehose eines männlichen Schwimmers gezeigt. Statt dessen füllt die Kamera die Pausen zwischen den Wettbewerben mit Blicken auf die wippenden Röcke und Brüste der Cheerleader oder auf die Freundinnen der Athleten in den Kabinen.

Selbst Frauen, die sich weit vom Zeitalter entfernt haben, in dem sie als Sexobjekte betrachtet wurden, machen deutlich, auf welche Weise die Standards der Pop-Pornografie den Umgang mit ihrem Körper und die Art wie sie sich kleiden, beeinflussen. Gleichgültig, welche Position sie auch innehat, eine Frau ist zu einem ständigen Hin und Her zwischen ihrem Spiegelbild und dem pop-pornografischen Bild auf dem Umschlag der Illustrierten oder auf der Kinoleinwand gezwungen. Diese Vergleiche werden im dunklen Kinosaal, in dem die Körper der Schauspieler bis auf Gigantengröße aufgeblasen sind, noch intensiviert. Eine solche Vergrößerung bewirkt, daß die männliche romantische Führungsrolle noch zwingender wirkt. Und es spielt dabei keine Rolle, ob er ein Doppelkinn, Falten oder einen Kahlkopf hat, denn er wird nach seinem Charisma und seiner Ausstrahlung beurteilt und nicht nach seinem Aussehen. Das weibliche Objekt seiner Begierde jedoch entblößt sich vor der detaillierten Überprüfung durch einen Vergrößerungsspiegel. In einem rückenfreien Kleid muß sie einen untadeligen Muskeltonus aufweisen, im Bikini vollkommen geformte Oberschenkel und für eine romantische Naheinstellung einen fehlerlosen und von Härchen befreiten Teint. Für das Fernsehen gelten die gleichen Regeln. Wenn die »Baywatch«-Kamera über Brüste und Oberkörper schwenkt, dann beurteilen Frauen und Männer den erotisch aufgeladenen weiblichen Körper noch strenger.

Ob auf der Leinwand oder im wirklichen Leben, der ganze Körper einer Frau verlangt Wachsamkeit in Sachen Körperpflegegewohnheiten, Ernährung, körperliche Ertüchtigung und Mode. Wie eine Plastikbarbiepuppe muß eine Frau ständig auf den Zehenspitzen balancieren. Die Sexkultur lehrt schon ein junges Mädchen, mit ihrem Aussehen grundsätzlich unzufrieden zu sein. Im Heranwachsen kann es geschehen, daß eine junge Frau die wesenhaften Freuden ihres eigenen Körpers übersieht, weil sie zu sehr damit beschäftigt ist, den von außen an sie herangetragenen hohen Anforderungen zu genügen. Statt sich auf das Lustpotential ihres Körpers zu konzentrieren, befaßt sich eine Frau oft nur mit der Frage, in welcher Hinsicht sie von den Schönheitsnormen abweicht.

Die pop-pornografischen Schönheitsstandards wurden nirgendwo deutlicher gemacht, als in dem in den achtziger Jahren gedrehtem Film *10*, in dem der schönen, jungen Bo Derek diese Note »10« von einem sie verfolgenden Bewunderer gegeben wird, den Dudley Moore spielt. Was eine Bewertung von »10« darstellt, variiert ein wenig im Lauf der Jahrzehnte, doch dieses Ideal hat immer Einfluß auf die Einstellung, die Frauen zu sich selbst und zum Sex haben.

Manchmal meint eine Frau vielleicht, daß sexuelle Freuden warten müssen, bis sie ihr Schönheitsideal erreicht hat. Doch wenn guter Sex durch das Wertesystem weiblicher Leinwandstars diktiert wird, dann wird er für die meisten Frauen für immer unerreichbar bleiben. Nur ganz wenige Frauen werden je in diese Gewinnerkategorie eingeordnet, und selbst dann müssen sie schließlich feststellen, daß sie trotz all ihrer Bemühungen schließlich den Schönheitswettbewerb um das Alter verlieren.

Nur für seine Augen

In großen Bereichen der Wirtschaft dreht es sich um den nie endenden Prozeß, in dem Frauen Männer zufriedenstellen. Frauen verbringen nicht nur einen Großteil ihrer Zeit damit, sie bringen auch eine Menge Geld für ihre Schönheit auf. In Amerika hat allein die Kosmetikindustrie ein Volumen von sechs Billionen Dollar. Hinzu kommen Mode, ausgewählte kosmetische Chirurgie, Ernährungs- und Fitneßprodukte und -programme und der Frisör – ein Riesenaufwand, der das Herrichten des Körpers nach dem Wohnen zum zweitgrößten Kostenpunkt macht. Männer andererseits geben Billionen für Pornografie aus. Diese beiden Industriezweige gigantischer Ausmaße sind durch die Zielsetzung unserer Sexkultur, den sozial verursachten Sexhunger der Männer zu stillen, auf groteske Weise miteinander verbunden.

Die Pop-Pornografie versorgt Männer mit der täglichen Dosis erotischer Stimuli. Sowohl Frauen- als auch Männerzeitschriften sind ein fester Bestandteil der Pop-Pornografie, doch jede Sparte für sich vermittelt ihren Lesern erstaunlich unterschiedliche Botschaften. Männerzeitschriften triefen vor Selbstvertrauen vor ökonomischen und sexuellen Ansprüchen. Frauenzeitschriften nutzen geschickt die Unsicherheit ihrer Leserinnen aus und unterstützen eine Kultur der unablässigen Selbstverbesserung. Von dem Augenblick an, da ein Kind bei der Geburt als Mädchen identifiziert wird, beginnt ein rigoroses, aber oft unterschwelliges Training in der Kunst, andere Menschen anzuziehen. In dem Versuch, dem von außen auferlegten Ideal zu entsprechen, wendet sich eine Frau oft Zeitschriften zu, um entsprechende Schönheitstips zu erhalten. Außer daß sie Artikel mit Überschriften bieten wie »Wie Sie in zwei Wochen Ihren Bauch loswerden«, erteilen Zeitschriften auch Ratschläge in sexuellen Angelegenheiten. Zu den Themen gehört nicht nur »Wie Sie einem Mann im Bett das geben, was er will«, sondern auch »Acht Geheimnisse, die Frauen zum Orgasmus führen.« Trotz einer Politur aus postfeministischer Aufgeklärtheit befassen sich die Artikel niemals mit der Frage, auf welche Weise die Unzufriedenheit der Frauen mit ihren Körpern mit den propagierten Produkten in Beziehung stehen könnte. Noch erforschen sie, wie die Normen der Sexkultur, die Frauen als sexuelle Konsumartikel für Männer betrachtet, etwas damit zu haben könnten, daß so viele Frauen noch immer keinen Orgasmus haben.

Es wird oft erklärt, daß heterosexuelle Männer leicht durch den Anblick einer begehrenswerten Frau erregt werden, weil sie auf natürliche Weise visueller orientiert sind als Frauen, während der Anblick eines gutaussehenden Mannes bei den meisten Frauen nichts auslöst. Frauen sind jedoch weder visuell *noch* libidinös von der Natur benachteiligt. Sie sind einfach nicht so sozialisiert, daß sie wie Männer Bilder von Angehörigen des anderen Geschlechts als erregend empfinden. Jungen wachsen damit auf, daß sie pop-pornografische Abbildungen als Masturbationsvorlagen verwenden. Die meisten Mädchen hingegen verknüpfen ihre sexuellen Gefühle mit dem Objekt ihres Begehrens und lassen sie nur im Rahmen einer Beziehung mit einer bestimmten Person zu. Diese sexuelle Sozialisation läßt nur wenige Frauen ausziehen, um für den Anblick nackter Fremder zu bezahlen. Stripteaselokale und Kabinen für Frauen haben kein Publikum. Manche Frauen konsumieren nacktes Fleisch in maßvollen Mengen, indem sie sich an Fanzeitschriften, *Playgirl*, das örtliche Fitneßzentrum und männliche Ballettänzer halten. Doch wenn Frauen miteinander ausgehen, um sich die Chippendales anzusehen, dann ist das ein spontanes Ereignis für sie, sie wollen etwas feiern, etwas erleben; es geht dabei nicht um eine Lebensweise, wie sie manche Männer pflegen. Die Reise in den Körpern geht nur in eine Richtung. Es ist eine Reise in die Frau.

Wenn Frauen geringer ausgeprägte visuelle Neigungen haben als Männer, dann liegt es daran, daß ihre Augen nicht entsprechend geschult sind. Frauen stoßen ab und an auf Bilder in der Pop-Pornografie, die sozusagen »versehentlich« ihrem sinnlichen Geschmack entsprechen. Beispielsweise weiß man, daß manche heterosexuellen Frauen das Video von *Legenden der Leidenschaft* immer weder zu der Stelle zurückspulen, die kurz Brad Pitts nackten Oberkörper zeigt, und daß manche Lesbierinnen Spaß daran haben, sich die sexuellen Liaisons zwischen Frauen anzusehen (wie beispielsweise zwischen Susan Sarandon und Catherine Deneuve in *Begierde*), die eigentlich für den männlichen Zuschauer gedacht sind. Doch der Softporno, der im örtlichen Videoladen erhältlich ist, zielt auf heterosexuelle Männer ab und nicht auf Frauen, weil die Marketingexperten wissen, daß es selbst in gemischter Gesellschaft der Entscheidung der Männer unterliegt, welches Video angesehen wird. Manche Videos zeigen attraktive Männer und Frauen in einer frauenfeindlichen sexuellen Atmosphäre. Daß es manchen Frauen gelingt, in den Bildern der Pop-Pornografie einen sexuellen Sinn zu entdecken, bezeugt die Unverwüstlichkeit und Kreativität des erotischen Potentials dieser Frauen. Man kann nicht sagen, wie sie auf Medien reagieren würden, die Frauen jeden Alters und jeder Körperform als sexuelle Wesen und nicht als Objekte zeigen, und man weiß nicht, ob sie tatsächlich Verständnis für das aufbrächten, was Frauen selbst schön, provokativ oder sexy finden.

Die sexuelle Frau in der Welt der Pop-Pornografie

Man sagt, die Geschlechter scheiden sich bei der Frage, wovon sich der Mensch sexuell erregen läßt. Das Klischee will es, daß Frauen Erotika in Buchform und den pornografischen Bildern, die bei Männern Vorrang haben, den Vorzug geben. Dieser Unterschied sagt weniger über den Frauen oder Männer innewohnenden sexuellen Appetit aus als über die Sexkultur, die überhaupt erst seit kurzem den erotischen Wünschen von Frauen Nahrung gibt und sie kultiviert.

Bei vielen heterosexuellen Frauen klopft das Herz schneller, wenn sie einen attraktiven Mann oder auch nur einzelne männliche Körperteile ansehen. Worauf sie scharf sind, das ist unterschiedlich – es können die Hände sein, der Haaransatz, ein scharf geschnittenes Gesicht, die hervortretenden Venen der Unterarme, ein flacher Bauch, der muskulöse Po eines Balletttänzers. Obwohl ein gut ausgebildeter Bizeps nahezu universelle Anziehungskraft hat, sind heterosexuelle Frauen vielseitig, was ihren Geschmack angeht. Da es weniger Bilder gibt, die Männer als erregendes Objekt darstellen, sind Frauen weniger darauf konditioniert als Männer, auf ein einziges Modell männlicher Attraktivität zu reagieren. Außerdem geben Frauen solchen Männern den Vorzug, deren schöner Bizeps mit einem freundlichen Wesen einhergeht.

Wie könnten die visuellen Medien Frauen und ihre Sexualität adäquater darstellen? Die Arbeit von Schauspielerinnen wie Susan Sarandon und Helen Mirren vermittelt ein Modell reifer Sexualität. Diese Schauspielerinnen handeln sexuell und sehen sexuell aus, und sie stellen in der Regel Frauen dar (zum Beispiel in *Dead Man Walking – Sein letzter Gang* und in *Operation Nadine*), für die Sex entweder zu ihren eigenen Bedingungen stattfindet oder aber irrelevant ist für das, was sie tun und wen sie darstellen. Ihre Vorgängerinnen, Frauen wie die verstorbene griechische Schauspielerin Melina Mercouri (*Sonntags ... nie!*) und natürlich Mae West, haben Rollen übernommen, die deutlicher mit Sexualität verknüpft waren. Doch sie strahlten ein einzigartiges sexuelles Selbstbewußtsein aus, das durch ihren Mumm und Humor erst möglich wurde. Im Fernsehen werden in »*Warum hab' ich ja gesagt?*« und in »*The Golden Girls*« wirkliche Frauen dargestellt, die einen lebendigen Appetit haben und sogar alt werden.

Madonna ist heute vielleicht die sexuellste der profilierten Darstellerinnen. Sie setzt ihre Sexualität ein, um zu verkaufen, doch sie nutzt sie auch, um zu unterminieren. Sie macht sich über die Reduzierung der Frau zum Objekt lustig, und sie übertreibt durch die Mode (Büstenhalter mit Metallstacheln), Bilder (mit den Abbildungen in ihrem Buch *Sex*, in dem sie unbekleidet mit einer Reihe von Partnern in einer Vielzahl von Positionen posiert und schmollt) und durch Musik (Rhythmus und Texte gleichermaßen). So unterschiedliche Darstellerinnen wie Queen Latifah, Alanis Morissette, Toris Amos und Courtney Love erforschen neue künstlerische Wege für Frauen und ignorieren die Sexkultur entweder oder geben sich ihr hin und rümpfen die Nase darüber. Manche Künstlerinnen scheinen sich bewußt so zu verhalten, doch jede Frau trifft irgendeine sexuelle Aussage, egal, ob es willentlich geschieht oder nicht. Im Gegensatz hierzu müssen sich männliche Darsteller den Inhalt ihrer Rolle nicht bewußtmachen. Obgleich die Machotexte des Hardcore-Rock und -Rap noch immer die kluge Schlafzimmersprache von »Bikini Kill« und »Salt-N-Pepa« aussticht, beginnt sich doch die Gewichtung der Sexkultur langsam zu verändern. Das Publikum der Popkultur fängt an, das anzuhören, was Frauen zu sagen haben.

Künstler und Darsteller, die der weiblichen Perspektive Geltung verschaffen, befördern die unerforschte Substanz der Pop-Pornografie aus dem dunklen Vorführraum ans Licht und unterwerfen sie der gleichen Prüfung, die die Körper von Frauen so lange erdulden mußten. Die Komödie ist bei diesen Bemühungen eines der wichtigsten Hilfsmittel. Humor entschleiert selbstverständlich hingenommene Absurditäten und bietet zugleich frische (sowohl neue *als auch* respektlose) Alternativen an. Die feministische Komödienbühne ist einer der wenigen Orte, an dem das Wort »Klitoris« öffentlich geäußert wird. Bedauerlicherweise sind weibliche Komiker noch immer in der Minderzahl. Klassische Unterhaltungsserien wie »Saturday Night Live« sind immer wieder kritisiert, ja sogar boykottiert worden, weil in ihnen fast nur Männer mitspielen. Obwohl sie noch immer in der Minderheit sind, sorgen feministische Frauen wie Elayne Boosler, Roseanne und Ellen Degeneres in Fernsehkomödien dafür, daß sie wahrgenommen werden. Das weibliche Publikum und die Kritiker haben einige der mehr traditionell orientierten männlichen Komödienschauspieler dazu bewogen, den sexistischen Humor, der so lange eine schnelle und schmutzige Quelle für Witze war, teilweise aufzugeben.

Von der gesamten Populärkultur stellt vielleicht das Talk-Show-Genre des Tagesprogramms den wesentlichen weiblichen Schauplatz dar. Ob diese Shows Frauen mehr schaden oder nützen, muß noch diskutiert werden. Unwidersprochen ist die Tatsache, daß langjährige Sendungen wie »Oprah« und »Donahue« Frauen und ihren Belangen ein öffentliches Forum verschafft zu haben. Diese Programme und ihre zahlreichen Imitationen beschäftigen sich mit Frauenthemen, die von Gesundheit und Schönheit bis hin zu häuslicher Gewalt und Sex alles abdecken. Im Mittelpunkt stehen für gewöhnlich eher Probleme als Freuden, und ihre Lösungen werden eher auf der individuellen als auf der gesellschaftlichen Ebene angestrebt. Doch wenigstens sprechen Frauen hier über Themen, die in der Öffentlichkeit nur selten diskutiert werden.

Rundfunk- und Fernsehprogramme, die Hörersprechstunden abhalten, und die Ratgeberkolumnen in Zeitungen und Zeitschriften bieten Menschen die Gelegenheit, mit Experten zu sprechen und mit Fremden sexbezogene Sorgen zu teilen, die sie normalerweise nicht einmal mit ihrer besten Freundin oder dem besten Freund besprechen würden. Manche von ihnen wie »Real Personal« (Wirklich persönlich), das von 1992 bis 1995 im Kabelprogramm lief, weiteten ihren Themenbereich aus und sprachen nicht mehr nur über Probleme, sondern machten Untersuchungen zur Verbesserung des Sex von Frauen und Männern.

Das Radioprogramm »Love Lines« ist ein Jugendprogramm, dessen Augenmerk vor allem dem Sex gilt. Doch jede nützliche und ehrliche öffentliche Diskussion über Sex und intime Beziehungen wird übertönt von dem Getöse der Möchte-gern-Howard-Sterns, die abgedroschene Mann- und Frau-Andeutungen auftischen und sich mit Einschätzungen der Situation großtun, aber nichts unternehmen, um Klischees zu verändern oder das sexuelle Bewußtsein zu verändern. Die Kritiker der Pop-Pornografie kommen gewiß nicht selten zu dem Schluß, daß es am besten ist, sich ganz und gar aus der Mainstreamstruktur zurückzuziehen. Produktiver ist es jedoch, sich kritischen Auges mit der Pop-Pornografie zu konfrontieren und ihr mit einer von Frauen gemachten Kunst und Unterhaltung entgegenzutreten, die weibliche sexuelle Erfahrungen besser wiedergibt.

Erotika für Frauen

Die einzigen Erotika für Frauen, die sich mit dem männlichen Universum der Pop-Pornografie und der Pornografie vergleichen lassen, sind die im höchsten Maße populären, wenig anspruchsvollen Liebesromane. Millionen von Frauen lesen romantische Liebesromane. Obgleich es sich um ein Multimillionen-Dollar-Geschäft handelt, werden diese Romane nicht auf den großen Bestsellerlisten berücksichtigt, da man sie wie die Pornografie als anspruchslose literarische Kost betrachtet. Diese billigen Taschenbücher werden landesweit in Drogerien und Supermärkten angeboten. Die strahlend rosa-roten oder lavendelfarbenen Umschläge mit ihren Titeln in erhabener Schrift verführen die Leserinnen mit Darstellungen von sinnlichen Frauen in den Armen muskulöser junger Männer mit nackten Oberkörpern zum Kauf.

Liebesromane erzeugen ihre erotische Spannung, indem sie den Gegensatz zwischen Heldin und Held überzeichnen. Die Leserinnen genießen die Beschreibungen eines Helden, dessen ausladender Oberkörper sich gegen Rüstung oder Kettenhemd stemmt und an dessen Hüfte ein Schwert baumelt. Sie identifizieren sich mit der handfesten, im besten Sinne femininen Heldin, deren Wangen immer leicht gerötet sind, mit ihren langen Haaren und ihrem aufgebauschten Rock, der über den Rand der bedruckten Buchseite hinausfließt. Wenn sich die beiden begegnen, dann »ergibt« sich die Heldin manchmal einfach nur dem Helden, der an ihrem Mieder zerrt, ihren Rock hochhebt und sie mit ein oder zwei Stößen »nimmt«. Doch der Sex in

Liebesromanen ist nicht immer so schnell oder primitiv. Oft erhält die Heldin Klittage und Kunnilingus. Sie kommt vor dem Mann, und sie kommt mehr als nur einmal. Die Heldin und ihr Liebhaber haben Sex, der oft genug kreativ, aufregend und vergnüglich ist.

Das Ziel vieler Heldinnen ist die unvergängliche Liebe, womit Sex auf eine Zwischenstation auf dem Weg zur Ehe und zu Kindern reduziert wird. Diese Art Heldin giert nach Männern, doch hält sie ihre Augen auf einen bestimmten Punkt gerichtet. Sie krümmt sich und schreit auf angesichts der Orgasmen, die er mit seinen Lippen und Händen bei ihr hervorruft, bemüht sich jedoch, ihre »Jungfräulichkeit« bis zu ihrer Hochzeitsnacht aufzusparen.

Trotz der klischeehaften Frauen, die sich *nur* für Romantik interessieren, ist das Genre doch sehr vielfältig, und bei manchen dieser Bücher tropfen Sex und Sinnlichkeit aus jeder Seite. Wenn die Heldin sich gerade nicht in leidenschaftlichen sexuellen Handlungen verlustiert, dann erfreut sie sich der Erinnerungen an vergangene Begegnungen oder stellt sich die zukünftigen vor. Ihre Gedanken und Äußerungen sind vollgepackt mit Zweideutigkeiten und versteckten Andeutungen, und ihre Umgebung scheint bei all dem Schwitzen, Klopfen und Zittern zum Leben zu erwachen. Jede Körperbewegung ist eine Einladung zum Sex. Die Augen schweifen über Körperteile, Lippen werden feucht, Brüste beben und Muskeln schwellen. Die schwüle, sexualisierte Atmosphäre wird noch gesteigert, indem die Geschichte in weit entfernten Zeiten und Orten spielt – wie im mittelalterlichen Europa oder während der frühen Renaissance –, wo die Heldin inmitten von herzhaften Speisen, meterweisem Samt, Hosen ohne Schrittknopfleisten, Zugbrücken, Türmen und im Wind schaukelnden Galleonen lebt.

Weit mehr als irgendein anderes populäres Medium für Frauen beschreibt der Sex in Liebesromanen einen herzhaften weiblichen Appetit. Doch bleiben Liebesromane ihrem Namen treu, denn es herrscht der mit Liebe garnierte Sex vor und findet in der Regel nur im Zusammenhang mit einer zumindest potentiellen Partnerschaft statt. Obwohl die Heldin »feucht« wird, einen Höhepunkt erreicht und im Orgasmus Erfüllung findet, ist es doch die Tränenflüssigkeit, die in diesen Büchern am freigebigsten vergossen wird.

Während Liebesromane beim Leser erotische Spannung und romantische Stimmung zuerst aufbauen und dann aufrechterhalten, ziehen doch manche Frauen Sexromane und Fantasy-Bücher vor, in denen es weniger barock zugeht. Sie greifen zu Nance Fridays klassischer Sammlung sexueller Fantasien in *Die sexuellen Fantasien von Frauen* und *Verbotene Früchte*, oder sie bedienen sich des breiten Spektrums erotischer Frauenromane, wie sie zum Beispiel regelmäßig in der von Susie Bright und Marcy Scheiner herausgegebenen Reihe »Herotica« erscheinen. Frauen haben die Möglichkeit, eine Vielzahl von Sichtweisen und Erfahrungen mit Sex auszuprobieren. Manche Berichte lenken mit Spannung und Verführungsgeschichten von körperlichem Sex ab, aber viele laufen geradewegs auf genitalen Sex hinaus. Die meisten Bücher verbinden beides miteinander.

Erotische Videos, die von und für Frauen gedreht wurden, ergänzen das Angebot der auf Frauen abzielenden Sexunterhaltung. Candida Royales Videos wie beispielsweise *A Taste of Ambrosia* (Eine Kostprobe Ambrosia) und *Urban Heat* (Städtische Hitze) bietet heterosexuelle Erotik, die sich auf die Orgasmen der Frauen konzentrieren. Fanny Fatale dreht Erotikvideos für Lesbierinnen wie zum Beispiel *Suburban Dykes* (Vorstadtlesben) und *Safe Is Desire* (Sicheres Begehren). Viele der Filme für Frauen sind instruktiv, wie etwas Fatales *How to Female Ejaculate* (Wie man als Frau ejakuliert). In *Selfloving* (Liebe dich selbst) zeigt Betty Dodson Frauen, wie man mit einem Stabvibrator masturbiert. Annie Sprinkles *Sluts and Goddesses* (Huren und Göttinnen) verbindet die Anweisungen mit Humor in einem Film, der die Vergötterung einer »Tempelhure« durch die Vertreter des Tantra und die Vorstellung der Pop-Pornografie der Frau als Hure parodiert. Der Streifen ist zugleich witzig und macht Spaß, vor allem, wenn er seinen Höhepunkt in Sprinkles eigenem vierminütigem Orgasmus findet. Nachdem sie das Video gesehen hatte, rief eine Freundin spontan: »Ich will auch eine Hurengöttin sein!«

Erotika für Frauen können durch jedes Medium transportiert werden (auch über das visuelle) und ebenso genital eindeutig sein wie Pornografie. Frauenfreundliche Erotika unterscheidet sich von Pop-Pornografie und Pornografie durch eine vervollständigte Darstellung des weiblichen sexuellen Vergnügens und durch authentische Orgasmen. Erotika für heterosexuelle Frauen machen Männer nicht zum Objekt und spielen auch nicht die Bedeutung männlicher Orgasmen herunter. Es geht nicht darum, mit der Pop-Pornografie den Platz zu tauschen. Ziel ist es, sexuelle Bilder zu erzeugen, in denen die Lust beider Partner gleichwertig behandelt und nicht die des einen der Darstellung des anderen untergeordnet sind.

On-Line-Mädels

Wenn Frauenerotika ihre Reichweite vergrößern, dann fungieren sie als Gegenkraft zur Pop-Pornografie, indem sie sie infiltrieren und verändern. Bedauerlicherweise hat die Pop-Pornografie jedoch inzwischen auch den Zugang in die Cyberwelt gefunden. Bis zum gegenwärtigen Zeitpunkt weiß niemand, wie und ob dieser neue Kontakt der Pop-Pornografie in ihrem Gehalt beeinflussen wird. Klar ist bisher nur, daß das Internet, entgegen der Behauptung seiner Fans, keineswegs für alle gleichermaßen benutzerfreundlich ist. On-Line-Sex beispielsweise entfaltet sich zu den gleichen Bedingungen wie bisher. Eine Frau, die ein virtuelles Sexforum betritt, wird – wie in einer Single-Bar – von einem halben Dutzend Männern mit den gleichen »Abschlags-Parolen« begrüßt. Computersex hat für Frauen jedoch mehrere Vorteile. Solange eine Frau dabei vor ihrem Monitor sitzen bleibt, handelt es sich bei weitem um die sicherste Art von Sex. Außerdem muß sie sich, sofern sie kein Videotelefon besitzt, weder über ihr eigenes noch über das Aussehen ihres virtuellen Partners Sorgen machen, und eine Beziehung kann sich allein auf der Basis gemeinsamer Interessen entwickeln. Doch ist es leicht, sich in der Cyberwelt zu verschleiern. Man kann sich gegenseitig necken und miteinander spielen, aber Lügen, Übertreibungen, Beleidigungen und Drohungen kommen ebenfalls vor. Glücklicherweise ist das Eintreten in die Cyberwelt ebenso einfach wie das Austreten aus ihr. Eine Frau kann sich rasch mit einem Mausklick zurückziehen, wenn sich die Dinge für sie unangenehm gestalten. Die wachsende Popularität des Internet resultiert jedoch vor allem aus dem Angebot für Männer. Für Männer ist On-Line-Sex das Beste seit der Entwicklung der Videos, weil er leicht zugänglich ist und Geheimhaltung und Anonymität gewährleistet. Der Mann, der einen Computer und ein Modem besitzt, muß sich nicht mehr länger verstohlen in ein abgelegenes Kino schleichen oder weite Strecken bis zum nächsten Pornobuchladen zurücklegen.

Die Cyberwelt gewährt den Anwendern sowohl Zugang zur Bilderwelt der Pop-Pornografie als auch zu einem weiten, neuen Feld der Pornografie. Der Betrachter kann nun »interaktiv«

mit den abgerundeten und ansprechbaren weiblichen Gestalten in Beziehung treten. Doch ob man sich nun an Sex mit einem Bild erfreut oder die Cyberwelt für den verbalen Geschlechtsakt betritt, die Standards bezüglich Frauen und Sex sind unverändert. Eine Freundin beobachtete vor kurzem einen Computerstudenten dabei, wie er eine Bierflasche verwendete, um die Vergewaltigung einer On-Line-Frau zu simulieren. Den Aussagen der Sexbefürworterin und High-Tech-Autorin Lisa Palac zufolge ist »ein nacktes Mädel auf dem Computerbildschirm immer noch das gleiche alte Mädchen, es sei denn, man mutet ihr einige Veränderungen zu. Die Technologie transformiert – oder ersetzt – erotische Traditionen nicht einfach auf magische Art. Das können nur die Menschen selbst.« Sie glaubt fest an die Maxime, eine Sache selbst in die Hand nehmen zu müssen, soll sie den eigenen Vorstellungen entsprechen. So hat Palac das virtuelle Programm namens »Cyborgasm« produziert.

Jenseits der Pop-Pornografie: multidimensionaler Sex

Während sich die Pop-Pornografie in neue Kontexte und Technologien hinein ausdehnt, ist der Konsument nun an der Reihe, auch Veränderungen zu fordern. Man steht dem Zugriff der Pop-Pornografie auf den eigenen Geist und Körper keineswegs machtlos gegenüber. Durch Kritik und sorgfältige Auswahl kann man Druck auf die bestehende Sexkultur ausüben, Druck auf die fortwährende Wiederholung visueller und verbaler Sexklischees, in deren Mittelpunkt der nackte Körper der Frau und der Orgasmus des Mannes steht. Konsumenten haben die Macht, Werber, Filmemacher, Fernsehproduzenten und andere dazu aufzufordern, Sex aus einer Perspektive verschiedener Menschen darzustellen, nicht nur aus der heterosexueller Männer. Sie haben die Möglichkeit, alternative Medienformen ebenso wie Künstler und Entertainer zu unterstützen, die neue sexuelle Grenzen erforschen. Sie können die Medienkontrolle durch Forderungen wie das Zurückziehen sexistischer Bilder, wie die Verbindung von Sex und Gewalt, fördern. Indem sich Frauen selbst mehr am Konsum und an der Produktion von sexuellen Darstellungen beteiligen, sorgen sie für mehr Qualität – und die sexuelle Gleichberechtigung. Wer Veränderungen ohne gesetzliche Maßnahmen herbeiführen will und ohne die Kreativität zu ersticken, der muß frauenfreundliche Medien unterstützen und Zeitschriften, Programme und Filme boykottieren, die an einem rückschrittlichen Frauenbild und an schlechtem Sex festhalten.

Wenn Frauen ihr eigenes Profil verbessern – typische, *sexuelle* Frauen –, dann stellen sie sich damit bereits dem dominierenden pop-pornografischen Bild von der klischeehaften *sexy* Frau entgegen. Frauen und Männer haben die Gelegenheit, Sex auf mehrdimensionale Weise und verbunden mit sehr viel mehr Spaß darzustellen. Eine neue Sexkultur würde auf dem Bildschirm und auf der Kinoleinwand Platz schaffen für lebendige, anfaßbare, sexuelle Frauen, und auch ältere, behinderte, dicke oder eben solche Frauen einschließen, die einfach nur gewöhnlich aussehen. Außerdem würde der Blick auf die Körper von Männern freigegeben, durch die ebensoviel oder ebensowenig Verletzlichkeit, Attraktivität, Dynamik oder Mut zum Ausdruck gebracht wird wie durch jene der Frauen. Lesbischer und schwuler Sex würde im gleichen Rahmen auf dem Bildschirm oder auf der Leinwand erscheinen, wie dies auch bei heterosexuellem Sex der Fall ist. Mit einem Wort, die Medien würden Sex aus der Perspektive aller nur denkbaren Personengruppen darstellen.

Tägliche Kritik an den Medien und differenzierter Konsum wird der Pop-Pornografie ihr Ende bereiten, damit eine Vielfalt von Kunst und Unterhaltung erfolgreich an ihre Stelle treten kann. Angesichts der Ausuferungen der gegenwärtigen Sexkultur sollte es machbar sein, sich hinter verschlossenen Türen für eine Verbesserung des Sex für Frauen einzusetzen. Das macht mehr Sinn, als die Flutwelle der Pop-Pornografie in der Öffentlichkeit abzuwehren oder sie in eine andere Richtung zu lenken. Doch beide Aufgaben sind nicht voneinander zu trennen. Wenn mehr Frauen guten Sex genießen, dann werden auch mehr Frauen maßgeblich an Kunst und Unterhaltung beteiligt sein. *Für* guten Sex aus ihrer Perspektive. Und während Frauen und ihre Freunde in der kulturschaffenden Industrie Fuß fassen, wird ihr Einfluß überall in der Gesellschaft widerhallen und sogar in den privaten erotischen Begegnungen von Frauen und Männern spürbar.

Keiner weiß, wie sich die Pop-Pornografie entwickeln wird, wenn in Kunst und Unterhaltung die Erfahrungen von Frauen durchgehend und mit Selbstverständlichkeit vermittelt werden. Sicher ist jedoch, daß Frauen wie Nikki etwas Besseres verdient haben als den ranzigen Geschmack der alten, muffigen Pop-Pornografie. Sobald Sex aus dem Blickwinkel von Frauen einen gerechten Anteil des kulturellen Raums einnimmt, werden Nikki und alle anderen Frauen sich an einer frischen, neuen Art der Massenmedien freuen. Statt ihnen den Spaß zu verderben, wird ihre erotische Vorstellungskraft aktiviert, und ihr PC-Muskel wird sich erwartungsvoll zusammenziehen.

Das sexuelle Selbst

Nikki liegt im Bett und wartet auf Joe. Heute abend waren sie zu Hause geblieben und hatten gemeinsam ihr Abendbrot zubereitet. Anschließend hatte Joe die Küche aufgeräumt, während Nikki ein Bad nahm. Jetzt, da sie zwischen den weichen, kühlen Laken liegt, lächelt sie still in sich hinein und schaudert ein wenig angesichts der Freuden, die sie erwarten.

Nikki schenkt Joe ein Lächeln, als er seinerseits ins Badezimmer geht. Doch als sie hört, wie er die Dusche anstellt und das Wasser auf ihn niederprasselt, da muß sie an eine Zeit denken, als die Aussicht auf Sex sie mit Entsetzen erfüllte. David, ein Mann, mit dem sie mit Anfang Zwanzig beinahe vier Jahre zusammengelebt hatte, nahm immer ein Duschbad, wenn er Sex wollte. Ihm war es egal, ob Nikki dazu in der richtigen Stimmung war oder nicht. Er erwartete von ihr Fellatio und bestand darauf, in ihrem Mund zu ejakulieren. Er schien nie zu bemerken, wie zögernd sie ihn mit ihrer Zunge liebkoste und wie ungern sie seinen Penis in ihren Mund nahm. Als sie ihn bat, ihr seinerseits den gleichen Gefallen zu tun, da weigerte er sich. Und David gab Nikki niemals Klittage, weil er der Auffassung war, daß sie allein durch den Geschlechtsverkehr kommen sollte.

Manchmal wollte David Analverkehr. Nikki versuchte sich selbst davon zu überzeugen, daß sie es mochte, aber mit David bereitete ihr die anale Penetration mehr Schmerzen als Vergnügen. Nikki fühlte sich benutzt. Sie hatte das Gefühl, daß der Sex sich ihrer Kontrolle entzog. Doch sie sagte nie etwas. Als David schließlich anfing, sie zu beschimpfen, ihre Arbeit als Lehrerin einer dritten Klasse herabzuset-

zen (er selbst war Ingenieur) und ihr Aussehen zu kritisieren, da verließ Nikki ihn endlich.

Heute kann Nikki es kaum glauben, daß sie Davids Mißhandlungen so lange hingenommen hatte. Sie erinnert sich daran, daß sie sich anfangs stark von ihm angezogen fühlte, doch sie begreift nicht, wie sie jahrelang so weitermachen konnte, sich auf Sex einzulassen, wenn sie ihn gar nicht wirklich wollte, und Dinge zu tun, die ihr keine Freude bereiteten. Jetzt kann sich Nikki derart einseitigen Sex gar nicht mehr vorstellen. Und sie weiß, daß sie es einem anderen Menschen niemals wieder gestatten wird, sie zu etwas zu zwingen, das sie nicht will.

Die Dusche wird abgestellt, und Joe tritt, eingewickelt in ein weiches, dickes Handtuch, aus dem Bad. Eingehüllt in den duftenden Dampf seines Duschens, strecken Joe und Nikki die Arme nach einander aus.

Ungewollter Sex

Nikkis Erfahrung mit David war ein Wendepunkt in ihrem Leben. Die Beziehung machte ihr bewußt, auf welche Weise die Macht im Sex mit anderen Formen der Kontrolle in Verbindung steht. Nachdem Nikki und David auseinandergegangen waren, ging sie fast ein Jahr lang keine neue Beziehung ein. Während dieser Zeit beschäftigte sie sich damit, ihre Sexualität ohne einen Partner zu erforschen. Als sie schließlich mit Joe auszugehen begann, achtete sie darauf, die Kommunikationswege zwischen ihnen beiden zu pflegen. Nach und nach lebten sie eine Beziehung, die für beide gleichermaßen erfüllend ist.

Heute hat Nikki auf eine Weise Sex mit Joe, die sie sich mit David nie hätte vorstellen können. Obwohl David nie gewalttätig geworden war, hatte Nikki bei ihm Sex doch immer als Dienstleistung empfunden. Es wurde von ihr erwartet, daß sie ihm Lust bereitete, doch konnte sie ihn nicht darum bitten, daß er ihr Lustempfinden schenkte. Sie fürchtete, ihn unglücklich zu machen, und beklagte sich deshalb nie, noch brachte sie das Thema Sexualität zur Sprache. Also handelte sie, als sei alles in Ordnung. Wann immer möglich ging sie dem Sex aus dem Weg, aber sie wies David nie zurück. Erst als seine Beleidigungen zu ihrer wachsenden Abneigung hinzukamen, faßte sie den Entschluß, ihn zu verlassen. Und erst als sie eine ganze Zeitlang später zurückblickte, wurde ihr klar, daß sie Sex gegen ihren Willen gehabt hatte.

Wenn beide Partner ihre Zustimmung geben, aber nur einer seinen Spaß hat, dann nennen wir das »ungewollten Sex«. Er läßt das Verlangen und das Recht auf sexuelles Vergnügen des Partners nicht zu, ja verneint beides sogar, und meistens handelt es sich dabei in unserer Kultur um die Frau. Weil ungewollter Sex einen festen Platz in der typischen sexuellen Begegnung zwischen Mann und Frau hat, wird er in unserer Sexkultur gar nicht erst erkannt und auch nicht als Verhaltensmuster oder als Problem gesehen. Schließlich hat das Paar dabei ja nur Sex auf die Weise, wie die Sexkultur ihn typischerweise definiert: Geschlechtsverkehr bis zu seinem Orgasmus. Ungewollter Sex unterscheidet sich von Vergewaltigung (hierzu zählen auch die Vergewaltigung durch einen Bekannten und eheliche Vergewaltigung), weil er im gegenseitigen Einverständnis stattfindet. Wird jedoch der Frau die Lust verweigert, die sie will, dann ist Sex eine traurige Angelegenheit und damit ungewollt.

Ungewollter Sex ist unseres Wissens bisher noch nie ausdrücklich identifiziert und mit einem Namen versehen worden, obwohl praktisch jede Frau ihn irgendwann einmal im sexuellen Beisammensein mit einem Mann erfahren hat. Manche Frauen kennen nichts anderes als ungewollten Sex. Ungewollter Sex findet immer dann statt, wenn Zeitpunkt, seine Häufigkeit oder die darin inbegriffenen sexuellen Handlungen allein den Vorstellungen des Mannes folgen. Beispielsweise handelt es sich um ungewollten Sex, wenn eine Ehefrau jeden Abend mit ihrem Mann schläft, einfach deshalb, weil er es will. Der Sex ist ungewollt, wenn eine Frau dem Wunsch ihres Partners nur deshalb nachgibt, weil sie Streit vermeiden oder ihn vom Streunen abhalten will. Ungewollter Sex ist es auch dann, wenn eine Frau sich bei jedem sexuellen Beisammensein zum Geschlechtsverkehr verpflichtet fühlt. Ungewollter Sex ist solcher, der auf Rein-raus-aus-Geschlechtsverkehr beschränkt ist und weder die Bereitschaft der Frau noch ihren Orgasmus berücksichtigt. Es ist Sex von der Art, wie Nikki ihn mit David hatte: Sie gibt Fellatio, ohne daß ihre Neigungen oder Wünsche Berücksichtigung finden. Viele Frauen erinnern sich daran, daß sie einem Mann Lust bereitet haben, ohne sich dabei um ihre eigenen Bedürfnisse zu kümmern. Ungewollter Sex findet statt, wenn das Vergnügen einseitig ist.

Warum lassen sich Frauen darauf ein? Manche Frauen akzeptieren ungewollten Sex, weil die Alternative darin besteht, ganz auf Sex zu verzichten oder keinen Partner zu haben. Manche Frauen stimmen ihm zu, weil sie das sexuelle Ego ihres Mannes schützen wollen. Sie spielt ihm einen Orgasmus vor (oder läßt ihn einfach in dem Glauben, daß sie einen gehabt hat), damit er nicht meint, sexuell versagt zu haben. Dabei spricht keiner der beiden Partner das Fehlen ihres sexuellen Vergnügens an. Manche Frauen empfinden es mit der Zeit als normal, daß Sex »nur für Männer« ist, wie eine Frau es uns erklärt, und geben sich mit dem bißchen Vergnügen zufrieden, das zufällig bis zu ihnen vordringt.

Ungewollter Sex ist jedoch nicht etwas, was die meisten Männer ihren Frauen bewußt abverlangen. Tatsächlich gefällt vielen Männer nichts mehr als die Lust ihrer Partnerin. Doch die Sexkultur verführt Männer zu der Vorstellung, daß alles, was ihm Freude bereitet, auch ihre Lust fördern muß. Bis der eine oder der andere der beiden Partner die Bremse zieht und das Selbstverständliche im Sex in Frage stellt, kann ungewollter Sex sogar zwischen zwei Menschen stattfinden, die ansonsten liebevoll miteinander umgehen und zufrieden sind.

Ungewollter Sex ist Sex und *keine* Vergewaltigung, denn es kommt nicht zur Gewaltanwendung durch den einzelnen, um Sex zu erzwingen. Ein Mann muß einer Frau das sexuelle Beisammensein nicht abringen, weil die Frau dazu erzogen wurde, ihn zufriedenzustellen. Ungewollter Sex ist auch deshalb keine Vergewaltigung, weil die Frau sexuelle Befriedigung erwartet oder darauf hofft, aber fortwährend enttäuscht wird. Aber Sex ist eben nicht wirklich etwas Gemeinsames, wenn das Vergnügen eines der Beteiligten routinemäßig übergangen, ausgeschlossen und als zweitrangig eingestuft wird. In diesem Sinne also *ist* ungewollter Sex eine Art Vergewaltigung: *Ungewollter Sex ist die Vergewaltigung von Frauen durch die Sexkultur*. Es handelt sich um die Vergewaltigung des Verstandes, des Willens und der Sinne einer Frau, wenn ihre Sozialisierung von ihr verlangt, ja zu einer Art Sex zu sagen, an der sie keine Freude hat.

Ungewollter Sex bedarf keiner offensichtlichen Nötigung oder Gewaltanwendung, weil die Sexkultur Frauen darin ausbildet, die eigenen Bedürfnisse selbst zu vergewaltigen. Die Schriftstellerin Sally Kempton erklärte einmal, daß es schwierig ist, einen Gegner zu bekämpfen, »der einen Wachposten in deinem Kopf aufgestellt hat«. Von dieser Art ist der Feind, dem sich Frauen bei ungewolltem Sex stellen müssen. Nikki blieb deshalb so lange bei David, weil sie es gewohnt war, die Trennungsgedanken oder die Kritik, die sich in ihrem Kopf zusammenbrauten, automatisch zum Schweigen zu bringen. Sie erkannte nicht, daß sein Verhalten außer Kontrolle geraten war oder daß ihr Recht auf Respekt und sexuelles Vergnügen ebensogroß war wie das seine.

Nikki war nicht dazu in der Lage, ihren Wünschen Geltung zu verschaffen, weil sie ihr sexuelles Selbst noch nicht entwickelt hatte. Ein sexuelles Selbst sichert einer Frau die Kontrolle über ihre eigene Sexualität und sorgt dafür, daß sie im Sex das Vergnügen findet, nach dem sie sucht. Eine Frau mit diesem Bewußtsein läßt sich nur dann auf Sex ein, wenn sie es auch will, und geht nur so weit mit, wie sie es sich wünscht. Sie sorgt dafür, daß sie die Stimulation erhält, die ihr sinnliches Vergnügen bereitet oder sie zum Orgasmus führt.

Viele Frauen haben weder die Gelegenheit noch nehmen sie sich den Raum dafür, ein sexuelles Selbst auszubilden. In einer Sexkultur, die Sex vor allem als Geschlechtsverkehr zugunsten des männlichen Geschlechtes versteht, ist es schwer, ein sexuelles Selbst zu entwickeln. Frauen haben Schwierigkeiten damit, ihre Sexualität zu kultivieren, wenn die Gesellschaft ihnen ihre Autonomie streitig macht und sexuelle Gewalt ein alltägliches Ereignis ist. Obgleich die Sexkultur Frauen nicht ausdrücklich als Fußabtreter deklariert, so trampelt sie doch routinemäßig auf ihren Rechten und ihren Reichtümern herum.

Wie ungewollter Sex Frauen in Gefahr bringt

Ungewollter Sex ermutigt Frauen dazu, sich auf entwürdigende Begegnungen einzulassen, die für sie ohne Vergnügen und ausgesprochen gefährlich sind. Selbst Frauen, die über die Übertragungswege des HIV-Virus unterrichtet sind, lassen sich zu riskantem Sex überreden – die selbstloseste Art von ungewolltem Sex –, weil sie die Botschaft unserer Kultur für sich übernommen haben: Die Befriedigung anderer steht an erster Stelle. Eine

Frau kann daher dem Wunsch selbst eines Gelegenheitspartners nach ungeschütztem Geschlechtsverkehr erliegen. *Wenn ein Mensch sich mehr Sorgen um die sexuelle Befriedigung irgendeines Partners macht als um den Schutz des eigenen Lebens*, dann ist mit der Sexkultur offensichtlich etwas nicht in Ordnung.

Selbst mit einem liebevollen Partner kann sich eine Frau manchmal leichtsinnig auf Sex einlassen und Schwangerschaftsverhütung und Sicherheit ignorieren. Daß eine Frau es versäumt, sich selbst zu schützen, ist ein Hinweis auf profunde Selbstlosigkeit. Der Schriftstellerin und feministischen Filmemacherin Maggie Hadleigh-West fallen mindestens zwölf Ausreden ein, die ihr Handeln wider besseres Wissen, d. h. Sex ohne Kondom, rechtfertigen:

> Manchmal lasse ich es zu, daß meine ungeschützte Vagina zum nostalgischen Preis für einen »guten Mann« wird. So ähnlich als hätte ich meine Jungfräulichkeit zurückbekommen. Oder um einen Mann von meinem unvollkommenen Körper abzulenken. Bei anderer Gelegenheit ist es mir peinlich, daß der Mann seine Erektion nicht halten kann, also opfere ich mich potentiell. Manchmal geschieht es aus dem Wunsch zu gefallen. Und aus Freude am Risiko. Oder aus der Unfähigkeit, mich gegen den Druck eines Mannes zu behaupten, weil ich fürchte, zurückgewiesen zu werden. Oder weil ich fürchte, unter Zwang etwas zu tun, was ich nicht will. Und manchmal schäme ich mich auch, wie meine Körperflüssigkeiten angesichts eines Kondoms versiegen. Oder ich hoffe, daß irgendwann einmal ein Mann für mich da sein wird, weil mein Vater es nicht war. Oder ich verwechsle Verlangen mit Liebe. Manchmal glaube ich, daß es nie wieder einen Mann in meinem Bett geben wird. Eine Kakophonie von Gründen überwältigt mich aus Angst vor Aids.

Solche Zweifel, Entschuldigungen und vernünftig klingenden Erklärungen werden im Kopf einer Frau wie ein Endlosband abgespielt. Sie rechtfertigt ihre Selbstlosigkeit auf unzählige Arten – abhängig von der Situation, der gegenwärtigen Lebensphase, dem betreffenden Mann und sogar von jeder einzelnen sexuellen Begegnung. Selbst nachdem sie es sich fest vorgenommen haben, die Regeln des Safer Sex zu beachten, finden sich Frauen mit einem Ehemann, festen Freund oder einem Fremden beim Koitus ohne Kondom wieder.

Ungewollter Sex leistet außerdem seinen Beitrag zu der großen Zahl ungewünschter Schwangerschaften. Mädchen im Teenageralter fehlt vielleicht die Kraft, um sich ungewolltem Sex zu widersetzen, weil ihre Partner ältere Jungen oder Männer sind. Zwei Drittel der Kinder, die von Mädchen unter 20 geboren werden, wurden von erwachsenen Männern gezeugt. Ein Mann, der in den Zwanzigern oder älter ist, hat selbstverständlich mehr Einfluß als eine Teenagerin, und dieses Ungleichgewicht kann sich darauf auswirken, wie sie miteinander schlafen. Möglicherweise bewundert sie ihn, einen älteren und erfahreneren Mann, und stimmt dem Beischlaf zu – für Anerkennung und Aufmerksamkeit. Manche Mädchen besitzen das Selbstvertrauen und beharren auf die Verwendung eines Kondoms während des Geschlechtsverkehrs. Andere fürchten vielleicht, sich den Ärger ihres Freundes zuzuziehen, oder sie geben aus Mangel an Erfahrung, wie man sonst noch Spaß am Sex haben kann, nach, wenn ein Mann behauptet: »Aber ich spüre auf diese Weise gar nichts.«

Normalerweise hat eine Frau jahrelang ungewollten Sex, bevor sie erkennt, daß sie sich nur dann auf Sex einlassen sollte, wenn ihr Vergnügen, ihr Orgasmus und ihr Wohlergehen dabei ebenfalls gesichert sind. Ein Mädchen möchte möglicherweise gar keinen Geschlechtsverkehr, doch auf subtile Weise überredet ihr

Freund sie dazu. Um ihn nicht zu verlieren, stimmt sie zu. Eine Frau ohne sexuelles Selbst, kommt nicht einmal auf den Gedanken, sich zu fragen: »Mag ich das überhaupt?« oder »Will ich das?« und schon gar nicht »Was will ich?« Häufig entstehen diese Fragen in den Köpfen vieler Frauen erst gar nicht. Nikki hat niemals die Art in Frage gestellt, wie sie mit David Sex hatte. Sie ging davon aus, daß *sie* das Problem war, und nicht David und die männlich orientierte Sexkultur, die ihm den Rücken stärkte.

Die Erotisierung männlicher Macht

Nikki vermied es, darüber nachzudenken, was in ihren sexuellen Begegnungen mit David ablief, weil dies bedeutet hätte, sich mit dem Machtungleichgewicht in ihrer Beziehung und in der Sexkultur auseinanderzusetzen. Sex war nur einer der Bereiche, in denen David Macht über Nikki hatte. David war vier Jahre älter, verdiente viermal so viel Geld wie sie damals, und er war größer und schwerer als sie. Das ist keine ungewöhnliche Situation. Frauen haben typischerweise Partner, die größer, reicher, schwerer, stärker und in jeder anderen Hinsicht mächtiger sind (oder es gerne sein würden). Männer sind fortwährend damit beschäftigt, alles noch weiter aufzupumpen, während Frauen daran arbeiten, die Dinge zu dämpfen und ein Profil anstreben, das zierlich und schlank ist. Dazu bemühen sie sich um eine passende Stimme, ein angemessenes kleines Ego und bescheiden sich mit geringen sexuellen Anforderungen.

Männer bevorzugen in der Regel Frauen mit einem ihnen untergeordneten Status (ihr Erscheinungsbild ist dabei ausgenommen), während Frauen nur dann Sexappeal in einem Mann sehen, wenn er in mehrerlei Hinsicht einen höheren Status hat als sie. Henry Kissinger hat einmal gesagt: »Macht ist das größte Aphrodisiakum«, doch dieses Aphrodisiakum wirkt nur in einer Richtung. Mächtige Frauen haben mitunter Schwierigkeiten, auch nur eine Verabredung zu ergattern oder einen Ehemann zu halten, während mächtige Männer von weiblichen Assistentinnen und Anhängerinnen umgeben sind, die von ihrem Charisma geradezu wie erschlagen sind.

Männer suchen sich Frauen mit einem geringeren Status aus, aber Frauen orientieren sich bei der Wahl ihrer Partner nicht »nach unten«. Obwohl ein berufstätiger Mann eine attraktive Kellnerin ernsthaft als Kandidatin für eine Verabredung in Betracht ziehen kann, kommt es einer berufstätigen Frau nicht einmal in den Sinn, mit einem Oberkellner und schon gar nicht mit einem ungelernten Aushilfskellner zu flirten. Männer können eine Frau zum Vorzeigen suchen und diesen Job einer Prostituierten geben. Paare, deren Beziehung von Mai bis Dezember anhält, setzen sich immer aus einem älteren Mann und einer jüngeren Frau zusammen, nur in den seltensten Fällen ist es umgekehrt. Jugend und Schönheit und nicht Macht sind die sexuellen Karten, die eine Frau ausspielen muß, obgleich es schon manchmal vorkommt, daß der Reichtum, die Persönlichkeit, die Berühmtheit oder die Macht einer Frau den Attributen ihrer Geschlechtszugehörigkeit den Rang ablaufen. Man kann sicher davon ausgehen, daß zum Beispiel Roseanne sich nicht davor fürchtet, im Bett das zu verlangen, was sie will. Doch ist es noch immer die Ausnahme, egal, ob im Bett oder nicht, wenn Frauen oben sind. In den Kleinanzeigen der Tageszeitungen suchen Frauen nach älteren Männern »in finanziell gesicherten Verhältnissen«, während Männer junge, schlanke und hübsche Frauen wollen. Von der Frau wird erwartet, daß sie ihr Aussehen, ihre Jugend und ihre Sexualität gegen den Status und das Geld des Mannes eintauscht und nicht umgekehrt.

Frauen heiraten, was den Status betrifft, »nach oben«, während Männer »nach unten« heiraten. Selbst wenn ein Paar sich als scheinbar Gleichrangige in der High-School, im College oder am Arbeitsplatz kennenlernt und sich als einander gleichgestellt betrachtet, gibt es doch fast immer ein subtiles Statusungleichgewicht, das auf dem Alter, dem Beruf oder dem Einkommen beruht. Beispielsweise verabredet sich die junge Frau im ersten Collegejahr mit einem Mann aus der Abschlußklasse und die Krankenschwester mit dem Arzt und nicht umgekehrt. Manchmal hat der Mann direkte Macht über die Frau wie etwa, wenn sich der Geschäftsführer mit der Verwaltungsassistentin oder der Lehrer mit der Schülerin verabredet. Das Machtgefälle kann weniger offensichtlich sein, wenn zwei Partner ein und derselben Beschäftigung nachgehen, doch sind die Spezialisiertheit und das Einkommen des Mannes in der Regel beinahe in jedem Beruf größer als die der Frau: Er ist der Chirurg, sie ist Kinderärztin. Er ist der Schulleiter, sie die Leiterin der Kindertagesstätte. Er gehört einer Gewerkschaft an und hat das höhere Dienstalter, sie ist ein Lehrling.

Männer sind in ihrem Beruf, bezüglich der persönlichen Haushaltsklasse und in der Beziehung immer irgendwie »oben«. Wenn ein Paar mittleren Alters sich scheiden läßt, dann steigt sein Lebensstandard meist, während der ihre sinkt. Im allgemeinen reicht der Wert eines Mannes – basierend auf Reichtum, Macht und Leistung – über seine Lebenszeit hinaus, während Frauen die Macht ihrer Schönheit mit zunehmendem Alter verlieren. Das Klischee des Mannes mittleren Alters, der seine gleichaltrige Partnerin fallenläßt, um sie durch ein jüngeres Modell zu ersetzen, ist eines, welches viele Frauen – reiche wie arme – aus eigener Erfahrung kennen. Viele ältere Frauen finden sich wie ein alter Mercedes auf einem Schrottplatz voller anderer Auslaufmodelle wieder.

Die dritte Schicht

Wie das Statusungleichgewicht in Ehe und Partnerschaft den Sex beeinflußt, wird offensichtlicher, wenn man die Lebensumstände von Frauen als vollständiges Bild betrachtet. Die meisten Frauen erledigen noch immer den größten Teil der Hausarbeit. Dies scheint gerechtfertigt, weil viele Paare ihre Ehe noch immer mit der unausgesprochenen Erwartung beginnen, daß er für die Familie den Lebensunterhalt verdient und sie, sollte sie arbeiten, sein Gehalt ergänzt.

Das geringere Einkommen der Frau und ihr geringerer beruflicher Status sorgen dafür, daß sie sich verpflichtet fühlt, die Verantwortung für die »zweite Schicht« zu übernehmen – für Kindererziehung und Haushalt. Kinder beeinflussen die berufliche Karriere einer Frau auf eine Weise, die für Männer unvorstellbar ist. Es wird einfach davon ausgegangen, daß die Frau die Versorgung und Erziehung ihrer Kinder übernimmt, eine Arbeit, die oft deshalb unsichtbar bleibt, weil sie als Mutterpflicht als selbstverständlich betrachtet wird. Derweil wird ein Vater, der sich um seine Kinder kümmert, als »wunderbarer Vater« in den Himmel gehoben, weil er unsere Erwartungen an Männer übertrifft.

Die Frau übernimmt in der Regel die Verantwortung für den Haushalt und kann sich glücklich schätzen, wenn der Mann beim Kochen, Saubermachen, Einkaufen und bei der Wäsche »hilft«. Typischerweise lastet auf ihr der größte Teil der »emotionalen Arbeit«, sowohl in der ehelichen Beziehung als auch in der Familie, und sie ist bereit, immer wenn es erforderlich ist, hungrige Egos zu füttern. Sie muß selbst die emotionale »Wäsche« ihres Mannes übernehmen. Im Gegenzug bekommt sie wenig zurück, vor allem dann, wenn sie mit einem Mann verheiratet ist, der Intimität mit Intimverkehr verwechselt.

Am Ende eines fordernden Tages kriecht eine Frau mit ihrem Partner unter die Decke und muß sich der »dritten Schicht« stellen. Für sie, die vielleicht einfach nur müde und frustriert ist, weil ihr Partner seinen fairen Anteil der Arbeit nicht erledigt hat, kann Sex einfach zu einer weiteren lästigen Pflicht werden. Wenn sie keine Lust dazu hat, sich jedoch gezwungen fühlt nachzugeben, dann kann es geschehen, daß sie das Vorspiel und den Geschlechtsverkehr mechanisch über sich ergehen läßt und dann einen Orgasmus vortäuscht, nur um endlich schlafen zu dürfen. Oder aber sie verweigert sich – eine der Möglichkeiten, die Frauen offensteht, um Macht zu demonstrieren. Wenn Sex ausschließlich ungewollter Sex ist, dann fällt es leicht, darauf zu verzichten. Doch letztendlich ist es eine Sackgasse, Sex zu verweigern oder sich mit ungewolltem Sex abzufinden. Solch eine Frau betrügt sich selbst und bringt sich um sexuelle Freuden und intime Nähe, die ihre Lebensqualität verbessern und sie wieder ins Gleichgewicht bringen können. Bei vielen Frauen jedoch ist »guter Sex« nicht einmal ein Posten auf der Liste ihrer »Ziele für die Zukunft«.

Prinzessin oder Verführerin: Weibliche Rollen im Sex

Von Kindesbeinen wird einer Frau beigebracht, wenn es um Sex geht, eher zu reagieren, als eine aktive Partnerin zu sein. Es ist ein Erfolg der feministischen Bewegung, daß Frauen nun langsam Colette Dowlings Warnung vor dem »Cinderella-Komplex« – der »Wenn-ich-doch-nur-einen-Mann-hätte-Lösung-aller-Probleme« – Beachtung schenken. Frauen erwarten nicht mehr automatisch von einem Mann, daß er sie unterstützt, und sie schieben es auch nicht mehr länger auf, ihr Leben kreativ zu gestalten – ein Haus zu bauen oder sogar eine Familie zu gründen –, bis endlich der richtige Mann kommt. Wenn es jedoch um Sex geht, so warten viele noch immer auf Prince Charming und glauben, daß der Richtige sie mit einem Kuß aus einer jahrelang unterdrückten Sexualität erwecken wird.

Viele Frauen haben sich die Märchen, die man ihnen in der Kindheit erzählt hat, zu Herzen genommen. Frauen lernen vom Kleinkindalter an, die Prinzessin zu sein, die ihre Augen geschlossen und den Mund gespitzt hält, in der Erwartung dieses magischen Kusses. Taucht schließlich ein Mann auf, den sie für den Prinzen hält, dann ergibt sie sich ihm meist blind und überläßt ihm alle Verantwortung für das, was im Sex geschieht. Sie erwartet, daß der Prinz beim Sex den Anfang macht und sie zum Orgasmus führt. Sex ist etwas, *das er macht*, während sie lernt, daß Sex etwas ist, *das mit ihr geschieht*.

Die Prinzessin stellt jedoch bald fest, daß echte Prinzen selten sind, weil es die Sexkultur versäumt hat, Männern etwas über die Sexualität von Frauen beizubringen. Trotz allem erheben Frauen und Männer gleichermaßen den Orgasmus der Frau zum Maß seiner sexuellen Potenz. Manche Männer rühmen sich ihres sexuellen Stehvermögens und Könnens und messen beides daran, wie lange sie ihre Erektion aufrechterhalten und den Geschlechtsverkehr in Gang halten können. Solche Bemühungen richten sich jedoch an ein undankbares Publikum, denn diese »Leistung« eines Mannes ist nicht die Quelle sexueller Freuden für eine Frau.

Die meisten Frauen achten darauf, einen Mann auf sexueller Ebene nicht zu kritisieren oder beim Sex nicht zu fordernd zu sein. Doch behaupten viele Männer, daß ihnen Frauen mit sexueller Bestimmtheit gefallen. Die Sexkultur ermutigt Frauen zur Rolle der Verführerin, aber nur dann, wenn sie ihre sexuellen Forderungen in das Gewand der Verlockung kleidet. In dieser

Rolle ähnelt sie einer Spinne, die in ihrem klebrigen seidigen Netz liegt und nur darauf wartet, daß ihr jemand in die Falle geht. Anders als die Spinne vergiftet eine Frau ihr Opfer jedoch nicht bis zur Hilflosigkeit, und sie bereichert sich auch nicht an seinem Blut. Statt dessen wechseln die Frau-Spinne und ihr Opfer nach der Gefangennahme plötzlich die Plätze. Nun übernimmt die Verführerin die Rolle des Hilflosen, und der Mann, den sie gefangen hatte, verspeist *sie.*

Frauen, die Männer verführen, erwarten vielleicht dennoch von ihnen, daß sie beim Sex den ersten Schritt tun. Eine Frau initiiert Sex nur auf indirekte Weise – indem sie sich sexy anzieht, flirtet oder sogar, indem sie ein schmackhaftes Essen zubereitet. Hat eine Frau einen bestimmten Mann für den Sex auserwählt, dann muß sie ihn als erstes dazu bewegen, den ersten Schritt zu tun. Alle Frauen erlernen diese reaktive Art. Eine Umfrage ergab, daß lesbische Frauen bezüglich ihres Sexuallebens häufig darüber klagen, daß ihre Partnerinnen beim Sex nicht oft genug den ersten Schritt tun. Mehr als zwei Drittel sagten, daß sie gerne öfter Sex hätten. Beide Frauen warten nur darauf, daß die andere die Initiative ergreift.

Frauen und Männer gleiten nahezu mühelos in die ihnen zugedachten Rollen des Verführens und des Verführtwerdens. Viele Frauen befassen sich in ihren sexuellen Fantasien mit Themen des Sichergebens. Sie lassen es zu, verführt zu werden, selbst wenn es sich bei dieser Verführung um eine Irreführung handelt, die sie von ihrem sexuellen Selbst entfernt und sie zu potentiell ungewolltem Sex verleitet. Diese Dynamik gestattet es der einen Person – dem Mann, dem Verführer – zu bestimmen, was beim Sex geschieht. Seine Anführerrolle beim Sex besteht parallel zu der Erwartung, daß er auch in anderen Bereichen der Beziehung dominieren wird. Das allgemeine Machtungleichgewicht zwischen Frauen und Männern in der Partnerschaft spielt eine wichtige Rolle bei den Umständen, die ungewollten Sex fördern und aufrechterhalten.

Maskuliner Glanz

Wie sehr unsere Gesellschaft männliche Kraft bewundert und in ihr schwelgt, wird nirgendwo offensichtlicher als in der multibillionendollarteuren Liebesgeschichte der Sexkultur mit Football, Basketball und anderen wettkampforientierten Mannschaftssportarten. Die Sexkultur liebt Gewinner so sehr, daß sie die Helden, die sich darin auszeichnen, zu werfen, zu fangen, zu laufen, zu treten und den Ball im Korb zu versenken, mit Millionen Dollar und schier grenzenlosen sozialen Vorrechten bewerfen.

Der Berufssport ist ein riesiges Geschäft, das noch immer weitgehend männlich ausgerichtet ist, und es spielt eine entscheidende Rolle dabei, Männer in wirtschaftlicher und sozialer Hinsicht »oben« zu halten. Die frühere Collegebasketballspielerin Mariah Burton Nelson erklärt in ihrem Buch *The Stronger Woman Get, the More Men Love Football* (Je stärker Frauen werden, desto mehr lieben Männer Football), auf welche Weise wettbewerbsorientierte männliche Sportarten ein Modell für aggressives, gewalttätiges Verhalten sowohl auf dem Feld als auch außerhalb bereitstellen. Das physische und psychologische Aufblasen sowohl männlicher Sportler als auch ihrer Fans steht oft in Verbindung mit gewalttätigem sozialem und sexuellem Verhalten gegen Frauen. Nelson berichtet, daß bei einer Folge von Baseballspielen Männer »aufblasbare, lebensgroße, anatomisch korrekte weibliche Puppen« herumgereicht hatten, mit denen sie schmusten und Geschlechtsverkehr simulierten, während andere Männer sie noch anfeuerten.

Das physische und soziale Adrenalin, das beim Ausüben und Verfolgen männlicher Wettkampfsportarten freigesetzt wird, steht oft auch hinter Gruppenvergewaltigungen, dem sexuellen Übergriff durch mehrere Männer auf eine Frau. Zu solchen Vorfällen kommt es manchmal als Nachwirkung eines Spiels, wenn Spieler oder Fans einen Sieg »feiern« oder für ihren Verlust Rache nehmen. Bis es verboten wurde, verwendeten Männer manchmal das Medikament Rohypnol, um eine Frau vor dem sexuellen Übergriff bewußtlos zu machen. In einem anderen Kontext vergewaltigen Männer manchmal Frauen in öffentlichen Einrichtungen wie Krankenhäusern und Gefängnissen. Vor kurzem war eine Frau, die seit mehreren Jahren im Koma lag, plötzlich schwanger geworden. Sie war nicht tot, aber man fragt sich unwillkürlich, wie passiv sich manche Männer ihre Partnerinnen eigentlich wünschen.

Da in den Vereinigten Staaten eine Sexkultur dominiert, die darauf aufbaut, männliche Macht über Frauen zu erotisieren, überrascht es nicht, daß in den USA die Zahl der Vergewaltigungen weltweit am größten ist. Obwohl die Sexkultur diese beiden Dinge oft durcheinanderbringt, sind Vergewaltigung und Sex nicht das gleiche. Sex hat etwas mit Einverständnis und Lust zu tun. Vergewaltigung ist Gewalt, die Ausübung von Macht über einen anderen Menschen unter Verwendung von Sex als Waffe.

Genaue Zahlen über Vergewaltigungen sind undenkbar, da vermutlich nur zehn Prozent der Vorfälle überhaupt gemeldet werden. Eine Auswertung der Zeitschrift *Ms.*, an der mehr als 7000 Studentinnen während des Grundstudiums teilnahmen, ergab, daß eine von vier Frauen eine Vergewaltigung oder eine versuchte Vergewaltigung erlebt hatte. In einer Studie, die von Catherine MacKinnon zitiert wird, stellt Diana E. H. Russel fest, daß 44 Prozent der Frauen, die bei Stichproben in einer Stadt befragt wurden, sich auf die gleiche Weise äußerten. Einige hatten eine Vergewaltigung oder versuchte Vergewaltigung mehrmals erlebt. Russell fand außerdem heraus, daß 38 Prozent der jungen Mädchen sexuell belästigt oder mißbraucht worden waren, bevorzugt von Männern aus dem Freundes- oder Bekanntenkreis oder aus der Verwandtschaft. Eine Frau, der als Kind von einem männlichen Familienmitglied Gewalt angetan worden war, erklärte uns, wie diese Erfahrung in ihr zugleich ein Gefühl der Hilflosigkeit und der Verantwortlichkeit hervorrief. Sie hatte die Entwicklung ihres sexuellen Selbst zum Stillstand gebracht und hatte ihre Aussicht fast begraben, jemals wieder an sexueller Lust Freude zu finden. Bei vielen Mädchen beeinflußt ungewollter Sex jeden Aspekt ihrer sich anschließenden Entwicklung.

Zusammen mit Vergewaltigung ist ungewollter Sex Bestandteil »einer unüberschaubaren unterirdischen Strömung von unfreiwilligem Sex« in der Gesellschaft, sagt die englische Forscherin Susan Quilliam. Manche Frauen, vor allem solche, die bereits Erfahrungen mit Gewalt gemacht haben, fühlen sich unablässig belagert. Alle Frauen sind – weil sie Frauen sind – physisch, sozial, sexuell und psychisch durch sexuelle Gewalt eingekreist. Frauen leben mit der ständigen Bedrohung Vergewaltigung, die sie durchgehend begleitet – wohin sie gehen, mit wem sie zusammen sind, wenn sie das Haus verlassen und was sie tun. Diese Tatsache liegt wie ein Schatten auf ihrer Sexualität und ihrem Alltag.

Das sexuelle Selbst

Es ist schwierig, ein Sexpicknick zu planen, wenn es ständig Gewalt regnet. Es fällt den Frauen, die sexuelle Gewalt erlebt haben, schwer, »Spaß« und »Sex« im selben Zusammenhang unterzubringen. Doch kann jede Frau dazu beitragen, die von der Sexkultur geschaffene Verbindung zwischen Sex und Gewalt aufzulösen. Die Kontrolle über und die Verantwortung für die eigene Sexualität und das Recht auf sexuelles Vergnügen können dazu beitragen, eine stärkere Verbundenheit zwischen Sex und Spaß statt zur Gewalt entstehen zu lassen. Sex für Frauen zu einem Vergnügen zu machen, ist keine frivole Zielsetzung und auch kein hedonistischer Zeitvertreib. Es handelt sich vielmehr um einen wichtigen Beitrag, sexuelle Gewalt zu reduzieren und die Beziehung zwischen Frauen und Männern insgesamt gleichberechtigter zu gestalten.

Jede Frau kann für sich sexuelle Gewalt bekämpfen, indem sie ein sexuelles Selbst kultiviert. Die Entwicklung sexuellen Bewußtseins verlangt Einsatz und die Bereitschaft, die eigene Sexualität sowie gegenwärtige und vergangene Beziehungen genau zu prüfen. Viele Frauen blicken zurück auf ihr freudloses »erstes Mal« oder auf die Male, da sie dem Verlangen eines Mannes nach ungeschütztem Sex nachgegeben haben, oder auf die Gelegenheiten, da sie es ihm »mit dem Mund gemacht« haben, ohne etwas zurückzubekommen, und sie bedauern ihre Unvorsichtigkeit und den Verlust ihrer Würde. Nikki erkannte erst Jahre später, nachdem es geschehen war, daß sie mit David ungewollten Sex gehabt hatte.

Beginnt eine Frau ihr sexuelles Selbst geltend zu machen, dann erst fragt sie sich, warum sie unfähig war, sich der Penetration durch einen dahergelaufenen Kerl zu widersetzen. *Wozu?* Sie schüttelt ihren Kopf darüber, daß sie Stunden damit zubrachte, ihrem Freund in der High-School Oralsex zu geben. *Was habe ich davon gehabt?* Im Rückblick fragt sie sich, warum sie sich so weit aufgeben hatte. Es war eindeutig Sex, selbst ungewollter Sex befriedigte ihr Bedürfnis nach Anerkennung und Intimität, das für sie damals so wichtig war (und sie bis heute noch nicht ganz verlassen hat). Aber wie konnte dieses Bedürfnis ihre Angst vor Krankheit, Gewalt oder Schwangerschaft beiseite schieben? Warum veranlaßte es sie, ihre eigenen Bedürfnisse zu ignorieren – oder gar nicht erst zu entwickeln? Warum übersah sie geflissentlich ihr eigenes Anrecht auf sexuelles Vergnügen? Erst nach vielen enttäuschenden, manchmal gefährlichen sexuellen Begegnungen erkannte sie, daß sie Sex genauso nach ihren eigenen Bedürfnissen verdiente wie irgendeiner dieser Männer.

Sexflucht
Manche Frauen empfinden eine vorübergehende Flucht vor dem Sex als Hilfe, um den Entwicklungsprozeß eines eigenen sexuellen Selbst zu beginnen. Es tut ihnen gut, sich von negativ besetzten Sexbotschaften, von einem rigiden Umfeld oder ihrer bisherigen Rolle zu distanzieren. Sexflucht kann eine Veränderung seines Rollenverhaltens, einen Orts- oder Partnerwechsel mit sich bringen.

Rollenwechsel: Das Karnevalsprinzip
Manche Frauen erforschen ihre Sexualität, indem sie ihre Fantasien in Rollenspielen umsetzen. Rollenspiele im Sex können eine Karnevalsatmosphäre erzeugen, bei der man die Gestalten der eigenen Fantasie annimmt. In ihrem Aussehen und Verhalten setzen sich Frauen über die normalerweise geltenden Konventionen hinweg, und Rollen werden vertauscht – der Diener wird zum Herren, die Frau zum Mann, der Mann zur Frau. Tra-

ditionell gestattet es der Karneval den Machtlosen, »Dampf abzulassen«, indem sie für eine befristete Zeit die Straßen in ihre Gewalt bringen und sich über die Mächtigen lustig machen.

Eine karnevalistische Flucht kann einer Frau helfen, wenigstens vorübergehend die verinnerlichte Botschaft zu überwinden, daß »brave Mädchen keinen Spaß am Sex haben«. Indem sie in die von der Sexkultur so bezeichnete Rolle des »bösen Mädchens« schlüpfen – ob sie dabei nun »oben« oder »unten«, dominierend oder unterwürfig sind –, nutzen sie die Möglichkeit, sexuelle Tabus zu brechen. Sexuelles Rollenspiel ermöglicht einer Frau, die gelernt hat, daß Sex etwas Schmutziges oder daß *sie* schmutzig ist, ihren Verstand in Urlaub zu schicken, damit ihr Körper aufleben kann. Für manche Frauen erhöht das Überschreiten sexueller Grenzen das erotische Vergnügen.

Ortsveränderung: »Touristensex« für Frauen?

In dem englischen Schauspiel *Shirley Valentine – Auf Wiedersehen mein lieber Mann*, das 1989 auch verfilmt wurde, hat eine Hausfrau der Arbeiterklasse eine Affäre mit einem Ortsansässigen, während sie mit einer Freundin zusammen Urlaub macht. Für Shirley ist dies eine transformierende Erfahrung; ihre Entdeckung, daß der Mann bereits der nächsten Frau seine Liebe erklärt, spielt für sie kaum eine Rolle. Die kurze Romanze hat ihr sexuelles Selbst erneuert und gestärkt.

Der meiste Touristensex ist in der Regel nicht besser als der daheim; manchmal kann er auch schlimmer sein. Aber dennoch haben Frauen Sex mit Personen, die sie auf Reisen kennenlernen. Mitunter ist die Erfahrung eine angenehme Bereicherung, gelegentlich wird auch eine fortdauernde Beziehung daraus. Wenn sie wie Shirley sind, dann gewinnen sie vielleicht neue Einblicke in ihr Leben oder in ihre Sexualität.

Der weltweite Frauenführer zum Thema Jungen

Jeder weiß, was die Beatles und die Beach Boys von den »Mädels« hielten – ukrainische Mädels hauen sie um, Ostküstenmädels sind hip und elegant, die Töchter der Farmer aus dem Mittleren Westen sorgen dafür, daß Jungs sich großartig fühlen, doch Mädels aus Kalifornien, vielleicht weil sie Bikinis tragen und blond sind, lassen sie allesamt aus den Latschen kippen.

Wenn Frauen die Qualitäten von Männern nach der Landkarte festlegten, würden sie dann sagen, Männer aus dem Süden der USA sind besser als die aus dem Mittleren Westen? Oder würden sie asiatische Jungs den skandinavischen vorziehen? Oder würden die Männer der Adria, weil sie so lockige Haare haben und kaffeebraune Augen und weil man sagt, sie verstünden etwas von Frauen, sie zu schätzen wissen, deshalb zu den besten Liebhabern erkoren werden?

Solche Einschätzungen machen Frauen wenig Sinn, die wissen, daß das Aussehen wenig mit dem romantischen oder sexuellen Wert eines Mannes zu tun hat. Wenn Männer überhaupt einer Einschätzung unterworfen werden, dann durch sich selbst oder durch andere Männer, und die basiert auf konditionierten sexuellen Fähigkeiten, die, wie wir gesehen haben, wenig mit dem sexuellen Vergnügen der Frau zu tun haben. Doch Frauen freuen sich auch dann über romantische Geschicklichkeit, wenn sie keine Garantie für guten Sex ist.

Frauen haben Männer manchmal anhand einer negativen Skala bewertet. Zuletzt 1936 hat Helen Brown Norden in dem Magazin *Esquire* enthüllt, daß »Latin Lovers in Wahrheit miserable Liebhaber sind«. Die Illusion, daß der Sex

> irgendwo anders immer besser ist, läßt sich leicht zerschlagen: Eine Frau erzählte uns von einer sexuellen Begegnung mit einem Mann, der ihr an einem von Mondlicht erhellten Strand am Mittelmeer den Hof machte, doch sobald er ihr die Unterwäsche abgestreift hatte, war er in ihr, und es war vorbei. Obgleich die Franzosen angeblich die Meister der Verführung sind, ist für die weibliche Hälfte der Bevölkerung der Orgasmus nicht leichter faßbar als für amerikanische Frauen. Nordeuropäische Frauen sind so frustriert mit den Männern ihres Landstrichs, daß sie in Scharen nach Südeuropa fahren, um dort ein wenig romantische Aufmerksamkeit zu finden. Ob der Sex, den sie dort bekommen, es wert ist, weiß man nicht.
> Weltweit, auf jedem Kontinent und auf jeder Insel, ist Sex für die meisten Männer ein bißchen Vorspiel und zwei Minuten Geschlechtsverkehr. Es gibt keinen Ort und keine Sorte Mann, die überragenden Sex zu bieten haben. Solche Männer kommen nur dann zum Vorschein, wenn Frauen ihnen das beibringen, was sie zuvor durch die Kultivierung ihres eigenen sexuellen Selbst gelernt haben.

Eine sexuelle Beziehung, weit entfernt von den gewohnten Begrenzungen durch ihre eigene Sexkultur, aufzunehmen, gestattet es einer Frau oft überhaupt erst, Sex zu haben, ohne sich in einer ernsten Bindung zu befinden. Es kann sich um rein spielerischen Sex handeln. Das Problem besteht darin, daß dieser Sex einen ausbeuterischen Charakter annehmen kann. Der Besucher aus dem reichen, kulturell dominierenden Land – ob es sich dabei um einen weiblichen oder männlichen handelt – macht seine Macht über den Einwohner eines verarmten Landes geltend. Das Machtgefälle zwischen einem ungelernten Hotelkellner, der in einem unterentwickelten tropischen Seehafen lebt, und einem nordamerikanischen oder europäischen Immobilienmakler auf Urlaub kann nicht von der Hand gewiesen werden. Wenn es sich bei dem Touristen jedoch um eine Frau handelt, dann ist es schwer zu sagen, wer leichter verletzbar ist, der relativ arme Mann aus dem Gastland oder die weibliche Besucherin, die sich nicht nur auf unvertrautem Terrain bewegt, sondern der auch die Privilegien des Mannseins fehlen. Solange ein Frau auf den Sex vorbereitet ist und sich entsprechend schützt, und solange sie den anderen mit Ehrlichkeit und Respekt behandelt, können sie und ihr Partner gemeinsam von ihrem kurzen Zusammentreffen profitieren.

Partnerwechsel: Affären und andere eheliche Ausflüchte

In ihrem Buch *Die heimliche Lust – Der Mythos von der weiblichen Treue* legt Dalma Heyn nahe, daß Frauen sich manchmal auf ehebrecherische Affären einlassen, um die Leere in ihrem Eheleben zu füllen. Heyn schreibt: »Verheirateten Frauen ist es noch immer untersagt, sich zu amüsieren – in ihrem eigenen Leben in Unabhängigkeit ihren Bedürfnissen und Wünschen zu folgen.« Obwohl eine Affäre an sich für eine Frau noch kein sicherer Weg ist, um sexuelle Erfüllung zu finden, so kann sie doch zu einem Katalysator der Veränderung werden. Eine Affäre kann einer Frau die Kraft und Gelegenheit geben, aus einer schlechten Beziehung auszubrechen.

Manchmal läuft eine Frau nicht von einer Beziehung *fort*, sondern auf eine neue Art Partner *zu*. Eine Frau, die Frauen sexuell begehrt, aber bisher nur zu Männern Beziehungen gehabt hat, erwirbt sich vielleicht nicht nur ein sexuelles Selbst im Zuge der Erforschung eines weiblichen Partners, sondern möglicherweise gewinnt sie auch eine neue sexuelle Identität. Sie entdeckt unter Umständen, daß sie lesbisch oder bisexuell ist, und findet zu einer Sexualität, die nicht nur lustvoll ist, sondern auch ihr wahres Selbst zum Ausdruck bringt.

Vor allem aber finden die meisten Frauen heraus, daß ihr sexuelles Selbst nicht nur damit zu tun hat, wer ihr Partner ist. Es geht darum, wer *sie* sind. Was eine Frau in einem Partner braucht, ist die Unterstützung, die es ihr gestattet, ihr eigenes Selbst auszudrücken und zu entwickeln. Eine Frau in den Fünfzigern erzählte uns, daß sie mit ihrem ersten Ehemann, der älter war als sie, niemals einen Orgasmus gehabt hatte. Sie hatte jung geheiratet, und nach dem Tod ihres Mannes war sie das erste Mal in ihrem Leben auf sich gestellt. Sie sah alles aus einem neuen Blickwinkel, auch den Sex. Sie kaufte sich einen Vibrator – zum damaligen Zeitpunkt unter ihren Freundinnen kaum bekannt – und fand heraus, wie man einen Orgasmus haben kann. Doch sie stellte fest, daß es ihr nicht gelang, ihr neues Wissen in den Sex mit älteren oder gleichaltrigen Männern einzubringen. Sie alle waren irgendwie in ihren Gewohnheiten festgefahren. Sie weigerten sich, ihr Klittage zu geben, und waren davon überzeugt, daß der Orgasmus einer Frau allein durch Geschlechtsverkehr entstehen sollte. Schließlich lernte sie einen jüngeren Mann kennen, der bereit war, etwas zu wagen, und heiratete ihn. Gemeinsam erforschten sie oralen und manuellen Sex, und der gemeinsame Orgasmus wurde zu einem integralen Bestandteil ihrer Beziehung. »Meine Freundinnen beneiden mich um mein Glück, weil ich ein gutes Sexleben führe. Aber sie könnten in den gleichen Genuß kommen, wenn sie nur bereit wären, sich selbst auf die Suche zu begeben.«

Ein sexuelles Selbst von Anfang an

Manche Frauen haben das Glück, mit Eltern aufzuwachsen, die sie dabei unterstützen, ihr sexuelles Selbst zu kultivieren. Die Schriftstellerin Julia Hutton gibt in ihrem Buch *Good Sex: Real Stories from Real People* (Guter Sex: Wahre Geschichten von wirklichen Menschen) den Bericht einer 65jährigen Frau wieder, deren sexuelles Selbst schon als Kind herausgefordert wurde.

> Die Botschaft, die sowohl mein Vater als auch meine Mutter mir vermittelten, lautete, daß Frauen ebensogut sind wie Männer und daß es für uns Frauen wichtig ist, eine gute Ausbildung zu bekommen. Wir müßten Selbständigkeit und Unabhängigkeit entwickeln, damit wir nicht unter die Pantoffeln eines Mannes geraten. Mein Vater nahm mich mit, wenn er die Milch auslieferte und redete mit mir über Politik. Ich diskutierte mit ihm, und ihm gefiel das. Als ich viereinhalb Jahre alt war, kam der Nachbarssohn, der im Teenageralter war, zu uns in die Garage und forderte mich auf, ihm mein Geschlecht zu zeigen. Er übte großen Druck auf mich aus. Ich begann meine Hose auszuziehen, und dann wurde mir plötzlich klar, daß ich ihn nicht mochte und daß sich das Ganze für mich nicht richtig anfühlte. Plötzlich blickte ich zu ihm auf und sagte: »Nein, *das werde ich nicht tun*! Und du gehst besser weg und läßt mich in Ruhe.« Ich glaube, ich konnte deshalb so bestimmt sein, weil meine Eltern mir klargemacht haben, daß man als Frau Macht hat.

Obwohl keine Frau und kein Kind sexuelle Gewalt allein verhindern kann, besitzt eine Frau mit einem ausgebildeten sexuellem Selbst die Macht, zu ungewollten Annäherungsversuchen nein zu sagen, ihr sexuelles Vergnügen zu bejahen und zwischen beiden zu unterscheiden.

Sex auf der Basis von Gleichberechtigung

Haben die Frau und ihr Partner beide ein sexuelles Selbst, dann kann Sex spielerisch, ein Spiel des Gebens und Nehmens zwischen zwei gleichstarken Individuen sein. Um es in Worten auszudrücken, die jeder Mann versteht: Sex mußt auf einem ebenen Spielfeld stattfinden. Und wie Sportfans wissen, sind die besten Spiele jene, bei denen die Spieler gleichermaßen begabt, kenntnisreich und ehrgeizig sind.

Beginnt eine Frau, ihre sexuellen Rechte durchzusetzen, hat sie vielleicht anfangs das Gefühl, egoistisch zu sein. Doch ein Mensch mit einem sexuellen Selbst, zwingt seinen Partnern nicht den eigenen Willen auf. Eine selbstbewußte Frau bringt ihre Gedanken und Wünsche zum Ausdruck und akzeptiert ungewollten Sex nicht, noch verlangt sie ihn von einem anderen.

Selbst herbeigeführter Orgasmus

Die meisten Frauen sind so geschult, daß sie beim Sex selbstlos sind. Sie lernen nie, wie sie Sex der eigenen Kontrolle unterwerfen können. Shere Hite hat festgestellt, daß Frauen mit regelmäßigen Orgasmen eine Einstellung entwickelt haben, die es ihnen gestattet, beim Sex selbst Hand anzulegen. Sie achten darauf, daß sie die Stimulierung erhalten, die sie brauchen, ob sie diese nun selbst herbeiführen oder ihren Partner mit entsprechenden Anweisungen darum bitten. Hite sagt, wenn eine Frau die Verantwortung für guten Sex selbst übernimmt, dann achtet sie und sorgt für ihren Körper, statt ihn zu verschenken.

Die Selbst-Klittage beim Solo- wie auch beim Partnersex spielt eine entscheidende Rolle bei der Entwicklung des sexuellen Selbst. Sie erlaubt es Frauen, nicht nur herauszufinden, wie sie einen Orgasmus herbeiführen können, sie lernen dabei auch, daß ihre Orgasmen *ihnen* gehören und nicht Geschenke sind, die ein Partner ihnen gibt oder ihnen verweigert. Ihre Sexualität ist weder abhängig von einem Partner, noch davon, was der Partner tut oder läßt. Sie hat die Kontrolle über ihren Orgasmus, sie sorgt dafür, daß sie die Stimulierung erhält, die ihr Lust bereitet.

Um das sexuelle Selbst in den Partnersex einzubringen, ist es erforderlich, die Zutaten des Sex zu verändern. Das bedeutet, daß Klittage und nicht Geschlechtsverkehr im Partnersex für Frauen im Mittelpunkt steht. Es bedeutet, Kunnilingus, Klittage und G-Punkten bis zum Orgasmus beizubehalten, statt sie als »Vorspiel« abzubrechen. Es bedeutet, daß eine Frau ihren PC-Muskel ebenso zur Steigerung ihrer eigenen Lust einsetzt, wie um die des Mannes zu vergrößern. Es bedeutet, daß sie ihre Vorstellung von Sex als der alleinigen Beschäftigung mit der männlichen Erektion, mit seinem Orgasmus und seiner Ejakulation korrigiert und ihr Augenmerk zuerst auf ihre eigenen Bedürfnisse richtet.

Aktive Penetration

Eine Frau kann den Geschlechtsverkehr zu einem Akt zweier selbständiger, unabhängiger und selbstbewußter Menschen machen, indem sie ihm nur dann zustimmt, wenn sie ihn selbst wirklich will. Beischlaf ist ein freiwilliger Bestandteil von Sex. Er ist nicht das, was den Sex erst zum Sex macht. Geschlechtsverkehr sollte wie ein Dessert sein: Nicht jedesmal erforderlich, doch ein großes Fest und eine sinnliche Freude, wenn er stattfindet. Er wird dann zur Nachspeise, wenn beide Partner gleichermaßen hungrig darauf sind.

Um vaginalen Geschlechtsverkehr zu einem Vergnügen zu machen, ist es zunächst einmal erforderlich, daß die Kligeva einer Frau erigiert ist. Die Erektion gestattet es der Frau, eine aktive Partnerin im Sex zu sein, da sie das Timing, die Tiefe und

Geschwindigkeit des Eindringens bestimmen und kontrollieren kann. (Eine auf diese Weise »aktive Penetration« ist auch bei Analverkehr wichtig.) Statt nur einfach passiv zu sein, ergreift oder umfaßt die Frau den Penis des Mannes aktiv mit ihrer Vagina. Indem sie Klittage hinzuzieht, kann sie ihre Erektion und Erregung intensivieren. Mit dem PC-Muskel ist es ihr möglich, seinen Penis fest zu umschließen. Wenn sie ihre Kligeva in den richtigen Winkel bringt, dann stimuliert sein Penis ihren G-Punkt oder berührt ihr Vaginadach.

Partner, die ihr sexuelles Selbst entwickelt haben, sind fähig, über Sex zu sprechen, die Methoden des Safer Sex anzuwenden, die körperlichen Bedürfnisse des jeweils anderen zu respektieren und um das zu bitten, was sich für sie am besten anfühlt, aber auch ein Nein als Antwort zu akzeptieren. Sie lassen sich nicht auf Machtspielchen mit ihren Partner ein. Sie übernehmen die Verantwortung für ihre Lust selbst und erwarten dies nicht von ihren Partnern. Zugleich versucht jeder dem anderen so viel Lust wie möglich zu bereiten. In einer neuen Sexkultur wird oraler und manueller Sex die Hauptstütze sein, der Sex wird dem beiderseitigen Vergnügen dienen, Safer Sex wird allgemein üblich sein, und Mädchen wie Frauen werden Sex zu ihrem eigenen Vergnügen haben können, ohne mit ungewollten Schwangerschaften dazustehen. Frauen und Männer werden gleichermaßen eine neue Sexkultur errichten, in der das sexuelle Selbst von Frauen und Männern entwickelt und gelebt wird.

Gleichberechtigter Sex verlangt von einer Frau häufig, daß sie ihrem Partner hilft zu lernen. Doch zunächst muß sie sich selbst kennenlernen. Sie denkt zunächst über ihren eigenen Körper und ihr eigenes Leben nach. Dann kann eine Frau damit beginnen »die Macht der Erotik« zu kultivieren, die die verstorbene Dichterin Audre Lorde als »das Ja in uns selbst« definiert:

Wenn wir außerhalb unserer selbst leben ... statt aus unserem inneren Wissen und aus unseren Bedürfnissen heraus, wenn wir weit entfernt von den erotischen Gesetzmäßigkeiten aus unserem Inneren leben, dann sind unsere Leben begrenzt durch äußere und fremde Formen, und wir passen uns den Bedürfnissen einer Struktur an, die nicht auf menschlichen und schon gar nicht auf individuellen Bedürfnissen beruhen. Doch wenn wir anfangen, von innen nach außen zu leben, in Berührung sind mit der Macht der Erotik in unserem Inneren und es dieser Macht gestatten, unsere nach außen gerichteten Handlungen auf dem laufenden zu halten und neu zu beleuchten, dann beginnen wir im tiefsten Sinn des Wortes uns selbst gegenüber Verantwortung zu übernehmen.

Die Teile und das Ganze

Joe ist bereits eingeschlafen, aber Nikki erhebt sich, um ins Bad zu gehen. Als sie auf der Toilette sitzt, bemerkt sie, daß ihre Vulva sich noch immer warm und aufgedunsen anfühlt. Neugierig geworden, wäscht Nikki sich die Hände und stellt dann ein Bein auf den Badewannenrand, um sich besser betrachten zu können. In der einen Hand einen Handspiegel haltend, spreizt sie mit der anderen ihre Vulvalippen auseinander. Wahnsinn! Sie ist so angeschwollen! Sie preßt einen Finger auf ihre erigierte Klitoris und schiebt ihre Klitorisspitze vor und zurück. Ein wenig weiter unten nimmt sie eine weitere Erhöhung wahr und läßt ihren Finger hinabgleiten, um die Stelle zusammen mit ihrer Klitoris zu stimulieren – das gute Gefühl geht an den beiden Lustpunkten ineinander über. Als sie ihre Labia noch weiter öffnet, stellt sie fest, daß die Haut um die Vaginaöffnung gerötet ist und glänzt. Nikki legt den Spiegel beiseite, und während sie mit der einen Hand noch immer ihre Klitoris liebkost, führt sie zwei Finger der anderen in ihre Vagina ein, um Druck auf ihren G-Punkt auszuüben. Nikki merkt, wie sich ein Orgasmus aufbaut. Doch sie schwankt – Soll ich mich hier alleine verlustieren oder Joe aufwecken ...?

Das Geheimnis

Durch Selbsterforschung lernt Nikki ihre Genitalien kennen und findet heraus, wie sie beim Sex reagieren. Sie bringt ihre neuen Kenntnisse auch in die Praxis des Partnersex ein und erfreute sich nun jedesmal dann an einem Orgasmus, wenn sie es will. Sie ist sich außerdem ihrer genitalen Erregung bewußt geworden, die sich auch dann aufbaut, wenn sie gerade keinen Sex hat. Nikkis Körperbewußtsein ist gewachsen, seit sie sich auf die Reise der Selbstentdeckung begeben hat. Wie die meisten Frauen hatte Nikki gelernt, ihre Genitalien zu ignorieren. Selbst während des Sex waren sie das letzte, woran sie dachte. Wenn sie ihr überhaupt einmal einfielen, dann schienen sie sich ihrer Freude am Sex in den Weg zu stellen. Des Körpers wichtigstes Tor zur Lust wird Frauen durch eine Sexkultur verbaut, die ihnen weismacht, daß ihre Genitalien schmutzig und beschämend sind. (Das deutsche Wort für Vulva lautete nicht umsonst »Scham«). Es ist daher nicht überraschend, daß Frauen – anders als Männer, die ihren Penis als Freund und Partner empfinden –, ihre Vulva und Vagina wie unwillkommene Gäste auf einer Party behandeln.

Das Schamgefühl, welches Frauen angesichts ihres Geschlechts empfinden, kommt manchmal in Form von Unwissenheit und fehlender Neugier zum Ausdruck. Mädchen lernen, sich das, was »da unten« ist, nicht anzusehen, es nicht zu berühren oder daran zu denken. Die Schriftstellerin Sandra Cisneros beschreibt, wie Religion und kultureller Einfluß sie so sehr mit Scham über ihre »privatesten Körperteile« erfüllten, daß sie erst als Erwachsene herausfand, daß sie überhaupt eine Vagina besitzt. Als Kind hatte sie sich gefragt, woher wohl ihr Menstruationsblut kommen würde: »Ich glaubte, meine Periode würde durch den Harnleiter oder vielleicht direkt durch die Haut kommen.«

Der Mangel an Wissen und die Scham über ihre Genitalien hält Mädchen davon ab, sich selbst zu untersuchen und den Orgasmus zu entdecken. Viele heranwachsende Mädchen erfahren nie etwas über ihre Klitoris, den G-Punkt oder über andere lustspendende Teile ihrer Genitalien. Wenn überhaupt, dann kennen sie nur ihre Vagina. Sogar Frauen, die um die

Freuden wissen, welche die Klitoris zu schenken vermag, meinen dennoch, daß die Vagina ihr primäres Sexualorgan ist, weil der Mann dort seinen Penis einführt. Eine Frau, die sich auskennt, empfindet ihre Genitalien als das, was die Sexerzieherin Carol Queen als »ein Loch und eine Knospe« beschreibt, eine Vagina und eine Klitorisspitze. Doch viele Frauen denken nicht einmal so weit. Statt dessen sind ihre Genitalien ein klaffender blinder Fleck in ihrem Wissen um die eigene Sexualität.

> »Wirklich, dieser kleine Freudenknopf ist einfach zu weit entfernt vom Loch. Er hätte dort mitten hinein gebaut gehört.«
> *Country-Sängerin Loretta Lynn*

Der Sexualkundeunterricht, der Mädchen in den Schulen angeboten wird, ist in der Regel eine kurze Lektion über die Fortpflanzung, die Teenager vom Sex abhalten und zu frühe Schwangerschaften verhindern soll. Ein Mädchen erfährt, wo ihr Uterus, ihre Eileiter und Eierstöcke sind, daß sie von »Sex« schwanger wird und daß ihre Menstruation ihr Schmerzen bereiten wird. Eine Frau berichtete aus ihrer Schulzeit, daß »im Sexualkundeunterricht nur gesagt wurde, daß man seine Tage und damit oft Krämpfe kriegt. Das war alles.« Wenn ein Mädchen Tampons benutzt, dann liest sie vielleicht den Beipackzettel, um herauszufinden, wo die Vaginaöffnung ist. Doch in diesen Illustrationen fehlen für gewöhnlich die Klitoris, der G-Punkt und andere lustspendende Teile der Genitalien. Im Aids-Zeitalter wird Mädchen erzählt, daß Sex tödlich sein kann, und man erklärt ihnen, wie sie bei ihrem Partner die Verwendung von Kondomen durchsetzen können. Doch erfährt eine junge Frau wenig über ihre eigene sexuelle Anatomie oder darüber,

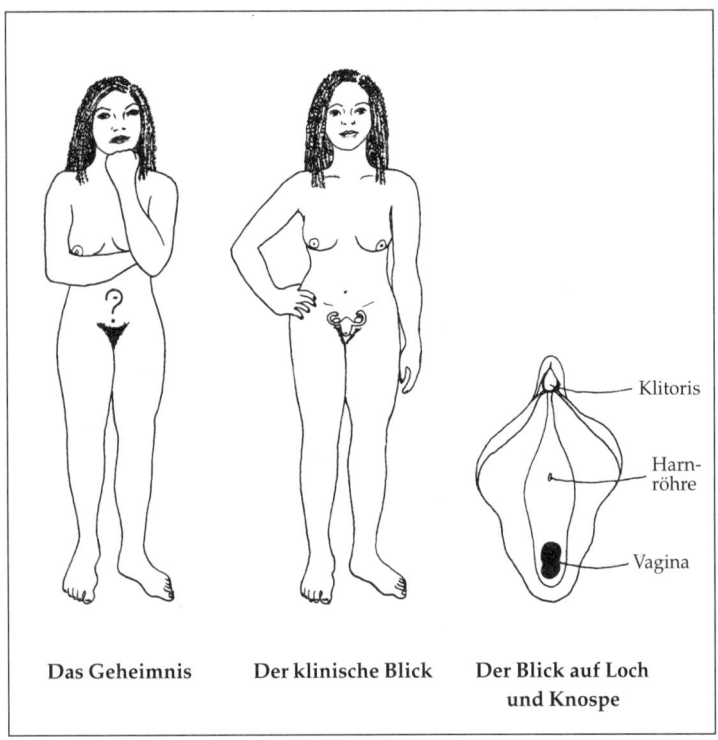

Das Geheimnis   Der klinische Blick   Der Blick auf Loch und Knospe

wie ihr Körper ihr Orgasmen ermöglicht. Diese Informationen aber wären es, die sie darin unterstützten, ein sexuelles Selbst zu entwickeln und die damit letztendlich der beste Schutz gegen ungewollten und unsicheren Sex sind.

Viele Frauen tragen dort ein Geheimnis mit sich herum, wo ihre Genitalien sein sollten. Das Geheimnis, welches die Genitalien der Frauen umgibt, steht im Gegensatz zu der frühen Vertrautheit und dem ungezwungenen Verhältnis, das Jungen zu ihrem Penis entwickeln. Die ein Leben lang währende Liebesgeschichte von Männern und ihrem Penis wird für gewöhnlich auf seine bessere Zugänglichkeit zurückgeführt. Da ist er, direkt vor ihnen, und wartet nur darauf, in die Hand genommen zu werden. Männer ergreifen dieses Anhängsel mehrmals täglich, um zu urinieren, folglich entzieht es sich nie für lange ihrer Aufmerksamkeit. Und wenn der Penis auf Stimulierung reagiert und erigiert, dann scheint er Aufmerksamkeit geradezu zu fordern. Der weibliche Mangel an Geschlechtsbewußtsein ist nicht einfach nur auf die Tatsache zurückzuführen, daß ihre Genitalien sich den unmittelbaren Blick entziehen. Würde die Sexkultur Frauen dazu ermutigen, sich selbst zu erforschen, dann würden sie recht bald feststellen, daß sich ihr Geschlecht sehr wohl in ihrer Reichweite befindet. Sie würden außerdem lernen, das gespannte und volle Gefühl ihrer eigenen Erektion zu erkennen.

Keimfreie und zensierte Genitalien

> »Sex ist schmutzig, warte damit, bis du jemanden wirklich liebst. Also das ist die Botschaft, die ich vermittelt bekommen habe. ... Warum sollte man etwas Schmutziges ausgerechnet für einen Menschen aufsparen, den man liebt?« *Beverly Whipple*

Die Sexkultur lehrt Frauen, ihre Genitalien zu ignorieren und zu bedecken, und deutet damit an (oder behauptet es unumwunden), daß sie schmutzig sind. Ein Großteil der Aufmerksamkeit, die dem weiblichen Geschlecht gewidmet wird, zielt darauf ab, das Dunkel, das es umgibt, noch zu verstärken. Die Werbung im Fernsehen und in den Printmedien erinnert Frauen daran, daß ihre Genitalien bei ihren Mitmenschen Anstoß erregen und sie selbst beschämen können. Desodorierende Spülungen legen nahe, daß die Vaginen der Frauen ständig der Säuberung bedürfen, und Genitalpflegemittel implizieren, daß Frauen den

Geruch ihres Geschlechts mit Parfüm bedecken müssen. Frauen sollen besonders sorgfältig darauf achten, während der Menstruation mögliche Gerüche oder Flecken zu verbergen. Jede Frau kennt die Angst, daß ihr Geruch oder ein Fleck offensichtlich machen könnte, daß sie gerade ihre Periode hat. Frauen sind dankbar dafür, daß es Tampons (wörtlich »Stöpsel«) gibt, nicht nur deshalb, weil sie besser als Binden den Geruch des Menstruationsblutes verbergen. Sie verringern die Wahrscheinlichkeit des Auslaufens, und es gibt auch keine verräterischen Ausbuchtungen mehr im Schrittbereich.

Die Sexkultur äußert sich nur indirekt zur Menstruation. Ein normaler Prozeß, den die Hälfte der Bevölkerung erlebt, wird wie ein beschämendes Geheimnis gehandhabt. Die Werbung für Menstruationsprodukte ist vage gehalten (sie zeigt selten oder nie den beworbenen Gegenstand) und verbirgt sich schamhaft auf den Seiten von Frauenzeitschriften. 1995 lehnte der Frauentennisverband einen Zehn-Millionen-Dollar-Vertrag für weltweites Firmensponsoring von den Herstellern von Tampax ab, weil die örtlichen Veranstalter nicht mit etwas derart Unangenehmem wie der Menstruation in Verbindung gebracht werden wollten.

Frauen selbst übernehmen die genitalienverachtenden Botschaften der Sexkultur für sich, wenden gehorsam ihre Augen ab und behalten ihre Hände bei sich. Manche Frauen weigern sich, Tampons zu verwenden oder benutzen nur jene mit Applikator, um ihre Finger nicht in die eigene Vagina schieben zu müssen. Eine Frau erklärte uns: »Es macht mir nichts aus, das Äußere zu berühren, aber ich komme mir komisch vor, wenn ich mich innen berühre. Es ist naß und eklig da drin!« Frauen ziehen orale oder injizierte Formen der Schwangerschaftsverhütung einem Diaphragma oder anderen Methoden vor, für die sie in die Vagina fassen müssen. Eine Kollegin erzählte uns kürzlich die Geschichte von einer Frau, deren Hochzeitsreise sich zu einer Katastrophe entwickelte, als sie das Diaphragma, das sie in ihre Terra incognita eingeführt hatte, nicht wiederfinden konnte. Statt die Hochzeitsnacht mit der Jagd nach der sexuellen Ekstase zu verbringen, machten sie und ihr Bräutigam sich auf die Suche nach einem Arzt, der bereit war, das zurückzuholen, was keiner von beiden bereit war, selbst zu finden.

Informationen über die weiblichen Genitalien sind so rar gesät, daß eine Frau, die sich selbst untersucht, vermutlich die eine oder andere Überraschung erleben wird. Betty Dodson, die »Mutter der Masturbation«, beschreibt, wie sie als Kind reagiert, als sie zum ersten Mal ihre Genitalien sah:

> Als ich ungefähr zehn war, wollte ich sehen, wie ich »da unten« aussah. Eines Nachmittags, als ich allein im Haus war, holte ich mir Mutters Handspiegel und ging in mein Zimmer. Ich setzte mich vor das Fenster, durch das die Sonne einfiel, und betrachtete meine süßen, kleinen Kindergenitalien. Ich war entsetzt. Da hingen die gleichen komischen Lappen wie bei Hühnern am Hals. Ich schwor, nie wieder zu masturbieren, und schlug Gott einen Deal vor. Wenn er mich von diesen Dingern befreite, würde ich nicht mehr mit mir spielen, mein Zimmer immer aufräumen und nett zu meinen kleinen Brüdern sein.

Dodson wuchs mit der Vorstellung auf, daß ihre Genitalien »komisch«, ja sogar »entsetzlich« aussähen. Sie fällt jedoch insoweit bereits aus dem Rahmen, weil sie ihr Geschlecht tatsächlich betrachtete. Viele Frauen werfen nicht einmal einen verstohlenen Blick auf ihre Vulva, noch weniger halten sie einen Spiegel davor, um sie genauer zu betrachten. Manchen Frauen dient das

Ansehen ihrer Genitalien lediglich als Bestätigung ihrer Aversion. Eine Frau, der wir die Zeichnungen in diesem Buch zeigten, bemerkte: »Sie machen nur deutlich, wie abscheulich weibliche Genitalien sind.«

Die Vertrautheit, die Frauen mit ihren Genitalien aufbauen, kann durch die Botschaften der Kultur, die sie dieser Aufmerksamkeit und Liebe nicht für würdig befindet, leicht zunichte gemacht werden. Ist es ein Partner, der diese Botschaft vermittelt, dann kann dies den sexuellen Freuden einer Frau ein abruptes Ende setzen. Eine Freundin in den Vierzigern erinnerte sich daran, daß ihr erster Liebhaber »es genoß, sich von mir oral stimulieren zu lassen, mir jedoch denselben Dienst verweigerte. Das sorgte dafür, daß ich mich unattraktiv und schmutzig fühlte. Vermutlich ist das der Grund, warum ich seither nie Freude an Kunnilingus entwickeln konnte.« Selbst wenn ein Mann seiner Partnerin anbietet, sie oral zu stimulieren, kann es geschehen, daß sie den Vorschlag zurückweist, aus Gründen, die Betty Dodson folgendermaßen beschreibt:

> Mit fünfunddreißig fand ich meine Genitalien immer noch häßlich, Männer waren zwar »da unten« gewesen, aber mir war immer viel zu unbehaglich, um dadurch einen Orgasmus zu bekommen. Ich fand den Gedanken, daß jemand meine Genitalien schmeckte, unhygienisch. Aber schlimmer noch war, daß man dann alles sehen konnte. Oralsex mochte ich immer nur ein paar Momente, ehe ich meinen Liebhaber hochzog, um »normal« zu vögeln.

Frauen gehen davon aus, daß es ihre Partner abstößt, wie ihre Genitalien riechen, schmecken oder aussehen. Eine Frau erzählte uns, wie schockiert sie war, als einer ihrer Liebhaber den

Wunsch äußerte, eine Lampe heranzuholen, um ihre Genitalien bei Licht zu betrachten. Sein Interesse machte sie anfangs verlegen, doch seine anerkennende Einstellung – in Form von großartigem Oralsex – half ihr schließlich, ihre eigenen negativen Gefühle zu überwinden.

Dodson meint, daß ihr als Heranwachsende viel Schmerz und Verwirrung erspart geblieben wäre, wenn weibliche Genitalien nicht hinter Scham und Geheimniskrämerei verborgen würden. »Wie anders hätte mein Selbstbild ausgesehen und wäre meine sexuelle Entwicklung gelaufen«, schreibt sie, »wenn ich in einem Buch schöne Bilder von erwachsenen Genitalien gesehen hätte.« Heute ist Dodsons *Sex for One* und sind andere Bücher über Frauengesundheit und Sexualität wie *Unser Körper, unser Leben*, *Frauenkörper neu gesehen* und Joani Blanks *Femalia* mit Fotos und Zeichnungen von Vulven ergänzt, die eine bemerkenswerte Vielfalt von Farben, Formen und Größen aufweisen. Dodson selbst hat sich der Aufgabe verschrieben, Frauen beizubringen, wie sie ihre Vulva lieben können, und ihnen die ermächtigende Freude an der Masturbation nahezubringen. Dodson und andere Sexualerzieherinnen sind für ihre Arbeit wie geschaffen. Obwohl der Feminismus große Schritte in Richtung Wissen und Ermächtigung getan hat, ist heute nur eine Minderheit der Frauen mit den sexuellen Möglichkeiten ihrer Genitalien vertrauter als noch die Generation ihrer Mutter oder gar Großmutter.

Vor kurzem haben wir einige Freundinnen, allesamt Collegestudentinnen eingeladen, um mit uns Dodsons Video *Selfloving* (Liebe dich selbst) anzusehen. Die Studentinnen brachten ihre Verlegenheit darüber zum Ausdruck, die Teilnehmerinnen an Dodsons Bodysex-Workshops ihre Vulven untersuchen und bewundern zu sehen. Besonders unangenehm war es ihnen zu beobachten, wie die Frauen ihre inneren Labia in verschiedene Formen zogen und schoben. Doch sie alle lachten, als eine Frau behauptete, daß ihre bedeckte Klitorisspitze und ihre inneren Labia aussehen wie Meryl Streep in *Die Geliebte des französischen Leutnants*. Und einige der Frauen erzählten uns später, daß das Video sie dazu veranlaßt hatte, nach Hause zu gehen und zum ersten Mal in ihrem Leben ihre eigenen Vulven zu betrachten und sich auf eine Sexreise zu begeben.

Wie die meisten Frauen hatten diese Studentinnen die Verachtung für die weiblichen Genitalien verinnerlicht. Das ist wenig überraschend in einer Sexkultur, die weibliche Vulven in ihrer auf das Objekt reduzierten Form in den Pornoheften abbildet, eine Darstellungsweise, die kaum für die sexuelle Selbsterkenntnis von Frauen (und Männern) gestaltet ist. Die genitale Themenstellung in der politischen Kunst feministischer Künstlerinnen und Darstellerinnen wie Judy Chicago oder Annie Sprinkle waren zu provokant, um auf einfache Weise mit der Angelegenheit fertig zu werden. Ihre Arbeiten, unterstützt von den Blumenbildern Georgia O'Keefes (von denen sie selbst behauptet, daß es sich bei ihnen nicht um Vulvadarstellungen handelt), stellen ein Gleichgewicht her zu den phallischen Wolkenkratzern, Rennautos, Krawatten, Raketen, Zigarren und Waffen, die jeden Aspekt der Sexkultur durchdringen. Doch die Vulvasymbolik wird der Großartigkeit der weiblichen Kligeva nicht gerecht, da sie nur das Äußere erfaßt. Ein angemesseneres und umfassenderes Symbol ist erforderlich, um zum Ausdruck zu bringen, daß die Kligeva alle sexuellen Bestandteile der weiblichen Anatomie umfaßt.

Manche frauenorientierten Gesundheitsfürsorgeeinrichtungen helfen Frauen dabei, ihre Genitalien kennenzulernen, indem sie ihnen mittels Spekulum, Taschenlampe und Spiegel

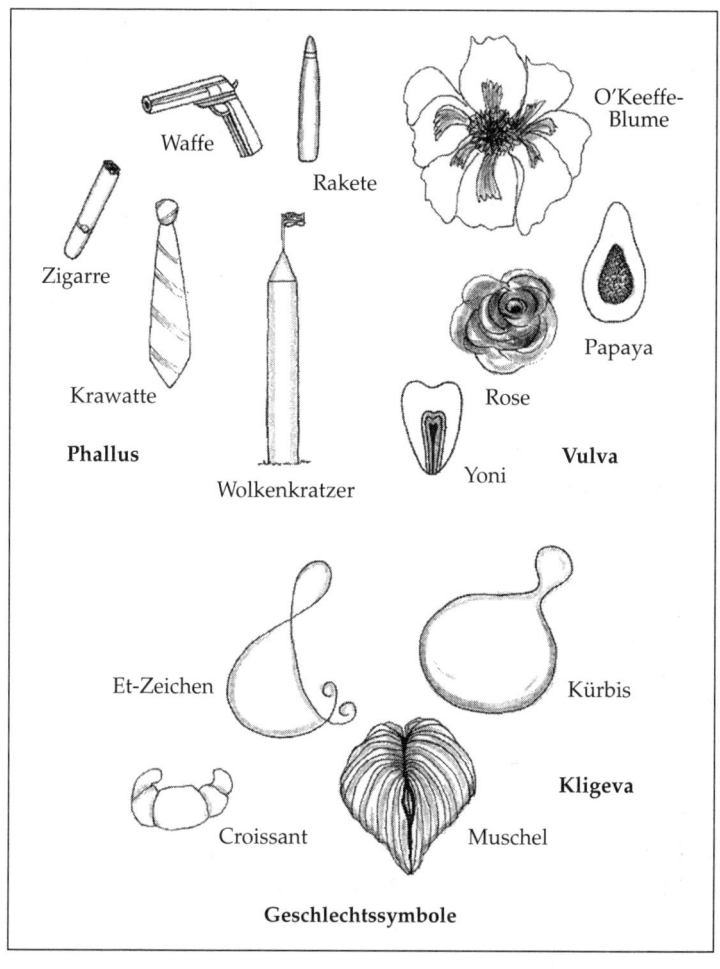

Geschlechtssymbole

beibringen, sich selbst zu untersuchen und ihren Zervix anzusehen. Eine Frau erinnert sich daran, wie sie in den siebziger Jahren mit einer kleinen Gruppe an einem Frauengesundheitszentrum lernte, ihren Zervix zu untersuchen. Als sie zum ersten

Mal in ihrem Leben ihren Gebärmutterhals und den anderer Frauen sah, führte dies eine vollständige Veränderung herbei und zerschlug all die Vorstellungen von ihrem Genital. Außerdem verbesserte es ihr Sexleben. Das Vertrautsein mit der Form und der genauen Lage ihres Zervix ermöglichte ihr, auf das zu horchen, was sie während des Geschlechtsverkehrs wahrnahm. Sie lernte, ihren PC-Muskel zu betätigen, um den Zervix »in die Höhe zu heben« und den Weg zum Vaginadach frei zu machen. Sie zeigte ihn dem Mann, der damals ihr Partner war, und er wurde sich viel bewußter darüber, was sein Penis berührte. Jahre später erklärte er ihr, daß die Lektion seine Einstellung zu den weiblichen Genitalien und zum Sex fundamental verändert hatte. Statt die Vagina als dunkles, geheimnisvolles Loch zu empfinden, war er nun fähig, während des Geschlechtsverkehrs eine Berührung mit dem Zervix auf seinem Weg zum Vaginadach zu vermeiden, eine Fertigkeit, die seine gegenwärtige Partnerin (und alle Frauen) zu schätzen weiß. Wenn die weiblichen Genitalien ans Licht gebracht werden, dann hören sie auf, scheinbar schmutzig und geheimnisvoll zu sein, und die Qualität des Sex verbessert sich.

Die Freude an ihren Genitalien wird den Frauen durch die Gesellschaft und nicht durch ihre Anatomie verwehrt. Tatsächlich würden Frauen die Fähigkeit ihrer Klitoris feiern, ihnen bei jeder sexuellen Berührung Orgasmen zu schenken – wäre die Anatomie denn tatsächlich maßgebend. Statt dessen haben die meisten beim Sex nicht einmal einen Orgasmus. Es ist die Gesellschaft, die weitgehend festlegt, wie Frauen und Männer ihre Genitalien erleben – ob sie Freude daran haben, sich abgestoßen fühlen oder ihnen gegenüber gleichgültig sind.

Der tiefste Schnitt

Die Klitoris einer Frau wird in manchen Kulturen, die Klitoridektomie und andere Formen der genitalen Verstümmelung betreiben, tatsächlich und im eigentlichen Sinn des Wortes herausgeschnitten. Bei über 100 Millionen der Mädchen und Frauen, die heute vor allem in Afrika und im Mittleren Osten leben, wurde ein Teil der Klitoris entfernt. Die weibliche Genitalverstümmelung wird manchmal auch als Beschneidung bezeichnet, doch ist sie weit radikaler als die Entfernung der Vorhaut, wie sie bei der männlichen Zirkumzision (wörtlich: um etwas herumschneiden) erfolgt. Bei einer wirklichen weiblichen Zirkumzision würde man nur das Klitorishäutchen entfernen. Eine Klitoridektomie schließt jedoch mindestens das Herausschneiden der Klitorisspitze und des Klitorisschafts mit ein und wäre folglich dem Entfernen der männlichen Klitoris in der Eichel des Penis vergleichbar. Bei manchen Frauen wird auch das Lippenpaar entfernt und eine Infibulation vorgenommen, wobei man die Vaginaöffnung bis auf ein kleines Loch, durch welches das Menstruationsblut abfließen kann, zunäht.

Genitalverstümmelung ist ein Übergangsritus, der an Mädchen in der Kindheit, in der Pubertät oder später vorgenommen wird, um sie auf die Ehe vorzubereiten. Verteidiger der Praxis sagen, daß man sie im Zusammenhang mit dem kulturellen Kontext verstehen muß, in dem sie stattfindet. Sie weisen darauf hin, daß die Frauen meist selbst wollen, daß dieses Ritual an ihren Töchtern, Nichten und Enkelinnen vollzogen wird. Sie würden sich selbst für fahrlässig halten, durchliefen ihre jungen Verwandten dieses Übergangsritus nicht, da ein Mädchen sonst als nicht auf die Ehe vorbereitet betrachtet wird. Afrikanische Frauen, die im Kampf gegen die Genitalverstümmelung führend sind, und westliche Kritiker wie Alice Walker sagen, daß es sich bei dieser Praxis nicht um Kultur, sondern um Tortur handelt. Es ist ein brutales und schrecklich beängstigendes Vergehen an weiblichen Kindern, das ihnen die sexuelle Autonomie versagt und dazu beiträgt, daß Frauen auf Lebenszeit der Kontrolle ihres Ehemanns unterstehen.

Eine junge Frau aus Nigeria berichtete uns, ihr sei erst als Erwachsener bewußt geworden, daß man bei ihr als acht Monate altes Kind eine Klitoridektomie durchgeführt hatte. Sie entdeckte ihre Verstümmelung erst, nachdem sie in den Vereinigten Staaten übergesiedelt war, ein Diagramm in ihrem Collegeanatomiebuch betrachtend, welches die Vulva darstellte. Sie verglich die Darstellung mit ihrem eigenen Körper und sah, daß bei ihr die Klitorisspitze, der Klitorisschaft und die äußeren Labia fehlten. Niemand, nicht einmal ihre Mutter, hatte ihr gegenüber erwähnt, daß an ihr eine Genitalverstümmelung vorgenommen worden war. Sie ist dennoch zum Orgasmus fähig, wenn sie ihre Vulva reizt, da die Klitorisschenkel übersehen und damit verschont wurden.

Selbst in Europa und in den Vereinigten Staaten, wo solche Prozeduren gegen das Gesetz verstoßen, werden bei manchen Immigrantengruppen weibliche Genitalverstümmelungen vorgenommen. Im Westen sind ähnliche Vorgehensweisen durchaus nicht unbekannt.

In den sechziger Jahren des letzten Jahrhunderts nahmen Ärzte manchmal Klitoridektomien und weibliche Zirkumzisionen (teilweise oder vollständige Entfernung der Klitorishäutchen) vor, um den sexuellen Appetit von Frauen zu kontrollieren. Außerdem wurden bei Tausenden von Amerikanerinnen die gesunden Eierstöcke und Uteri entfernt, um sie von Hysterie und anderen psychischen Erkrankungen zu befreien. Solche Eingriffe erfolgten zusätzlich zu gynäkologischen Operationen, die

»medizinisch einwandfrei« waren und heute als medizinische Indikation betrachtet werden.

Westliche Frauen sind auch heute noch fragwürdiger Genitalchirurgie unterworfen. Obwohl dies inzwischen seltener vorkommt, werden ejakulierende Frauen gelegentlich einem chirurgischen Eingriff unterworfen, der ihre »Harninkontinenz« beheben soll. Bei anderen Frauen werden die Eierstöcke (deren Rolle bei der Regulierung des Hormonhaushalts noch nicht vollständig verstanden wird) oder die Uteri entfernt (ohne daß die Tatsache Berücksichtigung findet, daß der Uterus sich beim Orgasmus zusammenzieht und damit die Lust zu steigern vermag), obgleich weniger radikale Maßnahmen vielleicht angemessener wären. Frauen, die das gebärfähige Alter überschritten haben, sind besonders gefährdet, da bei ihnen davon ausgegangen wird, daß sie diese Organe ohnehin nicht mehr brauchen. Die Autorinnen von *Frauenkörper neu gesehen* schreiben: »Viele Ärzte betrachten die Gebärmutter nur als Fortpflanzungsinstrument und übersehen, daß sie auch eine wesentliche Rolle im Sexualempfinden spielt. Sollte Ihnen also ein Arzt sagen, daß Sie Ihre Gebärmutter doch nicht mehr brauchen, dann sollten Sie ihm klarmachen, daß Sie sie allerdings noch benötigen.«

Psychologische Klitoridektomie

Die Zahl der Kaiserschnitte ist in den Vereinigten Staaten mit am höchsten in den industrialisierten Gesellschaften und offenbart, wie selbstverständlich das Skalpell bei Frauen unterhalb der Gürtellinie angesetzt wird. Obwohl operative Eingriffe zur Reduzierung des Lustempfindens im Westen nicht vorkommen, vollzieht die Sexkultur durch den Aufbau von Schuld- und Schamgefühlen bei Frauen regelmäßig »psychologische Klitoridektomien«. Eine Frau erklärte uns, daß sie im Alter von vier Jahren Orgasmen erlebte. Doch ihre Mutter erklärte ihr, sie würde für Masturbation bestraft. Als sie im Alter von sechs Jahren Nierenprobleme bekam, verstand sie die Schmerzen in der Beckengegend als Strafe; also stellte sie ihr Masturbieren ein. Bis sie in den Dreißigern war, hatte sie nie wieder einen Orgasmus. Eine andere Frau erinnert sich daran, man hätte ihr als Kind erklärt, sie sei ein »Flittchen«, wenn sie an ihr Geschlecht nur denke, geschweige denn es berührte. Sie lernte, ihre Genitalien vom Rest ihres Körpers abzutrennen und hat bis zum heutigen Tag keinen Orgasmus mehr erlebt. Wenn eine Frau, die ihre Genitalien berührt und Freude am Sex hat, als »böses Mädchen« gesehen wird, dann haben Frauen kein Modell dessen, wie eine sexuell gesunde Frau auszusehen hat. Im Zuge ihrer Bemühungen, »gute Mädchen« zu sein, die nicht an sexuelle Gefühle denken oder sich an ihnen erfreuen, kann es geschehen, daß junge Frauen die Entwicklung eines sexuellen Selbst vollständig aufgeben.

Ungleiche Wertschätzung

Mädchen lernen, ihre Genitalien zu verleugnen und auf ihr eigenes Vergnügen zu verzichten, während Jungen ständig subtile Hinweise darauf erhalten, daß ihr Penis etwas ist, woran sie Freude haben und worauf sie stolz sein können. Für die meisten Männer ist der Penis ein Symbol der Stärke, Potenz und des Stolzes. Manche Männer geben ihrem Penis sogar einen Namen und, sobald ein Sexpartner ausreichend vertrauenerweckend ist, werden die beiden einander vorgestellt. Eine Frau ließ uns wissen, daß sie und ihr Freund, als sie beide Teenager waren, seinem Penis nach ihrem Sittich den Namen »Eddie« gegeben hatten. Sie zogen Eddie (den Penis, nicht den Vogel) regelmäßig über sexuelle Angelegenheiten zu Rate und richteten sich nach den Wünschen, die er äußerte. Eddie wußte, was er wollte und wann er es wollte. Die Genitalien der jungen Frau hatten keinen Namen, keine Identität und offenbar auch keine eigenen Bedürfnisse.

Im Vergleich zu dem aus sich herausgehenden Penis führen die Genitalien einer Frau ein zurückgezogenes Leben. Sie bleiben anonym, und obgleich sie Besuch empfangen, wird von ihnen nicht erwartet, daß sie ausgehen und Kontakte herstellen oder eigene Forderungen stellen. Frauen selbst haben nur selten eine derartige Beziehung zu ihren intimsten Körperteilen, daß sie mit ihnen ein Gespräch suchen würden. Wie eine im Kloster lebende Nonne legen die weiblichen Genitalien ein Schweigegelübde ab.

Praktisch anwendbares Wissen

Frauen können durch praktische Selbsterfahrung ihre Sexualität entwickeln und sich an ihrem Geschlecht erfreuen. Während sie sich ihrer genitalen Freuden bewußt werden, entdecken sie das Ungleichgewicht zwischen ihren eigenen Erfahrungen und dem, was die Sexkultur ihnen weismachen will. Sie entdecken empfindliche Stellen wie den G-Punkt, doch erhalten sie von Sexualexperten (einige von ihnen stellen die Erfahrungen der Frauen in Frage) nur wenig Bestätigung dafür oder Informationen darüber. Zeitschriften, Sexhandbücher und manche Gynäkologen erklären ihnen, daß bei einer normalen Frau ein Orgasmus durch Geschlechtsverkehr ausgelöst wird, oder daß Ejakulat nur Urin ist. Sie sehen Zeichnungen, auf denen ihre Klitoris die Größe einer Erbse hat, statt als ein Organ dargestellt zu sein, das sich in den Körper hinein erstreckt und viel länger und größer ist als die sichtbare Klitorisspitze. Die Parallele zwischen der Klitoris einer Frau und dem erektionsfähigen Gewebe im Penis eines Mannes

> **Was besagt ein Name?**
>
> John Thomas und Lady Jane (in D. H. Lawrence *Lady Chatterleys Liebhaber*) sind vielleicht die berühmtesten genitalen Protagonisten der modernen Literatur. Doch die meisten Namen, die den weiblichen und männlichen Genitalien verpaßt werden, spiegeln die unterschiedliche Wertschätzung wider, die beiden zuteil wird. In Nicholson Bakers Roman *Vox* spricht der männliche Anrufer liebevoll von seinem »Werner Heisenberg« (nach dem Physiker, der den Einfluß des Beobachters auf den Ausgang eines Experiments darlegte). Obgleich er zahllose Namen für die Brüste einer Frau kennt, fällt ihm als Spitzname für die Klitoris nur »Praline« ein, und das weibliche Gegenstück des Anrufers hat überhaupt keinen lieben Kosenamen für ihre eigenen Genitalien zu bieten.
>
> In der Umgangssprache werden weibliche Genitalien oft mit Früchten verglichen – die Klitorisspitze ist eine Kirsche und die Vulva eine Feige –, womit nahegelegt wird, daß sie süß schmecken, solange sie frisch sind, daß sie jedoch rasch verderben. Früchte sind kurzlebig und empfindlich, ganz das Gegenteil von der langanhaltenden Regentschaft des kraftvollen Penis, die von Kondomnamen wie Trojaner, Scheich und Ramses nahegelegt wird. Keine ähnlichen Fantasien der Macht, der Herrlichkeit und Unsterblichkeit werden an den weiblichen Genitalien festgemacht. Die einzige Marke für Frauenkondome in den USA heißt einfach Reality (Wirklichkeit).

wird übersehen. Die Lust, die Frauen bei Berührung des Vaginadachs empfinden, wird ignoriert, nicht erkannt und nicht erklärt. Die Liste der umstrittenen Einzelheiten, falschen Annahmen und Wissenslücken könnte endlos fortgesetzt werden.

Jede Frau kann zu einem besseren, gesunderen und lustorientierteren Verständnis von Sexualität beitragen, indem sie sich auf eigene Faust mit ihren Genitalien beschäftigt und herausfindet, welche Gefühle sie freizusetzen fähig sind. Eine Frau kann zu ihrer eigenen besten Autorität in Sachen erotische Freuden werden. Durch Selbsterforschung entsteht die Möglichkeit, ihre Erfahrungen mit gegenwärtigen Modellvorstellungen von ihren Genitalien wie auch mit alternativen Modellen zu vergleichen. Wenn Frauen miteinander ihre Fragen, Antworten und Vorstellungen teilen, dann spornen sie die Sexkultur in ihrer Gesamtheit dazu an, das existierende Bild von der weiblichen Anatomie wie auch der Natur des Sex neu zu formulieren.

Eine neue Sichtweise der weiblichen Genitalien setzt ein neues Vokabular voraus. Die alternativen Vorstellungen und Begriffe, die wir weiter unten vorstellen, sollen Frauen dabei helfen, sich mit den Gefühlen, die sie noch entdecken können, zu identifizieren und zu verstehen, wie auch mit jenen, die sie bereits kennen, für die sie aber bisher keine Namen hatten. Diese neue Sichtweise zeigt die Genitalien nicht als einen Haufen miteinander verbundener Teile, sondern als sexuelles Ganzes – als die Kligeva. Unser Ziel ist es, Klarheit, gesunden Menschenverstand und Einfachheit in das einzubringen, was so lange Zeit ein verwirrendes Geheimnis war.

Die gar nicht so verschiedenen Geschlechter

Die Sexkultur spricht immer von den beiden entgegengesetzten Geschlechtern, der Gegengeschlechtlichkeit. Wäre man genau, dann müßte man sie jedoch eher als die ungleichen Geschlechter bezeichnen, weil man Männer als Standardmodell betrachtet, mit dem Frauen verglichen und als mangelhaft befunden werden. Was immer Männer sind oder haben, Frauen sind es nicht oder brauchen es. Folglich sind Männer sexuell aggressiv, während Frauen dies nicht sind; Männer haben einen Penis, Frauen nicht. Der Penis wird als das fundamentale Sexualorgan betrachtet, und Frauen haben ganz offensichtlich nichts, was sich entweder in seiner Größe oder Bedeutung damit messen könnte.

Was Frauen jedoch an Interessantem haben, ist die Vagina, die als *Ergänzung* zum Penis des Mannes begriffen wird. Die Vagina wird als passiver, leerer Raum betrachtet, welchen der aktive, raumgreifende Penis füllt. Die Klitoris der Frau ist von geringerem Interesse, da sie Männern keine direkte genitale Lust verschafft. Fälschlicherweise als winzige Erbse betrachtet, wird die ja offensichtlich kleine Klitoris als Beweis dafür herangezogen, daß Frauen das zweite und untergeordnete Geschlecht sind.

Anatomiebücher stellen die Klitoris der Frau typischerweise als unterentwickelten Penis dar. In Illustrationen über die genitale Entwicklung des menschlichen Fötus wird das beiden gemeinsame erektionsfähige Gewebe beim männlichen Fötus mehr und beim weiblichen Fötus weniger. Die Klitoris wird als Penis präsentiert, der an der Rebe zur Bedeutungslosigkeit schrumpft. Doch neueste Forschung zeigt, daß auch bei weiblichen Föten das erektionsfähige Gewebe zunimmt. Erwachsene Frauen und Männer besitzen im Verhältnis gleichgroße Sexualorgane. Sie sind im weiblichen und im männlichen Körper nur unterschiedlich angeordnet.

Diese Sichtweise der Klitoris als im Vergleich zum Penis kleines und unbedeutendes Organ wird in der medizinischen Ausbildung gestützt. Norma Wilcox, Krankenschwester und Sexologin, die Medizinstudenten darin unterweist, wie man Untersuchungen im Beckenbereich durchführt, berichtete uns, daß nach Aussagen der Medizinstudenten und Ärzte zwar die Ana-

Verlorene und wiedergefundene Teile

Das Wissen um die weibliche sexuelle Anatomie und ihre Funktionen, seit Jahrhunderten bekannt, ist wiederholt »verlorengegangen« und dann »wiedergefunden« worden. Die Freudschen Vorstellungen von der Sexualität ließen die Klitoris außer acht und konzentrierten sich auf die psychosexuelle Rolle der Vagina. Erst in den sechziger Jahren haben Forscher wie Masters und Johnson und Feministinnen wie Shere Hite und Mary Jane Sherfey die Klitoris wiederentdeckt.

Auch der G-Punkt wurde mehrmals »entdeckt« und »verloren«. Der Beitrag, den der G-Punkt zur Lust der Frau leistet, wurde in der antiken griechischen Medizin erkannt und durch Regnier de Graaf (1641–1673) im Europa des 17. Jahrhunderts erneut beschrieben, jedoch in der wissenschaftlichen Literatur weitgehend ignoriert, bis Ernest Gräfenberg (1881–1957) sich 1950 wieder damit befaßte. Die Arbeiten von de Graaf und Gräfenberg wurden 1978 durch die Veröffentlichung eines Artikels über die weibliche Prostata und über weibliche Ejakulation von Josephine Lowndes Sevely und J. W. Bennett ins Bewußtsein der Sexologen gerufen. Sevely und Bennetts Ergebnisse inspirierten weitere Forschungen, die 1982 in der Veröffentlichung von *The G Spot and Other Recent Discoveries About Human Sexuality* (Der G-Punkt und andere vor kurzem gemachte Entdeckungen über die menschliche Sexualität) von Alice Kahn Ladas, Beverly Whipple und John D. Perry ihren höchsten Stand erreichte. Ladas, Whipple und Perry benannten den G-Punkt nach Gräfenberg (im Deutschen auch Gräfenberg-Zone oder G-Zone) und trugen ihn und die weibliche Ejakulation in das Bewußtsein der Öffentlichkeit. Dennoch zweifeln viele Sexperten auch 15 Jahre später noch daran, daß beides tatsächlich existiert, obwohl Frauen dies immer wieder leidenschaftlich bekräftigen.

tomie des Penis gelehrt wird, daß jedoch die Zeit meist knapp wird, bevor sie zur Klitoris kommen. Außerdem erfahren sie nichts über die Anatomie oder Physiologie des Harnröhrenschwellgewebes beziehungsweise des G-Punkts. Wilcox vertritt die Auffassung, daß man diese Organe der weiblichen Genitalanatomie »nicht würdigt, daß man sie nicht lehrt und ihnen daher auch keinen Wert beimißt«. Sie ist sich sicher, daß Medizinstudenten durch die Unterweisungen durch einen Sexologen profitieren würden.

Die entgegengesetzten und ungleichen Genitalien von Frauen und Männern aus dem gegenwärtigen Verständnis

weiblich	*männlich*
Vagina	Penis
Klitorisspitze	Penis

Die Sexkultur sieht die ihr vertrauten Bestandteile der weiblichen Genitalien aus der Perspektive des männlichen Penis. In Wahrheit ist die Vagina viel mehr als nur der Behälter der Penetration. Sie verfügt über empfindliche Teile, die nicht zwangsläufig am besten mit einem Penis zu stimulieren sind. Der Kitoris-Penis-Vergleich ist ebenfalls falsch, da hier ein Bestandteil mit einem Ganzen verglichen wird. Die Klitorisspitze, oft als winzige Version des männlichen Penis bezeichnet, ist nur der sichtbare Teil eines sehr viel größeren inneren Organs.

Die neue Sichtweise der Genitalanatomie, die wir hier präsentieren, zeigt, daß Frauen und Männer eher ähnlich als unterschiedlich sind. Beide Geschlechter entwickelnd die gleichen Sexualorgane, und sie weisen mehr oder weniger auch die gleiche Größe auf. Obwohl die allein der Fortpflanzung dienenden Organe eine größere Differenzierung und unterschiedliche Funktionen entwickeln, weisen die Teile der weiblichen und männlichen Anatomie, die allein dem sexuellen Vergnügen dienen, eine bemerkenswerte Ähnlichkeit auf. Der hauptsächliche Unterschied besteht darin, *wie* sie im Körper angeordnet sind. Die Klitoris der Frau erstreckt sich im Inneren ihres Körpers über die gleiche Länge wie der Penis des Mannes außerhalb seines Körper. Die Spitze der weiblichen Klitoris liegt in der Vulva frei, während sich beim Mann die Klitoris vollständig im Inneren des Penis befindet. Die Unterschiedlichkeit ihres äußeren Erscheinungsbildes und ihrer Plazierung im Körper werden durch die verschiedenen Namen künstlich hervorgehoben, die man Teilen gibt, die jedoch bei Frauen und Männern die gleichen Funktionen erfüllen. Beispielsweise wird das, was im wesentlichen eine Klitoris ist, beim Mann als *Corpus cavernosum* (Schwellkörper) bezeichnet. Doch wird die Ähnlichkeit kaum wahrgenommen, obwohl der anatomisch korrekte Begriff für die weibliche Klitoris *Corpora cavernosum clitoridis* ist. Die Klitoris des Mannes wird in der Regel zugunsten des Penis als Ganzem vollkommen übersehen. Auf ähnliche Weise wird die weibliche Prostata, die nichts anderes ist als der G-Punkt, ignoriert, und man behauptet, nur Männer hätten ein solches Organ. Entdeckt ein Paar, daß sowohl Frauen als auch Männer über die gleichen, der Lust dienenden Organe verfügen, daß sie im weiblichen und männlichen Körper nur unterschiedlich angeordnet sind und daher unterschiedliche Stimulationstechniken brauchen, dann ist es den Partnern möglich, einander auf einer Basis der Gleichberechtigung Lust zu schenken und sich an ihr zu erfreuen.

Darauf hinzuweisen, auf welche Weise Frauen und Männer einander ähnlich sind, ordnet kein Geschlecht dem anderen unter, sondern sorgt statt dessen für eine radikal gleichwertige Sicht der Genitalien und der Lust. Männer sind ebensosehr Frauen ähnlich wie Frauen Männern ähnlich sind. Typischerweise wurden Frauen bisher aus dem Blickwinkel von Männern betrachtet, also schlägt Shere Hite vor, zur Abwechslung einmal die Männer aus dem Blickwinkel von Frauen zu sehen. »Stellen Sie sich den Penis einfach als nach außen verlegte, bei Frauen sich innen befindende Klitoris vor«, rät sie, und fordert damit die Sexkultur zu der Einsicht heraus, daß Frauen weder das Gegenstück von Männern, noch ihnen in sexueller Hinsicht unterlegen, sondern im wesentlichen ihnen gleich sind.

Josephine Lowndes Sevely vertritt in ihrem Buch *Eve's Secrets: A New Theory of Female Sexuality* (Evas Geheimnisse: Eine neue Theorie der weiblichen Sexualität) die Meinung von der Ähnlichkeit zwischen den weiblichen und männlichen Genitalien. Auf einige Frauen, die Sex neu überdenken, hat ihre Arbeit tiefen Einfluß genommen, da sie das Fundament für eine grundlegend gleichberechtigte Einstellung zur Sexualität errichtet, bei der der einzige wirklich wichtige Unterschied zwischen Frauen und Männern ein, wie Sevely es ausdrückt, »organisatorischer und nicht ein substantieller ist«.

Die einzelnen Teile
Die Klitoris

Im Mittelpunkt einer neuen Sichtweise der weiblichen Genitalanatomie steht die Klitoris. Die Klitoris besteht aus einem erektionsfähigen Gewebe, das sich mit Blut füllt und das sexuell empfindlichste Organ der Genitalanatomie von Frauen (und Männern) ist.

Die meisten Frauen sind sich der Lustkapazität ihrer Klitoris bewußt und wissen, daß sie die primäre Quelle des weiblichen

Orgasmus ist. Doch haben sie oft nur eine unvollkommene Vorstellung davon, wie sie eigentlich aussieht.

Das Wort »Klitoris« leitet sich vermutlich aus dem Griechischen ab und bedeutet entweder »geschlossen« (weil sie durch die Labia dem direkten Blick entzogen wird) oder »kleiner Hügel«. Dieser kleine Hügel ist jedoch nur die Spitze eines sehr viel größeren Organs. Die meisten Menschen glauben, daß die Klitorisspitze und der Klitorisschaft die ganze Klitoris ist, und nehmen an, daß sie in ihrer Form einem kleinen Penis gleicht. Doch wie *Frauenkörper neu gesehen*, *Eve's Secrets* und andere Veröffentlichungen zeigen, ist die vollständige weibliche Klitoris mehr als zehn Zentimeter lang und geformt wie ein Y oder ein Gabelbein. (Sevely vergleicht die Klitoris mit dem Samen des Ahornbaumes.) Die Schenkel des Gabelbeins erstrecken sich links und rechts von der Vagina in den Körper hinein.

Die Klitoris wird in der Regel als Organ betrachtet, das nur Frauen haben. Sexbücher feiern die weibliche Klitoris als das einzige Organ, das allein der Lust dient, eine Ungenauigkeit, die lediglich verdeutlicht, wie dieser Zweck routinemäßig übersehen wird. Wenige Autoren räumen ein, daß Männer etwas haben, das im wesentlichen der Größe einer Klitoris gleichkommt und dem selben Zweck dient – der Lust. Bei Frauen und Männern füllt sich die Klitoris mit Blut, im Zustand der Erregung wird sie fester, größer, gerader und reagiert sensibler auf Berührung und Druck. (Weil sich die Klitoris gerade ausrichtet, scheint sich die Klitorisspitze unter dem Klitorishäutchen zurückzuziehen.) Bei einem Mann verursacht das Anschwellen der Klitoris die Vergrößerung und Aufrichtung des Penis. Bei einer Frau bewirkt das Anschwellen der Klitoris die Vergrößerung und stärkere Wölbung der Kligeva. Weil die Erektion des Mannes äußerlich und sichtbar ist, scheinen die männlichen Sexualorgane viel größer als die von Frauen zu sein, deren Erektion im Inneren des Körpers stattfindet. Tatsächlich aber hat die Klitoris bei Frauen und Männern proportional zum Körper die gleiche Größe. (Bei Frauen ist sie etwa zehn und bei Männern etwa 12,5 Zentimeter lang.) Die Proportionen des Y unterscheiden sich folgendermaßen: Die weibliche Klitoris besteht aus einem kurzen Schaft und langen Schenkel, die sich um die Vagina schließen; die männliche Klitoris, der *Corpus cavernosum* hat einen langen Schaft, der sich über die Länge des Penis erstreckt, und kurze Schenkel.

Die beiden Organe unterscheiden sich auch in der Art, wie sie im Körper plaziert sind. Bei der Frau befindet sich die empfindliche Klitorisspitze außerhalb des Körpers, während sie beim Mann im Inneren des Penis eingeschlossen ist. (Ironischerweise kehrt dies die übliche Sichtweise um, daß sich die weiblichen Genitalien im Inneren und die männlichen außerhalb des Körpers befinden.) Weil sie frei liegt, ist die Spitze der weiblichen Klitoris Berührungen zugänglich, während sich die Spitze des männlichen Klitoris in der Eichel des Penis befindet und daher nicht direkt berührt werden kann. Wird der Penis gestreichelt, dann bewirkt dies die Stimulierung der gesamten Klitoris ebenso wie der Harnröhre, die in ihrem Inneren verläuft. Bei Frauen und Männern ist die Harnröhre gleichermaßen von einem schwammigen Gewebe, dem *Corpus spongiosum* umgeben. Bei der Frau grenzen die Schenkel der Klitoris an das sensible Gewebe der Harnröhre an, während beim Mann der Klitorisschaft und die Harnröhre im Inneren des Penis parallel zueinander verlaufen.

Wenn man die unterschiedliche Ausrichtung der Klitoris bei Frauen und Männern erkennt, dann wird verständlich, warum Männer beim Geschlechtsverkehr kommen und Frauen nicht. Beim Geschlechtsverkehr werden die Eichel und der Penis-

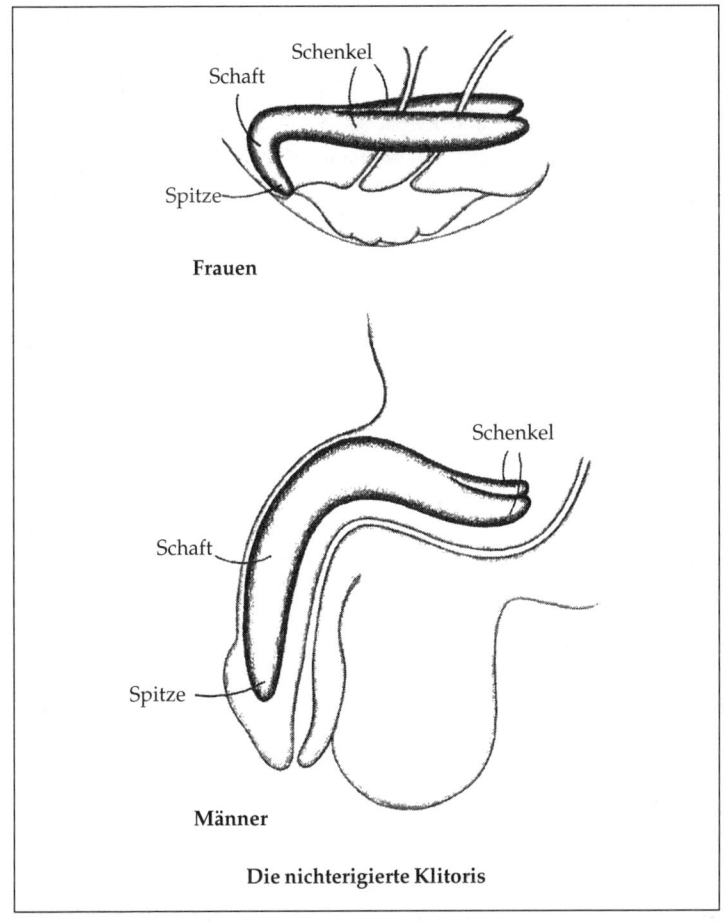

Die nichterigierte Klitoris

schaft des Mannes massiert, indem sie sich an den Vaginawänden reiben. Wenn die Frau ihren PC-Muskel anspannt, dann üben die Vaginawände Druck auf den Klitorisschaft des Mannes, seine Harnröhre und das diese umgebende schwammige Gewebe aus. Alle empfindlichen Teile seines Penis werden

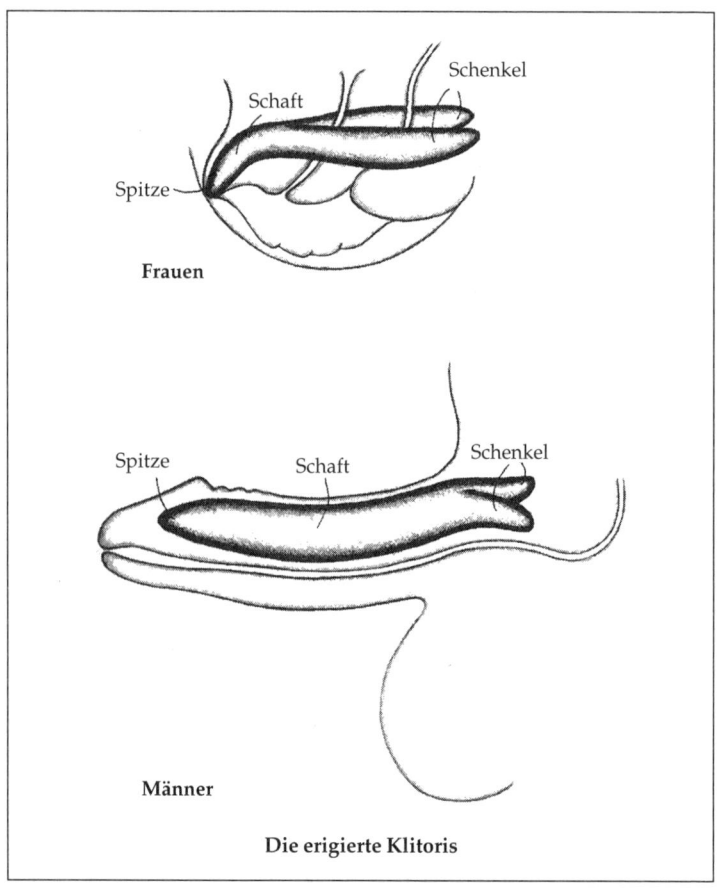

Die erigierte Klitoris

gleichzeitig stimuliert. Doch während der Penetration umgeht der Penis die Klitorisspitze der Frau und taucht zwischen ihren Klitorisschenkeln in die Vagina ein. Außerdem umgeht er das sensible Gewebe der weiblichen Harnröhre. Sein Penis vermag die Klitorisschenkel zu stimulieren und das schwammartige, die Harnröhre umschließende Gewebe, aber *nur, wenn die Ge-*

nitalien der Frau erigiert sind. Der Körper des Mannes oder sein Penis pressen sich vielleicht angenehm gegen die Klitorisspitze der Frau oder den U-Punkt (Bereich um die Harnröhrenöffnung). Doch ist diese Stimulierung weder so direkt noch so kontinuierlich wie die klitorale Stimulierung, die ein Mann während des Koitus erhält. Frauen benötigen die gleiche Klitorisstimulierung, die Männer erhalten, um zum Orgasmus zu kommen. Diese wird am besten durch Manualsex gewährleistet, nicht durch Penetration.

Der orgastische Halbmond

Der »orgastische Halbmond« ist der Name, den wir einem Bereich der weiblichen Genitalanatomie geben, in dem mehrere stark empfindungsfähige Teile zusammenlaufen. Der Schlüssel zum orgastischen Halbmond ist die Klitoris, die sich an einem der äußeren Enden befindet. Die Klitoris ist die erste Haltestelle, die auf einem halbmondförmigen Bogen liegt, der sich von der außen am Körper befindlichen Klitorisspitze bis zum innenliegenden G-Punkt erstreckt. Ausgehend von der Klitoris, fährt ein Finger, der dem Halbmond folgt, zunächst über das Frenulum oder Bändchen (siehe S. 259) und über den U-Punkt und dringt dann, bereits in der Vagina, zum G-Punkt vor. Wir bezeichnen diesen Halbmond als »orgastisch«, weil in ihm die drei Lustzentren Klitoris, U-Punkt und G-Punkt vereinigt sind.

Die Klitoris führt den orgastischen Halbmond in den Zustand der Erektion. Durch entsprechende Stimulierung wird die Klitoris in einen Erregungszustand versetzt, der den gesamten Bereich anschwellen läßt wie der Hefeteig ein Croissant. Wie ein Croissant ist der orgastische Halbmond zugleich fest und locker und für eine Frau und ihren Partner gleichermaßen köstlich. Die Stimulierung des gesamten orgastischen Halbmonds erzeugt intensive Orgasmen und bewirkt bei manchen Frauen eine Ejakulation.

Das Frenulum. Nach der sensiblen Klitorisspitze ist das Frenulum, in dem die inneren Labia zusammenlaufen, die nächste Haltestelle entlang des orgastischen Halbmonds. Es ist so dicht an der Klitorisspitze (sich manchmal über und manchmal unter ihr mit ihr verbindend), daß es leicht mit ihr verwechselt werden kann. (Beim Mann ist das Frenulum die kleine Hautfalte an der Unterseite der Eichel.) Bei Frau und Mann gleichermaßen laufen im Frenulum zahlreiche Nervenenden zusammen, die auf Berührung reagieren.

Der U-Punkt. Einer der am wenigsten bekannten und wichtigsten Lustzentren der Frau ist der U-Punkt, die dritte Haltestelle auf dem orgastischen Halbmond. Josephine Lowndes Sevely beschreibt die sexuell empfindsame Stelle im Umfeld der Harnröhrenöffnung als mit der Eichel des männlichen Penis vergleichbar (und bezeichnet den U-Punkt folgerichtig als Glans-Eichel). Barbara Keesling ist eine der wenigen bekannten Autorinnen, die diesen Bereich anerkennt und als Sexualorgan behandelt. Keesling nennt die Stelle »U-Punkt«, weil sie an der Harnröhrenöffnung beziehungsweise an der Urethra, so das lateinische Wort, liegt. Frauen stellen möglicherweise eine erhöhte Empfindlichkeit an ihrem U-Punkt fest, ohne jedoch jemals im Zusammenhang mit Sex von dem Bereich etwas gehört zu haben. Eine Freundin erzählte uns, daß sie sich Sorgen gemacht hatte, als ihr zum ersten Mal »dieses hervorstehende Ding« unterhalb der Klitorisspitze aufgefallen war; sie hielt es für eine Mißbildung und fragte sich, ob sie vielleicht zwei Klitoris habe. Ihr Gynäkologe hatte etwas Ähnliches niemals erwähnt. Erst nach der Lektüre dieses Kapitels erkannte sie, daß es nichts anderes als ihr U-Punkt war.

Die einzelnen Teile 259

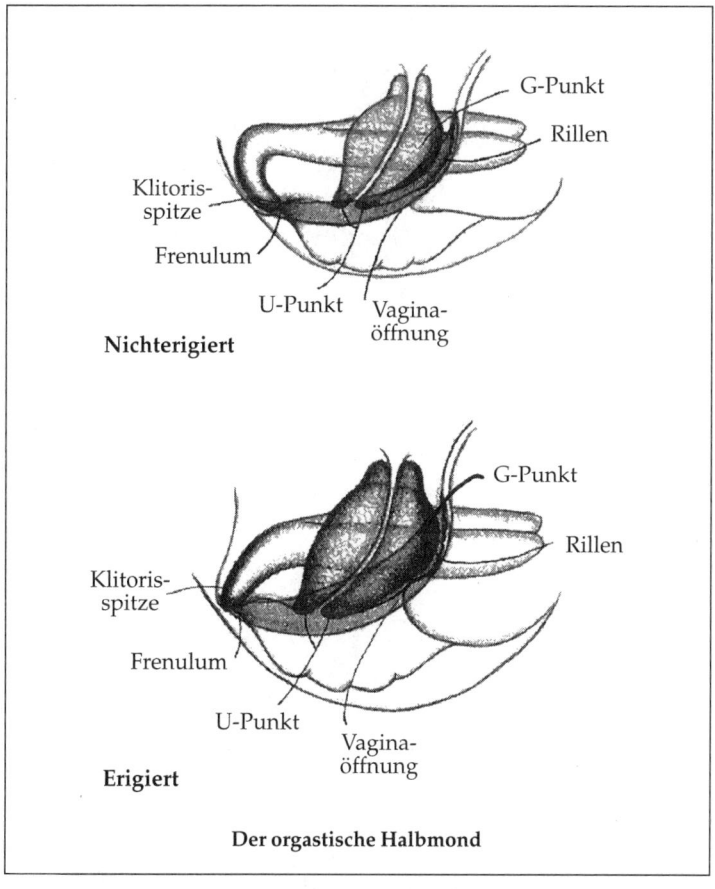

Der orgastische Halbmond

Der U-Punkt liegt ungefähr zwei Zentimeter unterhalb der Klitorisspitze. Es ist möglich, daß Frauen durch den U-Punkt erotische Empfindungen haben, doch weil die Stelle so dicht an der Klitoris ist, mag es unmöglich sein, zwischen beiden zu unterscheiden. Bei der Klittage oder wenn der Vibrator auf die Klitoris angesetzt wird, ist es wahrscheinlich, daß dabei auch

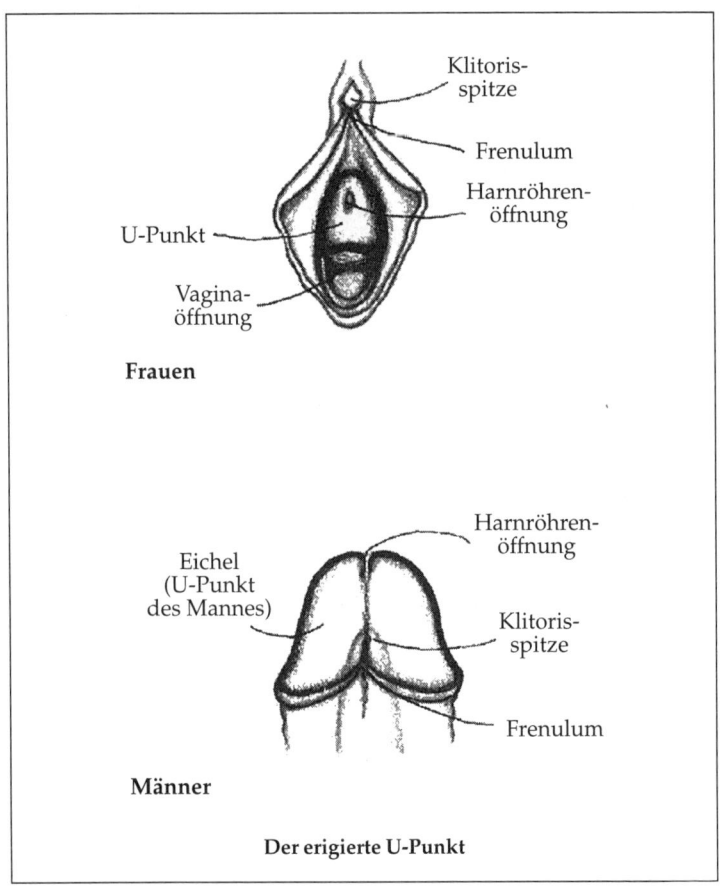

Der erigierte U-Punkt

der U-Punkt mit stimuliert wird. Der U-Punkt ist sehr beweglich. Während der Penetration wird der U-Punkt der Frau vor und zurück gezogen, während der Penis ihres Partners, sein Finger oder ein Dildo in die Vagina hinein- und hinausgleitet. Die Stimulierung des U-Punkts wirkt sich auf die gesamte Harnröhre und auch auf den G-Punkt aus, was der Grund dafür sein mag, warum manche Frauen durch das, was lediglich eine Klitorisstimulierung zu sein scheint, ejakulieren.

Eine Frau kann ihren U-Punkt finden, indem sie die inneren Labia auseinander- und die Klitoris hinaufzieht. Unter Zuhilfenahme eines Spiegels sieht sie, daß der U-Punkt durch eine Vertiefung begrenzt wird und daß sein unterer Rand zugleich der obere Rand der Vaginaöffnung ist. Er ist oft schwer zu erkennen, weil er sich möglicherweise nicht deutlich genug vorwölbt, im erigierten Zustand jedoch schwillt der U-Punkt zu einer Eichelform an, die sich deutlich über der Vaginaöffnung abhebt. Im nichterigierten Zustand reagiert er möglicherweise empfindlich auf Berührungen (Gleitmittel verwenden), wird jedoch sexuell empfindungsfähig, wenn er erigiert ist.

In der Regel wird die Peniseichel des Mannes mit der weiblichen Klitorisspitze gleichgesetzt, doch hat sie mehr mit dem U-Punkt der Frau gemeinsam. Beide, der U-Punkt und die Eichel, werden von der Harnröhre durchdrungen. Beide haben die Form einer Eichel (beim U-Punkt normalerweise nur im erigierten Zustand sichtbar), und beide reagieren empfindlich auf direkte Stimulierung. Bei der Frau liegen U-Punkt und Klitorisspitze etwa zwei Zentimeter auseinander; beim Mann befindet sich die Harnleiteröffnung direkt über der Klitorisspitze. Für Frauen und Männer steht die Klitoris gleichermaßen in Verbindung mit allen Teilen der Harnröhre (U-Punkt, *Corpus spongiosum* und Prostata oder G-Punkt) und ist die primäre Quelle der Lust.

Die Harnröhre. Die weibliche Harnröhre wird meist nicht als Sexualorgan betrachtet. Den meisten Menschen ist klar, daß die Harnröhre des Mannes automatisch am Sex beteiligt sein muß, da sie ja in der Mitte des Penis verläuft und bei der Ejakulation als Durchgang für den Samen fungiert. Die Harnröhre einer

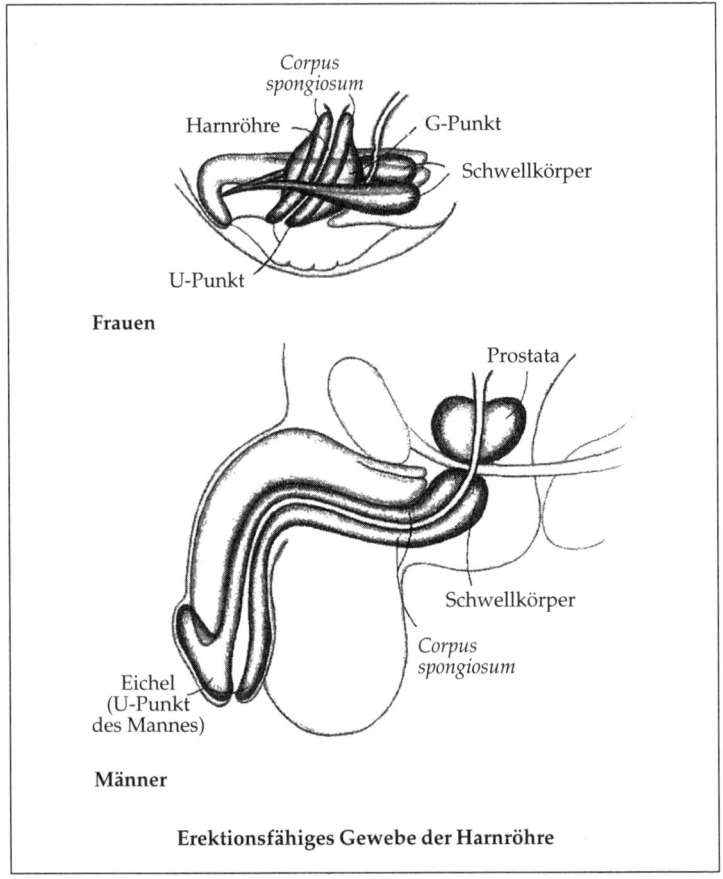

Erektionsfähiges Gewebe der Harnröhre

Frau verläuft mitten durch ihren orgastischen Halbmond und wird mit weiblicher Lust und Ejakulation in Verbindung gebracht.

Josephine Lowndes Sevely ist eine der wenigen Autorinnen, die die weibliche Harnröhre als Sexualorgan bezeichnet. Die Harnröhre wird von dem sexuell empfindlichen Gewebe des

Corpus spongiosum (erektionsfähiges Gewebe, welches die gesamte Harnröhre umgibt) umhüllt und befindet sich in unmittelbarer Nachbarschaft zu den Schwellkörpern (das erektionsfähige Gewebe, das sich beiderseits der Vaginaöffnung entlang der Klitorisschenkel erstreckt) und zum G-Punkt.

Der *Corpus spongiosum und die Schwellkörper*. Bei Männern und Frauen gleichermaßen wird das empfindliche Gewebe, welches die Harnröhre umgibt, *Corpus spongiosum* genannt. Dies ist ein erektionsfähiges Gewebe, welches mit dem U-Punkt in Verbindung steht. Bei sexueller Erregung füllt sich das Organ mit Blut, erigiert und reagiert auf Druck. Obgleich es nicht direkt berührt werden kann, wird der Corpus spongiosum indirekt durch Druck auf G-Punkt und U-Punkt stimuliert.

Die Schwellkörper bestehen aus dem gleichen erektionsfähigen Gewebe wie der *Corpus spongiosum*. Bei der Frau sind sie in zwei Teile gegliedert, während der Mann nur einen Schwellkörper besitzt. Die beiden Schwellkörper der Frau befinden sich links und rechts von der Vaginaöffnung neben den Klitorisschenkeln. Die weiblichen Schwellkörper werden stimuliert, wann immer Klitoris, U-Punkt, Corpus spongiosum oder G-Punkt erregt werden. Das Anschwellen der weiblichen Schwellkörper wird in der Erektion sichtbar. Die Schwellung verursacht das Aufblähen der Labia und das Engerwerden des äußeren Drittels der Vagina. Die vergrößerten Schwellkörper erhöhen beim Koitus das Gefühl der Reibung und den Druck gegen die Vaginawände

Der *G-Punkt*. Die vierte und letzte Haltestelle auf dem orgastischen Halbmond ist der G-Punkt, das zweitwichtigste Lustzentrum der Frau nach der Klitoris. Der G-Punkt wird häufig mit der weiblichen Vagina gleichgesetzt, da er durch die Penetration der Vagina zu erreichen ist. Doch der G-Punkt oder die

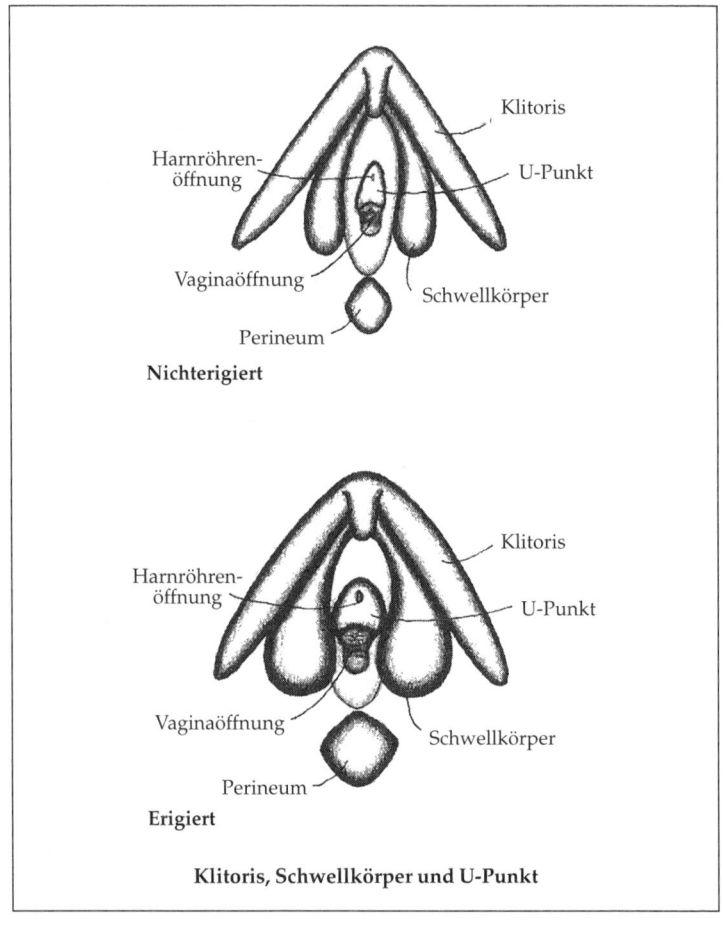

Klitoris, Schwellkörper und U-Punkt

weibliche Prostata umgibt die Harnröhre und besitzt Kanäle, die sich in die Harnröhre hinein öffnen (ebenso wie dies auch bei der Prostata des Mannes der Fall ist). Der G-Punkt ist am wirkungsvollsten durch G-Punkten zu stimulieren, indem er gerieben und mit den Fingern Druck auf ihn ausgeübt wird. Er

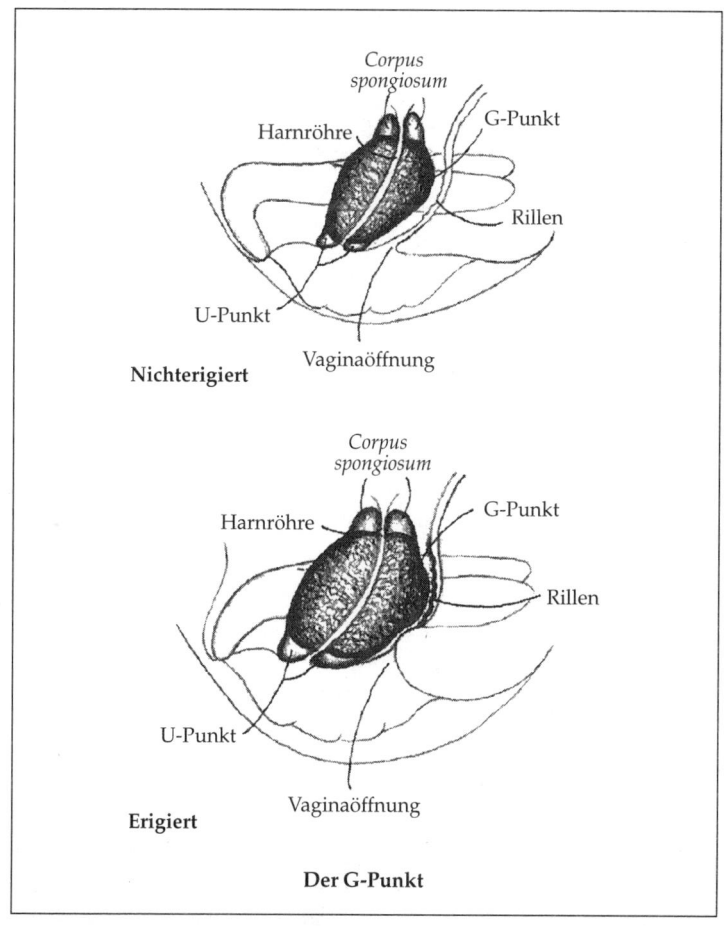

Der G-Punkt

kann auch durch einen speziellen Vibratoraufsatz, durch den Penis oder einen Dildo erregt werden.

Die Stimulierung des G-Punkts erzeugt Lustgefühle, die zum Orgasmus und zur Ejakulation führen können. Das weibliche Ejakulat ist eine Flüssigkeit, die dem samenlosen von der Prostata des Mannes ausgeschütteten Sekret ähnlich ist. Frauen und Männer ejakulieren beide durch die Harnröhre.

Der G-Punkt ist ein Sexualorgan, das erst noch im Entstehen begriffen ist. Es wird darüber gestritten, ob er überhaupt existiert, ob alle Frauen ihn haben und welchen Namen er tragen soll. Beverly Whipple und John Perry benannten die Stelle wie erwähnt nach Ernest Gräfenberg G-Punkt. Sevely bezeichnet ihn als die weibliche Prostata, weil das Organ das Gegenstück dieser Drüse ist. Die Autorinnen von *Frauenkörper neu gesehen* nennen ihn Harnröhrenschwellgewebe, weil er eine Flüssigkeit enthält und ausschüttet. Andere bezeichnen ihn als die periurethrischen Drüsen, weil er aus Drüsen besteht, welche die Harnröhre umgeben. Die Tantriker Carolyn und Charles Muir geben ihm den Namen »S-Punkt« (von »sacred«, heilig). Wir verwenden den Begriff G-Punkt, weil er am geläufigsten ist, obwohl es einigen Kritikern mißfällt, daß die Bezeichnung die Vorstellung erzeugt, man müsse nur auf einen »magischen Knopf« drücken, um einen Orgasmus hervorzurufen. Wir meinen, daß das Wort Punkt hilfreich ist, weil es hervorhebt, daß die Stimulierung einer bestimmten Stelle Lustgefühle erzeugt.

Der G-Punkt und die weibliche Ejakulation. Wenn Frauen gelernt haben, ihren orgastischen Halbmond – G-Punkt, U-Punkt und Klitoris inklusive – zu stimulieren, dann machen sie vielleicht die erotisierende Erfahrung einer Ejakulation. In Sexualkundebüchern weitgehend unerwähnt, ruft die weibliche Ejakulation große Kontroversen unter den Personen hervor, die sich mit Sex befassen. Manche weigern sich zu glauben, daß es sie gibt, und vermuten, daß Frauen, die scheinbar ejakulieren, in Wirklichkeit urinieren. Beverly Whipple, die sich eingehend mit dem Phänomen befaßt hat, versichert, daß »manche Frauen eine Flüssigkeit aus der Harnröhre ausscheiden ... [und] daß diese

Flüssigkeit sich von Urin unterscheidet ...« Nach Whipples Auffassung kommt die Flüssigkeit wenigstens teilweise aus der weiblichen Prostata beziehungsweise aus dem G-Punkt. Sie und andere Forscher nehmen an, daß andere Drüsen ebenfalls einen Beitrag leisten.

Das weibliche Ejakulat sieht typischerweise aus wie verwässerte Milch. Es riecht leicht süßlich oder ist geruchlos. Es ist von dünner Konsistenz und normalerweise reichlicher als männliches Ejakulat. Die Menge des austretenden Ejakulats ist unterschiedlich, kann jedoch ausreichend sein, um ein Handtuch zu durchnässen. Möglicherweise produzieren einige Frauen nur eine kleine Menge Ejakulat und sind sich ihrer Ejakulation daher nicht bewußt.

Die Sexkultur tut sich schwer, die weibliche Ejakulation mit ihrer Vorstellung von Sex zu vereinbaren, bei der Frauen und Männer einander mit ihrer Gegensätzlichkeit gegenüberstehen. In der Antike glaubten die Griechen, daß Frauen eine Flüssigkeit ejakulieren, die einen Beitrag zur Empfängnis leistet. Doch das weibliche Ejakulat stammt nicht aus der Vagina, und der G-Punkt hat, wenn man davon absieht, daß er den Schmerz bei der Geburt lindert, wenn der Kopf des Kindes sich unter dem Schambein durchschiebt, keinen anderen praktischen Zweck zu erfüllen, als der Lust zu dienen.

Die Vagina

Viele Menschen reduzieren die weiblichen Genitalien auf die Vagina. Sie denken an die Vagina in ihrer Rolle beim Geschlechtsverkehr und bei der Geburt. Sie ist natürlich auch eine wichtige Körperöffnung, nicht nur zum Vergnügen des Penis, sondern auch, damit das Menstruationsblut und andere vaginale Flüssigkeiten abgehen können. In einer Sexkultur, die Sex auf der Basis

> **Die Vagina: Passiv oder aktiv? Leer oder voll?**
>
> Wie Mädchen und Frauen über ihre Vagina denken, hängt davon ab, was ihnen ihre Kultur vermittelt hat. Die amerikanische Kultur sieht die Vagina im allgemeinen als leer und passiv. Forscher, die die Vagina mit einer ohrstäbchenähnlichen Sonde untersucht haben, stellten fest, daß es ihr an Empfindsamkeit fehlt. Dabei haben sie jedoch nicht berücksichtigt, daß die Vagina erst dann sensibel reagiert, wenn die Kligeva erigiert ist. Es ist nicht überraschend, daß Forscher diese Zusammenhänge übersehen, da der Sexkultur die Vorstellung von einer weiblichen Erektion fehlt.
>
> Nicht alle Gesellschaften sehen die Vagina als passiv oder leer. Sevely stellt fest, daß die Menschen auf dem pazifischen Atoll Truk die Vagina und nicht den Penis als primäres Sexsymbol betrachten. Die Vagina der Frau wird als »voll der Dinge« gesehen. Für die Trukesen gehören zu diesen »Dingen« die Klitoris, die inneren Labia und eine »kleine Erhebung unter der Klitoris«, die wir als U-Punkt bezeichnen. Aus unserem Blickwinkel ist die Vagina sogar noch voller: Zu ihr gehören der PC-Muskel, das Vaginadach und das Perineum, und sie stellt den Zugang zum G-Punkt dar. Sie ist auch in der Hinsicht »voll«, als daß sich ihre Wände bei der Erektion mit Blut füllen und anschwellen.

männlicher Vorstellungen definiert und Frauen in ihrer Beziehung zu Männern sieht, scheint die Vagina nur ein leeres »Loch« zu sein, das darauf wartet, durch den Penis gefüllt zu werden.

Indem man sich die weiblichen Sexualorgane als Kligeva (als integrales Ganzes und nicht nur als »Loch«) vorstellt, kann die Vagina viel mehr sein. Wunderbare sexuelle Körperteile liegen

Die einzelnen Teile 269

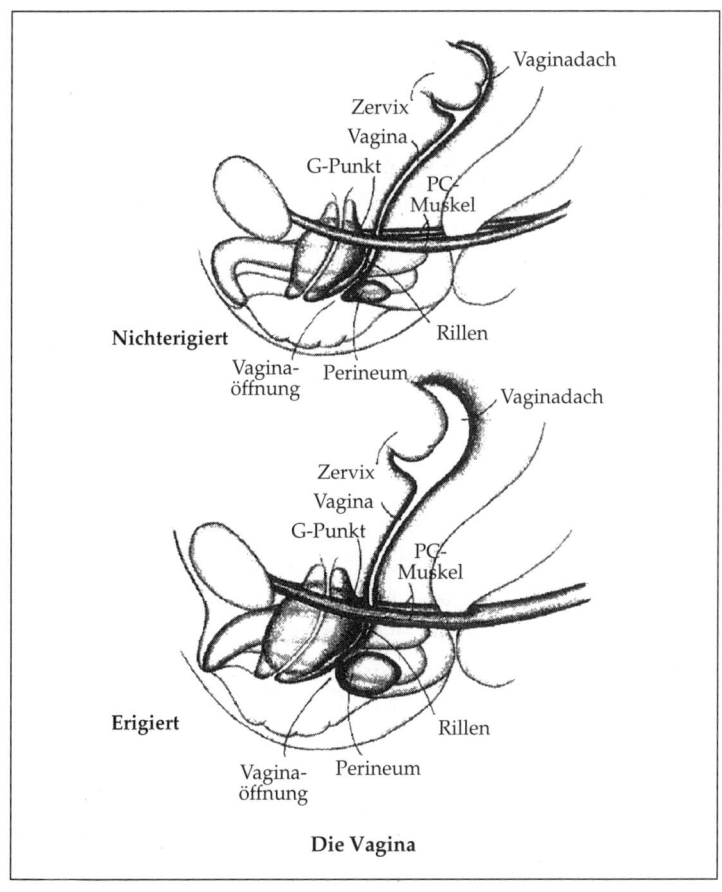

Die Vagina

jenseits ihrer Wände. Die Vagina fungiert als Durchgang, der einen Zugang zu den inneren Lustpunkten der weiblichen Kligeva ermöglicht. Die Vagina »voll der Dinge« statt als leeres Loch zu sehen und als Bereich, der durch den PC-Muskel aktiviert werden kann, gestattet es Frauen *aktive* – statt *reaktive* – Partner im Sex zu sein.

Der PC-Muskel

Der PC- oder Pubococcygealmuskel besteht tatsächlich aus einer ganzen Gruppe von Muskeln, die den Beckenboden bilden und die Genitalien stützen. Er beginnt mit zwei Bändern am Schambein (os pubis), umschließt in zwei Strängen die Vagina etwa zwei bis drei Zentimeter von ihrer Öffnung entfernt und wird an der Basis der Wirbelsäule, dem Steißbein (os coccygis), wieder zusammengeführt. Bei einer Erektion zieht sich der PC-Muskel zusammen und schließt sich wie ein Lasso um Vagina, Harnröhre und Rektum. Der Muskel kann bewußt zur Luststeigerung eingesetzt werden. Eine Frau ist dazu in der Lage, ihren PC-Muskel zusammenzuziehen, um ihre Erektion zu steigern, und sie vermag ihn während der Ejakulation herunterzudrängen oder zuzudrücken. Ein Mann kann seinen PC-Muskel einsetzen, um seinen erigierten Penis in die Höhe zu heben und um seine Ejakulation zu kontrollieren.

Viele Frauen lernen ihren PC-Muskel während der Penetration einzusetzen, um damit die Lust des Mannes zu vergrößern, wissen jedoch nicht, daß sie damit auch ihr eigenes Vergnügen steigern können. Indem eine Frau ihren PC-Muskel anspannt und wieder lockert, zieht sie Blut in ihre Genitalien und sorgt für deren Erektion. Die Anspannung des PC-Muskels erhöht außerdem die Reibung bei der Penetration. Beim Herunterdrücken des Muskels tritt der G-Punkt hervor, er kann dadurch manuell und beim Koitus besser stimuliert werden.

Während des Orgasmus zieht sich der PC-Muskel der Frau (und des Mannes) unwillkürlich einige wunderbare Sekunden lang zusammen. Eine Frau erzählt uns, daß durch den Einsatz ihrer »Bauchmuskeln«, zu denen auch der PC-Muskel gehört, einen Orgasmus hervorruft, indem sie die Muskulatur nach unten drückt. Andere kontrahieren den Muskel und heben ihn

> **Kegel-Übungen**
>
> Eine starke PC-Muskulatur verbessert die Orgasmus- und Ejakulationsfähigkeit der Frau. Die Beckenbodenmuskulatur ist mit Kegel-Übungen trainierbar, die nach dem Arzt benannt wurden, der auf ihre Bedeutung hinwies.
>
> Um den PC-Muskel zu stärken, muß man erst einmal wissen, wo genau er sich befindet und wie man ihn bewußt zusammenziehen kann. Am leichtesten ist dies, wenn man versucht den Urinfluß zu unterbrechen, sobald die Blase fast geleert ist. Der PC-Muskel kann ebenso gekräftigt werden wie alle anderen Muskeln – durch kurzes Zusammenziehen und Loslassen des Muskels. Das wiederholt man in zunehmendem Maß, bis man den Muskel dann für einige Minuten kontrahiert hält. Anschließend läßt man ihn langsam los und zieht ihn wieder behutsam zusammen. Eine Frau kann sich sogar im vaginalen Gewichtheben üben, indem sie während der Kontraktion ihre Finger, einen Dildo oder einen »Kegelcisor« (eine kleine Hantel, die ausschließlich für diese Übungen entwickelt wurde) einführt. Kegel-Übungen können auf diskrete Weise überall durchgeführt werden – während des Autofahrens, beim Warten auf einen Bus oder beim Lesen eines Buches. Am meisten Spaß macht das Trainieren des PC-Muskels natürlich beim Sex.

hoch. Manche Frauen drücken den PC-Muskel nach außen, wenn sie ejakulieren.

Eine starke PC-Muskulatur unterstützt sowohl den Orgasmus als auch die Ejakulation. Frauen und Männer können ihren PC-Muskel während des Liebesspiels durch »Kegel-Übungen« trainieren.

Das Vaginadach

Manchen Frauen ist ein sensibler Bereich in der Nähe des Zervix vertraut, der sich mit der Erektion öffnet und insbesondere nach dem Orgasmus besonders sensibel ist. Dieser Bereich ist bisher weitgehend ignoriert worden, oder aber er entzieht sich weitestgehend der Wahrnehmung der meisten Frauen. Barbara Keesling ist die einzige Autorin, die wir kennen, die dem Bereich einen Namen gibt: sie nennt ihn Cul-de-sac, das französische Wort für Sackgasse, das aber auch als »auf dem Grund des Sacks« übersetzt werden könnte. Das Vaginadach ist ein Bereich, der während der Erektion in der Nähe der Zervix entsteht. Die Vagina richtet sich auf, und die Muskeln, welche den Uterus an Ort und Stelle halten, ziehen sich zusammen und erzeugen unter sich eine Art »Zelt« oder einen gewölbten Raum. Eine Frau erklärte uns, daß es sich für sie, wenn ihr Vaginadach erigiert ist, so anfühlt, als täte sich eine Tür auf, die es der Peniseichel ihres Partners gestattet, sich in die entstandene Wölbung zu schmiegen.

Für einen Mann fühlt es sich so an, als würde seiner Eichel eine Krone oder ein Ring übergestülpt. Es ist nicht klar, warum sich Druck in diesem Bereich für eine Frau angenehm anfühlt. Sevely schlägt vor, daß, »da sich die Wölbung in der Nähe der Sakralnerven befindet, ... jede Stimulation des Bereiches auch die Stimulierung dieser Nerven beinhalten könnte«. Was immer der Grund auch sein mag, beide Partner können den sanften Druck (nicht wildes Stoßen) der Peniseichel gegen das Vaginadach genießen. Noch köstlicher als ein tiefer Zungenkuß gestattet es die Vaginadachstimulierung den Liebenden, ihre Genitalien miteinander zu verschmelzen.

Perineum. Manche Frauen sind sich angenehmer Gefühle bewußt, die durch die Berührung des Perineum beziehungsweise des Damms ausgelöst werden. Wenn das Perineum erigiert ist, dann wölbt es sich zwischen Vaginaöffnung und Anus hervor. (Bei Männern befindet es sich zwischen Peniswurzel und Anus.) Eine Frau erzählte uns von einem Liebhaber, der Freude an ausgiebigem Kunnilingus hatte und der ihr Perineum dabei als »Kinnstütze« benutzte. Zusammen mit den Schwellkörpern und dem G-Punkt trägt das Muskelgewebe des Perineums dazu bei, die Vaginaöffnung bei der Erektion zu straffen und Reibung, Druck und Lust zu steigern. Die Anspannung des Perineums gestattet es Frauen, im ersten Drittel der Vagina sehr intensive Gefühle zu erleben.

Anus

Das Perineum befindet sich in unmittelbarer Nachbarschaft zu dem am meisten tabuisierten Körperbereich, dem Anus. Viele Frauen und Männer haben während des Sex Freude an analer Stimulierung, ob diese nun durch die Berührung der empfindlichen Nervenenden im Umfeld der Anusöffnung oder durch Penetration erfolgt. Viele dringen mit dem Finger in den Anus ein, um dadurch andere Stimulierungen während des Sex zu verstärken. Jene, die Freude an Analverkehr haben, genießen das Gefühl der Fülle, das er vermittelt. Und im Inneren des Rektums vermag ein Penis, Dildo oder Finger bei Frauen das Perineum und den G-Punkt und bei Männern die Prostata, die Klitorisschenkel und den Schwellkörper anzuregen.

Wie bei vaginalem Geschlechtsverkehr ist auch bei Analverkehr die Verwendung von Latex und Gleitmittel im Zusammenhang mit Penis, Finger und Dildo entscheidend für Safer Sex. Ebenso ist es Voraussetzung, daß der empfangende Partner erigiert sein muß. Die Erektion und der Orgasmus des empfangenden Partners sorgen dafür, daß der Schließmuskel des Anus sich entspannt. Folglich gilt beim Orgasmus das Prinzip »Ladies first« noch *vor* und Klittage *während* der analen Penetration, um sie zu einer lustvollen Erfahrung zu machen.

Das sexuelle Ganze
Mehr als die Summe ihrer Teile: die Kligeva

Es ist schwierig, all die sexuellen Bestandteile der weiblichen Genitalien zu erfassen. Indem Frauen sich die Bereiche ins Bewußtsein rufen, die, wie zum Beispiel der U-Punkt, bisher unbemerkt oder namenlos geblieben sind, oder indem sie Wörter für sexuell empfindsame Stellen wie das Vaginadach lernen, die bereits zur persönlichen Luststeigerung beitragen, beginnen sie damit, den Sex zu transformieren.

Dazu in der Lage zu sein, die speziellen Eigenschaften der Klitoris, des G-Punkts, der Harnröhre und der Vagina einzeln zu benennen und zu erkennen, ist ein entscheidender erster Schritt. Der nächste besteht daraus, sich durch die Halbmondliebkosung an den individuellen Freuden, die sie bereitet, zu erfreuen. Der letzte Schritt schließlich schließt die gesamte Kligeva ein, um einen Zugang zu ihrem gesamten Lustempfinden zu erlangen.

Unser Begriff für die weiblichen Sexualorgane in ihrer Gesamtheit ist *Kligeva*, ein Wort, das die Reihenfolge beinhaltet, in der die meisten Frauen ihre Genitalien stimuliert wissen wollen – erst die Klitoris, dann den G-Punkt und zuletzt die vaginale Penetration. Wenn die Klitoris erregt wird, dann schickt sie sexuelle Funken zu den übrigen Bestandteilen der Kligeva. Wird der G-Punkt stimuliert, dann kann dies zum Orgasmus und möglicherweise zur Ejakulation führen. Sind die sexuellen Bestandteile der Vagina erigiert, dann reagieren ihre Wände empfindlich auf Druck und Reibung, und der Zugang zum

Das sexuelle Ganze

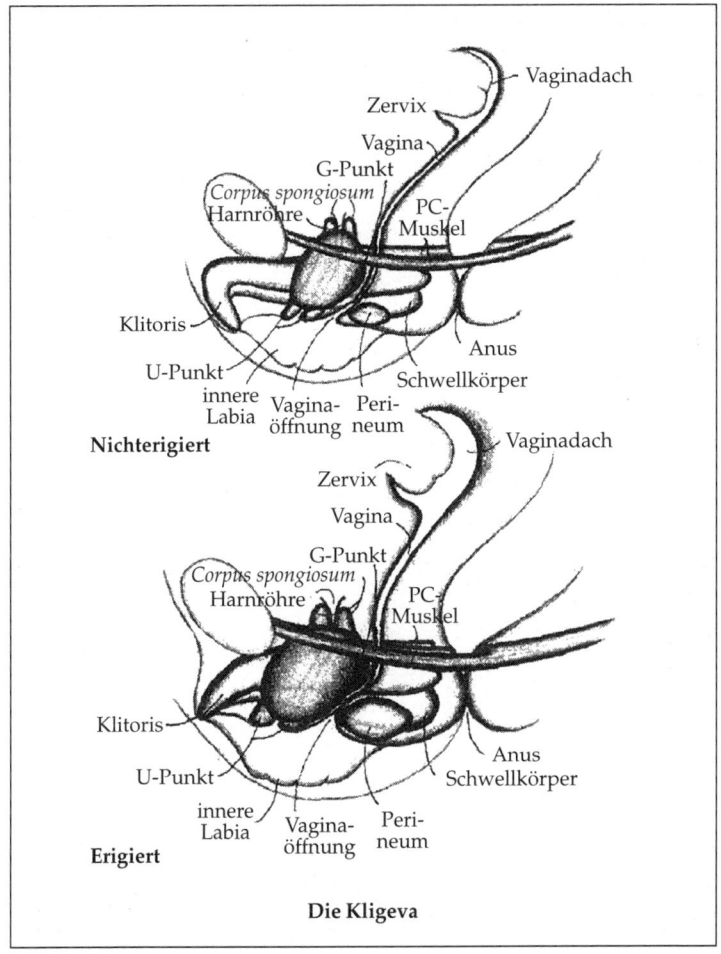

Die Kligeva

Vaginadach wird frei. Indem eine Frau ihren PC-Muskel zum Einsatz bringt, kann sie alle Teile ihrer Kligeva in Erektion versetzen. Der Begriff Kligeva versammelt das genitale Ganze unter einem Dach (und betrachtet nicht nur die Klitoris oder den

G-Punkt als isolierte Bestandteile). Das Wort *Kligeva* gestattet es Frauen, über ihre Genitalanatomie auf eine Weise zu sprechen, die einen Beitrag zur Luststeigerung leisten kann. Mit dem Wort: *Kligeva* können Frauen das Geheimnis durch einen Namen und eine praktische Vorstellung ersetzen.

Orgasmen zum Bersten

Nikki und Joe liegen, abgestützt auf Kissen, mit ineinander verschränkten Armen und Beinen auf dem Bett. Sie reden, küssen und streicheln einander zärtlich. Nikki gießt Gleitmittel in Joes behandschuhte Hand. Er erwärmt die dicke Flüssigkeit zwischen seinen Fingern und fängt an, ihre Klitoris sanft zu stimulieren. Nikki spürt, wie ihre Kligeva in der Erektion zum Leben erwacht. Sie führt Joes andere Hand zu ihrer Vagina, und er schiebt zwei Finger entlang des orgastischen Halbmonds in sie hinein bis zu ihrem G-Punkt. Die kombinierte Stimulierung trägt Nikkis ganzen Körper zum Orgasmus.

Jetzt will Nikki Joes Penis in sich spüren. Sie streift seinem warmen, harten Penis ein Kondom über und trägt Gleitmittel auf. Nikki klettert auf Joe und schiebt seinen Penis in ihre Vagina. Sie spannt ihren PC-Muskel an und preßt seinen Penis gegen ihren G-Punkt. Joe massiert ihre Klitoris mit den Fingern. Nikki beugt sich vor, und Joe läßt seine Lippen und Zunge mit ihren Brustknospen spielen. Nikki kommt erneut. Auch Joe hat einen Orgasmus, aber er wird langsamer und spannt seinen PC-Muskel an, um die Ejakulation zu verhindern; er will warten, bis Nikki voll und ganz befriedigt ist.

Sie wechseln die Stellung, und er dringt nun von hinten in sie ein, um ihren angeschwollenen G-Punkt mit seinem Penis zu stimulieren, während Nikki sich selbst Klittage macht. Ein erneuter Orgasmus rauscht durch Nikkis Körper. Sie dreht sich auf den Rücken, die Hüften durch Kissen abgestützt. Joe kniet vor ihr und konzentriert sich erneut auf ihren orgastischen Halbmond, gleichzeitig ihre Klitoris mit der einen Hand massierend und zwei Finger der anderen auf ihren

G-Punkt drückend. Sie erreicht den Höhepunkt und, noch bevor er abebbt, zieht sie Joe zu sich herunter, damit er tief in sie eindringen kann. Die Klitorisstimulierung, kombiniert mit dem Druck auf ihr Vaginadach, läßt Nikki erneut auf einen Orgasmus zusteuern. Der Anblick ihrer Lust veranlaßt Joe, mit ihr zu kommen.

Schwitzend und mit klopfendem Herzen kehren Nikki und Joe langsam von ihrem Höhepunkt zu vollkommener Ruhe zurück. Noch immer erotische Hitze abstrahlend, halten sie einander in den Armen und gleiten langsam in einen zufriedenen Schlummer hinüber.

Auf eine wirklich neue Weise über die Genitalien von Frauen nachzudenken ist mehr als nur eine geistige Übung. Dieses Nachdenken verändert die Gefühle, die eine Frau bezüglich ihres Körpers hat und wie sie ihn genießt. Nikki hat erfahren, daß sie beim Sex jedesmal Orgasmen hat, wenn er ihre Klitoris und ihren G-Punkt einschließt. Sie weiß, daß ihre Lust dann besonders intensiv ist, wenn der Geschlechtsverkehr ihrem Orgasmus folgt. Die orgastischen Möglichkeiten, die Nikki entwickelt hat, entziehen sich vielen anderen Frauen deshalb, weil die Informationen über Sex, die ihnen zur Verfügung stehen, ungenau und formlos sind. Frauen wird erzählt, wie sie sich für den Sex dekorieren sollen, statt ihnen zu sagen, wie ihre Genitalien funktionieren. »Zünde eine Kerze an, und trage etwas Seidiges«, ist keine sinnvolle Anweisung in Sachen Sex.

Die Sexkultur macht Frauen den Orgasmus unnötig kompliziert – man rät ihnen, ihn entweder zu ignorieren oder ihn unterzubewerten. Wenn Frauen lernen, sich ihre Genitalien als Ganzes vorzustellen – als Kligeva statt nur als passive Vagina und Miniaturklitorisspitze –, dann wird der Orgasmus zu einer einfachen und leicht zu machenden Erfahrung.

Wenn Sex nur eine Schüssel mit warmer Hafergrütze ist

Wenn Frauen sich nur lauwarm für Sex begeistern können, dann liegt es häufig daran, daß sie nie oder nur selten Orgasmen haben. Der Grund für ausbleibende Orgasmen liegt in der Fixierung des Mannes auf den Geschlechtsverkehr. Eine Frau, die auf Shere Hites Fragen antwortete, beschrieb ihre Orgasmuserfahrung folgendermaßen:

> Ich bin der Meinung, daß dies für Millionen von Ehefrauen zutrifft, daß sie – entgegen ihrer Behauptungen – gar keine Ahnung davon haben, was ein Orgasmus eigentlich ist. Kaum eine ist bereit zuzugeben, daß sie keine Orgasmen erlebt – was, ich frigide? Ich selbst habe während meiner dreißigjährigen Ehe behauptet – glauben Sie es oder nicht –, fast jedesmal einen Orgasmus gehabt zu haben. Doch dann, aus der Reserve gelockt durch eine lesbische Beziehung, erlebte ich einen wirklichen, überwältigenden ersten Orgasmus, der alles bisherige vollkommen verblassen ließ. Wahnsinn. Ich hatte niemals zuvor *irgend etwas* Ähnliches erlebt. Plötzlich begriff ich dieses eigenartige männliche Verhalten. Die mehr oder wenige angenehmen, allgemeinen Gefühle – durch vaginale Stimulation hervorgerufen –, die ich in der sexuellen Begegnung mit Männern gewohnt war, schienen mir nun vom Sinnlichen her in eine Kategorie mit warmer Hafergrütze zu gehören. Kein Wunder, daß Frauen nie viel Aufhebens wegen Sex gemacht haben – ist ganz nett, wirklich, aber man kann auch gut darauf verzichten.

Vielen Frauen ist Sex tatsächlich gleichgültig. Ann Landers wollte einmal von ihren Lesern (mutmaßliche heterosexuelle Frauen und Männer) wissen, was sie vorzogen: mit ihren Partnern zu kuscheln oder mit ihnen Geschlechtsverkehr zu haben? Die Meinungen teilten sich sauber nach Geschlechtern: Über 70 Prozent der Männer zogen Geschlechtsverkehr vor, während 70 Prozent der Frauen lieber kuscheln wollten. Dieser Unterschied gibt die Orgasmuskluft genau wieder: Mehr als 70 Prozent der Männer haben regelmäßig Orgasmen, und 70 Prozent der Frauen müssen regelmäßig ohne auskommen. Die Einstellung von Frauen zum Sex ändert sich, wenn sie Orgasmen haben, die leicht verfügbar und befriedigend sind. Sobald eine Frau einmal einen starken, mit dem ganzen Körper erlebten Orgasmus hatte, sagt sie: »Wahnsinn, jetzt erst begreife ich, worum es bei der Sache geht!«

Sex ohne Orgasmus ist natürlich nicht wertlos, aber vielleicht sollte man ihm einen anderen Namen geben. Sex ohne Orgasmus ist mehr wie ein sinnliches Spiel und kann sehr viel Spaß machen. Das Problem ist, daß sinnliches Spiel und Sex geschlechtsspezifische Aktivitäten sind: Der Mann hat Sex, während die Frau sinnliches Spiel bekommt. Wenn Frauen den Sex neu erfinden, dann gibt es keinen Grund, warum nicht beide, Frau und Mann, sich dieser beiden Vergnügen gleichermaßen erfreuen sollten.

Frauen können sich von sich aus zum Orgasmus entscheiden, statt in ihm nur eine neue Aufforderung zu sehen. Nur wenige Männer akzeptieren freiwillig Sex ohne Orgasmus, doch Frauen nehmen dieses Schicksal ohne Gegenwehr hin. Wenn Frauen behaupten, daß ihnen Orgasmen nichts bedeuten, dann, so schreibt Shere Hite, »sprechen die meisten nicht aus einer Position der Stärke ... Wir *haben* während des Sex gar nicht immer Orgasmen (oder sind nicht dazu fähig), und *dann* erst behaupten wir, daß sie nicht wichtig sind.« Nein kann man jedoch nur zu einer Sache sagen, die einem auch zugänglich ist. Manchmal hat Sex Ähnlichkeit mit der ungleichen Situation eines Paars, das in einem Restaurant zwar gemeinsam ißt, doch dabei die Gerichte aus verschiedenen Speisekarten auswählt. Der Mann kann seine Wahl aus einer Ansammlung leckerer Speisen und aus einer langen Liste guter Weine treffen. Ihre Speisekarte hat nur ein Gericht im Angebot: warme, behagliche Hafergrütze. Wir sind der Meinung, daß Frauen einiges mehr zusteht.

Von erregt und frustriert bis nur frustriert

Viele Frauen haben Sex erlebt, der gerade kurz vor dem Orgasmus abbricht. Sie kennen das körperliche Gefühl von Frustration, es *fast* geschafft zu haben. Doch das aufgestaute Blut und die angespannte Muskulatur in den weiblichen Genitalien sind nichts verglichen damit, wie sich ein derartige »Druck auf der Kligeva« auf die Moral und das sexuelle Selbstwertgefühl einer Frau auswirkt. Damit sie sich nicht mit ihrem eigenen Mangel an Erfüllung oder mit der Enttäuschung ihres Partners konfrontieren muß, mag eine Frau den Orgasmus vortäuschen. Wenn der Orgasmus nicht stattfindet, dann geht sie davon aus, daß *sie* dafür verantwortlich ist und daß *sie* versagt hat.

Sobald der »Sex« vorüber ist, kann eine Frau auf verschiedene Art reagieren. Während ihr Partner schläft, steht sie auf und geht ins Badezimmer, um dort still zu masturbieren. Sie begibt sich in ein anderes Zimmer, um in einer Zeitung zu blättern, oder in die Küche, um den angebrochenen Eisbehälter zu leeren. Normalerweise liegt sie einfach nur wach da, wartet darauf, daß ihre Erektion nachläßt und versucht sich davon zu überzeugen, daß Orgasmen ohnehin nicht das sind, worum es im Sex geht. *Es ist schon in Ordnung so, wirklich.*

Etliche Frauen geben sich mit Sex ohne Orgasmus zufrieden, um Nähe zu spüren. Doch für viele von ihnen ist Sex einfach all die Anstrengung nicht wert, die sie in ihn investieren müssen. In einem Sylvia-Cartoon von Nicole Hollander fragt eine Frau eine andere: »Findest du, daß Kuchen besser ist als Sex?« Die andere Frau zögert. »Welche Sorte Kuchen?« Wenn der Sex ohne Orgasmus abläuft, dann ist es kein Wunder, daß manche heterosexuellen Frauen eine tiefere Beziehung zu süßen Eßwaren eingehen als zu dem Mann in ihrem Bett oder zu sich selbst. Damit Sex, wie die Herausgeberin Roz Warren es ausdrückt, »fraglos besser ist als Kuchen«, müssen Frauen eine ordentliche Portion Orgasmus mit ihrem Sex serviert bekommen.

Viele Frauen sagen, daß Orgasmen ihnen nicht wichtig sind. Susan Quilliam berichtet, daß mehr als die Hälfte der Frauen, die sie für ihre Umfrage in England befragt hat, behaupten, daß es ihnen beim Sex nicht um den Orgasmus geht. Der große 1994 veröffentlichte amerikanische Sexreport stellt fest, daß Frauen angeben, körperlich und emotional fast ebenso befriedigt mit ihrem Sexleben zu sein wie die Männer, obwohl ihre Orgasmusrate so viel niedriger angesiedelt ist. Das mag bei Frauen der Fall sein, die sich in das Unvermeidliche dreinschicken. Sie verzichten auf ein sexuelles Vergnügen, das ihrem Partner zu verweigern ihnen nicht in den Sinn käme.

Sex kann nicht wirklich auf Gegenseitigkeit beruhen, wenn der eine Vier-Sterne-Menü ißt und der andere in der Grütze rührt. Frauen beklagen sich jedoch nur selten, weil sie meinen, daß sie nicht mehr als Grütze verdienen. Sie meinen, daß sie nicht mehr erwarten dürfen, und viele schlucken die Erklärung, daß sie selbst schuld sind, wenn ihr Sex nicht orgastisch ist. Die Sexkultur diagnostiziert Frauen, die keinen Orgasmus haben – was als *präorgastisch, anorgastisch* oder sogar auf altmodisch insistierende Weise als *frigide* bezeichnet wird –, als Personen, die unter persönlichen oder psychischen Problemen leiden. Es wird zu Einzelberatung oder Paartherapie geraten. Männer haben natürlich ebenfalls anerkannte sexuelle Probleme. Vorzeitige Ejakulation und Erektionsschwierigkeiten können für den Mann, der darunter leidet, mindestens ebenso besorgniserregend und beschämend sein. Doch Männern werden medizinische Erklärungen und Heilmittel oder -verfahren gegen ihre sexuellen Leiden angeboten. Ihre Beschwerden werden oft wie eine Angelegenheit für den Klempner behandelt und von spezialisierten Kliniken umgehend repariert, während die sexuellen Schwierigkeiten von Frauen eine lange Reihe von Besuchen beim Seelenklempner zu verlangen scheinen. Ihr Problem ist angeblich nicht in den Genitalien, sondern allein in ihrem Kopf.

Die Sexkultur zuckt angesichts weiblicher Schwierigkeiten mit der Sexualität in der Regel mit den Schultern. Obgleich manche Frauen Hilfe suchen, um ihr Sexleben zu verbessern, tun andere nichts dagegen, weil sie glauben, daß Frauen auf natürliche Weise weniger an Sex interessiert sind. Sie glauben, daß sie von Geburt an weniger sexuell seien als Männer. Tatsächlich ist die Vorstellung, daß Frauen sexuell abgestumpft sind, eine noch relativ neue Erfindung der Sexkultur. Im Verlauf des größten Teils der westlichen Geschichte wurden Frauen als derart libidinös empfunden, daß nur die Ehe oder das Kloster sie vermeintlich zu zähmen vermochte. Ihre heiße sexuelle Natur machte es erforderlich, ihnen einen strengen Verhaltenskodex aufzuerlegen, diesen durch eine kultivierte Scham zu bekräftigen und sie sogar, wie wir bereits erwähnt haben, durch den Rückgriff auf die genitale Chirurgie zu verstärken. Eine Frau, die ihre sexuellen Wünsche zum Ausdruck brachte, wurde (und wird noch immer) als Opfer einer krankhaften Mannstollheit und als Nymphomanin betrachtet.

In unserer Gesellschaft wird weibliches sexuelles Verlangen

kaum zum Ausdruck gebracht. Warum sollte es auch anders sein, wenn Frauen kaum etwas anderes als Sex ohne Orgasmus erlebt haben? Natürlich sind nicht alle Frauen mit diesem Stand der Dinge zufrieden. Eine Frau erklärte dem Schriftsteller Harry Maurer:

> Es könnte für die Welt eine Offenbarung sein herauszufinden, wie unbefriedigt Frauen sind. Die Männer tun so, als seien sie diejenigen, die immer Sex wollen, und die Frau hat immer Kopfschmerzen. Nun, sie *hat* Kopfschmerzen, weil es einem einfach auf die Nerven gehen muß, Erregung aufzubauen und dann von einem Kerl kurz vor dem Höhepunkt im Stich gelassen zu werden. Es ist leichter, einfach zu sagen, vergiß die ganze Angelegenheit, ich habe keine Lust auf Sex.

Männer lassen Frauen vor dem Höhepunkt im Stich, nicht weil sie alle unersättliche Wildschweine oder gefühllose Barbaren sind. Vielen Männern bedeutet die Lust ihrer Partnerinnen sehr viel, und sie würden den Sex liebend gerne besser machen. Aber sie wissen nicht wie, und ihre Partnerinnen tappen gleichfalls im dunklen. Also lassen sich beide mit angeschalteten Autopiloten auf Sex ein. Blind folgen sie den Vorgaben der Sexkultur, denen zufolge Männer immer Lust auf Sex haben, während Frauen dazu überredet oder mit einem Essen bei Kerzenlicht dazu verführt werden müssen. Frauen und ihre Partner nehmen es möglicherweise als gegeben hin, daß der Plan der Natur Frauen als die Art vorsieht, die auf Sex zugunsten von Kuscheln, einem Kuß oder wenn schon nicht für warme Hafergrütze so doch für einen Becher Eis darauf verzichtet.

Was Frauen verpassen: Eine Orgasmusdefinition

Orgasmen sind auf berüchtigte Weise schwer zu definieren, und selbst die besten Erotika können nicht vermitteln, wie es ist, einen zu erleben. Die subjektive Erfahrung läßt sich schlecht in Worte fassen. Die meisten Menschen ziehen es vermutlich vor, Orgasmen einfach zu genießen. Einem Menschen, der noch nie einen Orgasmus erlebt hat und sich fragt, was er zu erwarten hat, wird für gewöhnlich gesagt: »Du wirst ihn erkennen, wenn du ihn hast.« Orgasmen sind eine derartig einzigartige Erfahrung, daß eine Frau, die nur »glaubt«, einen gehabt zu haben, vermutlich keinen hatte. Die beste Methode für eine Frau, herauszufinden, was ein Orgasmus ist und ob sie Orgasmen kennt, liegt darin, einen derart überwältigenden zu erleben, daß jeder Zweifel ausgeräumt ist.

Obwohl es beim Sex viele Möglichkeiten gibt, intensive Gefühle zu erzeugen, ist der Orgasmus ein ganz deutliches, als Orgasmus erkennbares besonderes Erlebnis. Sexforscher haben 1991 in Indien einen Kongreß abgehalten, der allein den Orgasmus zum Thema hatte, doch auch diese Experten waren nicht bereit oder dazu in der Lage, Orgasmus hieb- und stichfest zu definieren. Immerhin haben sie eine Reihe grundlegender körperlicher Abläufe aufgelistet, die gemeinsam mit dem Orgasmus auftreten. Forscher haben herausgefunden, daß der Orgasmus der beiden Geschlechtern durch erhöhte Herzfrequenz und verstärkten Blutdruck, durch geweitete Pupillen und verstärkten Blutfluß in den Genitalien zum Ausdruck kommt. Der PC-Muskel bei Männern und Frauen zieht sich in regelmäßigen Abständen zusammen, die Forscher mit 0,8 Sekunden angeben (was nach der Auffassung mehr mythisch angehauchte Beobachter genau mit der Vibration des Universums übereinstimmt). Ein Orgasmus kann aus einigen wenigen oder aus bis zu 15 solcher Kontraktionen bestehen. Wenn der PC-Muskel sich zusammenzieht, dann fließt das Blut, das sich während der Erektion in den Genitalien angesammelt hat, aus dem Bereich fort und erzeugt ein angenehmes Gefühl der Entspannung. Es gibt jedoch auch Orgasmen ohne PC-Muskel-Kontraktionen. Bei der Frau kontrahiert während des Orgasmus oft auch der Uterus und erzeugt ein zutiefst befriedendes Gefühl.

Bei Frauen und Männern wird der sexuelle Höhepunkt mit einem Wohlbefindlichkeitshormon namens Oxytozin in Verbindung gebracht. Während des Orgasmus verfünffacht sich das Oxytozin-Niveau bei Männern und steigt bei Frauen sogar noch höher an. Der weibliche Körper vermag dieses gute sexuelle Gefühl länger festzuhalten als der männliche, so daß eine Frau selbst nach dem Orgasmus noch weitere Stimulierung und sexuelle Aktivität wünschen kann.

Welche Körperteile als am Orgasmus beteiligt wahrgenommen werden, ist unterschiedlich. Manche Orgasmen scheinen auf die Genitalien begrenzt zu sein, andere wie eine Welle durch den gesamten Körper zu fließen. Wieder andere wirken sich auf eine Reihe von Bereichen aus: Manche Orgasmen verursachen ein Kribbeln in den Fußsohlen, in den Brustwarzen oder in den Handflächen. Beim Orgasmus können Reaktionen der Zunge und des Gaumens durch die Kontraktionen der Genitalien ausgelöst werden. Zehen rollen sich ein, Beinmuskeln werden angespannt, Münder werden schlaff, und das Atmen wird vorübergehend eingestellt (Tantriker raten, während des Orgasmus tief ein- und auszuatmen).

Ein Orgasmus beginnt mit etwas, das sich wie ein langsamer Aufstieg zur Spitze eines hohen Berges anfühlt. Bei Erreichen des Gipfels macht sich der Eindruck eines zeitweiligen Aussetzens breit, dann folgt ein pulsierendes Lustgefühl und schließlich Entspannung. Wenn der Orgasmus erst einmal in Gang gekommen ist, dann ist er nicht mehr zu bremsen. Er dauerte nur ein paar Sekunden an und ist gefolgt von einem Gefühl des Nachglühens, der Befriedigung und des Wohlergehens, das Stunden und sogar Tage andauern kann.

Orgasmen im Wettstreit

Orgasmen sind sehr unterschiedlich und hängen davon ab, wer sie wann, wo, warum und wie erzeugt. Sie können allumfassend und explosiv oder nur ein mäßiges Gefühl der Erregung sein. Eine Frau, die Orgasmen erlebt, kann sie in all ihrer Unterschiedlichkeit untersuchen, wenn sie ihr eigenes Körperpotential für verschiedenartige Formen der orgastischen Erfahrung kennenlernt.

Die aus unserem Blickwinkel einzig für Orgasmen bedeutsame Kategorie ist, ob ein Mensch fähig ist, sie dann zu haben, wann er will. Doch die Sexkultur ist fest entschlossen, sie zu kategorisieren, mit einem Schild zu versehen und in eine Rangordnung einzugliedern. Orgasmen sind zu Bedarfsgütern der Sexkultur geworden, als seien sie Gegenstände des Absatzmarkts. Das Zählen und Kategorisieren von Orgasmen erfolgt gegen den Rat der Sexualerzieher, die fürchten, daß die Auf- und Abwertung einer Orgasmusart gegenüber einer anderen und der Druck, der auf den Frauen lastet, höchstens dafür sorgen, daß das Ziel für viele Frauen immer unerreichbarer wird.

Klitoraler gegen vaginalen Orgasmus

Die Freudsche Vorstellung, daß der vaginale Orgasmus dem klitoralen Orgasmus überlegen sei, hat Millionen Frauen um ihr sexuelles Vergnügen gebracht (und tut dies immer noch). Trotz

Na ja, es ist schwer zu beschreiben ...

Orgasmen lassen Körper und Geist so vollständig miteinander verschmelzen, daß sie den Wortschatz der meisten Menschen auf »ohs« und »ahs« reduzieren. Wenn die Leute versuchen zu beschreiben, wie Orgasmen sich anfühlen, und nicht gerade einen erleben, dann verwenden sie meist so gegensätzliche Bezeichnungen wie »explosiv« und »erholsam«. Viele Menschen fühlen sich durch den Orgasmus von der Anspannung ihres Körpers befreit. Sie »schweben« jenseits ihrer körperlichen Begrenzungen. Das ist ein wichtiger Vorteil des Orgasmus für Frauen, die sich für Sex schämen oder ihrem Körper negative Gefühle entgegenbringen. Eine Frau erklärte Susan Quilliam, daß der Orgasmus ihr das Gefühle gebe, »schlank« zu sein. Der sexuelle Höhepunkt kann einer Frau das Gefühl vermitteln, wunderschön zu sein, oder aber er transportiert sie so tief ins Innere ihrer Erfahrung, daß es ihr egal ist, ob sie schön ist oder nicht.

Manche Menschen fühlen sich von ihren Orgasmen überrollt, umfangen oder fortgespült, als würden sie von einer äußeren Kraft ergriffen. Die Macht der Natur ist eine verbreitete Metapher für diese Erfahrung. Der Orgasmus ist eine Flutwelle, ein brodelnder Vulkan, Elektrizität, ein Blitz oder ein Erdbeben. Wie bei Erdbeben und anderen Naturkatastrophen verlangt auch der Orgasmus Hingabe und Unterwerfung. Er ist unkontrollierbar. Wie dieser Kontrollverlust sich auf den Körper auswirkt, kann sehr unterschiedlich sein: Für manche ist der Orgasmus wie ein Niesen oder ein Seufzen, während andere meinen, ihn Ohnmacht zu fallen, die Atmung einzustellen oder sogar für einen kurzen Augenblick zu sterben. Im Französischen

> wird der Orgasmus als der »kleine Tod« bezeichnet, und doch bestärkt er auch von neuem das Leben. Nach dem Orgasmus beschreiben die meisten ein tiefes Gefühl des Wohlbefindens. Sie fühlen sich erfrischt, erneuert und mit sich selbst und der Welt in Frieden. Wenn sie den Orgasmus mit einem Partner erleben, dann wird das Band zu diesem Menschen als gestärkt empfunden.
>
> Die meisten Frauen reden nicht über ihre Orgasmen und wie sie sich anfühlen, doch würde es Frauen einen großen Dienst erweisen, von anderen etwas über ihre Erfahrungen zu hören, damit das eigene Erleben weniger rätselhaft und freudvoller wird.

der Forschung durch Masters und Johnson in den sechziger Jahren, jener von Shere Hite in den Siebzigern und durch viele andere, die zu dem Schluß kamen, daß der weibliche Orgasmus in der Regel auf irgendeine Form klitoraler Stimulierung zurückgeht, wird die Debatte klitoraler gegen vaginalen Orgasmus auch heute noch fortgesetzt. Frauen »beichten« noch immer, daß sie »nur« zu klitoralen Orgasmen fähig sind. Sie fühlen sich unzulänglich, weil sie nicht nur daran glauben, daß es vaginale Orgasmen gibt, sondern auch noch, daß sie besser sind. Manche Sexbücher bekräftigen die Vorstellung, daß vaginale Orgasmen, vor allem, wenn sie durch Geschlechtsverkehr in der Missionarstellung zustande kommen, höher anzusiedeln sind. Sie bringen Frauen Techniken wie zum Beispiel das »Überbrückungsmanöver« als Möglichkeit bei, um das, was eine Frau in ihrer Klitoris spürt, in die Vagina zu transferieren. Die Technik verlangt, daß man Klittage mit Geschlechtsverkehr verbindet, aber nach und nach die Finger weniger zum Einsatz bringt, bis das gleiche orgastische Gefühl allein durch den Geschlechtsverkehr entsteht. Andere Bücher raten zur »Methode der Koitusausrichtung«, einer Mann-oben-Stellung, die es dem Penis des Mannes gestattet, während der Penetration die Klitoris zu reiben. Manche Frauen erleben einen Höhepunkt beim Beischlaf, weil ihre Beschaffenheit oder das Zusammenspiel mit ihrem Partner dies zulassen. Andere »erziehen« ihre Kligeva durch viel praktische Erfahrung zu erhöhter und verstärkter genitaler Sensibilität und zu größerem Bewußtsein. Sie haben gelernt, alle Teile ihrer Kligeva in einem orgastischen Ganzen zusammenzuführen. Dennoch sind ihre Orgasmen nicht vaginal sondern kligeval und ohne die Beteiligung der Klitoris undenkbar.

Nicht alle Frauen halten vaginale Orgasmen für besser als klitorale, aber sie akzeptieren beide dennoch als unterschiedliche Orgasmusformen. Eine Frau beispielsweise erklärte Susan Quilliam, daß ihre klitoralen Orgasmen »normalerweise kürzer, aber intensiver« seien als Orgasmen durch vaginalen Geschlechtsverkehr, diese aber »normalerweise nicht so intensiv, aber dafür weicher und länger« seien. Eine Frau mag ihr eigenes System der Orgasmuskategorisierung entwickeln. Doch Kategorien werden dann zum Problem, wenn sie unrealistische Ziele ins Auge fassen oder das orgastische Potential von Frauen begrenzen. Von außen festgelegte Kategorien und Ziele können eine Frau dazu veranlassen, der vorgeschriebenen Art von Orgasmen nachzujagen, statt die Möglichkeiten zu erforschen, die aus ihrem eigenen Körper und aus der Vielzahl ihrer Erfahrungen erwachsen.

Die Verwechslung mit dem G-Punkt

Als der G-Punkt in den frühen achtziger Jahren zum heißen Thema wurde, lehnten viele Feministinnen ihn ab, weil er ihnen zu sehr nach einer Rückkehr zum Freudschen vaginalen Orgasmus roch, der Frauen den größten Teil dieses Jahrhunderts verfolgt hatte. Obwohl ein durch G-Punkt-Stimulierung hervorgerufener Orgasmus mit der Vagina identifiziert wird, kommt er doch in der Regel durch manuelle Reizung statt durch vaginale Penetration zustande. Den G-Punkt als den Ort des Zustandekommens eines »vaginalen« Orgasmus zu betrachten heißt, die Vagina erneut an Freud auszuhändigen, statt Frauen dazu zu ermuntern, die sexuellen Freuden der Vagina selbst zu definieren.

Solo- gegen Partnerorgasmus

Egal, welches ihr Ursprung ist, alle Orgasmen bereiten Freude, doch die Sexkultur vergleicht Orgasmen mit und durch einen Partner hervorgerufen mit jenen, die eine Frau sich selbst bereiten kann, wobei erstere als bessere dargestellt werden. Orgasmen mit einem Partner werden als bedeutsamer angesehen als die selbst herbeigeführten. Obwohl niemand die Freude leugnen will, die es bedeutet, mit einem Geliebten Haut an Haut zu sein, oder die erhöhte Bedeutung, die ein Orgasmus erhält, wenn er mit einem Partner stattfindet, so ist eine Frau mit einem sexuellen Selbst sich doch zuerst selbst die beste Geliebte.

Masturbation ist eine Aktivität, die einer Frau bei der Entwicklung eines sexuellen Selbst helfen kann. Die Vorstellung, daß Soloorgasmen weniger wert sind, hält viele Frauen davon ab, die Freuden der Masturbation richtig anzuerkennen, und sie ziehen es vor, auf Sex zu verzichten, anstatt ihn nur mit sich selbst zu haben. Sie warten darauf, daß sie einen Partner finden, der ihnen Orgasmen bereitet, statt die Verantwortung im Sex für sich selbst zu übernehmen. Eine Frau wird davon abgehalten, ihre sexuelle Unabhängigkeit zu erlangen und sich sexuell zu entwickeln, weil sie glaubt: »Ich habe einen Partner. Ich brauche nicht zu masturbieren.« Masturbation eröffnet einer Frau ein Sexleben und schenkt ihr Orgasmen, egal, ob sie nun einen Partner hat oder nicht.

Das Orgasmuswettrennen

Männer werden für sexuelle Kurzstreckenläufer gehalten; Frauen für Langstreckenläufer. Die Unmittelbarkeit und Dringlichkeit des männlichen sexuellen Stils paßt zum amerikanischen Temperament, das Geschwindigkeit und Aggression zu schätzen weiß. Das größere Durchhaltevermögen der Frauen im Sex wird nur selten gelobt. Vielmehr wird es als Problem betrachtet. Der langsame und gleichmäßige sexuelle Stil von Frauen wird als Beweis dafür gewertet, daß Frauen weniger sexuell sind als Männer. Frauen verlieren immer, wenn Sex in Kategorien gemessen wird, die für Männer gedacht sind.

Der Grund, warum Männer schneller kommen, liegt darin, daß der Sex auf ihre Bedürfnisse ausgerichtet ist. Der Orgasmus des Mannes ist das vorrangige Ziel des Sex. Frauen werden aufgefordert, mit der Erregung des Mannes Schritt zu halten, doch in Anbetracht des Kontexts ist dies schwierig: Frauen und Männer sind im Sex zusammengetan wie in einem Zwei-Personen-Staffellauf. Die Frau macht den Anfang, wärmt sich auf und bringt die Dinge ins Rollen. Sobald sie ihre eigene Höchstgeschwindigkeit erreicht hat, nimmt der Mann das Staffelholz in die eigene Hand. Ihre Energie und Erregung geben ihm Schwung und lassen ihn über die sexuelle Zielgerade zum Orgasmus laufen. Die Frau erhält nie die Gelegenheit, das Band zu durchtrennen, wenn sie allein damit beschäftigt ist, das Staffelholz an ihren Partner weiterzureichen. Sie vermag sich nicht auf ihr eigenes Vergnügen zu konzentrieren. Sie kann nur denken: »Ich sollte mich besser beeilen, damit ich dieses Staffelholz (die Lust) an ihn weiterreiche.« Doch wenn sie so abgelenkt ist, daß sie ihre beste Leistung selbst gar nicht erbringen kann, dann verlieren beide Partner das Rennen.

Männer werden manchmal aufgefordert, es beim Sex langsamer anzugehen, doch weil sie fürchten, ihre Erektion zu verlieren, hasten manche Männer unvermindert schnell zum Orgasmus und zur Ejakulation. Mit dem richtigen Maß an Übung können beide lernen, so schnell oder so langsam zu sein, wie sie es wünschen. Die Freuden des Orgasmus können gesteigert werden, durch ein über lange Zeit aufrechterhaltenes hohes Erregungsniveau. Wenn Frauen und Männer es sich vornehmen, sich im Timing zu ergänzen (wobei Frauen sich in Quickies an Orgasmen erfreuen und Männer Stunden zu spielen und mehrere Orgasmen zu haben vermögen), dann finden beide heraus, daß der Weg weit mehr als die Hälfte des Spaßes ist.

Das Timing beim Sex

Wie wir gesehen haben, bringt Sex, der sich nach der Uhr des Mannes richtet, Frauen um ihr Vergnügen. Doch er macht Männern auch mehrfache und intensivere Orgasmen streitig. Möglicherweise ist sich ein Mann dessen nicht bewußt, daß Ejakulation und Orgasmus unabhängig voneinander stattfinden können. Ein Mann betrügt sich möglicherweise selbst um häufigere und intensivere Orgasmen, weil er dem Druck zu ejakulieren nachgibt –, dem Ereignis, welches die Sexkultur als den Höhepunkt des Sex betrachtet.

Heterosexuelle nehmen sich für den Sex im Durchschnitt nur 15 Minuten Zeit. Das ist nicht genug, um die Erregung auf ein höheres Niveau zu bringen. Den Sex auf eine Stunde oder länger auszudehnen würde beiden Partner mehr Gelegenheit geben, Spaß zu haben. Sich mehr Zeit für den Sex zu nehmen bedeutet vielleicht, daß er weniger häufig stattfindet, doch hier sollte die Quantität der Qualität den Vorzug geben. Tatsächlich kann die Erregung gesteigert werden, hat man nur einmal die Woche – oder noch seltener – Sex. In Erwartung der sexuellen Freuden intensiviert sich die Lust. Für viele Menschen ist eine luxuriöse sexuelle Begegnung pro Woche befriedigender (und durchführbarer) als jede Nacht stattfindender, routinierter, schneller Geschlechtsverkehr. Wenn die Orgasmen von Frauen berücksichtigt werden, dann kann der Sex zwischen gemeinsamen orgastischen Quickies und längeren, entspannteren sexuellen Begegnungen wechseln.

Die meisten Menschen sind unterschiedlicher Auffassung, welche Tageszeit am besten für den Sex geeignet ist. Die meisten haben jedoch Sex in der Nacht, weil das die Zeit ist, da sie gemeinsam im Bett liegen, aber auch am müdesten sind. Sich einen Morgen oder Nachmittag dafür vorzubehalten, wenn man voller Energie ist, kann Sex zu einer besonderen Freude machen. Welchen Tag in der Woche oder im Monat ein Paar wählt, hängt oft von den übrigen Anforderungen des Lebens ab. Gleichfalls entscheidend ist der Körperrhythmus. Beispielsweise kann es sein, daß eine Frau immer dann Lust auf Sex hat, wenn der Blutfluß in ihren Genitalien stärker ist. Bei vielen Frauen steigt das Verlangen vor und während der Menstruation und häufig auch während der Schwangerschaft. Nach einer Geburt denkt eine Frau vielleicht an ihr neues Baby und an ihren wunden Körper, aber ihre stark durchbluteten Genitalien sehnen sich nach sexueller Erleichterung. Die unterschiedlichen Ebenen des Begehrens werden auch durch Umwelt- und Sozialfaktoren beeinflußt. Frauen und Männer haben Lust auf Sex, wenn sie glücklich sind, und reagieren mit vermehrtem Schwung, wenn sie im Lotto gewonnen haben, befördert wurden oder auf den Bermudas aus dem Flugzeug steigen. Gute Zeiten fördern guten Sex, und guter Sex macht die Zeiten besser.

Masturbation: Übung macht den Meister

Partnersex macht die Koordination der Terminplanung mit einem anderen vertrauten Menschen erforderlich; Solosex ist weitaus bequemer und im höchsten Maß befriedigend. Die Masturbation wird als der arme Verwandte des Partnersex behandelt, obgleich sie für Frauen viele Vorteile birgt. Masturbation erinnerte eine Frau daran, daß Orgasmen eine Folge ihrer eigenen Bemühungen sind. Sie sind nicht etwas, was eine Frau bei einem Partner suchen muß, noch sind sie ein Geschenk, das er oder sie macht beziehungsweise verweigert. Wenn eine Frau erkennt, daß sie für ihre Orgasmen selbst verantwortlich ist, dann nimmt dies einen großen Druck von der Beziehung und von ihrem Partner. Die Masturbation wird zu einem Sexualakt, an dem man um seiner selbst willen Freude haben kann.

Der Schlüssel zum Orgasmus ist Übung. Die Masturbation gibt Frauen die Gelegenheit, Orgasmen zu erlernen, ohne sich zugleich um die Befriedigung einer anderen Person Sorgen machen zu müssen. Von der Pubertät an masturbieren Männer eifrig. Das ist einer der Gründe, warum Männer leichter Orgasmen haben als Frauen. Männer sind nicht von Geburt an orgastischer als Frauen, aber sie haben sehr viel mehr Übung darin. Denken Sie daran, wie es ist, Klavierspielen oder Fahrradfahren zu lernen. Es klappt nicht über Nacht, weil Zeit erforderlich ist, um Körper und Geist entsprechend zu trainieren. Doch mit ausreichender Übung kommen auch die Ergebnisse, ob es sich um

Musik, Fahrradfahren oder Sex handelt. Der 1994 veröffentlichte amerikanische Sexreport legt nahe: »Je häufiger die Leute masturbieren, desto wahrscheinlicher ist es, daß sie von Orgasmuserfahrungen beim Masturbieren berichten.« Frauen können außerdem üben zu ejakulieren, ohne sich Sorgen darüber zu machen, was ihr Partner wohl davon halten mag oder wie naß das Bett dabei wird.

Wie wir gesehen haben, kommen Männer schneller als Frauen zum Orgasmus, weil ihre Klitoris und ihre Harnröhre gleichzeitig stimuliert werden, wenn ihr Penis während des Geschlechtsverkehrs von der Vagina umspannt wird. Frauen können ebenfalls schnell und leicht kommen, wenn ihr orgastischer Halbmond stimuliert wird. Dem steht nichts mehr im Wege, sobald Frauen und ihre Partner sich auf ihrer genitalen Landkarte zurechtfinden. Und was noch besser ist: Mit der Zeit und mit ausreichender Übung – auch der Übung im Masturbieren – wird im Körper der Frau das Wachstum von Nerven und Kapillargefäßen angeregt, welche somit die einzelnen Bestandteile besser miteinander verbinden, den Blutfluß verbessern, die Nervenimpulse verstärken und den Orgasmus insgesamt leichter machen.

Die unterschiedliche Menge an Stimulation, die Frauen und Männer für gewöhnlich erhalten, könnte auch erklären, warum der Orgasmus bei Frauen und Männern unterschiedliche Nachwirkungen zeigt. Wenn eine Frau einen weniger intensiven Orgasmus gehabt hat, dann fühlt sie sich oft energetisch aufgeladen und möchte gerne weitermachen. Doch der Orgasmus des Mannes in Kombination mit seiner Ejakulation bewirkt, daß er schlafen möchte. Eine Frau erzählte uns: »Ich mache immer die gleiche Erfahrung – wir haben Sex, er kommt, und wenn ich Glück habe, komme ich auch. Und dann schläft er ein, und ich warte und denke: ›Komm schon, laß uns weitermachen.‹ Mein Interes-

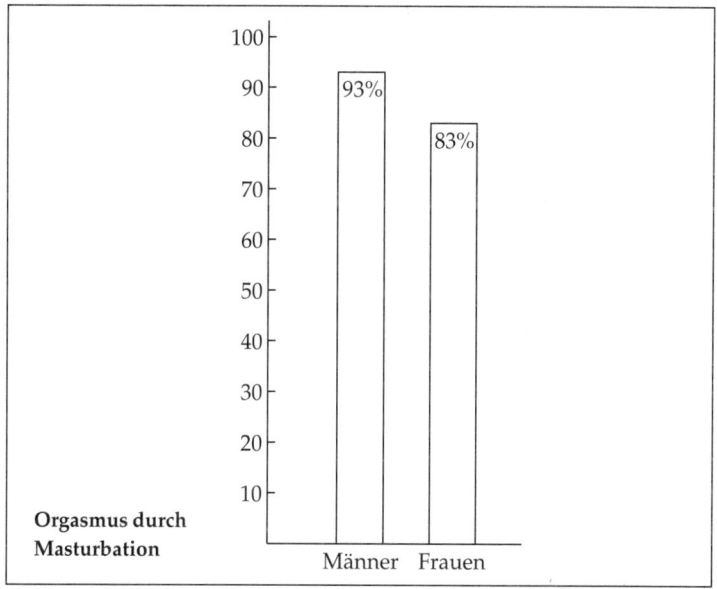

Orgasmus durch Masturbation

se erreicht meist gerade dann seinen Höhepunkt, wenn er anfängt zu schnarchen.« Der Mann fühlt sich vielleicht erschöpft, weil er ejakuliert hat. Manche Frauen berichten, daß sie sich ähnlich befriedigt und entspannt fühlen und schließlich einschlafen, nachdem sie eine ausreichend intensive Stimulierung erhalten haben, die sie zu einem starken Orgasmus geführt hat.

Frauen, die regelmäßig masturbieren, kommen leicht zum Orgasmus. Die Orgasmuskluft, der sie möglicherweise im Partnersex begegnen, ist eindeutig kein Problem, das an der Frau oder an ihrem Partner festgemacht werden kann, sondern allein an der Art und Weise, wie heterosexueller Sex definiert und durchgeführt wird.

Mit dem Wissen, das eine Frau durch die Masturbation erlangt, kann sie ihren Sex verändern. Sobald sie durch die Masturbation gelernt hat, wie ihr Körper reagiert, kann sie ihrem Partner besser erklären, was sie will und mag. Partnersex macht mehr Spaß und ist spielerischer, wenn sie weiß, daß sie nicht von ihrem Lover abhängig ist. Weil Soloorgasmen eine Frau sexuell unabhängiger machen, geben sie ihr auch die Kraft und das Selbstvertrauen, die Tür zum Dialog mit dem Partner aufzustoßen, der erst noch herausfinden muß, daß Sex etwas ist, was man lernen kann.

Viele Wege zum Orgasmus

Frauen und Männer haben eine ähnliche körperliche Kapazität für orgastischen Sex: Beide haben eine Klitoris, eine Prostata und erektionsfähiges Gewebe im Umfeld der Harnröhre. Beide sind am Perineum und Anus erregbar. Beide haben Geschlechtsteile, die erigieren und für Feuchtigkeit sorgen, Frauen vaginal und Männer durch eine vor der Ejakulation austretende Gleitflüssigkeit. Beide sind orgasmusfähig, doch weil die Sexkultur den weiblichen Weg zum Orgasmus nicht klar darlegt und dieser auch nicht Eingang findet in die standardisierte Weise, auf die Heterosexuelle Sex haben, sind Frauen in der Orgasmuskluft gefangen. Indem sie dem Sex neue Akzente verleihen, können Frauen sich selbst und anderen offenbaren, daß es für sie viele Wege zur Lust gibt.

Orgasmen durch Klittage

Frauen erreichen durch Masturbation leicht einen Orgasmus, weil Klittage als fester Bestandteil dazugehört. Sowohl die Frau als auch der Mann brauchen eine durchgehende, rhythmische Klitorisstimulierung, um zum Orgasmus zu gelangen, doch sie beide benötigen hierzu eine leicht unterschiedliche Art der Berührung. Die meisten Männer mögen es, wenn Druck auf ihren

> ### Ein Weg oder zwei Wege zum Orgasmus?
>
> ***Traditionelle Sichtweise***
> Frau   Mann
> Feuchtigkeit   Erektion
> Geschlechtsverkehr
> Orgasmus?   Orgasmus!
>
> ***Neue Sichtweise***
> Beide
> Feuchtigkeit
> Manuelle, orale und Genital-an-Genital-Stimulierung
> Erektion
> Orgasmus!

Penis ausgeübt wird, während Frauen der Massage ihrer Klitorisspitze den Vorzug geben. Im Solo- oder Partnersex kann Klittage unter Zuhilfenahme eines Gleitmittels entweder mit den Fingern oder mit einem Vibrator erfolgen. Die meisten Frauen ziehen es vor, wenn die Berührung am Anfang langsam und zart sind, doch sobald ihre Genitalien erigiert sind, wollen sie oft mehr Druck und eine größere Geschwindigkeit. Wenn eine Frau sich dem Orgasmus nähert, werden Rhythmus und Kontinuität entscheidend.

U-Punkt-Klittage

Weil sich der U-Punkt in der Nähe der Klitoris befindet, profitiert er möglicherweise indirekt durch Klittage. Wenn die äußeren Bestandteile des weiblichen orgastischen Halbmondes mit den Fingern, einer Zunge oder einem Vibrator berührt werden, dann werden sowohl der U-Punkt als auch die Klitorisspitze massiert.

Bei Frauen und Männern bewirkt die Stimulierung der Harnröhrenöffnung (des U-Punktes oder der Eichel des Penis) gleichermaßen die Erregung des erektionsfähigen Gewebes entlang der gesamten Harnröhre. Manche Frauen ejakulieren, wenn die Klittage die Stimulierung des U-Punkts einschließt, weil dabei auch der G-Punkt, der an die Harnröhre angrenzt, erregt wird.

Vibrationsklittage

Die primäre sexuelle Verwendung des Vibrators dient der Stimulierung der Klitoris, doch viele Leute glauben, daß Vibratoren ein Ersatz für den Penis sind und der vaginalen Penetration dienen. Je mehr Frauen sie jedoch kaufen und lernen, sie richtig anzuwenden, desto klarer erkennen sie, daß der vorrangige sexuelle Verwendungszweck des Vibrators die Klittage ist. (Die Vagina ist nicht durch Vibration, sondern durch Druck am besten zu stimulieren.)

Vibratoren gibt es in vielen Größen, Formen und Typen. Es gibt Hochleistungsvibratoren mit Netzversorgung für die lange Sitzung und tragbare, batteriebetriebene im Handtaschenformat für die Reise und für spontane Entschlüsse und als Muntermacher für den Augenblick. Batteriebetriebene dildoförmige Vibratoren werden in der Regel als Krimskrams verkauft. Die für Klittage am besten geeigneten Vibratoren sind jene mit Netzanschluß, da sie eine starke, fortdauernde Vibration erzeugen. Mögen Frauen eine gleichzeitige Penetration, gibt es inzwischen zweiarmige Vibratoren, die zugleich innen und außen stimulieren. Der eine Arm penetriert, während der andere ein verlängerter »Kitzler« (oft in der Form eines freundlichen Tiers) für die Klitoris bestimmt ist.

Dildos dienen der Penetration. Es gibt sie in einer großen Bandbreite von Formen, Größen und Farben. Vibratoren und

Dildos können im Versandhandel bestellt und in frauenfreundlichen Sex-Shops gekauft werden. Obwohl Vibratorenanfängerinnen vielleicht erst einmal abstoßend erscheinen, können sich die meisten Frauen schnell für ihre Möglichkeiten erwärmen. Sobald eine Frau erst einmal die ihr jederzeit zur Verfügung stehenden Freuden ihres Vibrators kennengelernt hat, wird sie das Haus nicht mehr ohne ihn verlassen wollen.

Viele Frauen mögen die Kombination von Vibratorklittage und Penetration. Während sie ihre Klitoris mit dem Vibrator stimulieren, verwenden sie einen Dildo oder einen speziell gerundeten Aufsatz, um gleichzeitig gegen ihren G-Punkt zu drücken. Manche Frauen verbinden Vibratorklittage auch mit analer Penetration. Anale Penetration sollte nur mit einem Dildo erfolgen, der ein ausgestelltes Ende hat, damit er nicht im Rektum verlorengeht. Die Kombination verschiedener Formen von Penetration mit einem Vibrator verschafft der gesamten Kligeva intensivste Stimulation.

Vibratoren sind nicht nur für den Solosex geeignet. Vibrationsklittage kann einen lauen Koitus rasch in eine heiße Angelegenheit verwandeln. Vibratoren laden jede Art von Partnersex elektrisch auf. Eine Frau, deren Partner sich nur langsam für Sex begeistern konnte, erzählte uns, wie sie einen Vibrator benutzt, um sich erst selbst auf Touren zu bringen, statt auf ihn zu warten. Ihre Erregung trägt dann dazu bei, den Partner in die richtige Stimmung zu versetzen.

Manche Männer fürchten, daß Vibratoren sie überflüssig machen. Eine Frau berichtete, daß sie während des Geschlechtsverkehrs einen Vibrator verwendete und auf diese Weise den besten Orgasmus genoß, den sie jemals gehabt hatte. Doch ihr Partner war unzufrieden und wollte nicht, daß sie das Ding noch einmal benutzte. Er fühlte sich dadurch bedroht, daß der

Vibrator ihr einen stärkeren Orgasmus zu bereiten vermochte als er. Ein Student brachte uns gegenüber die gleiche Besorgnis zum Ausdruck. »Wie soll ich mit einem Vibrator konkurrieren?« fragte er uns. Viele Männer empfinden den Vibrator als übergroßen Penis, der ewig weitermachen kann. Frauen erklären ihren männlichen Partnern, daß der Vibrator kein Ersatz für sie oder für ihren Penis ist. Es zeigt sich, daß Frauen den Vibrator zur Stimulierung ihrer Klitoris benutzen und nicht für die Penetration. Der Mann muß sich von dem Mythos verabschieden, daß nur der Penis des Mannes der Frau einen Orgasmus ermöglichen kann. Statt dessen, so erfährt der Mann, ist die Klittage, ob mit einer immer bereitwilligen Hand oder mit einem Vibrator, der Schlüssel zur weiblichen Lust. Seine verspielten Finger mit ihren unendlichen Möglichkeiten bezüglich Geschwindigkeit und Bewegungen können es leicht mit einem Vibrator aufnehmen und ihn sogar überrunden – wenn er erst lernt, wie er sie richtig zum Einsatz bringen kann. Außerdem stehen ihm noch die Finger seiner zweiten Hand zur Verfügung (wie auch die der Frau) und seine Zunge.

Klittage und Koitus

Ein Paar kann den Geschlechtsverkehr für beide orgastisch gestalten, indem es ihn um die Klittage erweitert. Klittage und Koitus verbinden klitorale Stimulation mit einer tiefen inneren Reizung der Kligeva. Dies schenkt einer Frau einen Orgasmus, der mit dem angenehmen Gefühl der Nähe verbunden ist, welches der Geschlechtsverkehr vermittelt. Indem sie beides zugleich vor den Wagen ihrer Lust spannt, kann sie ihre Erektion während der Penetration problemlos aufrechterhalten. Mit den Fingern auf ihrer Klitoris vermag sie das Niveau ihrer Erregung zu kontrollieren und sich, wenn sie es will, über den Rand hinaus zum Orgasmus bringen. Die Kombination von Klittage und Koitus verbindet die äußeren und die inneren Teile der Kligeva im Orgasmus. Dieses Doppel ist dazu in der Lage, den traditionell einseitigen Quickie in ein gemeinsames orgastisches Abenteuer zu verwandeln.

Kunnilingus: Der Gourmetsex der neunziger Jahre

Schon lange ist das Erfolgsrezept Kunnilingus im lesbischen Sex zur Lieblingsbeschäftigung einiger junger Heterosexueller geworden. Der 1994 in Amerika veröffentlichte Sexreport zeigt, daß Kunnilingus modern wurde, weil Frauen damit zum Orgasmus kamen. Er stellt allerdings auch fest, daß Oralsex trotz seiner Popularität »nicht die entscheidende und zentrale Rolle einnimmt, die vaginaler Geschlechtsverkehr als sexuelles Ereignis für Heterosexuelle hat«. Mit anderen Worten: Oralsex ist noch immer wahlfrei, und wenn Kunnilingus gegeben wird, dann muß er eine Frau nicht zwangsläufig bis zum Orgasmus bringen. Statt dessen wird er als Vorspiel gehandhabt, als Appetitanreger für den Hauptgang Koitus. Viele Frauen sagen, daß sie gerne mehr Vorspiel hätten, womit sie für gewöhnlich mehr Kunnilingus und mehr direkte Klitorisstimulierung meinen. Kunnilingus bis zum Orgasmus zu einem Hauptbestandteil des Sex zu machen, statt nur zu einer selten gewährten Gunst, würde die Auswahl auf der sexuellen Speisekarte von Frauen erheblich erweitern und verbessern.

Die Stimulierung des G-Punkts

Nachdem Klittage oder Kunnilingus der Kligeva zur Erektion verholfen haben, wird der G-Punkt der Frau für die Berührung durch die Finger oder einen gebogenen Dildo oder die Eichel des Penis empfänglich. Weil der G-Punkt sich an der vorderen

Vaginawand befindet, sind die Finger am besten geeignet, um ihn zu erreichen. (Die meisten Penisse sind nicht gebogen genug, um den G-Punkt zu berühren, und wenn ein Mann zu tief oder im falschen Winkel eindringt, dann kommt es mitunter gar nicht zum Kontakt mit dem G-Punkt.) Zur G-Punkt-Stimulation sollte der Partner am besten Latexhandschuhe und Gleitmittel verwenden, langsam mit Klittage beginnen und dann, dem orgastischen Halbmond ins Innere der Vagina folgend, jenseits des Schambeins den darüberliegenden G-Punkt berühren.

Sobald die Frau weiß, wo der G-Punkt liegt und wie er sich anfühlt, können sie und ihr Partner seine Stimulierung – er mit dem Penis – probieren. Die Kligeva der Frau sollte hierzu erigiert sein. Sie kann dabei auf dem Rücken liegen, ihr Gesäß durch ein paar Kissen unterstützen und ihre Beine entweder zu sich heran an ihre Brust oder aber damit den Hals oder die Hüften ihres Partners umschlingen. Dies trägt dazu bei, die Eichel des Penis auf die vordere Vaginawand auszurichten. Beim Eindringen von hinten kann der Penis ebenfalls den G-Punkt stimulieren, vorausgesetzt, er ist relativ weit nach unten gerichtet. Eine Frau kann durch G-Punkten einen starken Orgasmus erleben und auch ejakulieren.

Halbmondliebkosung

Eine Frau und ihr Partner können Klittage und G-Punkt-Stimulation miteinander verbinden und auf diese Weise den gesamten orgastischen Halbmond einbeziehen. Der Partner oder die Frau selbst kann entweder eine Hand benutzen, die er oder sie von der Klitoris, am U-Punkt vorbei bis zum G-Punkt gleiten läßt, oder beide Hände gleichzeitig zum Einsatz bringen, indem die eine Hand sich auf den G-Punkt konzentriert und die andere Klittage macht. Die Liebkosung des orgastischen Halbmonds kann auch an der Klitoris mit einem Vibrator und mit einem Dildo oder den Fingern am G-Punkt erfolgen. Die orgastische Macht dieser Halbmondliebkosung wird in Annie Sprinkles gar nicht so weit hergeholter Parodie in ihrem Video *Sluts and Goddesses* (Huren und Göttinnen) demonstriert.

Unter dem Vaginadach

Der Orgasmus garantiert die Erektion, und die Erektion läßt die Kligeva lebendig werden. Wenn sich die Kligeva mit Blut füllt und ihre Muskeln sich anspannen, dann spannt sich auch das erste Drittel der Vagina an und wird durch Reibung und Druck erregt. Der PC-Muskel kontrahiert und sorgt dafür, daß die Wände des Vaginamittelteils sich berühren oder sich gegen einen in der Vagina vorhandenen Stimulus drücken. Im oberen und letzten Drittel der Vagina richtet sich der Zervix auf und erzeugt einen zeltartigen Raum, den wir als Vaginadach bezeichnen.

Nach einem Orgasmus stellen viele Frauen fest, daß sie nichts mehr wollen als vaginale Penetration. Sie wollen den Druck eines Penis oder eines Dildos gegen ihre angeschwollenen Vaginawände spüren. Sie wollen ihren PC-Muskel um etwas Festes herum anspannen. Vielleicht möchten sie spüren, wie die Eichel eines Penis sich an ihrem G-Punkt reibt. Der Orgasmus sorgt dafür, daß die Kligeva vollständig erigiert ist, daß sich das Vaginadach hebt und äußerst sensibel auf die Eichel des Penis eines Mannes reagiert, der genau in den unter dem Vaginadach entstandenen Raum paßt. Wenn sie nun gemeinsam schaukeln, dann können eine Frau und ein Mann gemeinsam vielleicht die intimste erotische Umarmung erleben, die überhaupt möglich ist.

Orgasmus und die Kligeva

> Wir wollen, daß *alles* so wirkungsvoll stimuliert wird, daß wir unseren besten Orgasmus erleben. ... Wer würde da eine Wahl von entweder/oder treffen wollen? Ich will alles! *Betty Dodson*

Wir haben den Begriff *Kligeva* vorgeschlagen als einen, der die weiblichen Genitalien als Ganzes beschreibt. Indem eine Frau ihre Genitalien als Ganzes sieht, kann sie die Zusammenhänge aufdecken und die Verbindungen herstellen, die den Orgasmus erst ermöglichen. Da der Begriff Kligeva die drei sensibelsten Bereiche der Genitalien betont, erinnert er Frauen an die Verbindung, die zwischen den einzelnen Teilen ihrer Genitalien besteht. Das Ganze der Kligeva ist größer als die Summe ihrer Bestandteile. Die Erektion sorgt dafür, daß der G-Punkt, die Vagina, der Anus und andere Bereiche sensibler auf Stimulierung reagieren. Je mehr Teile jedoch stimuliert sind, desto intensiver ist der Orgasmus. Ist die gesamte Kligeva erigiert, dann ist sie für einen Orgasmus vorbereitet, der eine Frau eine neue Dimension der Lust erleben lassen kann. Ihre Ekstase kann eine geistige Ebene erreichen, die ihr das Gefühl geben, »Gott nicht nur zu sehen, sondern Gott zu sein«, wie es eine Frau ausdrückte.

Orgasmen bis zum Platzen?

Der Vorschlag, daß Frauen Orgasmen zum Ziel des Sex machen sollen, ist umstritten. Sexualerzieher fürchten, daß eine solche Zielsetzung Frauen angst macht, die Wahrscheinlichkeit des Versagens erhöhen kann und damit letzten Endes nur der Spaß am Sex verlorenginge. Männer haben Ängste wegen ihrer sexuellen Leistung, doch niemand schützt sie vor den Folgen des Versagens.

Aus unserer Sicht ist es bevormundend, Frauen vor schlechten Gefühlen bewahren zu wollen, weil sie keinen Orgasmus hatten, vor allem dann, wenn es gar nicht an ihnen lag. Je mehr Frauen erkennen, daß Sex orgastisch sein kann, und je mehr sie sich an ihrem Lustempfinden orientieren, desto mehr von ihnen können die Verantwortung dort suchen, wo sie eigentlich zu finden ist – bei der Sexkultur. Cathy Winks und Anne Semans schreiben in ihrem Buch *Good Vibrations – Sex fun and safe*: »Jeder von uns täte gut daran, das einfache Vergnügen der Orgasmen weniger ernst zu nehmen.« Doch viele Frauen fallen Orgasmen eben nicht leicht. Statt Orgasmen also weniger Aufmerksamkeit zu widmen, würden Frauen besser daran tun, ihre Rechte auf gleichberechtigte Lust geltend zu machen.

Das Orgasmusgeheimnis ist gelüftet!

Bis vor kurzem ähnelte der Versuch, Informationen darüber zu beschaffen, wie man einen Orgasmus hat, dem Zusammensetzen eines großen Puzzles. Die Sexualerzieherin und Schriftstellerin Carol Queen erzählte uns von ihren ersten Bemühungen, als Teenager etwas über Sex zu erfahren:

> Durch eine Frauenzeitschrift fand ich heraus, daß es so etwas wie Orgasmen gab. Aus dem Zusammenhang, in dem sie beschrieben wurden, erkannte ich, daß es sich dabei um eine wünschenswerte Sache handelte, daß ich gerne mal einen oder mehr als einen erleben würde, doch wodurch ich sie bekommen sollte, davon hatte ich nicht den blassesten Schimmer; ich wußte ja nicht, was Orgasmen waren ... Heute sprechen wir über den Orgasmus, als wüßten wir alle genau, was sie sind. Hat man die Erfahrung jedoch nicht gemacht, wie kann man dann etwas darüber wissen?

Eine Frau in den Vierzigern berichtet uns, daß sie als Kind Orgasmen hatte, doch als sie das Wort »Orgasmus« im Lexikon nachschlug, mußte sie feststellen, daß es dort als »Krämpfe« definiert war. Sie brachte diese Definition nicht mit dem in Verbindung, was sie erlebte, doch sie erinnerte sich daran, gedacht zu haben, daß sie keinen Orgasmus mehr haben wollte, wenn sie etwas ähnliches wie ein Anfall waren.

Junge Frauen finden heute leichter und mit größerer Wahrscheinlichkeit heraus, daß Orgasmen Spaß machen, doch es ist noch immer unwahrscheinlich, daß ihnen irgendwer sagt, wie man an einen Orgasmus kommt. Frauen könnten leicht die Geduld mit den Zeitschriftenartikeln, Büchern und dem Sexualkundeunterricht verlieren und sich frustriert zurückziehen, weil sie keine verläßlichen Angaben darüber machen, was, wo, wie berührt werden muß, um einen Orgasmus auszulösen. Es ist der weiblichen Beharrlichkeit zu verdanken, daß viele Frauen trotz aller Schwierigkeiten schließlich *doch* lernen, Orgasmen zu haben. Der einzige Unterschied zwischen denen, die es lernen und jenen, denen es verwehrt bleibt, ist, daß orgastische Frauen sich entscheiden, ihre Sexualität in die eigenen Hände zu nehmen. Eine Menge Übung (und ein wenig Gleitmittel) sind die Voraussetzungen, um »bis zum Letzten«, bis zum Orgasmus zu gehen. Eine Frau kann die Kunst des Sex ebenso entwickeln wie irgendeine andere Fertigkeit, und zwar mit der erforderlichen Ausrüstung, den notwendigen Techniken und viel Übung.

Drei Schlüssel zum Orgasmus

Um Sex für alle Frauen orgastisch zu machen, ist es erforderlich, die willkürlichen Vorschriften der Sexkultur über Bord zu werfen und Sex auf eine neue Weise körperlich zu erleben. Sex muß

im Körper verankert werden. Sobald eine Frau ein Empfinden für die ganze Kligeva in sich trägt, kann sie mit Techniken experimentieren, die für die weibliche Anatomie angemessen sind. Die drei Schlüssel zum Orgasmus sind:
- Feuchtigkeit
- Manualsex
- Erektion

Feuchtigkeit

Der Weg zum Orgasmus, auch zu intensiven Mehrfachorgasmen, wird glatt und reibungslos durch Gleitfähigkeit. Sobald eine Frau und ihr Partner erstmals Gleitmittel verwendet haben, werden sie sich fragen, wie sie je ohne auskommen konnten. Gleitmittel auf Wasserbasis sind der größte Segen für den weiblichen Orgasmus seit der Entdeckung der Finger. Sie haben eine glitschige Konsistenz, die es zwei Oberflächen erlaubt, reibungslos aufeinander zu gleiten. Statt die empfindliche Klitorisspitze zu überreizen oder während des Geschlechtsverkehrs an den Labia zu zerren, kann die Hand oder der Penis eines Partners mit Gleitmittel reibungslos an dem orgastischen Halbmond entlang in die Vagina gleiten.

Gleitmittel kann unabhängig davon zum Einsatz kommen, ob die Vagina einer Frau ausreichend feucht wird oder nicht. Es kann auf dem gesamten Bereich des orgastischen Halbmonds verteilt werden, und man kann es durch Besprühen mit ein wenig Wasser auffrischen oder erneuern. Gleitmittel machen ein längeres sexuelles Beisammensein – und Mehrfachorgasmen – möglich, weil der Sex ohne Überreizung fortgesetzt werden kann. Es kann dafür sorgen, daß die »schnelle Nummer« – und in der Tat jede Art von Sex – mit größerer Wahrscheinlichkeit zum Orgasmus führt.

Gleitmittel sind außerdem entscheidend für Safer Sex. Es muß sich jedoch um ein Gleitmittel auf Wasserbasis handeln, damit das Latex nicht angegriffen wird.

Manualsex

Wenn Frauen den Koitus-Imperativ durch den Manualsex-Imperativ ersetzten (denn er *ist* einer der wenigen unverzichtbaren Notwendigkeiten im Sex), dann können sie die Orgasmuskluft ohne weiteres überbrücken. Manueller Sex ist eine der schönsten und bequemsten Methoden, um die Klitoris wirkungsvoll zu stimulieren. Die Finger sind dafür bestens geeignet. Die Klittage durch eine erfahrene, mit ausreichend Gleitmittel versehene und durch Latex geschützte Hand kann eine Frau rasch zur Erektion und zum Orgasmus führen. Klittage kann in Verbindung mit der G-Punkt-Stimulierung oder mit Penetration erfolgen. Sie kann durch die Frau selbst oder durch ihren Partner durchgeführt werden. Mit einer Hand auf ihrer Klitoris kann die Frau die Kontrolle über ihre Orgasmen selbst übernehmen.

Erektion

Die Erektion bereitet die Genitalien der Frau auf den Orgasmus vor. Doch fällt es vermutlich noch immer schwer, die Vorstellung von einer weiblichen Erektion nachzuvollziehen, da die Sexkultur den Begriff allein auf das bezieht, was mit dem Penis des Mannes geschieht. Doch wenn unter Erektion auch etwas anderes verstanden werden kann als ein sich erhebender Wolkenkratzer, und sie wie im Fall von Frauen mit einem gehaltvollen Croissant, das mit lauter guten Dingen gefüllt ist und noch heiß aus dem Ofen geholt wird, in Verbindung gebracht werden kann, dann ist die Vorstellung auf beide Geschlechter nutzbringend anzuwenden.

Mehrung durch Erfahrung

Ebenso wie Muskeln größer und stärker werden, wenn man sie trainiert, und das Gehirn an Leistung gewinnt, motiviert man es zu geistiger Aktivität, so werden auch die Genitalien empfänglicher für die Lust und orgasmusfähiger, wenn man sie regelmäßig stimuliert. Je mehr man die Genitalien benutzt, desto besser funktionieren sie. Wir geben dem Anspruch »Wer rastet der rostet« eine positive Wendung, indem wir formulieren: »Mehrung durch Erfahrung«. Die Erforschung und Einbeziehung der gesamten Kligeva verbessert nicht nur den Muskeltonus, sondern fördert auch das Wachstum von Kapillargefäßen in diesem Bereich und trainiert die Nerven, um die Botschaften der Lust wirksamer durch den Körper zu transportieren. Je mehr eine Frau ihre Kligeva stimuliert, desto stärker nehmen ihre Empfindlichkeit und die Intensität ihrer Orgasmen zu.

Frauen können auch das Gefühl und das Bewußtsein für andere innere Bereiche der Kligeva schulen. Da der Gebärmutterhals sich bei einer Erektion aufrichtet und damit einen neuen Raum der Lust schafft, kann es sein, daß eine Frau sich ihres Zervix durch die Erektion erstmals bewußt wird. Außerdem reagiert das Vaginadach auch auf den durch die Penetration verursachten Druck. Diese Stimulierung kann einen Orgasmus hervorrufen, den manche Frauen als tiefe, ganzkörperliche Erfahrungen beschreiben.

Mehrfachorgasmen

Sex ist kein Wettkampf, und niemand ist verpflichtet, Punkte zu erzielen. Bei einem Sex, in dem es um den Spaß an der Sache geht, zählt nicht die Zahl der Orgasmen, sondern das Gefühl der Befriedigung. Doch müssen Frauen einfach wissen, daß sie bei einer sexuellen Begegnung mehr als einen Orgasmus haben

Mehrfachorgasmen für Männer

Viele haben Schwierigkeiten, bei Männern zwischen Orgasmus und Ejakulation zu unterscheiden. Doch bei beiden Geschlechtern sind Orgasmus und Ejakulation zweierlei. Indem ein Mann seine Erregung mehrmals langsam bis kurz vor die Ejakulation aufbaut und sich dann zurückzieht, lernt er den Punkt kennen, an dem die Umkehr nicht mehr möglich ist und wie er ihn verzögern und hinausschieben kann. Hält er über längere Zeit hinweg ein hohes Erregungsniveau aufrecht, kann er außerdem seinen Orgasmus intensivieren. Nach einem oder mehreren Orgasmen kann der Mann seinen letzten Orgasmus diesmal mit Ejakulation anstreben, wenn auch seine Partnerin zu ihrem abschließenden Orgasmus bereit ist. Eine der Techniken, die das Erlernen von Mehrfachorgasmen ermöglicht, ist die Stop-und-Start-Technik. Hierbei reduziert oder unterbricht der Mann die genitale Stimulation kurz bevor die Ejakulation unausweichlich erscheint. So hat er zwar einen Orgasmus, ejakuliert jedoch nicht. Eine weitere Methode ist die Kontraktionstechnik. Hierbei wird die Ejakulation durch die Anspannung des PC-Muskels verhindert. Oder aber der Mann unterbricht die Ejakulation, in dem er seinen Penis hinter den Hoden an der Wurzel mit Daumen und Zeigefinger zusammendrückt.

Viele Timingprobleme des traditionellen Sex müßten gar nicht erst entstehen, wenn Männer lernten, sich Zeit zu lassen. Wenn zwei Menschen sich mehr Zeit für den Sex nehmen, indem sie den Geschlechtsverkehr hinausschieben und die Phase vor der Ejakulation verlängern, dann haben beide Partner bessere Aussichten, ihren Höhepunkt auf eine ihnen angemessene Art und Weise zu gestalten.

können. Für viele von ihnen ist mehr als ein Orgasmus erforderlich, damit sich ein Gefühl der Befriedigung einstellt. Eine Frau kann befriedigt sein nach einem großen Orgasmus, nach mehreren kleinen oder einer beliebigen Kombination aus beiden Möglichkeiten. Entscheidend ist jedoch nicht die Art, Größe oder Anzahl der Orgasmen, sondern das Gefühl sexueller Befriedigung.

Befriedigender Sex ist für Frauen wahrscheinlicher, wenn er länger anhält als die üblichen durchschnittlichen 15 Minuten. Während es eine aufregende Erfahrung sein kann, so rasch wie möglich zum Orgasmus zu kommen, so bietet die Verzögerung des Orgasmus und das Aufbauen erotischer Spannung die Gelegenheit, seine Qualität zu verbessern und seine Intensität zu vergrößern.

Gemeinsam kommen

Ist ein Mann fähig, seine Ejakulation unter Kontrolle zu halten, und eine Frau, den Zeitpunkt ihrer Orgasmen zu steuern, dann können heterosexuelle Paare sich auf halber Strecke treffen und sich an ihrem letzten Orgasmus gemeinsam erfreuen. Der gemeinsame Orgasmus kann eine mächtige, verbindende sexuelle und emotionale Erfahrung sein. Sexualexperten warnen jedoch davor, sich den gemeinsamen Orgasmus zum Ziel zu setzen. Doch können geschickte Liebende die Wahrscheinlichkeit auf einen gemeinsamen Orgasmus durch Kontrollieren ihrer Lust erhöhen. Bei heterosexuellem Sex kann ein Mann, der weiß, wie er seine Ejakulation herauszuzögern vermag, seiner Dame bereitwillig den Vortritt lassen. In unserer Eröffnungsszene zu Beginn des Kapitels wartete Joe, bis Nikki zu ihrem letzten Orgasmus bereit war, und kam dann gemeinsam mit ihr. Ob der gemeinsame Orgasmus erwünscht ist oder nicht, gesteigerte sexuelle Geschicklichkeit und größeres Körperbewußtsein vermögen die gegenseitige Luststeigerung zweier beliebiger Partner zu vergrößern.

Weibliche Ejakulation

Die weibliche Ejakulation ist eine sexuelle Erfahrung, über die manche Frauen zufällig stolpern und die andere bewußt kultivieren. Manche Frauen möchten es vielleicht lernen, wie sie die Fähigkeit zur Ejakulation entwickeln können. Für andere ist die Vorstellung uninteressant, oder sie finden schon die Erwähnung der weiblichen Ejakulation geschmacklos. Doch akzeptiert und anerkennt die Sexkultur das gleiche Phänomen bei Männern, und für die Frauen, die ejakulieren, ist die Ejakulation eine Quelle großen sexuellen Vergnügens.

Bei der Ejakulation genießt eine Frau ein Gefühl von Befreiung, das sich von jenem des Orgasmus unterscheidet. Eine Ejakulation wird ausgelöst durch Stimulierung der sexuellen Bereiche im Umfeld der Harnröhre. Der G-Punkt, der U-Punkt und der *Corpus spongiosum* stehen allesamt in direkter Beziehung zur Harnröhre. Eine Frau berichtete uns, daß sie zum ersten Mal ejakulierte, als sie ihrem Vibrator mit Höchstgeschwindigkeit laufen ließ. Obwohl sie damit ihre Klitoris massierte, stimulierte der Vibrator ihre gesamte Kligeva und auch den G-Punkt über den U-Punkt. Die meisten Frauen ejakulieren, wenn sie ihren G-Punkt mit den Fingern oder einem Dildo reizen und dies mit Klittage kombinieren. Im Augenblick der Ejakulation drückt die unwillkürliche Kontraktion des PC-Muskels das Sekret in Spritzern aus der Harnröhre, die einem Springbrunnen gleichkommen.

Frauen, die ejakulieren, haben typischerweise einen starken PC-Muskel. Je mehr eine Frau ihre Genitalien stimuliert, desto

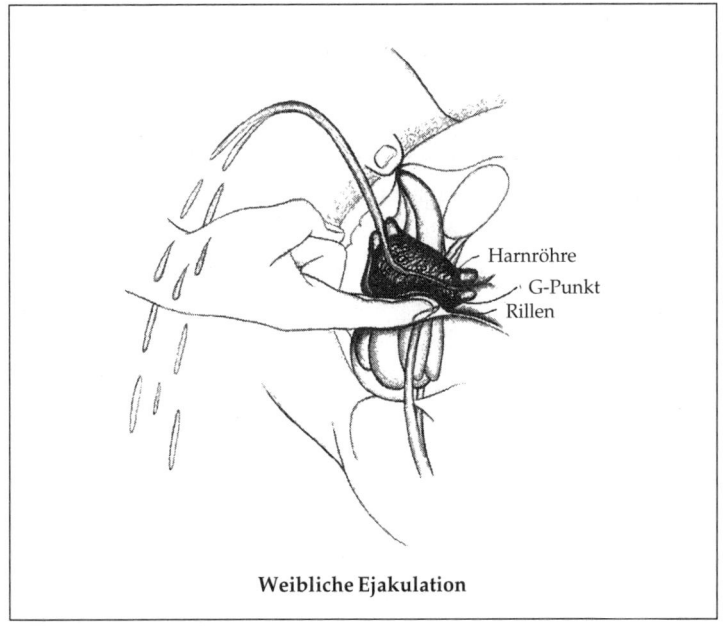

Weibliche Ejakulation

kräftiger werden ihre Muskeln und desto mehr kräftigt sie ihre Kligeva als sexuelles Organ. In ihrem Buch *Schöner als Fliegen – Frauen verraten ihr Geheimnis* lassen Marc und Judith Meshorer eine Frau zu Wort kommen, die häufig und heftig ejakuliert. Sie betont, wie wichtig es sei, daß die Frau vom ersten Orgasmus an eine Erektion hat.

Normalerweise brauche ich die Stimulation meiner Klitoris für den ersten Orgasmus. ... Nach dem ersten Höhepunkt werden meine Scheide, meine Klitoris, mein ganzer Körper so empfindlich, daß jeder weitere ganz leicht zu erreichen ist. Es passiert, wenn wir miteinander schlafen mindestens einmal, daß sich meine Scheidenmuskeln stärker und immer stärker kontrahie-

> ren und plötzlich eine Flüssigkeit herausspritzt – ähnlich wie eine männliche Ejakulation. ... Ich weiß nur, daß es während einer sexuellen Begegnung einmal oder auch öfter vorkommen kann – gleich zu Beginn, mittendrin oder zum Schluß. ... Ich habe schon mal anderthalb Meter weit gespritzt und meinem Mann die Füße naß gemacht.

Eine Ejakulation findet in der Regel unmittelbar vor, während oder im Anschluß an einen Orgasmus statt. Eine Frau kann erst mehrere Orgasmen haben und dann ejakulieren, oder aber sie erlebt einen Ejakulationsorgasmus (Ejakulation und Orgasmus gleichzeitig). Wenn ihr Orgasmus besonders intensiv war, dann kann sie sich ebenso erschöpft fühlen, wie es bei vielen Männern der Fall ist, nachdem sie gekommen sind. Tritt jedoch die Ejakulation allein auf, dann wird eine Frau bis zum Orgasmus weitermachen wollen. Fanny Fatales Video *How to Female Ejaculate* (Wie man als Frau ejakuliert) beschreibt das Phänomen und zeigt vier Frauen, die bis zur Ejakulation und zum Orgasmus masturbieren. Eine der Frauen erklärt, wie sie sich selbst beigebracht hat zu ejakulieren, die anderen drei machten die Erfahrung zum ersten Mal zufällig beim G-Punkten.

Möglicherweise verfügen alle Frauen über eine Ejakulationskapazität, sobald sie erst einmal wissen, wie es geht. Die wahrscheinlichste Ursache dafür könnte darin liegen, daß bisher nur eine kleine Anzahl von Frauen ejakuliert, daß Frauen sich nicht jahrelang darin üben, bis zur Ejakulation zu masturbieren, weil die Sexkultur sie gar nicht erst wissen läßt, daß dies überhaupt möglich ist. Die meisten Frauen und Mädchen wissen nicht einmal, daß es eine weibliche Ejakulation gibt. Dies führt dazu, daß Frauen, die eine solche an sich erleben, peinlich berührt sind oder sich schämen. Sie glauben, unverhältnismäßig viel Feuch-

Die Hilfsmittel des orgastischen Sex:
Eine Nachtkästchen-Grundausrüstung

Die richtige Umgebung für orgastischen Sex kann erzeugt werden durch eine Kombination aus Komfort und den richtigen Hilfsmitteln. Zur Grundausrüstung gehören: Vibrator, Dildo, Gleitmittel auf Wasserbasis, Kondome, Latexhandschuhe oder -fingerlinge, zum Schutz beider Partner beim Manualsex und Latex-Tücher, wie man sie beim Zahnarzt kennt, für Kunnilingus. (Wer gegen Latex allergisch ist, der sollte Alternativen aus Vinyl ausprobieren.) Eine kleine Sprühflasche kann neben dem Bett aufbewahrt werden, um Gleitmittel wieder zum Leben zu erwecken, wenn es trocken und klebrig wird. Massageöl für den Körper mit Ausnahme des Genitalbereichs kann allgemein luststeigernd wirken und für taktile Erregung, Muskelentspannung ebenso wie für eine gut duftende Umgebung sorgen.

Frauen, die ejakulieren, sollten Handtücher in Griffweite haben. Zum Schutz der Laken ist es ratsam, wenn sich eines der Handtücher unter ihr befindet. Kissen sind erforderlich, um die Hüften der Frau abzustützen, damit ihr G-Punkt während es Koitus mit Mann-oben-Stellung besser stimuliert werden kann.

Manche Menschen wählen ihr Schlafzimmermobiliar – oder sogar die Möbel für das gesamte Haus – in dem Gedanken an guten Sex aus. Es ist gut, wenn das Bett relativ hoch ist, damit der Mann beim Eindringen von hinten und bei Mann-oben-Geschlechtsverkehr bequem stehen und die Frau auf dem Bett liegen oder knien kann. Ein Sofa oder ein Schaukelstuhl können beim Geschlechtsverkehr in sitzenden Positionen und beim Kunnilingus günstig sein. Für die Abenteuerlicheren gestattet es eine Hängematte oder eine Liebesschaukel der Frau zu schweben, während sie Kunnilingus genießt.

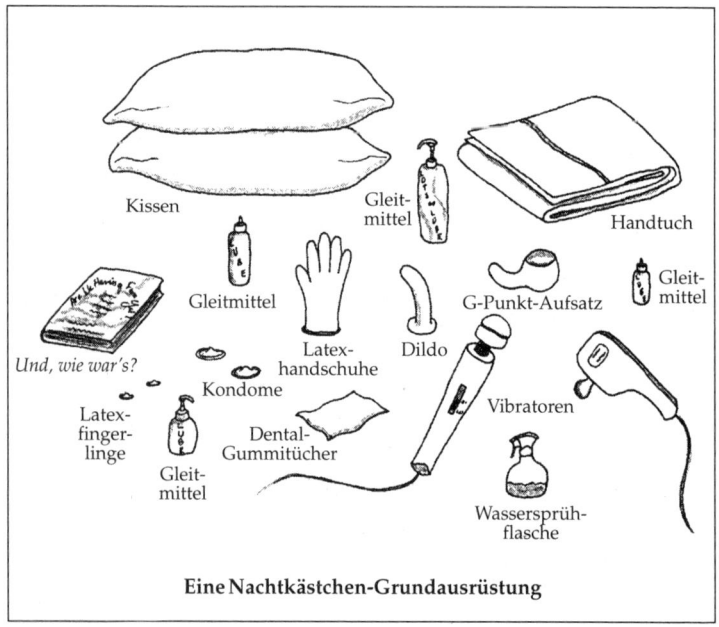

Eine Nachtkästchen-Grundausrüstung

tigkeit zu produzieren oder zu urinieren. Wenn Frauen ihre Kligeva besser kennenlernen und sie durch Stimulation kräftigen, dann können sie auch ihre Ejakulationsfähigkeit entwickeln. Sobald die Sexkultur die weibliche Ejakulation anerkennt, werden mehr Frauen – ohne Schamgefühle und Besorgnis – Freude an ihrem Springbrunnen der Lust finden.

Manche Frauen machen sich vielleicht Sorgen, daß die weibliche Ejakulation nur ein weiterer sexueller Reifen ist, durch den sie hindurchspringen müssen. Obwohl die Ejakulation für die sexuelle Befriedigung einer Frau nicht unbedingt erforderlich ist, so handelt es sich doch um ein sexuelles Vergnügen, das sie kultivieren kann, vorausgesetzt, sie weiß überhaupt von seiner Existenz und besitzt ausreichende Kenntnis von ihren Genitalien. Außerdem setzt dies ein Bewußtsein voraus, das sich darum bemüht, Frauen und Männern gleichermaßen Lust zu verschaffen.

Sowohl individuell als auch als Gruppe bewegen sich Frauen auf eine neue erotische Grenze zu. Statt neue Möglichkeiten zurückzuweisen, kann und sollte eine Frau selbst entscheiden, welchen sexuellen Weg sie erforschen will, und sie sollte ihrer eigenen Neugier folgen. Alles, was sie hierzu braucht, ist ein neuer Blickwinkel auf ihren Körper und die Nachtkästchen-Grundausrüstung. Sie hat nichts zu verlieren und kann nur gewinnen.

Die Orgasmuskluft schließen

Vergnügen ist das vorrangige Motiv für Sex, und eine der schönsten Freuden am Sex ist der Orgasmus. Der sexuelle Höhepunkt ist wie eine sorglose und erfrischende Urlaubswoche, die in einem Augenblick der Seligkeit konzentriert ist (und dabei weder die Kosten und Beschwernisse tatsächlichen Reisens verursacht noch vergleichbare zeitliche Anforderungen stellt!). Mae West glaubte an den »täglichen Orgasmus«. Die meisten von uns meinen, daß wir heute nicht mehr so viel Zeit haben, uns täglich dem Sex zu widmen, wie es der Hollywoodstar verlangt, doch verbringen wir viel Zeit mit anderen, weniger bereichernden Aktivitäten: Ist Sex weniger unterhaltsam als ein mittelmäßiger Kinofilm auf Video? Ist Sex weniger wichtig, als alle zwei Wochen drei Stunden in einem Haarsalon zuzubringen?

Sex gehört in ein ausgewogenes und gesundes Leben. Eine Frau muß sich nur dafür entscheiden, daß sie Sex will. Das Motto hierbei sollte jedoch weniger »ein Orgasmus täglich« lauten als vielmehr »*immer dann ein Orgasmus, wenn eine Frau ihn will*«, ob beim Masturbieren oder beim Partnersex.

Jede Frau kann Orgasmen haben, wenn sie ihre Kligeva kennenlernt und entwickelt und zu einem erigierten Ganzen anwachsen läßt. Eine Frau kann Sex zu etwas machen, das besser ist als Kuchen und Eis (von warmer Hafergrütze ganz zu schweigen), vorausgesetzt, es schließt ihren Orgasmus mit ein. Sex wird erst dann zu Sex, wenn zwei Partner ihre orgastischen Freuden miteinander teilen.

Eine Sprache für die Liebe

»*Berühre mich hier. Ja, da. Ein bißchen weiter links. Aah, ja. Vorsichtig ... Jetzt ein bißchen schneller ... Ooh, das fühlt sich großartig an. Kannst du mir deinen Finger reinstecken? Genau da. Hmmm ... Ja, ja, ja. Ein bißchen fester. Genau so. Hör nicht auf!*«

Die andere Art Oralsex

Um sexuell »ins Gespräch zu kommen«, müssen die Partner überhaupt erst einmal verbal miteinander kommunizieren. Nikki und Joe haben nun großartigen Sex zusammen, weil sie, sowohl im Schlafzimmer als auch außerhalb, gelernt haben, miteinander zu sprechen. Sie reden nicht immer während des Sex, doch keiner von beiden zögert, das zum Ausdruck zu bringen, was er will, oder dem anderen mitzuteilen, wenn »ein kleines bißchen nach links« den Sex so viel besser machen kann. Sie lassen einander auch wissen, wenn sich etwas besonders gut anfühlt. Folglich ist jedes ihrer sexuellen Beisammensein ebenso gut oder besser als das Mal zuvor.

Man wird nicht als guter Liebhaber (das gilt für Frauen und Männer) geboren, sondern dazu erzogen. Es ist die praktische Übung, die sie erzieht, und das Nachdenken sowie die Gespräche über Sex. Das Sprechen über den Sex gestattet es Liebenden, sich sexuell zu entwickeln, während zugleich die emotionale Bindung stärker wird. Mit dem Reifen einer Beziehung sollte auch der Sex besser und besser werden, doch für viele bleibt der Sex immer gleich, weil sie nicht darüber sprechen. Selbst wenn sich zwei Menschen besonders nahe stehen, ist der eine doch nicht fähig, die Gedanken des anderen zu lesen. Dennoch verhalten sich viele so, als könne ihr Partner auf magische Weise spüren, was sie sich wünschen. Doch Liebende, die einander um das bitten, was sie sich beim Sex wünschen, werden nicht nur mit größerer Wahrscheinlichkeit Lust empfangen – und selbst geben –, sondern sie werden damit vermutlich auch das Gefühl von Intimität vergrößern.

Manchmal sorgt die »richtige Chemie« dafür, daß der Sex von Anfang an in einer Beziehung gut ist. Doch selbst eine Beziehung, die mit mittelmäßigem Sex beginnt, kann in etwas Großartiges verwandelt werden, sind beide Partner bereit, darüber zu sprechen. Eine gute Kommunikation ist außerdem der Schlüssel für eine sexuell langlebige Beziehung. Sex muß nicht zwingend langweilig werden, auch dann nicht, wenn zwei Menschen seit Jahrzehnten beisammen sind – vorausgesetzt, eine gute Kommunikation und das gemeinsame Interesse an sexueller Entwicklung sind gewährleistet.

Offenheit und Ehrlichkeit sind ein entscheidender Bestandteil von gutem Sex. Das Reden über Sex ist mehr als »*Ooh, Liebling*« oder »*Zeig's mir*«, worauf die Leute zurückgreifen, um ihren Sexspielen die richtige Würze zu geben. Diese hocherotische Form der verbalen Kommunikation sagt dem anderen noch dazu, daß er oder sie etwas richtig macht. Die richtigen Worte bringen uns für den Sex in Stimmung. Die ruhigeren Worte der Zuneigung, die dem Sex folgen, verstärken die Intimität. Das Sprechen über Sex, wohlgewählte Worte zum richtigen Zeitpunkt, wirken wie Gleitmittel und können die Räder der sexuellen Leidenschaft erst so richtig zum Laufen bringen.

Manche Frauen und Männer haben Sex in völligem Schweigen miteinander, als ob Worte die Verzauberung des Augenblicks stören könnten. Auch wenn Schweigen vielleicht manchmal angebracht sein mag, im Zusammenhang mit Sex kann es dazu führen, daß eine Beziehung austrocknet oder die Partner davon abgehalten werden, neue sexuelle Freuden kennenzulernen. Das sexuelle Schweigen *muß* durchbrochen werden, wenn es Safer Sex geben soll und einen Sex, der ungewollte Schwangerschaften vermeidet. Wer nicht über Sex redet, der gestattet es außerdem der Pop-Pornografie und anderen negativen Einflüssen der Sexkultur, den Sex für Frauen und ihre Partner zu definieren – statt daß aus den eigenen Erfahrungen eines Paares eine erotische Sprache erwächst.

Das Schweigen brechen

Statt wie ein Karaokesänger in Liebeslyrik zu schwelgen, könnten Frauen sich daran gewöhnen, aus ihrem eigenen Verstand und Herzen heraus über Sex und Begehren zu sprechen. Wenn eine Frau ihrem Partner ihre Wünsche nicht mitteilt, dann wird sie zur Zielscheibe für die sexuelle Leistung des Mannes, statt zum Teilnehmer von zwei Liebenden an einem erotischen Austausch. Das Gespräch über Sex in Gang zu bringen, kann für Frauen peinlich und schwierig sein, weil die Wörter, die weibliche Lust beschreiben, bisher kaum existieren. Damit also Frauen das sexuelle Schweigen durchbrechen können, müssen sie zunächst eine neue Sexterminologie finden. Eine auf Ebenbürtigkeit ausgerichtete Sprache für den Sex kann der Lust von Frauen eine Stimme geben und die Art von Kommunikation unterstützen, welche die Freude beider Liebenden fördert. Diese Sprache wird entstehen, sobald sich Frauen daran machen, Sex auf der Basis ihrer eigenen Bedürfnisse zu erforschen.

Über Sex zu sprechen ist wichtig, wenn es darum geht, die Orgasmuskluft zwischen Frauen und Männern zu schließen.

Frauen und Männer würden auch davon profitieren, wenn ähnliche Gespräche über Sex auch in einem weiteren Rahmen der Sexkultur stattfinden könnten. Für Frauen ist es notwendig, daß sie den Sex auf eine Weise dargestellt sehen, die ihre Leben, ihre Körper und ihre Erfahrungen widerspiegelt. Sie müssen spüren, daß es in Ordnung ist, zu Lovern und Freunden über Sex zu sprechen. Sie brauchen eine Umgebung, die sie ermutigt, ein sexuelles Selbst zu entwickeln, und Männer dazu anhält, offener über Sex zu sprechen.

Für die meisten Frauen ist Sex jedoch bislang ein Gesprächsstoff, den sie weder mit Liebhabern noch mit Freunden erörtern. Frauen sprechen noch weniger über Sex als sie darüber nachdenken, was laut statistischer Berechnungen ohnehin schon nicht häufig vorkommt – im Durchschnitt weniger als einmal die Woche. Wenige Frauen sprechen zu Freunden, vielleicht nicht einmal mit ihren Sexpartnern jemals über mehr als die Allgemeinheiten im Sex. Es ist unwahrscheinlich, daß sie miteinander Ideen austauschen, Erfahrungen oder Informationen über beispielsweise die Details von Oralsex oder darüber, wie sie gerne zum Orgasmus gelangen oder auf welche Weise sie sich der Safer-Sex-Maßnahmen bedienen. Solche Themen werden entweder als zu intim oder als zu peinlich empfunden. Eine Frau fürchtet vielleicht, andere könnten herausfinden, daß sie keine Orgasmen erlebt – ein Sachverhalt, der auf die Mauern des Schweigens selbst zurückgeht, die um den Sex errichtet wurden.

Sexuelles Schweigen hinterläßt eine Leere, die sich mit dem negativen Vokabular und den engstirnigen Vorstellungen des pop-pornografischen Sex füllt. Daß die Wörter für Sex »schlechte« Wörter sind, spiegelt das tiefe Unbehagen wider, welches die Kultur angesichts von Sexualität empfindet. Es wird in unserer Kultur viel über Sex geredet, aber dieses Reden über Sex ist nicht von der Art, daß es das sexuelle Selbst von Frauen fördern könnte. Jungen Menschen positive und frauenfreundliche Informationen vorzuenthalten heißt nur, sie in Gefahr zu bringen. Und unter Erwachsenen (die einer fortgesetzten sexuellen Erziehung bedürfen) kommt es sehr selten zu offenen und ehrlichen Gesprächen über bevorzugte Sextechniken – verglichen mit der Aufmerksamkeit, die anderen Aktivitäten und Hobbys wie Kochen oder dem Basteln am Auto gewidmet wird. Und das, obwohl viele Menschen angesichts dieses Themas dringend guten Rat gebrauchen könnten.

Eine neue Stimme zum Thema Sex verschafft sich jetzt Gehör. Es sind Frauengesundheitsaktivisten und Menschen, die in der Aids-Vorbeugung tätig sind. Auch die Sexkolumnisten in einigen regionalen Wochenzeitungen und in manchen Frauenmagazinen bieten eine frische Perspektive in Sachen Sex. Doch im allgemeinen muß sich diese neue Stimme erst noch von den Fesseln der heterosexuellen Gleichsetzung von Sex mit Geschlechtsverkehr befreien. Aber sie sorgt wenigstens dafür, daß das Gespräch in Gang kommt.

Das Schweigen im Schlafzimmer

Die meisten Liebenden vermeiden es vollständig, über Sex zu reden, vor allem im Schlafzimmer. Sie meiden das Thema aus Furcht davor, daß Wörter die Romantik und Erotik zerstören könnten. Außerdem sind sie es einfach nicht gewöhnt, offen über Sex zu sprechen. Während des Sex selbst ist es vielleicht der schlechteste Augenblick, um sexuelle Probleme anzuschneiden, aber es ist der beste Zeitpunkt, um Wünsche zum Ausdruck zu bringen. Diese Augenblicke können auch eine gute Gelegenheit zum Lernen bieten. Männern, denen beigebracht wurde, daß sie gefälligst von Geburt an gute Liebhaber zu sein haben, zögern anfangs vielleicht, Fragen zu stellen, oder sie tun sich schwer, Anweisungen von ihrer Partnerin entgegenzunehmen. Frauen nehmen möglicherweise davon Abstand, Vorschläge zu machen aus der Befürchtung heraus, ihn zu verunsichern. Diese Kombination ist die beste Voraussetzung für schlechten Sex.

Aus dem Blickwinkel vieler Sozialkonservativer ist es um so besser, je weniger die Leute über Sex wissen und darüber reden. Sie glauben, daß Menschen, die sich zum Thema Sex ausschweigen, keinen haben. Doch je weniger die Leute untereinander und in ihrer Kultur über Sex kommunizieren, desto riskanter wird der Sex für alle Beteiligten und insbesondere für Frauen. Ungewollte Schwangerschaften werden von manchen als gerechte Strafe für diese Sünde betrachtet, aber es sind nur Mädchen im Teenageralter und ihre Kinder, niemals die Väter dieser Kinder, die für ihren Fehltritt zu bezahlen haben. Eine auf Beschämung und Bestrafung ausgerichtete Einstellung zum Sex hat vernichtende Auswirkungen auf die öffentliche Politik, verschlechtert den Zugang zu Verhütungsmitteln und zu einer gründlichen Safer-Sex-Beratung. Forschungsergebnisse haben abschließend bewiesen, daß Mädchen und junge Frauen seltener ungewollt schwanger werden, wenn sie Zugang zu entsprechenden Informationen haben. Die Safer-Sex-Beratung hat einen entscheidenden Anteil am Rückgang der Verbreitung von Aids. Die Aids-Kampagne hat eine beeindruckende Wirkung gezeigt, obwohl sexuelle Reaktionäre und andere Kräfte versucht haben, die Mittel für die Aids-Forschung und -Vorbeugung zu beschneiden.

Konservative, gegen Sex eingestellte Gruppen sind nur Bestandteil eines viel größeren Problems innerhalb der Sexkultur.

Sie verhalten sich zur Sexkultur wie die Pornografie zur Pop-Pornografie – nicht unbedingt die größte Gefahr für sicheren und besseren Sex, aber eben die offensichtlichste. Tatsächlich sind Pornografie und »schmutziger« Sex nichts anderes als das Gegenstück zur Prüderie. Und genauso wie die Pop-Pornografie letztendlich einen schädlicheren Gesamteinfluß haben mag als die Pornografie, so sind auch die extremsten Antisexgruppen nur eine Stimme (wenn auch eine mächtige und gut finanzierte) in einer allgemein prüden amerikanischen Mainstreamkultur, die jedes offene Gespräch unterdrückt. Sie sind deshalb mächtig, weil sie ein Vakuum füllen, das durch Ignoranz und Schweigen entstand und die Mehrheit der Amerikaner leer zurückläßt.

Sauberer Sex und schmutziges Bettgeflüster

> In Amerika ist Sex eine Obsession, in anderen Teilen der Welt ist er eine Tatsache.
> *Marlene Dietrich*

Viele Menschen vermeiden es, das Thema Sex direkt anzusprechen. Statt dessen bedienen sie sich der Höflichkeit halber verhüllender Umschreibungen und schmutzigen Bettgeflüsters, um eine witzige oder erotische Wirkung zu erzielen. Euphemismen und das sogenannte »Talking Dirty« sind zwei Seiten der gleichen repressiven Münze. Man greift zurück entweder auf Euphemismen (»miteinander schlafen«) oder auf Slang (»fikken«), weil die Sexkultur über keine angemessene Sprache verfügt, um ernsthaft (aber nicht langweilig) und genau (aber ohne auf ein medizinisches Vokabular zurückgreifen zu müssen) über den Spaß beim Sex zu sprechen. Beide Extreme versagen darin, im Interesse der meisten Menschen zum Kern der Sache vorzudringen. Die üblichen Umschreibungen sind in den überwiegenden Fällen unangemessen, weil sie zu ungenau sind. Ist die Formulierung »sie liebten sich« passend, wenn die beiden sich vor einer halben Stunde zum ersten Mal in einer Bar begegnet sind? Hat man mit jemandem »geschlafen«, wenn beide die ganze Nacht keine Auge zugetan haben?

Eine ähnliche »saubere« Art, über Sex zu reden, tritt in der klinischen Sprache von Ärzten und Sexologen zutage. Medizinische Begriffe – üblicherweise handelt es sich um lateinische –, besitzen eine Aura der Glaubwürdigkeit und scheinen eine neutrale, beschreibende Sprache für den Sex bereitzustellen. Doch viele dieser Begriffe sind tatsächlich Wörter, welche die Körper von Frauen herabsetzen oder stillschweigend die Vorstellung aufrechterhalten, daß Sex ebenso natürlich ist wie das Atmen. Außerdem betont die medizinische Sprache die Pathologie, nicht die sexuelle Gesundheit, und mit sexuellem Vergnügen hat sie generell wenig zu tun. Frauen können sich wohl kaum auf Ärzte verlassen, wenn es um die Quelle einer neuen Sexsprache geht. Die meisten Ärzte lokalisieren das Problem der »Frigidität« oder »Anorgasmie« im individuellen weiblichen Körper (oder noch häufiger in ihrer Psyche) statt in der Gesellschaft, in der Sexkultur oder in ihren Umständen. Manche Frauen ziehen es vor, mit weiblichem Personal besetzte und frauenorientierte alternative Gesundheitszentren aufzusuchen, weil sie in der Umgebung traditioneller Gesundheitseinrichtungen das Gefühl haben, daß selbst Ärztinnen nicht immer dem Einflußbereich der medizinischen Ausbildung entfliehen können, deren Modelle und Vorstellungen sich am männlichen Körper orientieren.

Viele Menschen bedienen sich einer umschreibenden oder medizinischen Ausdrucksweise, weil sie sich mit der anderen, unverhüllteren Sprache unwohl fühlen: dem schmutzigen Bettgeflüster. In den meisten Gesprächen über Sex wird auf Slang zurückgegriffen, der zwar locker erscheint, aber auch einen typischen gewalttätigen Unterton hat. Nehmen wir zum Beispiel das weithin gebräuchliche Wort *ficken*. Davon einmal abgesehen, daß es der umgangssprachliche Ausdruck für koitieren ist, kann es jemanden im Sinne von »Fick dich bloß nicht ins Knie« auffordern, sich nicht so anzustellen oder der Welt (oder sonst irgend jemandem) zu signalisieren, daß sie (oder dieser) einem vollkommen egal ist (»ich ficke die Welt in den Arsch«). Ficken kann auch bedeuten, daß man hart herangenommen oder sogar hereingelegt wurde. »Ficken«, vor allem wenn man in der Rolle des »Gefickten« ist (also in der weiblichen Rolle), hört sich nicht nach etwas an, was besonders viel mit Respekt oder auch nur mit Spaß zu tun hat. Und doch verwenden Frauen und Männer das Wort, sowohl um Geringschätzung zum Ausdruck zu bringen als auch um über Geschlechtsverkehr zu reden.

Das Wort »ficken« kann Spaß machen, stark und sexy sein. Mit seinem Rhythmus ist es ein »Kraftausdruck«, den viele Frauen erregend finden, wenn er im richtigen Zusammenhang verwendet wird. Das Wort transportiert eine Menge Power, da es vor allem für Frauen tabu ist, es in den Mund zu nehmen. Indem sie sich in einem sexuellen Zusammenhang »schmutziger« Wörter bedienen, befreien sich einige Frauen von Scham- und Schuldgefühlen. Manche Frauen fühlen sich erotisch aufgeladen, wenn sie sich gerade in der Sprache ausdrücken, die einer »Dame« verboten ist. Solche Ausdrücke geben ihnen das Gefühl, die Kontrolle über Sex zu haben, wie auch das (falsche) Gefühl, den Männern ebenbürtig zu sein.

Es ist schwer, den gewalttätigen Wortgebrauch von dem konstruktiven zu trennen. Auch wenn eine Frau den Klang einer ordinären Sprache in einem spielerischen Zusammenhang vielleicht mag, ist es fast unmöglich, den Unterton sexueller Gewalt und fehlenden Respekts gegenüber Frauen zu ignorieren. Das gleiche Wort, das der Partner einer Frau während des Liebesspiels zu ihr sagt, kann von einem Mann in der Öffentlichkeit verwendet werden, wenn er seine Macht über eine Frau geltend machen will.

Die bestehende Sexsprache bestärkt die soziale Macht der Männer, weil jeder Mann, egal welchen Alters oder welchen Status, sich einer ordinären Sprache bedienen kann, um Frauen anzugreifen, zu belästigen, zu bedrohen oder um sie einzuschüchtern. Eine junge Frau wurde kürzlich an die Macht sowohl von Worten als auch von Männern erinnert, als sie sich an einer belebten Straßenkreuzung bückte, um das Bilderbuch eines Kleinkindes aufzuheben. Ein Bettler kommentierte ihre Bewegung mit der Bemerkung, sie habe eine »scharfe Muschi«. Wochen zuvor hatte sie die gleichen Worte durch einen obszönen Anrufer zu hören bekommen. Eine Frau hat nicht die Macht, gegen Männer auf die gleiche Weise das Wort zu führen. Eine Frau, die einen Mann »Pimmel« nennt, gibt damit lediglich eine milde und eher belustigende Beleidigung zum besten, keine Drohung (würde sie ihn »scharfen Schwanz« nennen, dann käme dies eher einem Kompliment gleich), und wir können uns kaum vorstellen, daß ein Mann sich durch eine Frau am Telefon belästigt fühlen würde – bloß weil ihre Stimme die einer Frau ist.

Eine Frau, die zur Zielscheibe primitiver Ausdrücke geworden ist, spürt ihre Wirkung oft erst lange nachdem sie ausgesprochen worden sind. Eine Frau, der das Wort »Muschi« durch einen Fremden angeheftet wurde, wird es wahrscheinlich nicht gerne hören, wenn ihr Lover es ihr am gleichen Abend ins Ohr flüstert. Eine Frau, der gesagt wurde, daß sie »frigide« ist, kann das Etikett nicht leicht abstreifen, wenn sie mit ihrem Partner im Bett ist, um ein wenig Spaß zu haben. Sexuell herabsetzende und kontrollierende Worte machen eine Frau nicht gerade an.

Frauen sind heute vielleicht bereitwilliger als jemals zuvor, über Sex zu sprechen, doch wenn sie ihren Mund aufmachen, dann finden sie einfach nicht die richtigen Worte. Sie werden zum Schweigen gebracht, weil es für den Sex, den sie erleben, keine Sprache gibt. In *Good Sex: Real Stories from Real People* (Guter Sex. Wahre Geschichten von wirklichen Menschen) erzählt Amanda, eine neunundzwanzigjährige Frau der Autorin Julia Hutton:

> Die Sprache, der wir uns zur Beschreibung von Sex bedienen, ist so extrem. Entweder sie wird auf abschätzende Weise benutzt – »jemandem einen runterholen« – oder sie ist zu weich, »mit jemandem schlafen«. Keines von beiden gibt wirklich das wieder, was man tut. Diese Sprache geht mir auf die Nerven. Nichts beschreibt einen liebevollen sexuellen Akt, ohne entweder vulgär oder steril zu wirken. Es könnte etwas dafür sprechen, die Vulgärsprache zu kultivieren, aber das kann nicht wirklich funktionieren, weil der vorherrschende negative Unterton so dominant ist.

Frauen und ihre Freunde brauchen ein neues, frauenfreundliches Vokabular. Viele Männer fühlen sich gleichermaßen unangenehm von der ihnen zur Verfügung stehenden Sexsprache berührt. Vielleicht können ja Frauen und Männer gemeinsam einen besseren Weg finden, um ihre Wünsche auszudrücken, nicht nur im Gespräch, sondern auch im praktischen Sex.

Die Macht der Fotze: Zwei Perspektiven

Das Wort Fotze ist vielleicht der umstrittenste sexuelle Begriff für Frauen und ihre Genitalien. Ursprünglich im 15. Jahrhundert aus dem mittelhochdeutschen Wort »Vot« entstanden, ist es verwandt mit »faul« in dessen alter Bedeutung für »stinkend«. Im bayrisch-österreichischen Dialekt bedeutet Fotze auch »Mund« oder »Ohrfeige«.

Andrea Dworkin schreibt in ihrem Roman *Erbarmen*:
Wenn ich berühmt wäre und mein Name überall auf der Welt veröffentlicht wäre, in Italien und in Israel und in Afrika und in Indien, auf Kontinenten und Subkontinenten, in Wüsten, in alten Städten, dann wäre ich immer noch für jedes scheiß Säuferarschloch auf jeder Straße der Welt eine Fotze; und für diejenigen, die nicht besoffen sind; auch für die Nüchternen, die es dir hinwerfen wie einem Apportierhund: Hol's mir, Fotze. Wenn ich den Nobelpreis gewänne und zur nächsten Ecke zum Milchholen ginge, dann wäre ich noch immer Fotze. Und wenn du jemanden in dir drin hast, der dich liebt, dann ist es trotzdem Fotze ... und dein Herzschlag und sein Herzschlag können ein Herzschlag sein, und trotzdem ist es Fotze ...
Meine Mutter hat mir den Namen Andrea gegeben. Das bedeutet Männlichkeit oder Mut. Es bedeutet Nicht-Fotze. Sie hat ausdrücklich gesagt: Nicht-Fotze. Diese eine ist keine Fotze, hat sie erklärt ... [aber] es hat nicht geklappt ... weil, noch bevor ich zehn war, irgendein Mann geschrieben hat, »diese ist eine Fotze«, er hat seine Finger genommen, und er hat auf mich drauf und in mich rein geschrieben, seine Finger haben es mir mit einem Schmerz eingeritzt, der halb begraben geblieben ist, und es gab keine Wörter, die ich für das hatte, was er getan, er schrieb, ich sei eine Fotze, diese süße Kleine, die war, was man Kind nennt, aber ein weibliches, was alles verändert ...

Die unter dem Pseudonym Jane Air schreibende Autorin mag das Wort »Fotze«. In ihrem Artikel »A Vindication of the Rights of Cunt« (Eine Rehabilitierung der Rechte von Fotze) beschreibt sie einen Vorfall, der sich ereignete als sie eine Go-go-Tänzerin in einer Motorradfahrerbar in Bridgeport war:
Ich liebe Fotze. ... Fotze hat die ganze Macht eines magischen Wortes ... um bei Verstand zu bleiben, war es sehr wichtig, daß ich mich wie eine Fotze verhielt, denn das ist wirklich das einzige, was die Kerle in der Bar zu respektieren bereit waren. ... Das bedeutete, ich selbst zu bleiben und nicht das nette Mädchen zu spielen.
Ich bin auf der Bühne, und einer dieser Kerle sagt, um eine Unterhaltung zu beginnen: »Du hast wohl wirklich eine eigene Einstellung, was?« Er sagt es nicht in einem besonders freundlichen Ton. Dann fügt er hinzu: »Weißt du, was du bist? Du bist eine kleine Fotze!«, und er stürzt sich auf mich. In diesem Augenblick greift sich die andere Tänzerin ganz cool eine Bierflasche, drischt sie ihm auf den Kopf und zähmt damit seinen Impuls (probieren Sie das nicht bei sich zu Hause aus). Glücklicherweise kam er zur Besinnung (bei manchen Kerlen bewirkt die Bewußtlosigkeit so etwas), und die Dinge beruhigten sich.
Als ich meine Retterin frage, warum sie das getan hat, da bemerkt sie einfach: »Er hat dich Fotze genannt«, und macht mit ihrer Nummer für Singles weiter. Es ist nämlich so, daß Fotze ein so mächtiges Wort ist mit so vielen Bedeutungen, daß es, falsch angewendet, dich losgehen lassen kann mit deiner ganzen weiblichen rasenden Wut. Möchte man denn nicht auch solch ein Wort zur eigenen Verfügung haben, wenn es sorgfältig und richtig zum Einsatz kommt?

Eine private Sprache

Ebenso wie Familien im Laufe eines gemeinschaftlichen Lebens zusammen eine eigene Mundart entwickeln, so können auch zwei Liebende eine eigene Sprache für ihren Sex ausbilden. Wenn man einen neuen Partner kennenlernt, dann gehört es dazu, daß man sich auch seine individuelle sexuelle Sprache erschließt und nach und nach ein gemeinsames intimes Vokabular mit diesem Menschen entstehen läßt. Den Genitalien einen Eigennamen zu geben oder für den Sex bevorzugte Slangausdrücke zu finden, kann auf zärtliche Art eine Bindung zum Partner herstellen. Wie Spitznamen hilft eine solche Wortwahl, Intimität zu schaffen und zu bestärken. Doch eine solcherart private Sprache spiegelt manchmal das soziale Ungleichgewicht in der Sexkultur wider. Daß die Namen für das männliche Geschlecht häufiger Eigennamen sind, während für das weibliche eher auf Früchte oder Haustiere zurückgegriffen wird, zeigt, daß männliche Genitalien, nicht aber weibliche, als bestimmende Persönlichkeiten betrachtet werden. Wenn Partner und Freunde offener miteinander reden, dann können sie das Ungleichgewicht untersuchen, das in der gegenwärtigen Sexsprache eingebettet ist, und für sich passendere Alternativen auswählen.

Eine neue allgemeine Sexsprache

Eine neue allgemeine Sexsprache kann nicht von oben her verordnet werden, sondern entsteht durch ihren aktiven Gebrauch. Neue Wörter für Sex werden sich mit den Veränderungen herausbilden, die bei Frauen und Männern und in ihren Beziehungen zueinander stattfinden. Wenn Freunde und Liebende tatsächlich anfangen, miteinander über Sex zu sprechen, dann ist die Erfindung neuer Wörter unausweichlich, weil gegenwärtig kein angemessenes Vokabular existiert. Je mehr Menschen über Sex sprechen, desto größer ist die Wahrscheinlichkeit, daß Wörter entstehen, die weder abfällig noch so trocken sind, daß ihnen jeder Sinn für Spaß und sexuelles Spiel abgeht. Indem mehr Frauen die Freiheit gewinnen, mit sich selbst, untereinander und mit ihren Partnern über Sex zu sprechen, wird sich aus diesen Gesprächen ganz natürlich eine neue Sprache für die Liebe entwickeln.

Männer haben das Wort

Die Wörter, die wir gegenwärtig gebrauchen, um sexuelles Verhalten zu beschreiben, sind geschlechtsspezifisch und ungleich. Beispielsweise wird eine Frau, die mit vielen Männern schläft, als Flittchen bezeichnet, während ein Mann, der das gleiche Verhalten an den Tag legt, ein Sexprotz ist. Eine Frau, die eifrig sexuelle Beziehungen sucht, ist eine Nymphomanin oder einfach mannstoll; ein Mann, der oft Sex hat, besitzt einfach einen gesunden Appetit. Ein promiskuitiver Mann wird öffentlich verurteilt, jedoch im stillen von anderen Männern bewundert. Die Frau mit vielen Sexualpartnern ist vielleicht für manche Männer wünschenswert, aber bewundert wird sie von niemandem.

Manche positiv zum Sex eingestellten Feministinnen und andere Frauen hoffen, die Sexsprache reformieren zu können, indem sie negativ besetzte Wörter wie »Fotze« und »ficken« durch die positive Bedeutung ersetzen. Sich dieser Wörter einfach nur zu bedienen, kann bereits eine große politische Wirkung haben, da Frauen sie typischerweise *nicht* benutzen. Wenn Frauen sich zum Beispiel gegenseitig als »Miststück« bezeichnen, ein Wort, das für gewöhnlich als Beleidigung gedacht ist, dann wacht und horcht die Sexkultur auf. Wenn dieser Rehabilitierungsversuch schon sonst nichts bewirkt, dann macht er doch wenigstens deutlich, daß die Sprache bisher nicht den Frauen gehört hat.

Für manche Frauen sind Wörter wie »Fotze« und »Muschi« jenseits von Rehabilitierung. Sie ziehen es vor, neue Wörter zu prägen, die frei von emotionaler Last sind. Andere Frauen und Männer bemerken bei durchgehend allen eine Übersensibilisierung in bezug auf die Sprache. Sie raten Frauen, sich nicht mehr zu beklagen und endlich erwachsen zu werden. Doch von Frauen zu erwarten, daß sie den verbalen Status quo akzeptieren, geht an der Frage vorbei, warum Frauen überhaupt mit sexuell-verbaler Beschimpfung konfrontiert sind. Wie kommt es, daß nur eine Frau auf die Ebene ihrer Genitalien herabgesetzt werden kann? Woher kommt es, daß insbesondere *sexuelle* Wörter gebraucht werden, um sie zu beschimpfen, zu kontrollieren oder ihr angst zu machen? Es ist für Frauen schwer, die Sprache des Sex zu verwenden, wenn sie so oft gegen sie eingesetzt wird.

Frauen fehlen angemessene Wörter für ihre sexuellen Erfahrungen und für ihre Genitalien. Das Fehlen einer adäquaten Bezeichnung für die weiblichen Genitalien als Ganzes steht im Gegensatz zu der Liste stolzer Begriffe für das sexuelle Anhängsel von Männern. Synonyme für den männlichen Penis sind fast durch die Bank unverblümt und sogar anmaßend. Slangwörter wie *Schwan, Schwengel* und *Zauberstab* klingen zwar vulgär, bringen jedoch zugleich Selbstvertrauen und Besitzerstolz zum Ausdruck. *Schwengel* setzt die Assoziation eines hervorstehenden Gegenstands frei, an dem man nur zu pumpen braucht, und schon sprudelt es aus ihm hervor. Hingegen gibt der *Zauberstab* dem Mann die Macht, so viele »Mösen« für sich herbeizuzaubern, wie er sich wünscht.

Man hat das Gefühl, daß die Sichtbarkeit von Penis und Hoden des Mannes ein klares und vollständiges genitales Ganzes darstellen, wie es bei den weiblichen Genitalien nicht der Fall ist. Natürlich vermag »Penis« nicht die Prostata, den PC-Muskel und den Anus einzubeziehen. Dennoch ist die Mehrdeutigkeit und Unbestimmtheit im Zusammenhang damit, wo Männer um der Lust willen berührt werden wollen, weit geringer. Im Gegensatz hierzu sind die Genitalien von Frauen von Unschlüssigkeit umgeben, und der Klitoris wird weniger Aufmerksamkeit geschenkt als der Vagina in ihrer Rolle als Lustquelle für Männer. Umgangssprachliche Wörter für die Genitalien von Frauen ebenso wie die von Männern geben die männliche Sicht und Erfahrung wieder.

Manche Forscher, die die weiblichen Genitalien neu definieren wollen, erkennen die Notwendigkeit eines allumfassenden Begriffs an. Beispielsweise definiert Sevely das Wort »Vagina« in der Hinsicht neu, daß es für sie alle der Lust dienlichen Körperteile umfaßt. Die Frauen von der Föderation der Feministischen Frauen-Gesundheits-Zentren unterstreichen die Bedeutung der Klitoris für die Lust, indem sie die Gesamtheit der weiblichen Genitalien als »Klitoris« bezeichnen. Manche bezeichnen das genitale Ganze als »Vulva«, weil sie außen ist und daher gesehen und berührt werden kann. Doch dieser Begriff schließt wichtige anatomische Bereiche aus, die sich im Inneren des Körpers befinden. »Weibliche Genitalien« hört sich nach einer neutralen, alles umfassenden Bezeichnung an, unterscheidet jedoch nicht zwischen sexuellen und auf die Fortpflanzung ausgerichteten Teilen. Ein weiterer allumfassender Begriff für die weiblichen Genitalien ist das sexuell-spirituelle »Yoni«, ein Sanskritwort, das »Schoß«, »Ursprung« und »Quelle« bedeutet. Diese südasiatische Bezeichnung reflektiert eine kulturelle und religiöse Tradition, welche die weiblichen Genitalien als geheiligtes Symbol der Göttin betrachtet. Dies ist zweifelsohne eine positive Darstellung der weiblichen Geschlechtsorgane als die in der westlichen Kultur übliche; allerdings wird *Yoni* manchmal auch im spirituellen Sinne gebraucht, in dem es um die Transzendierung sexueller Energien geht, oder es geht darum, die Rolle der Sexualität als »Tor des Lebens« zu betonen.

Hilfreiche Namen für die weiblichen Genitalien wären solche, die es Frauen gestatten, von ihrem sexuellen Sockel herunterzuklettern, und sie durch konkretes, praxisorientiertes Handeln zu ihrer Lust animieren. Der Name, den wir vorschlagen – die *Kligeva* –, betont dieses praktische Ziel. Er regt außerdem die Vorstellung an, daß Klitoris, G-Punkt und Vagina in der Erektion und im Orgasmus zu einem Ganzen zusammenwachsen. Der Begriff hebt den dynamischen und einigenden Charakter der Körperteile hervor, die Frauen Lust bereiten, jedoch lange im dunkeln geblieben sind.

Wir steuern *Kligeva* bei, um Frauen dazu zu bringen, daß sie über neue Sexwörter sprechen, diskutieren und sie erforschen. Die Linguistin Julia Penelope bezeichnet die Neuerfindung einer Sprache durch und für Frauen als »Siebverfahren«, denn nur durch das Gespräch und die Anwendung werden Frauen die richtigen Wörter formulieren und eine frauenorientierte Sprache für eine neue Sexualität begründen.

Die Sprache kultivieren

Neue Wörter wie Kligeva (für das genitale Ganze) und Klittage (für die Klitorisstimulierung) haben die Absicht, einfach und praktisch zu sein und Spaß zu machen. Diese neuen Wörter entwickeln sich aus vorhandenen Begriffen, ohne dabei die alten Rahmenbedingungen des Sex wiederherzustellen. Indem man zum Beispiel den Praktiken des Manualsex spezielle Namen gibt, entwickeln diese eine eigene Integrität, und außerdem läuft ihnen (wie jeder weiß, der sich mit Manualsex beschäftigt) keine andere Sexart den Rang ab.

Erektion und einige andere Wörter, derer wir uns bedienen, wurden traditionell zur Beschreibung sexueller Erfahrungen von Männern herangezogen. Diese Begriffe haben den Vorteil, daß sie bereits vertraut sind, und sie sind ein Hinweis auf die Erfahrungen, die Frauen und Männer beim Sex gemeinsam haben. Wenn ein Mann erfährt, daß eine Frau ebenfalls eine Erektion hat, dann wird er verstehen, daß sie einen ähnlichen Erregungsprozeß durchläuft wie er selbst und daß sie nicht weniger als er erigiert sein muß, bevor die Penetration stattfinden kann. Außerdem wird er einsehen, welche wichtige Rolle ihre Erektion für ihren Orgasmus spielt. Auf ähnliche Weise macht die Identifizierung der Klitoris im Inneren des männlichen Penis den Leuten klar, wie wichtig die Klitoris für die Lust der Frau ist.

Eine Sexsprache wird weibliche Sexualität zu einem legitimen Bestandteil der Kultur machen, statt daß sie wie bisher nur ein Nebenprodukt männlichen Denkens ist. Frauen könnten eine solche Sprache für ihren Erfahrungs- und Informationsaustausch nutzen. Frauen brauchen kein zusätzliches Gerede über Sex, das nur wieder ungewollten Sex, männlich orientierte Lust und die heterosexuelle Norm von Ungleichheit bestärkt. Das ernsthafte, aber nicht humorlose Gespräch über Sex wird Frauen in ihren sexuellen Erfahrungen den Rücken stärken. Die bestehende pop-pornografische Sexkultur wird verunsichert, und es wird ein neuer Rahmen geschaffen werden, in dem Austausch und Freude einen festen Platz haben.

Mit dem Gespräch über Sex beginnen
Mit sich selbst ins Gespräch kommen

Die Sprache des Sex zu verändern bedeutet, Wörter zu erfinden, die Frauen einen Impuls für ihre körperlichen Erfahrungen ermöglichen. Haben Frauen erst einmal diesen Zugang zu »ihrer« Sprache, und fühlen sie sich wohl damit, dann wird es ihnen auch leichter fallen, das Thema Sex anzuschneiden. Sich seiner Wünsche, Befürchtungen, Fragen und Sorgen bewußt zu werden und sie vor sich selbst zum Ausdruck zu bringen, ist eine nützliche Übung, die einen Prozeß des sexuellen Wachstums in Gang bringen kann. Frauen können ihren körperlichen Empfindungen Ausdruck und ihren Erfahrungen Legitimität verleihen und eben auf diese Weise ihre Freude daran wachsen lassen.

Mit Freundinnen sprechen

Frauen tauschen untereinander typischerweise Intimitäten über ihre Gefühle und Beziehungen aus, vermeiden jedoch sorgfältig das Thema Sex. Frauen geben zum Beispiel nicht einmal vor der besten Freundin zu, daß sie Schwierigkeiten mit Orgasmen haben. Sie lassen einander nicht an Themen teilhaben, wie man zum Beispiel den G-Punkt findet. Sie bringen nicht ihre Sorge voreinander zum Ausdruck, daß sie sich auf ungewollten Sex eingelassen haben. Wenn sie darüber reden, was sie beim Sex genießen, dann vermeiden sie Einzelheiten und lassen es bei anonymen Allgemeinheiten bewenden.

Es gibt mehrere Gründe dafür, warum sexuelle Themen vermieden werden, darunter mangelnde Gewohnheit, Scham und Angst vor Mißbilligung. Die meisten Menschen betrachten Sex außerdem als Privatangelegenheit und geben nur widerwillig intime Details über sich und vor allem über ihre Partner preis. Frauen schützen ihre Partner und sprechen statt dessen darüber, wie der Sex in pop-pornografischen Kinofilmen und im Fernsehen dargestellt wird. Entscheidend ist es, darüber überhaupt zu sprechen: Es ist ein Jammer, daß die unglaubliche Quelle an Erfahrung und Wissen, die Frauen einander sein können, ungenutzt bleibt. Eine Frau kann vielleicht nicht mit jeder beliebigen Frau über Sex sprechen, aber mit einer oder zwei ihr nahestehenden Freundinnen kann sie nach und nach in das Thema einsteigen. Wenn Frauen einander erzählen: »Beim Geschlechtsverkehr komme ich nicht jedesmal, aber beim Masturbieren immer«, dann tragen sie langsam den Sexmythos ab, der Frauen guten Sex vorenthält.

Frauen können lernen, über Sex zu reden, indem sie dem Motto folgen: »Je eine Frau lehrt eine andere.« Es hilft Frauen, wenn sie offenen Zugang finden zu Menschen und frei über Sex oder Erlebtes sprechen können. Außerdem können Frauen von Frauen lernen, die über ein gesundes sexuelles Selbst verfügen. Jede Frau, die zu ihrer ganz privaten Reise zum Sex aufbricht, wird zum Vorbild für andere Frauen.

In der Öffentlichkeit sprechen

Das Schweigen zu brechen ist äußerst wirkungsvoll, um den Einfluß pop-pornografischer Definitionen zu durchbrechen. Manchmal bekommen Menschen des öffentlichen Lebens ein »heißes« Gesprächsthema auf den Tisch gelegt. Als Dr. Joycelyn Elders den Vorschlag machte, daß Masturbation zu einem Bestandteil der Sexerziehung gemacht werden sollte, da waren ein paar mächtige Leute dagegen, aber viele Amerikaner freuten sich darüber, endlich einmal jemanden offen und realistisch über Sex sprechen zu hören.

Frauen müssen nicht Personen des öffentlichen Lebens oder Prominente sein, um sich zum Thema Sex zu äußern. Wenn sie ein ehrliches Gespräch mit anderen ins Leben rufen, dann werden sie mit großer Wahrscheinlichkeit feststellen, daß Freunde und deren Partner viele ihrer eigenen sexuellen Sorgen und Vorlieben mit ihnen teilen.

> Was mit dem Sex in Nordamerika nicht stimmt, ist einfach die Unfähigkeit über Sex zu sprechen ... vor allem mit den Menschen, mit denen man den Sex hat. *Joani Blank*

Mit dem Partner sprechen

Eines der größten Probleme, dem Frauen sich stellen müssen, ist die angebliche Unfähigkeit, mit ihrem Partner über Sex zu sprechen. Ein Paar hat möglicherweise Hunderte von Malen miteinander geschlafen und nicht ein einziges Mal darüber geredet. Sie halten sich an die »Frag-nicht-sag-nicht«-Herangehensweise. Es gibt Frauen, die sich vor dem Einverständnis fürchten, daß sie keinen Orgasmus haben, und ihre Partner haben Angst, genau das herauszufinden. Andere Frauen sprechen mit Männern nicht über Sex und haben immerfort ungewollten Sex, weil sie es einfach nicht wagen, sich mit dem Problem auseinanderzusetzen.

Wenn sich die Partner dann doch dazu überwinden, darüber zu sprechen, dann stellen sie möglicherweise fest, daß sie zwei verschiedene Sprachen sprechen. Mit einem gegengeschlechtlichen Partner über Sex zu sprechen, kann sich als schwierig erweisen, weil Frauen und Männer lernen, einen unterschiedlichen Sprachstil zu gebrauchen. Wie Deborah Tannen in ihrem Buch *Du kannst mich einfach nicht verstehen. Warum Männer und Frauen aneinander vorbeireden* nahelegt, interpretieren Frauen und Männer einander oft falsch. Außerdem verfolgen sie mit einem Gespräch unterschiedliche Ziele. Allgemein gesprochen beginnen Frauen ein Gespräch, um mit dem anderen Menschen Intimität herzustellen, während Männer dies um des Wettbewerbs willen tun. Eine Frau will Erfahrungen teilen und vergleichen. Sie bringt eine Frage in einer Gruppe von Freundinnen auf, nicht um eine genaue Anwort zu erhalten, sondern um ein Gespräch zu beginnen und Meinungen zu sammeln. Sie sieht das Gespräch als Mittel, um Bindungen herzustellen und um anderen Menschen näherzukommen. Ein Mann hingegen sieht ein Gespräch als Möglichkeit, Dinge zu erledigen und seinen Rang zu festigen. Wenn eine Frau eine Frage in den Raum stellt, erklärt Tannen, dann fühlt ein Mann sich vielleicht dazu aufgefordert, sie zu beantworten oder das Problem zu lösen – dabei will die Frau doch einfach nur darüber sprechen.

Wenn Frauen und Männer bereits in Alltagssituationen auf der Basis unterschiedlicher Zielsetzungen miteinander sprechen, dann ist es wahrscheinlich, daß sie dies erst recht in bezug auf das Thema Sex tun. Für Männer stellt allein die Tatsache, daß die Angelegenheit mit einer Partnerin thematisiert wird, schon das Vorhandensein eines Problems dar. Eine Frau betrachtet ein solches Gespräch vielleicht als Gelegenheit, um einander näherzukommen, ein Mann sieht es als Infragestellung seiner sexuellen Fähigkeiten. Wenn er sich widerwillig gibt oder auf das Gesprächsangebot ärgerlich reagiert, dann könnte dies wiederum eine Frau dazu veranlassen, in Zukunft all das, was sie sagen will, zu zensieren. Vielleicht meidet sie überhaupt eine Äußerung zum Thema Sex, aus der Angst heraus, ihn zu provozieren. Sie ist eher dazu bereit, ihrem Partner Orgasmen vorzuspielen, als mit ihm über sexuelle Probleme zu sprechen. Ihr Partner hat derweil möglicherweise selbst einen Grund, sich über Sex Gedanken zu machen, aber er fühlt sich unwohl damit, darüber zu reden. Also setzen sie ihren Weg schweigend fort, und Sex wird für sie zu einer schauspielerischen Leistung statt zur Lust.

Gemeinsames Verhandeln

Wenn Frauen und ihre männlichen Partner es also versäumen, über Sex zu sprechen, dann fallen ausschließlich dem Mann alle sexuellen Freuden in den Schoß. Dieses Ungleichgewicht zehrt für beide Partner am sexuellen Vergnügen und mag ihm vielleicht schließlich ganz und gar ein Ende setzen. Doch dieses Ungleichgewicht kann auch wiedergutgemacht werden, indem Sex nicht einfach nur zugelassen und gemeinsam Lust bewußt entwickelt wird.

Das Prinzip der Gegenseitigkeit

Viele Frauen sind sehr zurückhaltend, Wünsche beim Sex zu äußern. Eine Frau erzählte uns:»Ich mache es ihm mit dem Mund in der Hoffnung, daß er die Gunst erwidert, doch in der Regel tut er es nicht. Aber ich sage dazu nichts. Ich weiß einfach nicht, wie ich ihn darum bitten soll, da unten hin zu rutschen.« Es ist schwierig, nach etwas zu fragen, wenn der Sex schweigend abläuft. Durch das Gespräch jedoch ist es Frauen und ihren Partnern möglich, die Kommunikation zu eröffnen, die es ihnen gestattet, ihre Wünsche zu äußern. Ein solches Gespräch kann dazu führen, daß man sich darin abwechselt, einander Lust zu bereiten, was insgesamt zu einer stärkeren Beziehung führt.

Das Gespräch über Sex in Gang zu halten, gibt außerdem jedem der Partner das Recht, nein zum Sex oder zu bestimmten Praktiken zu sagen. Selbst wenn zwei nicht übereinstimmen – zum Beispiel wenn der eine oral stimuliert werden möchte, der andere dies aber nicht mag –, dann ist das Thema wenigstens angesprochen und lauert nicht für alle Zeiten unter der Matratze. Wenn jeder der beiden sich wohl damit fühlt, Wünsche zu äußern oder Fantasien zur Diskussion zu stellen, dann ist eine gütliche Einigung sehr viel wahrscheinlicher. Ein offener Umgang mit der Angelegenheit ermöglicht beiden Partnern vielleicht eine Kompromißbereitschaft.

Frauen und Männer brauchen angemessene Wörter für ein gemeinsames Wachstum. Das Vokabular, das wir vorgeschlagen haben, sorgt vielleicht für mehr Gemeinsamkeit, weil es offenlegt, daß Frauen wie Männer in gleichem Maße Lust empfinden können. Eine Frau kann einem Mann verständlich machen, daß sie die gleiche Art Stimulierung braucht wie er, indem sie ihm sagt: »Wir haben beide eine Klitoris. Meine möchte ebensosehr bis zum Orgasmus stimuliert werden wie deine. Wenn du mich dort berührst, dann kann auch ich mich an einem Orgasmus erfreuen.« Sie benutzen Wörter, machen ihre Erfahrungen, erklären und zeigen sich, was sie voneinander wissen möchten. So können Frauen Männern helfen, Sex durch eine weibliche Brille zu sehen, und mit ihnen ganz neue Aussichten auf die sie erwartende Lust teilen.

Zeigen und erklären im Schlafzimmer
Erklär es ihm

Die meisten Männer wollen ihre Partnerinnen zufriedenstellen. Sie warten nur darauf, daß man ihnen sagt, wie sie es anstellen sollen. Wenn eine Frau klar zum Ausdruck bringt, daß sie sich Klittage oder Oralsex wünscht, dann ist die Wahrscheinlichkeit groß, daß sie eine ehrliche und möglicherweise eine enthusiastische Reaktion erwartet. Vielleicht muß sie nur genaue Hinweise geben – »Ein bißchen nach links … Aah, genau da!« – oder aber die Worte finden, die dem Partner helfen, für die richtige Intensität oder Geschwindigkeit der Stimulierung zu sorgen. Der zufriedene Ausdruck auf dem Gesicht seiner Partnerin ist in der Regel Belohnung genug, um einen Mann davon zu überzeugen, daß es sinnvoll sein kann, ihren Hinweisen zu folgen.

> Was ist das Schlimmste, das passieren kann? Wenn du um etwas bittest, dann bekommst du es vielleicht nicht. Aber wenn du nicht darum bittest, dann bekommst du es ganz sicher nicht.
>
> *Joani Blank*

Zeig es ihm

Wenn Worte nicht genug sind oder unangemessen erscheinen, dann kann eine Frau ihrem Partner zeigen, was sie mag. Eine Frau, die Freude an Masturbation hat und sich nicht davor scheut, Publikum zu haben, kann ihrem Lover genau demonstrieren, welche Art von Stimulierung bei ihr zum Orgasmus führt. Masturbation vor dem Partner ist eine Vorstellung, die nicht jeder mag, aber es ist eine in der Sextherapie häufig angewandte Übung. Sieht der Mann, wie sie sich selbst Klittage bereitet, dann kann er seine eigene Technik verbessern. Manche Menschen greifen zurück auf Fantasie, Rollenspiel, Verkleidung oder schlüpfen auf andere Weise in eine Rolle, die es ihnen leichter macht, zu erklären und zu zeigen. (Inspirierend ist in dieser Hinsicht Carol Queens Buch *Exibitionism for the Shy* [Exhibitionismus für Schüchterne].) Durch die Übernahme einer anderen Rolle mag es einer Frau oder einem Mann leichter fallen, auf körperlicher Ebene persönliche Wunschvorstellungen auszuagieren.

Führ ihn

Eine Frau kann ihrem Partner auch ohne Worte gute Sextechniken zeigen. Nonverbale Kommunikation – Körpersprache – ist die grundlegende Sprache des Sex. Indem sie ihren Körper bewegt oder sanft seine Hand an die richtige Stelle schiebt, sorgt eine Frau dafür, daß die Bemühungen ihres Partners nicht umsonst sind. Sie kann ihren Partner durch Laute wissen lassen, daß er sich auf dem richtigen Kurs befindet. Sie kann seinen Arm drücken oder auf andere Weise ihre Lust mit ihrem Körper ausdrücken. Sie hat die Möglichkeit, erst mit ihm zu machen, was sie sich wünscht, und ihm dann zu verstehen zu geben, daß er das gleiche bei ihr wiederholen soll. Nonverbale Kommunikation fällt Partnern leichter, die sich schon lange auf intime Weise kennen und keine Angst voreinander haben.

Mach es dir selbst

Möchte eine Frau nicht darauf warten, bis ihr Partner ihr die Stimulierung gibt, die sie braucht, kann sie sich selbst Klittage geben, wann immer sie dies wünscht. Klittage kann den Geschlechtsverkehr entscheidend orgastisch gestalten. Ergreift die Frau selbst Initiative, muß sie nie mehr auf den Orgasmus verzichten.

Gib nicht auf

Was soll eine Frau tun, wenn sie wachliegt – einsatzbereit –, und erregt und erigiert ist, ihr Partner aber bereits eingeschlafen ist? Sie kann sich ihrer eigenen Finger oder eines Vibrators bedienen. Eine freundlichere Lösung ist es jedoch, ihrem Partner das Prinzip »Ladies first« beizubringen. Wenn der Mann erst einmal entdeckt, daß der Orgasmus der Frau die Lust für beide steigert, dann gibt er sich möglicherweise beim Manual- und

Oralsex, bevor er kommt, mehr Mühe. Die Frau könnte ihrem Partner auch einen frauenorientierten Sexratgeber (wie dieses Buch!) in die Hand drücken, damit er es liest.

Wünscht eine Frau noch Penetration, und der Penis ihres Partners ist nicht mehr erigiert, dann kann sie ihn bitten, seine Finger zu benutzen. Sogar ein Mann, der sich sexuell verausgabt hat, kann oft genug noch die Energie aufbringen, um seine Finger einzusetzen. Klittage und G-Punkten wird die Frau zum Orgasmus bringen und gibt ihrem Partner vielleicht sogar einen neuen Anreiz.

PST! – Platz, Stil, Timing

Athleten kennen die drei Bestandteile für ein körperlich hochwertiges Training, die sich mit der Abkürzung FIT zusammenfassen lassen: Frequenz, Intensität und Timing. Für guten Sex lautet die Formel PST – Platz, Stil und Timing.

- Platz weist darauf hin, *wo* der Körper stimuliert werden möchte.
- Stil zeigt an, *wie* die Genitalien oder andere Körperteile stimuliert werden möchten.
- Und Timing macht eine Aussage darüber, *wie lange* die Stimulierung andauern soll.

Eine Frau und ihr Partner können die PST-Abkürzung als Gedächtnisstütze dafür verwenden, um die Stimulierung in der richtigen genitalen Bahn zu halten. Kommt der Partner einer Frau von ihrem Lustzentrum ab, dann muß sie nur »Pst!« sagen. Die Abkürzung kann ihren Partner daran erinnern, sich zu fragen: *Bin ich zu schnell? Ist meine Berührung zu hart oder zu weich? Bin ich an der richtigen Stelle? Möchtest du noch mehr davon?*

Platz. Frauen haben Orgasmen, wenn sie an den richtigen Stellen stimuliert werden. Ein gut gezielter Finger- oder Zungeneinsatz vermag für gewöhnlich auch den abgelenktesten Geist wieder für die Ereignisse im Körper zurückgewinnen. Ein guter Partner begreift, daß Zielgenauigkeit für den Orgasmus der Frau entscheidend ist: Ein Millimeter nach links kann die Aussichten der Frau vollkommen verändern. Ein solcher Partner kann jedoch nur dann mit der richtigen Stimulierung dienen, wenn die Frau ihn wissen läßt, was sich gut anfühlt, und ihm, falls erforderlich, entsprechende Anweisungen gibt.

Stil. Nachdem die richtige Stelle erst einmal gefunden ist, wird die Frau sich eine fortgesetzte und gleichmäßige Berührung wünschen. Eine Berührung, die zu ungleichmäßig ist, zu grob oder nicht stark genug, wird nicht zur Befriedigung führen. Eine Frau braucht die gleiche unverwandte Stimulation, die ein Mann beim Fellatio, bei der Selbstbefriedigung oder beim Geschlechtsverkehr haben muß. Was Kunnilingus und Klittage betrifft, so kann sich der Partner der Frau den Zungenvibrator zum Vorbild nehmen, ein elektrischer Stab mit einer flexiblen Zunge aus Vinyl an der Spitze, die in einem steten Rhythmus vibriert und nicht aufhört, bis die Frau sie abstellt.

Timing. Die meisten Frauen haben die Erfahrung gemacht, daß ihr Partner gerade in dem Augenblick, in dem sie kurz vor dem Orgasmus stehen, plötzlich seine Hand oder seine Zunge fortnimmt oder seine Position verändert und damit die Stimulierung abbricht. Eine Frau sollte sich nicht fürchten zu sagen: »Mach weiter«, »Das fühlt sich gut an«, »Bitte mehr davon«, und schließlich »Ich komme! Jetzt nicht aufhören!«

Der mauernde Partner

Die meisten Frauen lernen schließlich, einen Orgasmus zu haben, wenn sie sich wirklich darum bemühen. Manche machen eine Sextherapie, andere folgen den Übungen in einem Sexratgeber für Frauen oder lernen, einen Vibrator zu benutzen. Doch versuchen diese Frauen im Partnersex das anzuwenden, was sie gelernt haben, dann stoßen sie oft auf Blockaden. Das schwierigste Hindernis ist der sogenannte »mauernde« Partner. Eine Frau hat vielleicht einen Gefährten, den sie liebt, der aber nicht bereit ist, sich auf das Ausprobieren neuer Möglichkeiten einzulassen oder der sich durch Veränderungen bedroht fühlt. Eine Frau erklärte ihrem Partner, allein vom Geschlechtsverkehr bekäme sie keinen Orgasmus. Da stellte er fest, daß es an ihr liegen müsse: »All die anderen Frauen, mit denen ich bisher zusammen war, sind auf diese Weise gekommen.« Obwohl sie ihm klarmachte, daß diese anderen Frauen entweder zu einer sehr glücklichen Minderheit gehörten oder ihm aber ihren Orgasmus nur vorgespielt hatten, ließ sich ihr mauernder Partner nicht überzeugen. Das ist wenig überraschend, da doch die pop-pornografische Sexkultur jeden zum Glauben an den orgastischen Geschlechtsverkehr verleitet; sogar Frauen sind manchmal selbst der Auffassung, daß irgend etwas mit ihnen nicht stimmt, wenn Beischlaf sie nicht zum Orgasmus bringt. Andere Frauen wissen, daß es die Sexkultur und der ihre Lust ignorierende Partner sind, die sich irren. Wenn ein Partner sich vollständig weigert, einer Frau zur Befriedigung zu verhelfen, dann mag dies ein Hinweis auf ein tieferes Problem in der Beziehung sein. Ist ein Mann unnachgiebig wie eine Mauer, dann behauptet er seine Macht über eine Frau. Das Gespräch über Sex zu suchen hat auch zum Ziel, mauernden Männern dabei zu helfen, ihre Schutz- und Abwehrmechanismen aufzugeben und mit Frauen gemeinsam daran zu arbeiten, die Verbindung zwischen Sex und Macht aufzulösen.

Das (öffentliche und private) Gespräch über Sex in Gang bringen

Vielleicht ist es unmöglich, einen mauernden Partner zu Veränderungen zu bewegen. Ist der Partner jedoch aufgeschlossen, dann kann eine Frau das Gespräch über Sex in Gang bringen. Möglicherweise ist sie gewillt, den Partner zu wechseln, um einen Mann zu finden, der gesprächsbereit ist. Sie kann jede sich bietende Gelegenheit nutzen, bei der Sex angesprochen wird (in einem Film, im Fernsehen, in den Nachrichten) und das Feld für die Diskussion darüber bereiten. Sie kann dazu ermutigen, mehr über Sex zu lernen, indem sie gemeinsam mit ihrem Partner erotische Filme oder Videos ansieht oder indem sie zusammen ein Buch lesen. (Der größte Teil der Medien hat lediglich die traditionelle männliche Sichtweise im Angebot, aber auch sie kann dazu dienen, das Eis zu brechen und ein kreatives Gespräch darüber in Gang zu bringen, wie man Sex besser gestalten könnte.) Sie kann einen Tag festsetzen, an dem sie mit Sex beginnt, und ihn ganz nach ihren Vorstellungen und Wünschen gestalten. Liebende, die dem Sex eine neue Wendung geben, ermöglichen sich vielleicht vollkommen neue Erfahrungen, die die Art ihres sexuellen Beisammenseins für immer verändern.

Was sollen wir den Kindern sagen?

Das beste Vorbild für Kinder sind Eltern, die selbst ein gesundes Sexleben führen und immer dann offen über Sex sprechen können, wenn das Thema aufkommt. Eltern haben außerdem die Möglichkeit, ihren Kindern einen kritischen Umgang mit Pop-Pornografie beizubringen.

Selbst Eltern, die ein gesundes Sexleben miteinander teilen, mag es schwerfallen, mit ihren Kindern über Einzelheiten zu sprechen. Mindestens können sie gutes schriftliches Material zur Verfügung stellen und ihre Bereitschaft zum Zuhören deutlich machen. Andere Eltern, die nur selten miteinander über Sex sprechen, zögern vermutlich noch mehr, sich über dieses heikle Thema zu äußern. Abgesehen davon, daß sie sich damit unwohl fühlen, meinen viele Eltern außerdem, es sei um so besser, je weniger man darüber spräche – als ob das Interesse an Sex im Teenageralter nachläßt, wenn man nicht darüber spricht.

Sexerziehung im Zeitalter von Aids ist nicht mehr länger eine wahlfreie Möglichkeit – sie ist ein Muß. Um sicherzugehen, daß Kinder (insbesondere Mädchen) durch Sex keinen Schaden nehmen, müssen Frauen sich ernsthaft daran machen, ihre eigenen Kinder mit guter Information zu versorgen. Die Diskussion muß über oberflächliche Angaben zu Vögeln, Bienen und woher die Kinder kommen hinausführen. Doch die meisten Eltern wissen einfach nicht, wie sie es anstellen sollen. Außerdem wissen sie nicht, wie sie mit den von Kindern zum Ausdruck gebrachten sexuellen Gefühlen umgehen sollen.

Betroffene Eltern müssen sich der Sexkultur entgegenstellen und die Informationen und Hilfsmittel anbieten, die für Mädchen und Jungen zum Thema Sex im allgemeinen nicht zugänglich sind. Kinder lernen von der Sexkultur, daß es schmutzig ist, die eigenen Geschlechtsorgane zu berühren – eine Botschaft, die dafür sorgt, daß ein Kind an seinem Körper zweifelt und sich dafür schämt. Außerdem widerspricht das Verbot dem, was das Kind vielleicht bereits herausgefunden hat: daß es sich nämlich gut anfühlt, sich selbst zu stimulieren. Mädchen werden davon abgehalten zu masturbieren, während die Selbstbefriedigung aus dem Leben von Jungen nicht wegzudenken ist. Von Jungen wird im allgemeinen erwartet, daß sie masturbieren, und so lange es im verborgenen geschieht, werden sie nicht davon abgehalten. Von Jungen nimmt man an, daß sie ihre Sexualität auf eine Weise zum Ausdruck bringen müssen, die für Mädchen nicht erforderlich ist. Was Jungen dagegen typischerweise leider nicht beigebracht wird: sich verbal auszudrücken. Folglich entwickeln sie wahrscheinlich nicht die Fähigkeiten, die es ihnen später gestatten, sich mit ihren Partnerinnen auf ein Gespräch über Sex einzulassen.

Es gibt altersgemäße Bücher und anderes Informationsmaterial für Kinder, die schlechten Einflüssen wie Pop-Pornografie oder fehlgeleiteter Aufklärung Gleichaltriger entgegenwirken. Kinder haben die besten Chancen, wenn ihnen statt der sexuellen Augenbinde gute Informationen über Sex zugänglich gemacht werden. Ein informiertes Kind, das sich in seinem Körper wohl fühlt und mit den Eltern frei sprechen kann, hat bereits Möglichkeiten, ein sexuelles Selbst zu entwickeln. Gesündere Einstellungen zum Sex führen zu gesünderen sexuellen Praktiken und zu einem erwachsenen Sexleben, in dem die potentiellen Gefahren des Sex zu Gunsten seiner Freuden vermieden werden können.

Unterstützen Eltern die Bildung und ein offenes Gespräch über Sex, haben sie jedoch einiges zu leisten, da die vorhandene Terminologie, insbesondere der weiblichen Genitalien, unangemessen ist. Wie zum Beispiel soll man das weibliche Gegenstück zum Penis nennen? Welches ist das männliche Gegenstück für die Vulva? Vagina? Klitoris? Daß es üblich ist, den Penis des Mannes mit den weiblichen Genitalien zu vergleichen, bestärkt bereits die Gewohnheit der Sexkultur, sich an den männlichen Geschlechtsteilen zu orientieren. Die vorhandenen Begriffe sind irreführend, vermitteln sie doch den Eindruck, Frauen und Männer seien verschiedener, als es tatsächlich der

Fall ist. Und genauso tragen sie zu der Vorstellung bei, daß die männlichen Genitalien dem Vergnügen und die weiblichen den Männern und dem Kinderkriegen dienen.

Eltern benötigen eine bessere Bezeichnung als »da unten« – dieser vage Ort zwischen den Beinen mit einer Vagina und wer weiß, was noch alles. Unser neues Wort, Kligeva, läßt Kinder wissen, daß Mädchen und Frauen ebenfalls ein vollständiges genitales Ganzes haben, und nicht nur ein »Loch« oder einen fehlenden oder Miniaturpenis. Außerdem lernen sie, daß die Kligeva niemand anderem gehört als dem betreffenden Mädchen selbst, und daß sie keinen anderen Zweck hat (anders als beispielsweise die Eierstöcke), als ihr sexuelle Freuden zu bereiten. Die so vermittelte Information ist wichtig: Sex macht Spaß.

> »Liebling, ich hatte nie genug Spaß beim Sex. Geh du los und achte darauf, daß du am Sex Spaß hast.« Welche Frau hat je so etwas von ihrer Mutter zu hören bekommen? *Carol Queen*

Geräusche machen

Frauen haben die Möglichkeit, den pop-pornografischen Soundtrack und das Schweigen der Sexkultur durch die Stimme ihrer wirklichen orgastischen Freude zu ersetzen. Eine Frau erklärte uns, daß sich Sex für sie nicht »richtig« anfühlt, es sei denn, sie macht Geräusche und bringt sich selbst rückhaltlos zum Ausdruck: »Sex ist eine merkwürdige Sache ... Ich meine, man furzt und lacht und gurgelt und schnauft und macht komische Geräusche und zieht seltsame Gesichter.« Andere Frauen haben einen anderen Stil. Manche sind still, andere ernst, und wieder andere fühlen sich in spirituelle Dimensionen hinaufgehoben. Die eine »richtige Art« gibt es nicht.

Eine Frau mag sich Sorgen machen, wie sie während des Sex, insbesondere beim Orgasmus, aussieht oder klingt. Eine Frau, die sich im Orgasmus hin und her wirft, hat wenig Ähnlichkeit mit den klischeehaften Darstellungen der Pop-Pornografie und Pornografie. Eine Frau erzählte uns von einem Mann, der ihr einen vorgespielten Orgasmus als echten abnahm; sie imitierte einfach die Pornovideos. Als sie jedoch bei einem wirklichen Orgasmus ein authentisches Stöhnen losließ, da bestand er auf Simulation. Seit Sally den gespielten Orgasmus in dieser unvergeßlichen Szene des Films *Harry und Sally* als das enttarnt hat, was er ist, wissen Männer noch immer nicht genau, wie eine Frau, die gerade kommt, sich eigentlich anhört.

Ein guter Orgasmus kann die Sorgen einer Frau über ihr Aussehen und ihre Wirkung mit einem Schlag fortwischen. Sie fühlt sich so gut, daß es ihr sogar egal ist, ob es die Nachbarn hören. Die Geräusche, die eine Frau beim Kommen macht, sind weit bessere Umgebungsgeräusche als der Autolärm, Alarmanlagen und Sirenen, die jetzt die Atmosphäre füllen. Zur Neuerfindung des Sex gehört auch dazu, daß Frauen sich das Recht zugestehen, Krach zu machen – während des Sex, im Gespräch und in der Sexkultur. Wenn endlich genug Frauen Krach machen, dann wird die Sexkultur ihnen zuhören müssen. Und wenn Frauen ihr Schweigen durch offene Gespräche und durch das Lachen sinnlicher Freude ersetzen, dann werden alle Beteiligten schließlich mehr Spaß haben.

> Ein gesundes Sexleben. Das Beste, was es gibt, für die Stimme einer Frau.
> *Leontyne Price, Opernsängerin*

Hör nicht auf!

Eine neue Sexualität der Lust

Statt sich der Sexkultur anzupassen, sind Frauen heute dazu in der Lage, sie zu verändern. Sie erfinden den Sex neu, sie bewegen sich von einer männlich orientierten Sichtweise fort und sorgen so für eine Sexualität, die Männer und Frauen gleichwertig mit einschließt. Eine solche Richtungsänderung setzt voraus, daß Menschen anders über Sex denken. Sie verlangt zuerst einmal die Anerkennung der Tatsache, daß es ein Problem mit dem *Sex* (und nicht mit den Frauen) gibt. Der zweite Schritt setzt die Erkenntnis voraus, daß Sex nicht angeboren ist, sondern erlernt wird, und daß die Menschen folglich die Macht besitzen, ihn zu verändern.

Manchen Frauen mag die Vorstellung schwerfallen, wie Sex neu erfunden werden kann. Schließlich sind sie ja nicht weniger als Männer in einer Sexkultur sozialisiert, die Sex auf eine schöne Frau und den Orgasmus des Mannes reduziert und die Sex nicht selten entehrt, indem sie ihn mit Gewalt in Verbindung bringt. Wie würde eine Sexkultur aussehen, die Frauen respektiert und repräsentiert? Wie würde sich der Sex in einer solchen Umgebung anfühlen? Für Frauen, die es nicht gewohnt sind, an ihr eigenes Vergnügen zu denken, ist es ein großer Schritt, sich eine solche Alternative vorzustellen oder zu erschaffen.

Voraussetzung dafür ist, daß Frauen die Begrenzungen ihrer sexuellen Erziehung überschreiten. Das impliziert ein kritisches Hinterfragen ihres sexuellen Handelns. Und zwar nicht mit einem anklagenden Finger, der sich auf ihren männlichen Partner richtet, sondern aus dem Bewußtsein heraus, daß die Anwort in einer Neudefinition des Sex liegt. Sie wird sich zuerst aus der eigenen Erfahrung herausbilden und erst dann wird auch das Umfeld von dieser Erneuerung profitieren können.

Weil Sex im Privaten stattfindet, wird er oft als »persönliche Angelegenheit« abgetan. Weil am sexuellen Geschehen vor allem der Körper beteiligt ist, wird Sex nicht selten als »ganz natürlicher Akt« bezeichnet. Kaum jemals wird er als Phänomen aufgefaßt, das von einer ganzen Reihe sozialer Kräfte jenseits des Körpers und des Schlafzimmers beeinflußt wird. In einer Gesellschaft wie der unseren, die psychologische Erklärungsmuster und individuelle Problemlösungen vorzieht, ist es unüblich, die Frage an die Gesellschaft zurückzugeben. Möchte eine Frau ein sexuelles Problem anschneiden, dann wird ihr oft geraten, allein oder mit ihrem Partner einen Sextherapeuten aufzusuchen. Entsprechend ausgebildete Sextherapeuten können im Heilungsprozeß einer Frau, die sexuell mißbraucht oder vergewaltigt wurde, eine entscheidende Rolle spielen. Professionelle Beratung kann einer Frau auch dabei helfen, mit bestimmten sexuellen Angelegenheiten fertig zu werden, oder ein Paar darin unterstützen, die Kommunikation und das Vertrauen in einer Beziehung wiederherzustellen. Es ist wichtig für Frauen und Paare, ihren Sex zu verbessern und ihre Probleme zu lösen; doch die individuelle Therapie allein kann nicht bis an die Wurzeln des Lustungleichgewichts vordringen, das ihnen guten Sex vorenthält. Ein grundlegendes neues Verständnis für Sex muß mehr als nur eine kleine Minorität von Frauen erreichen. Wir brauchen ein durch und durch erneuertes Wertesystem, das durch nichts anderes als durch die innere Revolution unserer Sexkultur zum Wachstum gebracht werden kann.

Revolution für die Freude

Kulturelle Veränderungen hervorzurufen kann für den einzelnen eine unmögliche oder entmutigende Aufgabe sein, doch jede Frau, die ihr Sexualleben verbessert, leistet einen aktiven Beitrag zur Wertschätzung der Lust. Viele verschiedene Frauen und Männer in den unterschiedlichsten gesellschaftlichen Situationen und Bedingungen tragen bereits zu dieser Revolution bei. Sie wird durch Mütter und Väter vorangebracht, die es wagen, ehrlich und offen mit ihren Töchtern und Söhnen zu sprechen. Sie wird gefördert von Menschen, die im Bereich der Gesundheitsfürsorge arbeiten und Frauen und Mädchen als sexuelle Wesen und vollständige Personen behandeln, statt als Konglomerat reproduktiver Körperteile. Sie wird entfacht von Sexualerziehern wie Betty Dodson, die über den vorgeschriebenen sexuellen Lehrplan hinausgeht und Frauen die Lust am eigenen Körper und sexuelle Unabhängigkeit beibringt. Andere sorgen dafür, daß die Anwesenheit von Frauen spürbar wird, indem sie Videos drehen, Zeitschriften herausgeben oder Erotika und Sexratgeber schreiben, die das Thema so behandeln, wie Frauen es erleben.

Ein Zeichen und eine Quelle der Veränderung sind auch die im Kommen begriffenen frauenfreundlichen Sexläden und Versandhandel. Menschen wie Joani Blank, die »Good Vibrations« begründete, haben dafür gesorgt, daß Vibratoren, Sexspielzeug und frauenorientierte Bücher und Videos leichter zugänglich sind. Wo zuvor ausschließlich schäbige, von Männern geführte »Erwachsenenbuchläden« existierten, haben diese neuen Geschäfte nun eine alternative, freundliche Umgebung geschaffen, die sauber und gut beleuchtet ist und die Frauen mit den Worten willkommen heißt: »Treten Sie ein. Ziehen Sie einen Vibrator in Erwägung. Vergleichen Sie die Dildos. Wenn Sie irgendwelche

Fragen haben, nur zu.« In einer pop-pornografischen Kultur kann der Wert solcher Orte, die sich um die sexuellen Bedürfnisse und Wünsche von Frauen kümmern und schon durch ihre bloße Existenz darauf hinweisen, daß Frauen ein gutes Sexleben verdienen, gar nicht hoch genug eingeschätzt werden.

In der weniger sinnlichen Umgebung von Labors und Universitäten beginnen Forscherinnen und feministische Sexologinnen – die mit einer wissenschaftlichen Tradition zu ringen haben, die Frauen als Normabweichung behandelt –, neue Fragen über die Körper von Frauen, ihre Gesundheit und ihre Sexualität zu stellen. Die Neurologin und Krankenschwesterausbilderin Beverly Whipple zum Beispiel hat die weibliche Ejakulation erforscht und beschäftigt sich jetzt mit der Neurologie des Orgasmus. Norma Wilcox, Krankenschwester und Sexologin, die Medizinstudenten darin unterweist, wie Untersuchungen im Beckenbereich vorzunehmen sind, versucht den zukünftigen Ärzten die Rolle der Lust im Rahmen sexueller Gesundheit nahezubringen. Sie sorgt dafür, die Genitalien der Frau nicht nur als Eierstöcke, Gebärmutter und Eileiter zu sehen, sondern bezieht auch die Klitoris und den G-Punkt mit ein.

Sexpioniere

Im Verlauf der Geschichte hat es immer »wilde Frauen« gegeben, die die sexuellen Tabus ihrer Zeit brachen. Diese losen Frauen, die Prostituierten, Lesbierinnen und andere sexuelle »Quertreiberinnen« waren Abtrünnige in einer Gesellschaft, in der sexuelles Vergnügen das Vorrecht der Männer war. Die meisten dieser Frauen lebten am Rand einer Gesellschaft, die sie ausbeutete. Wilde Frauen führen heutzutage ihr Leben nicht mehr am Abgrund. Ihre Vorstellungen beeinflussen heute sogar das Sexbewußtsein der Mainstreammedien.

Frauen an vorderster Front für eine neue Sexualität wurden zu Pionieren, weil sie etwas dazu bewog, das ihnen angebotene Sexmodell zurückzuweisen. Carol Queen begann, ihre eigene Sexualität gründlich zu untersuchen, weil ihr im Sexualleben ihrer Eltern ein Mangel an sexueller Freude aufgefallen war. Von frühester Jugend an folgte sie ihrer sexuellen Neugier, und sie setzt auch heute noch, als Sexualerzieherin und Autorin, ihre Reise zur Sexualität fort.

Für Louisa Daniels, die Mitbesitzerin von »Passion Flower«, eines Geschäfts für Sexspielzeug in Oakland, Kalifornien, war der Auslöser ihrer Reise zur Sexualität der Wunsch, den Zusammenhang zwischen Sex und Gewalt besser zu verstehen. Da sie Familienmitglieder hatte, die dem Holocaust zum Opfer gefallen waren, wollte Louisa zunächst einmal begreifen, wie und warum Gewalt in einer Gesellschaft entsteht. Als sie dann mit Frauen zusammenarbeitete, die vergewaltigt und mißhandelt worden waren, da erinnerte sie sich an ihre eigenen Erfahrungen mit sexueller Gewalt. »Ich begann damit, die Schnittstelle zwischen Sex und Gewalt zu analysieren ... (Schließlich) gestand ich mir langsam ein und erkannte, daß ich Erfahrungen gemacht hatte, die mich dazu gebracht haben, mich vor der Sexualität zu verschließen. Ich hatte ein schlechtes Körperbild, das sich auf meine Sexualität auswirkte. Ich begann, dieses (Problem) in meiner Beziehung anzusprechen.«

Es sind die Beziehungen einer Frau, die sie schließlich dazu veranlassen, ernsthaft (oder überhaupt) über Sex nachzudenken. Der Beginn einer wirklich guten Beziehung oder das Ende einer sehr schlechten, inspiriert eine Frau dazu, sich das näher anzusehen, was ihr der Sex bringt (oder nicht bringt). Wenn es beispielsweise zu einer Scheidung kommt, dann blickt eine Frau vielleicht zurück und erkennt, daß sie jahrzehntelang ungewollten Sex ohne Orgasmus hatte, und dies motiviert sie möglicherweise dazu, Fragen nach der Freude am Sex zu stellen. Die richtige Partnerschaft kann einer Frau zu sexuellem Wachstum verhelfen; die falsche kann sie, anfangs zumindest, vom Sex abbringen. Doch letztendlich erkennt eine Frau, daß sie das Recht hat, sich an der Sexualität ihres Körpers zu erfreuen und ebenso das Recht herauszufinden, wie sie dies für sich am besten erreichen kann.

Frauen, die sich auf die Reise zu ihrer Sexualität machen, tun dies in der Regel aufgrund schlechter Erfahrungen oder Zweifel. Aber es gibt auch Frauen, die sich auf den Weg machen, weil für sie Sex wirklich gut war und weil sie mehr davon wollen, oder aber sie suchen nach einer Erklärung dafür, warum ihre positiven Erfahrungen so wenig mit dem durch die Gesellschaft vorgegebenen Modell zu tun zu haben scheinen.

Das macht natürlich jede Frau zu einer Sexpionierin. Ihr Körper ist ihr Territorium, und sie (und nicht der Partner, sei er auch noch so erfahren) verdient es, sein erster Entdecker zu sein. Selbst eine erwachsene, reife Frau kann umkehren und neu beginnen: Sie kann ihren Körper und ihre Sexualität neu entdecken, in dem sie selbst das Drehbuch dafür schreibt. Die Arbeit von Sexpionieren und dieses Buch liefern einige Richtlinien und auch den richtigen Ansporn. Doch muß sich jede Frau selbst auf den Weg machen, diese Freuden zu entdecken.

> Jede von uns ist die erste Expertin und die erste Entdeckerin unserer eigenen Sexualität. ... Diesen Schritt auslassen zu wollen, bei dem man sich erotisch, physiologisch und auf der Ebene der Fantasie kennenlernt, ist ein Fehler. ... Nehmen Sie sich einen Spiegel, und machen Sie sich jetzt sofort auf die Suche nach Ihrer Klitoris.
> *Carol Queen*

Sich auf eine sexuelle Reise begeben

Jede Frau kann davon profitieren, sich auf die Reise zur Sexualität zu begeben. Eine sexuelle Reise ist eine Selbsterforschung und das Engagement für sexuelles Wachstum. Sie kann unabhängig vom Alter einer Frau stattfinden und ist unabhängig davon, ob sie einen Partner hat oder nicht. Eine sexuelle Reise beginnt mit der einzelnen Frau, bezieht jedoch schließlich ihren Partner ein und bedarf der Unterstützung durch Familie, Freunde, Liebhaber und durch die Kultur.

> (Frauen) lernen ihren Körper nicht kennen; sie gestatten es sich nicht – und auch sonst tut es gewiß niemand –, ihre Körper zu erforschen, um herauszufinden, was ihnen Lust bereitet. Ich meine, Frauen müssen sich zunächst einmal bewußtmachen, was sie mögen, und dazu bedarf es schon viel. Dann müssen sie sich dies eingestehen und sagen – weißt du, ich mag das wirklich –, was Frauen ungeheuer schwerfällt. Danach kommt das Schwerste: wenn sie es ihrem Partner mitteilen oder zeigen müssen, egal, ob mit Worten oder nonverbal. Das ist für Frauen unglaublich hart. Sie bekommen noch immer so viele negative Sexbotschaften.
>
> *Beverly Whipple*

Einige wenige Frauen beginnen ihre Reise, wenn sie als Kinder oder Teenager erstmals sexuell aktiv werden. Die meisten Frauen erkennen jedoch die Notwendigkeit, ihre Sexualität zu kultivieren, erst Jahrzehnte später – wenn überhaupt. Es spielt keine Rolle, *wann* eine Frau beginnt, nur *daß* sie es tut, ist wichtig –, und sie kann die Vorteile dieser Reise für den Rest ihres Lebens genießen.

Manche Frauen begeben sich auf die Reise zur Sexualität, während sie sich dessen bewußt werden, daß sie sich von Frauen angezogen fühlen. Andere Frauen, die sich selbst als Lesbierinnen verstehen, überdenken Sex neu bei der Entdeckung, daß sie Sex mit Frauen und Männern gleichermaßen mögen. Tatsächlich ist die Begründung einer bisexuellen Gemeinschaft eine direkte Folge der Lustrevolution. Frauen und Männer, für die beide Geschlechter attraktiv sind, unterstellen sich nicht mehr den existierenden Kategorien von Heteorsexualität und Homosexualität, weil sie eben nicht das ausdrücken, was ihren Gefühlen und Wünschen entspricht.

Durch ihren Aufbruch zur sexuellen Reise erkennen heterosexuelle Frauen, daß die Sexkultur nicht an sie gedacht hat, als sie Sex definierte. Kein Wunder, daß sie keine Orgasmen hatten! Eine Frau muß sich der sexuellen Tradition widersetzen, nach der sie erzogen wurde, und ihre Sexualität in die eigenen Hände nehmen.

> Ich kann es wirklich nicht ausstehen, wenn die Leute sagen: »Ach nun, das größte Sexorgan befindet sich zwischen den Ohren.« Sie können meinen Kopf rubbeln, bis ich 180 Jahre alt bin, und ich werde dennoch keinen Orgasmus haben. Wenn Sie nicht dazu bereit sind, sich zu meiner Klit hinunterzubegeben, dann wird verdammt noch mal gar nichts passieren! ... Ich sage, es spielt sich in der Mitte des Körpers ab. *Betty Dodson*

Zur Tat schreiten

Obgleich Informationen und der Rat von Sexualerziehern und -experten nützlich sein kann, lernt eine Frau letztlich doch aus den eigenen Erfahrungen am meisten. Mit einem Spiegel und ihren Fingern kann eine Frau ihre Klitoris, ihren U-Punkt und ihren G-Punkt entdecken. Durch Masturbation kann sie herausfinden, wie jedes dieser Organe stimuliert werden muß und wie die Kligeva im erigierten Zustand aussieht. Eine Frau erklärte uns, es sei ihr angenehmer, ihre Genitalien nach einem Orgasmus zu betrachten. Ein Orgasmus hilft, den Verstand von negativen Botschaften und Körperbildern frei zu machen und sich auf die wahre Macht des Körpers zu konzentrieren. Ein wenig Gleitmittel, ein netzbetriebener Vibrator und ein G-Punkt-Aufsatz oder Dildo erleichtern den Prozeß und sorgen für einen angenehmen, raschen Weg zum Orgasmus.

Bilder und Wirklichkeit

Frauen müssen Selbsterforschung und den neuen Blick für ihre Genitalien miteinander kombinieren, dann können sie Bilder, Wörter und Techniken erfinden, die für sie funktionieren. Statt ihre Genitalien nur als leeres Geheimnis, etwas Schmutziges oder als »ein Loch und eine Knolle« zu betrachten, haben sie die Gelegenheit, positivere und sinnvollere Bilder von ihren Geschlechtsteilen und ihrem sexuellen Empfinden zu erstellen. Je mehr eine Frau über sich selbst weiß, desto mehr handelt sie nach dem Motto: »Mehrung durch Erfahrung«, und desto mehr kann sie ihre gesamte Sexualität zu einem großen Potential heranwachsen lassen.

Je eine lehrt eine andere

Frauen, die ihr eigenes Wissen erweitern, können andere bereichern, indem sie diese daran teilhaben lassen. Sie sollte falschen Informationen und schädlichen Klischees über Frauen, Männer und Sex entgegentreten und keine Gelegenheit ungenutzt lassen. Sie sollte nein sagen zur Gleichsetzung von Sex und Geschlechtsverkehr, ja sagen zu manuellem Sex, nein zu ungewolltem Sex, ja zu der goldenen Zeit, in der Jugendliche ihre Sexualität erforschen. Sie kann anregen, daß das »erste Mal« einer Frau als ihr erster Orgasmus und nicht als ihr erster Geschlechtsverkehr zu verstehen ist, und sich dafür einsetzen, daß Sex niemals als beendet betrachtet werden darf, bis nicht *beide* Partner befriedigt sind. Jede Frau muß anderen Frauen davon berichten, was sie gelernt hat. Der Austausch von Sextips ähnlich wie bei Kochrezepten kann dafür sorgen, daß sexuelles Vergnügen in weiteren Kreisen Fuß faßt.

Mit einem Partner sprechen

Frauen beklagen sich oft bei uns: »Nun, das ist ja alles schön und gut, aber ich kann bei meinem Partner nicht einmal das Thema Sex anschneiden, geschweige denn ihn dafür erwärmen, mir ›Klittage‹ zu geben, oder etwa ihm erklären, daß auch ich Erektionen bekomme.« Für viele Frauen ist die Einbeziehung von Männern in ihre Revolution der Gefühle der schwierigste Schritt von allen, vor allem dann, wenn es bisher zwischen ihnen und ihren Partner keine Gespräche über Sex gab.

Der sicherste Weg, Männer für ihr Lustempfinden zu gewinnen, liegt in der Zusicherung, daß auch sie davon profitieren werden. Finden Männer heraus, daß Geschlechtsverkehr eine weit erregendere Erfahrung ist, wenn *beide* Partner eine Erektion haben, oder daß ihr Orgasmus an Intensität zunimmt, wenn ihre Partnerin zuvor ebenfalls gekommen ist, dann sind sie vielleicht mehr am Lernen, Zuhören und Experimentieren interessiert. Ein Mann, der sich weigert, ein eigenes sexuelles Selbst zu entwickeln, ist vermutlich nicht der richtige Partner für eine Frau, die ihre Reise zur Sexualität begonnen hat.

Mit Freunden über Sex sprechen

Frauen können auf ihrer sexuellen Reise andere Frauen ermutigen, sich ebenfalls auf den Weg zu machen. Mehrere Frauen haben uns berichtet, daß ihr Sexleben sich als Folge der Gespräche zu diesem Buch vollständig verändert habe. Eine Frau erzählte uns, daß unsere Ermutigung loszugehen, sich einen Vibrator zu kaufen und sich selbst um die eigene Sexualität zu kümmern, ihr Leben umgekrempelt hätte. Sie fühlt sich nun sexuell unabhängig. Die Frauen erklärten, daß sie zum ersten Mal ihre Genitalien betrachtet und sie auf ganz neue Weise gesehen haben. Einige hatten zum ersten Mal einen Orgasmus oder ejakulierten zum ersten Mal in ihrem Leben. Wir konnten die Veränderungen in ihren Gesichtern sehen und an ihren Körpern wahrnehmen. Für sie alle war das offene Gespräch ein entscheidender Schritt in die richtige Richtung, um endlich das Schweigen zu brechen, das Frauen nur davon abhält, ihre Sexualität zu genießen.

Eine neue Sexkultur

In einer neuen Sexkultur wird Sex einen vollkommen neuen Charakter haben. Keines der Geschlechter wird zwangsläufig sexuell aggressiver sein als das andere; die betroffenen Personen und der Kontext werden darüber bestimmen, wer die Führung übernimmt. Jede junge Frau wird eine goldene Zeit erleben, in der sie Klittage und andere Formen des manuellen und oralen Sex erforschen kann. Viele Sexualerzieher raten bereits dazu, erst intensiv mit allem anderen zu experimentieren und sich erst dann dem Geschlechtsverkehr zuzuwenden. In einer neuen Sexkultur werden Masturbation, oraler und manueller Sex jedoch nicht ein schwacher Ersatz für das Eigentliche, sondern der wirkliche Sex sein. Die neue Sexkultur wird nicht mehr Sex mit Geschlechtsverkehr verwechseln, und sie wird die gemeinsame Erektion, den gemeinsamen Orgasmus und das gemeinsame Vergnügen fördern – statt sich allein auf das Vergnügen des Mannes zu konzentrieren.

Frauen müssen nicht darauf warten, bis andere die Revolution der Lust verkünden. Sie können selbst damit beginnen, das Klima und die Sexkultur zu verändern. Jede Frau erfindet jedesmal dann den Sex neu, wenn sie sich selbst einen Orgasmus verschafft. Sie verändert Sex, wenn sie die typische Reihenfolge umstößt, in der er sich entfaltet, und wenn sie das Timing überdenkt und die Dauer ausdehnt. Sie trägt zu seiner Veränderung bei, indem sie nicht mehr länger orgasmuslose Begegnungen über sich ergehen läßt.

Wenn Millionen Frauen mit ihren Partnern auf der Basis von Gleichberechtigung orgastischen Sex haben, dann transformieren sie nicht nur ihr eigenes Leben, sondern auch das der Männer. Der Beginn eines neuen Jahrtausends scheint ein besonders angemessener Zeitpunkt für Frauen zu sein, der Pop-Pornografie, ungewolltem Sex, sexualisierter Gewalt und einseitigem Sex ein Ende zu setzen und eine brandneue Sexkultur ins Leben zu rufen. Frauen werden Sex tatsächlich neu erfunden haben, weil sie nicht nur zu ihren Partnern sondern zu sich selbst ja gesagt haben werden. Die sexuelle Revolution wird schließlich doch noch stattfinden, wenn Frauen am Sex auch Spaß haben.

Anhang

Glossar

Aktive Penetration: Vaginaler und analer Geschlechtsverkehr ebenso wie die Stimulierung des G-Punktes, anale Fingerpenetration und Fellatio, wobei beide Partner gleichberechtigte Beteiligte sind. Der Partner, bei dem die Penetration stattfindet, hat ein vollständig erigiertes Geschlechtsteil und hat die Kontrolle über Timing, Tiefe und Geschwindigkeit der Penetration. (Anders als bei ungewolltem Sex.)

Aktiver Sex: Partnerschaftlicher Sex zwischen zwei Menschen, die ihr sexuelles Selbst kultiviert haben. Im aktiven Sex kann jeder der beiden Partner freiwillig eine passivere oder eine aktivere Rolle einnehmen, tut dies jedoch bewußt und willentlich, statt aus einem Gefühl der Unterlegenheit heraus.

Bis zum Letzten gehen: Orgasmen und nicht den Geschlechtsverkehr zum zentralen Ereignis des Sex machen.

Corpus spongiosum: Das erektionsfähige Gewebe, welches die Harnöhre bei Frauen und Männern umgibt.

Dildo: Ein penisförmiges Objekt aus Plastik oder Silikon (es kann lang oder kurz, dünn oder dick, gerade oder gebogen sind), das zum G-Punkten, für die vaginale und die anale Penetration gebraucht wird. Dildos für die anale Penetration sind für gewöhnlich kleiner und haben ein ausgestelltes Ende, um die Möglichkeit auszuschließen, daß sie im Rektum verlorengehen.

Dritte Schicht: Sex als Pflicht, die der ersten (der bezahlten Arbeit) und der zweiten Schicht (der Hausarbeit und Kindererziehung) folgt.

Ejakulationsorgasmus: Ein Orgasmus, der mit einer Ejakulation einhergeht. Bei Frauen und Männern sind Orgasmus und Ejakulation zwei unterschiedliche Ereignisse. Bei Männern treten sie normalerweise gleichzeitig auf und werden daher typischerweise als ein und dasselbe Ereignis betrachtet. Gegenwärtig leugnet die Sexkultur den Ejakulationsorgasmus bei Frauen.

Fellatio: Oralsex am Mann.

Gemeinsame Ejakulation: Wenn beide Partner während einer sexuellen Begegnung ejakulieren. (Vergleiche mit gleichzeitiger Ejakulation)

Gemeinsamer Oralsex: Wenn beide Partner während einer sexuellen Begegnung Oralsex empfangen. (Vergleiche mit gleichzeitigem Oralsex.)

Gemeinsamer Orgasmus: Wenn beide Partner im Verlauf einer sexuellen Begegnung zum Orgasmus kommen. (Vergleiche mit gleichzeitigem Orgasmus.)

Gleichzeitige Ejakulation: Wenn beide Partner ihre Erregung unter Kontrolle halten, um zum gleichen Zeitpunkt zu ejakulieren. (Vergleiche mit gemeinsamer Ejakulation.)

Gleichzeitiger Oralsex: Wenn gemeinsamer Oralsex gleichzeitig praktiziert wird. Auch unter der Bezeichnung »69« bekannt. (Vergleiche mit gemeinsamer Oralsex.)

Gleichzeitiger Orgasmus: Wenn beide Partner ihre Erregung unter Kontrolle halten, um zum gleichen Zeitpunkt zum Höhepunkt zu kommen. (Vergleiche mit gemeinsamer Orgasmus.)

Gleitmittel: Künstliches Gleitmittel auf Wasserbasis macht die Stimulierung empfindlichen Gewebes angenehmer. Es ist insbesondere im Zusammenhang mit Klittage, analer Penetration, vaginaler Penetration und für länger andauernden Sex wichtig. Gleitmittel auf Wasserbasis sorgt außerdem dafür, daß Latexkondome, Dental-Gummitücher und Latexhandschuhe nicht reißen und empfindliche Schleimhäute nicht überreizt werden.

G-Punkt: Die weibliche Prostata, von manchen auch als periurethrische Drüse bezeichnet, ist ein sexuell sensibler Bereich, der die Harnröhre umgibt. Er kann ertastet werden, indem man mit einem Finger in die Vagina fährt und ihn oberhalb des Schambeins an der vorderen Vaginawand fühlt. Der G-Punkt schwillt an, wenn er stimuliert wird und kann bei gleichzeitiger klitoraler Stimulation einen Orgasmus hervorrufen. Frauen, die ejakulieren, geben eine Flüssigkeit ab, von der man annimmt, daß sie vor allem aus dem G-Punkt kommt.

G-Punkten: Stimulierung des G-Punkts. G-Punkten kann mit den Fingern, einem gebogenen Dildo, einem Vibratoraufsatz oder einem Kegelcisor erfolgen.

Halbmondliebkosung: Gleichzeitige Stimulierung beider Enden des orgastischen Halbmonds (der Klitoris und des G-Punkts) durch Manualsex und/oder Kunnilingus.

Hilf dir selbst: Die Selbststimulierung bis zum Orgasmus, allein oder mit einem Partner.

Kegel-Übungen: Übungen zum Training des PC-Muskels. Ein kräftiger PC-Muskel wirkt sich bei Frauen und Männern förderlich auf Erektion, Orgasmus und Ejakulation aus. Für Frauen ist es möglich, den PC-Muskel mittels eines Kegelcisors beziehungsweise einer kleinen Vaginahantel zu trainieren.

Kligeva: Unser Begriff für das Ganze der weiblichen Genitalien, der sich aus den Anfangssilben seiner empfindlichen Bestandteile zusammensetzt – Klitoris, G-Punkt und Vagina. Das »a« am Schluß enthält auch einen Hinweis auf die Stimulierung des Anus. Der Begriff stellt ein Wort zur Verfügung für die Ganzheit der weiblichen Genitalien, für die es bisher keines gibt, und hilft Frauen und ihre Partner daran zu erinnern, in welcher Reihenfolge sich eine Frau die Stimulierung dieser Geschlechtsteile wünscht.

Klitoris: Die Klitoris einer Frau ist ein zehn Zentimeter langes Y oder ein wie ein Gabelbein geformtes Sexualorgan im Inneren der Kligeva und der Schlüssel zu den sexuellen Freuden der Frau. Die Klitoris des Mannes ist ein zwölf Zentimeter langes röhrenförmiges Sexualorgan im Inneren des Penis, das die gleiche Funktion erfüllt.

Klittage: Die manuelle Stimulierung der Klitoris. Diese Forma des Manualsex ist für Frauen die am weitesten verbreitete Art, um zum Orgasmus zu kommen.

Klittagekoitus: Geschlechtsverkehr mit gleichzeitiger (in der Regel manueller) Stimulierung der Klitoris durch einen der beiden Partner.

Kunnilingus: Oralsex an einer Frau unter Einsatz der Zunge und der Lippen, um die Spitze und den Schaft der Klitoris, des Frenulum, die inneren Labia, den Damm und den U-Punkt zu stimulieren.

Ladies first: Das Prinzip besagt, daß der Orgasmus der Frau dem des männlichen Partners vorangestellt werden sollte. Damit ist sicher für die Befriedigung der Frau gesorgt, bevor der Mann ejakuliert und der Sex vorbei ist. Außerdem stellt der Orgasmus vor dem Geschlechtsverkehr sicher, daß die Kligeva der Frau erigiert und sie bereit ist, sich aktiv an der Penetration zu beteiligen.

Manualsex: Die manuelle Stimulierung der Genitalien, entweder der eigenen oder der des Partners. Manualsex ist die gebräuchlichste Form der Masturbation. Es spielt auch im Partnersex eine wichtige Rolle, trägt in diesem Zusammenhang jedoch weder einen Namen, noch wird er als »Sex« auf gleicher Ebene mit Geschlechtsverkehr und Oralsex betrachtet. Die häufigsten Formen von Manualsex für eine Frau sind Klittage und G-Punkten.

Mehrfachorgasmen: Mehr als ein Orgasmus im Verlauf einer einzelnen sexuellen Begegnung. Sie können in größeren zeitlichen Abständen oder aber rasch nacheinander folgen. Sowohl Frauen als auch Männer können Mehrfachorgasmen erleben.

Mehrung durch Erfahrung: Hierin kommt die Vorstellung zum Ausdruck, daß sich bei einer Frau durch den erfahrenen Umgang mit ihrer Kligeva tatsächlich die Blutgefäßbahnen und die Nervenendungen mehren (wachsen). Auf diese Weise läßt sich die Empfindsamkeit und die Orgasmusfähigkeit ihrer Genitalien steigern.

Orgasmus: Der Höhepunkt einer sexuellen Begegnung bei dem die rhythmischen Kontraktionen des PC-Muskels das Blut aus den Genitalien drücken. Im Augenblick des Orgasmus folgt dem Höhepunkt der Erregung ein Gefühl der Befreiung.

Orgasmus jedesmal: Ein Motto, welches das Recht der Frau auf einen Orgasmus jedesmal dann, wenn sie ihn will, bestärkt. Eine Abwandlung von Mae Wests Forderung nach dem »täglichen Orgasmus«.

Orgasmuskluft: Die statistische Kluft zwischen der Orgasmusrate einer Gruppe im Vergleich zu einer anderen. Gegenwärtig herrscht eine große Orgasmuskluft zwischen Frauen und Männern, die sexuell mit Männern verkehren, und Frauen, die sexuelle Beziehungen zu Frauen unterhalten.

Orgastischer Halbmond: Der orgastische Halbmond umfaßt die wichtigsten Bereiche der weiblichen Kligeva – Klitoris, U-Punkt und G-Punkt. Die Stimulierung des gesamten orgastischen Halbmonds durch Klittage oder Kunnilingus und G-Punkten kann Frauen Orgasmen bereiten. Die Halbmondliebkosung führt bei einigen Frauen zur Ejakulation.

PC-Muskel: Der sogenannte PC-Muskel (Pubococcygealmuskel) – eigentlich eine Muskelgruppe, bestehend aus drei Muskeln. Er spielt beim Sex eine wichtige Rolle: Ein kräftiger PC-Muskel fördert bei Frauen und Männern Erektion, Orgasmus und Ejakulation und trägt dazu bei, sie zu gleichberechtigten Partnern im aktiven Sex zu machen.

Pop-Pornografie: Pop-Pornografie ist die Darstellung von Sex und dessen, was aus einer ausschließlich männlich-heterosexuellen Perspektive als sexy bezeichnet wird. In der Pop-Pornografie fehlen

Vorstellungen von sexuellen Frauen oder von Sex aus weiblicher Perspektive. Pop-Pornografie ist der sehr viel perversere Mainstreamvetter der Pornografie.

PST: Abkürzung für Platz, Stil und Timing, die Partnern bei der Kommunikation darin dienen kann, was sie im Sex wollen.

Sexkultur: Die sexuellen Vorstellungen, Praktiken und Konditionierungen einer bestimmten Kultur oder Gesellschaft.

Sexuelles Selbst: Die Qualität der sexuellen Selbständigkeit. Ein Mensch mit einem sexuellen Selbst entwickelt und übt die Kontrolle über seine Sexualität aus und gestattet es weder anderen noch der Gesellschaft, auf sexueller Ebene über ihn zu bestimmen.

U-Punkt: Der sexuell sensible Bereich im Umfeld der Harnröhrenöffnung bei einer Frau. Der U-Punkt bei der Frau ist der Peniseichel des Mannes vergleichbar, die ebenfalls die Harnöhrenöffnung umgibt.

Ungewollter Sex: Sex, dem aus einem Gefühl von Verpflichtung zugestimmt wird oder aus allen möglichen anderen Gründen, nur nicht um der eigenen Lust willen. Eine weitverbreitete Form von ungewolltem Sex ist die Verpflichtung, die Frauen empfinden, immer dann zum Geschlechtsverkehr bereit sein zu müssen, wenn sie Sex mit einem Mann wollen. Oder aber, wenn die sexuelle Begegnung den Orgasmus der Frau nicht mit einschließt, obwohl sie gerne einen hätte.

Vaginadach: Das Vaginadach ist ein sexuell erregbarer Bereich, der sich durch die Erektion öffnet, wenn der Zervix sich hebt und die Vagina der Frau sich wie ein Zelt nach oben wölbt. Der feste Druck (statt Stoßen!) auf das Vaginadach der Frau mit der Peniseichel des Mannes verursacht bei beiden Partner intensive Lustgefühle.

Vergiß das Vorspiel: Hiermit soll die Ablehnung von Manual- oder Oralsex als wahlfreie Möglichkeit oder oberflächlicher Aufwärmtechnik für den Geschlechtsverkehr zum Ausdruck gebracht und der Forderung Nachdruck verliehen werden, diese Aktivitäten beim Sex in den Mittelpunkt der Aufmerksamkeit zu rücken.

Vibrator: Vibratoren werden für gewöhnlich benutzt, um die Klitoris zu stimulieren (in der Regel bei Frauen, doch auch bei Männern). Der Gebrauch eines Vibrators eröffnet der Frau einen leichten Weg, um bis zum Orgasmus zu masturbieren. Vibratoren können auch im Partnersex eingesetzt werden. Weil Sex oft mit Geschlechtsverkehr gleichgesetzt wird, nehmen viele Menschen an, daß Frauen Vibratoren zur Penetration benutzen, tatsächlich dienen sie aber vor allem der Klitorismassage (Klittage). Die Vagina reagiert stärker auf Druck durch einen Dildo oder den Penis des Mannes, während die Klitoris der Frau eher durch Vibrationen erregt wird.

Weibliche Ejakulation: Der Ausstoß von Sekret durch die Harnöhre während der sexuellen Erregung. Das weibliche Ejakulat ist dem männlichen vergleichbar, enthält jedoch keinen Samen.

Weibliche Erektion: Die Erektion ist bei Frauen und Männern der deutliche Hinweis auf die sexuelle Erregung und damit unabdingbare Voraussetzung für den Geschlechtsverkehr und einen Orgasmus. Die weibliche Erektion ist dann gegeben, wenn die Kligeva der Frau mit Blut gefüllt und angeschwollen und wenn die Beckenmuskulatur angespannt ist. Die Erektion der Frau ist unverzichtbar für Orgasmus, Koitus und Ejakulation. Sie gleicht der eines Mannes insoweit, als die Genitalien beider sich mit Blut füllen, vergrößert und vor Erregung angespannt sind.

Bezugsquellen und Artikel

Frauenfreundliche Geschäfte, Sexspielzeug und Bücher

Good Vibrations
>1210 Valencoa Street; USA-San Francisco, CA 94110;
>Tel. 001 (415) 974-8980.
>2504 San Pablo Avenue; USA-Berkeley, CA 94110;
>Tel. 001 (510) 841-8987
>Bestelladresse:
>938 Howard Street, Ste. 101; USA-San Fransisco, CA 94103;
>Tel. 001 (800) 289-9423 oder 001 (415) 974-8990;
>Fax 001 (800) 974-8989;
>E-Mail: goodvibe@well.com;
>Web-Site: http://www.goodvibes.com

Passion Flower
>4 Yosemite Avenue; USA-Oakland, CA 94611.
>Bestelladresse: Tel. 001 (510) 601-7750;
>Fax 001 (510) 658-9645;
>E-Mail: passion@passionflwr.com

Eve's Garden
>West 57th Street, Ste. 420; USA-New York NY 10019-2383;
>Tel. 001 (212) 757-8651;
>Web-Site: http://www.evesgarden.com

Informationsvideos

Betty Dodson: *Selfloving and Celebrating Orgasm*.
Fanny Fatale: *How to Female Ejaculate* und *Safe Is Desire*.
Annie Sprinkle: *Sluts and Goddesses*.

Empfehlenswerte Bücher

Josephine Lowndes Sevely, *Eve's Secrets. A New Theory of Female Sexuality*. New York: Random House, 1987.

Shere Hite, *Der Hite-Report. Das sexuelle Erleben der Frau*. München: Bertelsmann, 1977.

Alice Kahn Ladas, Beverly Whipple und John D. Perry, *The G Spot and Other Recent Discoveries about Human Sexuality*. New York: Bantam Doubleday Dell, 1982.

Cathy Winks und Anne Semans, *Good Vibrations. Sex fun and safe*. München: Goldmann, 1996.

Betty Dodson, *Sex for one. Die Lust am eigenen Körper*. München: Goldmann, 1989.

Föderation der Feministischen Frauen-Gesundheits-Zentren (USA) (Hrsg.), *Frauenkörper – neu gesehen. Ein illustriertes Handbuch*. München: Orlanda Frauenverlag, 1997.

Lonnie Barbach, *For Yourself. Die Erfüllung weiblicher Sexualität*. Berlin: Ullstein, 1996.

Joani Blank, *Good Vibrations. The Complete Guide to Vibrators*. San Francisco: Down There Press, 1989.

Joani Blank, *First Person Sexual: Women und Men Write About Self-Pleasuring*. San Francisco: Down There Press, 1996.

Nachweis für die anatomischen Abbildungen

Die weibliche Klitoris Basierend auf Zeichnungen von Regnier deGraaf und Johannes Sobotta, Frank Netter und Suzann Gage und begriffliche Neufassung durch die Föderation der Feministischen Frauen-Gesundheits-Zentren und durch Josephine Lowndes Sevely.

Die männliche Klitoris Basierend auf der begrifflichen Erfassung durch Josephine Lowndes Sevely und auf Zeichnungen von Johannes Sobotta, Frank Netter und Suzann Gage.

Der G-Punkt Basierend auf den Zeichnungen von J. W. Huffman, Frank Netter, Suzann Gage und auf den Beschreibungen von Regnier deGraaf und Josephine Lowndes Sevely.

Der U-Punkt Basierend auf den Zeichnungen von J. W. Huffman und Robert Latou Dickinson und auf den Beschreibungen und der begrifflichen Erfassung von Sevely. Zeichnungen von Vulva und U-Punkt auf Fotos von Vulven von Tee A. Corinne, Michael Perry, Jill Posner und Michael Rosen in *Femalia*.

Zeichnungen der Kligeva sind zusammengefaßt und begrifflich erfaßt von den Autorinnen.

Zeichnungen von Vagina, PC-Muskel, Perineum, Schwellkörpern, Corpus spongiosum, Vaginadach, Frenulum, Anus und männlicher Prostata basieren auf Zeichnungen von Suzann Gage und Frank Netter und auf Beschreibungen von Josephine Lowndes Sevely.

Quellen anatomischer Abbildungen

Corinne, Tee A. u. a. Fotografien von Joani Blank (Hrsg.), *Femalia*. San Francisco: Down There Press, 1992.

DeGraaf, Regnier, *On the Human Reproductive Organs: Treatise Concerning the Generative Organs of Woman*, 1672, in: Jocelyn und B. P. Setchel (Übersetzer), *Journal of Reproduction and Fertility*, 1972, Ergänzungsband 17.

Dickinson, Robert Latou, *Human Sex Anatomy*. Baltimore: Williams & Wilkins Company, 1949.

Gage, Suzann (Illustratorin der Föderation der Feministischen Frauen-Gesundheits-Zentren), *Frauenkörper – neu gesehen. Ein illustriertes Handbuch*. München: Orlanda Frauenverlag, 1997.

Huffman, J. W., *American Journal of Obstetrics and Gynecology*, 1948, Band 55(1), S. 86–101.

Netter, Frank H., *Genitalorgane*. Stuttgart: Thieme, 1997.

Sevely, Jospehine Lowndes, *Eve's Secrets: A New Theory of Female Sexuality*. New York: Random House, 1987.

Sobotta, Johannes, *Atlas der Anatomie des Menschen*, 2 Bände. München: Urban & Schwarzenberg, 1982.

Register

Aids 17, 22, 29, 49, 131, 205, 326, 352
Analsex 76, 89, 99f.
Analverkehr 98f., 199, 227, 273
Anus 54f., 99, 273, 289, 306, 337, 371, 378

bisexuell 16, 27, 47f., 82, 163f., 223, 364

Coming-out 123
Corpus spongiosum 254, 261, 263, 314, 369, 378

Defloration 110
Dildo 56, 80, 99, 260, 265, 271, 273, 300ff., 303, 305, 314, 317, 359, 365, 369, 371, 375

Ejakulation 54, 57, 69, 71, 79, 81, 86, 94, 108f., 116, 168, 226, 258, 261f., 265f., 270, 274, 277, 283, 293, 296, 298, 312f., 316, 360, 370f., 373, 375
– vorzeitige 66, 68, 93, 283
– weibliche 54, 59, 139, 142, 249, 266f., 314f., 318, 375
ejakulieren 26, 38, 40, 42, 55, 59, 139, 199, 243, 261, 266, 271, 296f., 300, 304, 314, 317, 370ff.
Erektion 38f., 41, 57, 59f., 77, 81, 85f., 87, 89f., 91f., 94f., 96ff., 100, 205, 212, 226, 233, 253f., 257, 263, 268, 270, 272f., 275, 277, 281, 286, 299, 302f., 305f., 309ff., 315, 339, 366f., 373f.
– weibliche 60, 85, 91, 93, 95, 310

Erregung 19, 68f., 85, 95, 98, 127, 161, 164, 169, 229, 317
– genitale 93
– sexuelle 39, 87f., 98

Fantasien 178, 218, 345f., 362
– sexuelle 158f., 192, 213
Fellatio 38, 83f., 85f., 166f., 349, 369f.
Fingerpenetration, anale 89, 99, 369
Frigidität 88, 328

Genitalien 36, 39, 50, 53, 55, 59f., 67, 76, 82, 85, 87, 89ff., 95, 99, 103, 117, 129f., 136, 139, 165, 169, 229ff., 235ff., 240, 244ff., 250, 253, 257, 267, 270, 272, 274, 278, 281, 283, 285f., 294, 299, 306, 310f., 314, 318, 332, 334, 336ff., 348, 353, 360, 365, 367, 371ff., 375
Geschlechtskrankheit 66
Geschlechtsorgane 35, 57, 338, 352
Geschlechtstrieb 29, 36ff., 109, 116
Geschlechtsverkehr 17, 20, 24f., 29, 32ff., 40, 48, 56ff., 63, 69ff., 81, 86, 88f., 91f., 93ff., 97ff., 104f., 108ff., 112f., 116, 120, 122, 124f., 133, 136, 140f., 144, 146, 149, 151, 162, 168, 201f., 204ff., 211f., 214, 221, 223, 226, 240, 245, 254, 267, 278f., 280, 289f., 294, 296, 299, 302, 309, 317, 325, 341, 347, 350, 365, 367, 369, 372, 374f.
– analer 121, 369
– vaginaler 32, 58, 89, 106, 111, 120f., 226, 273, 303, 369

Gleitmittel 78f., 88f., 99f., 143, 169, 273, 277, 299, 304, 308ff., 317, 322, 365, 370

G-Punkt 41, 53ff., 59f., 68, 74, 80f., 82, 89ff., 97f., 130, 139, 169, 227, 229ff., 245, 249ff., 257, 260, 263f., 265ff., 270, 273ff., 277f., 291, 300f., 303ff., 314, 317, 338, 340, 360, 364, 369, 371, 373, 378

G-Punkten 54, 56, 68, 70, 72, 78f., 226, 264, 304, 316, 348, 369, 371ff.

heterosexuell 16, 20f., 23, 27f., 30, 42, 47, 49, 66, 73, 81f., 85, 87, 119f., 122f., 126, 129, 132, 137, 150ff., 161, 163ff., 173, 180, 184, 186, 195, 297, 313, 325

HIV-Virus 204

Hoden 34, 77, 86, 312, 336

Höhepunkt 17, 20, 26, 33, 35, 45f., 70, 72, 93, 105f., 141, 192f., 278, 284, 286, 288, 297, 312, 315, 319, 370, 373

Hormone 29, 36, 38

Intimität 19, 28, 42f., 126, 145, 160, 163, 210, 218 322, 334, 340, 343
– emotionale 25

Kegel-Übung 271, 371

Kligeva 55, 72, 78ff., 86, 89ff., 92, 99, 226, 247, 253, 268f., 274ff., 277f., 281, 290, 301ff., 309, 314f., 318, 320, 338, 354, 364, 371ff., 375, 378

Klitoris 12, 19f., 25, 34, 38ff., 49ff., 67f., 70f., 73ff., 78f., 81f., 88, 90, 93, 97ff., 100, 103, 106, 117, 129f., 139f., 166, 169, 188, 229ff., 240f., 245f., 248ff., 257f., 259, 261, 263f., 266, 268, 274f., 277f., 289f., 296, 298ff., 305, 310, 314f., 337ff., 345, 353, 360, 362, 364, 371ff., 375, 378

Klitorisstimulierung 25, 33, 38, 40, 52f., 58, 60, 71, 261, 298, 303, 338

Klittage 56, 68, 70, 72, 74, 76, 78ff., 82, 89, 93, 96f., 100, 118, 191, 199, 223, 226f., 259, 274, 277, 289, 298ff., 302ff., 310, 338, 345ff., 366f., 370, 372f, 375

Koitus 53, 57, 69ff., 91ff., 94, 97, 108, 114, 120f., 140, 144, 168, 206, 257, 263, 270, 301ff., 375

Kondom 19, 61, 67, 79, 85, 103, 121, 169, 205f., 277, 317

Kunnilingus 47, 63, 68, 70, 71, 83f., 86f., 167f., 191, 226, 236, 273, 303, 317, 349, 371ff.

lesbisch 16, 27, 48, 81f., 163ff., 165, 197, 213, 223

Liebe 10, 13, 25, 29, 126, 128, 205, 236, 321

Lubrikation, vaginale 39, 60

Lust 16, 19, 46, 50, 52f., 56f., 68, 71f., 80, 82, 85, 87, 89ff., 92f., 95, 97, 101, 104, 108, 115, 133, 139, 150, 162, 173, 177, 200ff., 211, 215, 222, 226f., 230, 246, 248, 251, 253, 262, 273, 278, 284, 293ff., 302, 306f., 311, 313, 319, 337f., 344f., 347, 350, 357, 359f., 363
– orgastische 56

Masturbation 38, 72, 74, 76, 106, 110, 112, 115ff., 118, 126, 133, 136. 144f., 235, 237, 244, 291f., 295, 297f., 341, 346, 364, 367, 372

masturbieren 23, 33, 35, 44, 71, 76, 107, 116, 124, 235, 244, 291f., 295, 297f., 341, 346, 364, 367, 372

Manualsex 56f., 68, 71, 75, 77, 80f., 82, 95, 105, 121f., 136, 140, 144, 309f., 317, 338f., 347, 371f., 374
Mehrfachorgasmus 23, 94, 309, 311f., 372
Menopause 66, 88
Menstruation 132, 231, 234, 294
Menstruationszyklus 88
Missionarsstellung 95f., 289

Oralsex 47, 56f., 68, 71, 77, 82f., 86f., 105, 140, 166, 218, 236f., 303, 321, 325, 345, 348, 370, 372, 374
Oralverkehr 85f.
Orgasmus 17ff., 23, 26ff., 32f., 44ff., 50, 52, 55ff., 59f., 63f., 67ff., 81, 83, 86ff., 92ff., 95ff., 100f., 103ff., 108ff., 112ff., 115f., 122ff., 127, 129, 139, 140f., 144ff., 150, 156, 161, 167f., 171, 173, 184, 191f., 193, 195, 201f., 204, 206, 211f., 221, 223, 225f., 229f., 232, 236, 240, 242, 244f., 252, 257f., 265f., 270ff., 273f., 277ff., 281f., 284ff., 288f., 293ff., 297f., 299, 302ff., 308ff., 316, 319f., 324, 338ff., 342f., 345ff., 355, 357, 362, 364ff., 369ff
– klitoraler 287f., 289f.
– vaginaler 54, 71, 287f., 289ff.
Orgasmuskluft 20, 22ff., 26ff., 43, 45, 57, 280, 297f., 310, 319, 323, 373
Orgastischer Halbmond 55, 78, 81f., 257ff., 262f., 266, 277, 296, 299, 304, 309, 371, 373

PC-Muskel 58ff., 68, 90, 197, 226f., 240, 255, 268ff., 275, 277, 285f., 305, 312, 314, 337, 371, 373, 378

Penetration 33, 38ff., 73f., 76, 78, 85, 91f., 93f., 97, 99, 106f., 109, 217, 226f., 250, 256f., 260, 263, 270, 273, 290, 300ff., 310f., 339, 348, 369, 371, 374
– anale 99, 199, 274, 301, 369f.
– vaginale 33f., 57, 59, 73, 82, 124, 274, 291, 300, 369f.
Penis 19f., 26, 33ff., 41, 49, 51, 53, 56ff., 66, 68f., 71ff., 77, 79, 82, 85, 88f., 91, 93, 97ff., 100, 103, 115, 141, 151, 161, 165f., 227, 230ff., 240f., 244ff., 248, 250ff., 256ff., 260f., 265, 267f., 270, 273, 277, 290, 299f., 302ff., 309ff., 312, 336f., 348, 353, 372, 375
Petting 356, 109, 140
Pop-Pornografie 150ff., 157ff., 159ff., 163ff., 167, 169, 173, 177f., 181, 183, 185f., 189f., 193f., 195, 197, 323, 327, 350, 353, 355, 368, 373f.
Potenz, sexuelle 26
Prostata 54, 59, 82, 99, 261, 264, 266, 273, 298, 378
– weibliche 249, 251, 267, 371

Revolution 358, 368
– sexuelle 21, 47, 131, 368

Safer Sex 22, 66, 86, 89, 108, 121, 143, 145, 147, 169, 206, 227, 273, 310, 323
Scheide 104
Sekretion, vaginale 88
Selbstbefriedigung 76, 117, 352
Sex 9ff., 15ff., 20f., 23, 26ff., 36f., 41ff., 52, 54f., 57f., 63ff., 68ff., 73f., 77, 82, 84, 87ff., 91f., 94ff., 98ff., 104ff., 108, 111, 114ff., 118f.,

121, 124ff., 131ff., 136, 138f., 140, 142ff., 145ff., 150f., 153, 156, 162ff. 167, 169ff., 172f., 176f., 178, 182, 187, 189ff., 192, 194f., 196f., 199ff., 206f., 210ff., 227, 229ff., 240, 252, 266ff., 271, 274, 279ff., 284f., 291ff., 296, 298, 301, 308, 311, 319ff., 331, 334ff., 338ff., 344f., 347f., 350ff., 357f., 361f., 364ff., 369, 373ff.
– analer 33
– genitaler 42
– lesbischer 303
– manueller 20, 35, 69ff., 73ff., 80, 93f., 105, 109f., 120ff., 139f., 145, 223, 227, 310, 367
– oraler 20, 33, 35, 45, 69ff., 71, 74ff., 84, 93f., 105, 109f., 120, 122, 140, 223, 367
– orgastischer 28, 43f., 101, 126, 144, 282, 307, 317, 368
– pop-pornografischer 160, 324
Sexkultur 17f., 20, 24, 27ff., 36, 39, 43f., 48f., 53f., 56, 59, 74f., 85f., 90, 92f., 98, 115, 117f., 120f., 123ff., 128f., 131f., 135f., 160, 164, 169, 177, 179, 182f., 186ff., 196f., 201ff., 205, 207, 212, 214f., 217, 219, 221, 227, 230, 233f., 238, 243, 245, 247, 252, 267f., 278, 283f., 287, 291, 293, 298, 307f., 314, 318, 323f., 326ff., 334f., 339, 350, 352f., 355, 357f., 364, 367f., 370, 374
Sexspielzeug 30, 99, 359, 361
Sexualpraktiken 22, 53, 56, 69, 77f.
Stellung 19, 30, 95, 97
Stimulation 38, 79, 89, 144, 204, 272, 296, 301, 318, 349

– genitale 20, 312
– klitorale 58, 99, 104, 108, 302, 371
– manuelle 56, 78
– orale 83
– vaginale 99, 279
Stimulierung 20, 50, 53, 69ff., 73, 76, 78, 81, 97, 99f., 106, 115, 130, 139, 225f., 233, 257, 261, 265, 272, 277, 286, 297, 300, 302ff., 311, 314, 345ff., 348f., 369ff.
– anale 273
– klitorale 81, 92, 257, 289
– manuelle 74, 77, 82, 89, 299, 372
– orale 299

U-Punkt 257ff., 263f., 266, 268, 274, 299f., 304, 314, 364, 372ff., 378

Vagina 19, 33ff., 39, 51, 49f., 53, 55, 73, 80, 88f., 90ff., 94, 98, 100, 127, 130, 139, 141, 166, 205, 227, 229ff., 233ff., 240, 248, 250, 253f., 256f., 260, 263, 267ff., 272ff., 277f., 289, 291, 296, 300, 304ff., 309, 337f., 353f., 371, 375, 378
Verhütung 66
Vibrator 56, 72, 74, 79f., 92, 99, 259, 299ff., 305, 314, 317, 347, 350, 359, 365, 367, 375
Vorspiel 20, 50, 56, 69, 70f., 73, 105f., 109, 150, 168, 221, 374
Vorsteherdrüse 54
Vulva 86, 151, 229, 235, 237f., 242, 246, 251, 337, 353, 378

Zervix 239f., 272, 305, 311, 374

GOLDMANN

*Das Gesamtverzeichnis aller lieferbaren Titel erhalten Sie
im Buchhandel oder direkt beim Verlag*

★

Taschenbuch-Bestseller zu Taschenbuchpreisen
– Monat für Monat interessante und fesselnde Titel –

★

Literatur deutschsprachiger und internationaler Autoren

★

Unterhaltung, Kriminalromane, Thriller
und Historische Romane

★

Aktuelle Sachbücher, Ratgeber, Handbücher und
Nachschlagewerke

★

Bücher zu Politik, Gesellschaft, Naturwissenschaft und Umwelt

★

Das Neueste aus den Bereichen
Esoterik, Persönliches Wachstum und Ganzheitliches Heilen

★

Klassiker mit Anmerkungen, Anthologien und Lesebücher

★

Kalender und Popbiographien

★

Die ganze Welt des Taschenbuchs

★

Goldmann Verlag • Neumarkter Str. 18 • 81673 München

Bitte senden Sie mir das neue kostenlose Gesamtverzeichnis

Name: _____

Straße: _____

PLZ / Ort: _____